U0811589

汉字有话说

说出中华文化原初样式

老湾 著

人民东方出版传媒
東方出版社

谨将本书题献给90后爱女小灰狼。

愿她的同代人连同我们60后，乃至更多的汉语言说者，都乐意且能够从汉字文化的源头上寻找到行走世界的力量。

——老湾

目　录

汉字如何“言说”世界

——写在《汉字有话说》出版之前

本书从完稿到出版，历时年余，期间越发觉得若不能就汉字“言说”世界的主要特征向读者做点说明，总有些不妥。所虑自己远非古文字业者，讨论如此重大话题，非能力所及。思虑再三，还是决定谈一点自己的看法，或有助于读者对本书的阅读，也可就此问题求教于方家。

一、汉字的其名自呼及其演变

说汉字是象形文字，好像没有问题，却忽略了字音在汉字中的表义作用。世人多依据埃及象形文字退隐、腓尼基字母文字兴起的西文发展轨迹，在中西文字的比较中将汉字归于象形文字阶段，进而推论拼音化道路代表着汉字的未来。事实已经证明，这是非常错误，甚至有害的观点。现在来看看它有可能错在哪里。

训诂学素有声（音）训传统，在《易经》等先秦典籍中有大量例句。至汉代广泛应用，许慎的《说文解字》和刘熙的《释名》是其代表。北宋王子韶（字圣美）首倡“右文”说，主张汉字形符（左文）表类，声符（右文）表义，进而主张以音求义。至段玉裁注解《说文解字》时，进一步发展出“声义同源”和“音近义通”说，获得巨大成功。为了能把汉字的形音义关系说清楚，周清泉在《文字考古》中又返回到早期的“其名自呼”说寻找资源。

所谓“其名自呼”，在《山海经》中也称之为：其音如呼、其名自啸、其名自设、其名自号等等，意思是说精卫、牙豚、交鸟等鸟兽的名字，其字音来源于它们的鸣叫声。这一观点也很好理解，例如家禽雞（鸡）鸭鹅的字音，就源于它们的自呼。

至于汉字字形，说法虽多，但可简化为象形构件和方块结构两大特征，也即通常所说的汉字是象形字和方块字。汉字基本构件（含部首和独体字）初源于象形刻画，已是不争的事实。关于仓颉造字的早期传说中就蕴含有这一观点。《春秋元命苞》称仓颉“生而能书，又受河图洛书，于是穷天地之变，仰视奎星圜曲之势，俯察鱼文鸟羽，山川指掌，而创文字”。《说文解字·叙》称“黄帝之史仓颉，见鸟兽蹄迒（hang 音）之迹，知分理之可相别异也，初造书契”。

将象形说和自呼说合并谈论，大致可以推导出这样的观点：表征万物的字形来源于万物在大自然中的留影和痕迹（象形），字音来源于它们的自呼；再按照指称论（意义即指称）的说法，其字义则是万物自己。万物自己表征自己、自己呼出自己，造字者（人）只是忠实的记录员而已。这样的一组形音义关系，构成了汉字“言说”世界的独特方法，也是华夏先民与世界相遇的独特方式，可简称之为“其名自呼”，伴随有“其形自画”和“其义自显”的意思。

笔者想表达的三点看法是：第一，汉字“言说”世界的这一独特方式，与中华文化中的“天人合一”精神、《老子》哲学中的“得一、无为、自然”以及儒家的中庸思想等，基本上一脉相承。笔者将此表述为“在的哲学”，意即人和万物同在世界之中，让万物自己“说”出自己，让万物各得自己之“一”，人所要做的只是“抱一”“守一”，即可顺道而为。可参考书中有关文字，这里不展开讨论。第二，形声字可视为“其名自呼”的延续，且与亚里士多德通过“种加最近的属差”获得定义的做法相通。形声字的形符表类，类即种；声符表义，可视为所表征事物的自呼，于自己所在的类中呼出自己的属差来。第三，汉字“其名自呼”传统一直沿用至今，为汉字“言说”未来生活提供了巨大便利。火车、列车，电脑、计算机诸词可证。其中，火车、列车中的车字表征类别，如同形声字中的形符；火字可视为火车蒸汽机车头的自呼，因而同人力、畜力车相区别；列字可视为列车车厢的自呼，进而与单体车厢的车辆相异；两词虽表征同一物，同类（同为车类）而异呼（一呼为火一呼为列）。电脑和计算机两词最初表征的也是同一物（随着个人电脑的进一步普及，未来或有变化），但异类（一为脑类一为机类）异呼（一呼为电子一呼为计算）。相比较火车和列车而言，电脑和计算机两词获得了更大的“言说”便利。

二、汉字与拼音文字原本殊途

饶宗颐考证，把西北半坡系陶符与腓尼基字母比对，形构相同的竟有 20 个之多。继而慨叹：“中国何以不采用字母，此一问题至今仍令人费解。西方语言学者，千方百计推测中国古代或有字母痕迹。蒲立本对十干十二支的解释，认为是子音。但既然如此，何以殷人只把干支用以纪日，数万片卜辞中，没有半点语言作用的意味。”① 饶宗颐提及的蒲立本为加拿大汉学家，认为甲文中的10天干和12地支为22个音符（子音），或与22个闪族字母及腓尼基字母有关。

笔者没有能力讨论字母文字来源的话题，仅想依据汉字其名自呼传统，针对饶宗颐所言“令人费解”的问题，展开一点讨论。总的看法是，汉字和拼音文字选择了两条不同的路径，“中国（汉字）何以不采用字母”是个假问题。我们从下面两个话题切入。

话题1：拼音文字如何获得字音？

早期的腓尼基字母22个，现代拉丁文字母26个。其共同点是设定文字的基本音素（子音），同一语族中的所有文字都只能从字母表中挑选出音素，按照一定顺序组合成字形和字音，以表征相应的字义。

接下来我们看看事物如何在拼音文字中“说”出自己的。第一，是万物刻画出自己的字形吗？不是。第二，是万物自呼出来的字音吗？也不是。我们不妨将拼音字母比喻为一架特殊的钢琴，或者称之为“上帝的钢琴”，每一个字母代表一个琴键。万物要呼出自己，唯一的途径是跳跃到“上帝的钢琴”上来，依次滑过属于它自己的每一个琴键，从而获得字形和字音，得以“言说”出自己。

若细究下去，这架“上帝的钢琴”正是神秘的逻各斯（Logos），也是上帝对世界的设定（太初有言）。世间万物在“上帝的钢琴”上所获得的音符，正是它在Logos中所获得的“位格”，万物唯有在上帝的设定中方得以“言说”自身。

① 《符号·初文与字母——汉字树》第130页，饶宗颐著，上海书店出版社，2000年。

话题2：汉字为何选择了单音节？

拼音文字优越论者备感困惑的另一个问题是，汉字为何选择了单音节？在他们看来，自然界中很少有单音节的发音，遵循“其名自呼”规则的汉字理当选择多音节。笔者给出的解释是，汉字原本如此。如需进一步解释的话，只能说与汉字处理字音的独特策略有关。该策略可分成两个相辅相成的部分：节约与开放。

所谓“节约”，是指每个字只分配一个音节。笔者推测，如果自然界里某物自呼是两个音节的发音，通常是通过快读合成一个音节。反切法注音（取前一字的声母与后一字的韵母合成一音）或是这一做法的文化遗存；少量合文字（如甭）最终也是快读为单音节，可视为这一策略的旁证。倘若不能将两音合成一个音节，可分配两个字给某物自呼，比如用“精卫”二字指称一鸟，以保证一字一个音节的规则不被破坏。如像鸭子自呼音“嘎嘎嘎”，虽是多音节，但只有一个音素，取单个音素组成一个单音节字（鸭）即可。

通过单音节以“节约”字音，其目的是向万物“开放”自呼，汉字因此具备了容纳万物自呼的可能。理论上说，任何一物的自呼均可进入汉字字音。汉字因此获得了应对未来生活的无限可能。也就是说，正是为了方便万物“其名自呼”，汉字选择了单音节。

推开古汉字的一扇扇石门

——代自序

本书的目的不是讨论汉语古文字学，而是将古汉字作为特定的考古对象，就像让它们开口“说话”一样地“说”出远古中华文化的原初样式。

人是语言的动物，语言是存在的家园，也是人类文明的家园。本书更乐意将语言视为人在生活世界里飞翔的翅膀，不同的民族语言选择了适合自己的飞行密码，从中映射出各自族群与世界相遇的方式。古文字则天然沉淀有各自族群最初与世界相遇（含对话和打交道）的历史，以及语言翅膀最初在生活世界里起飞的姿势。在汉文字考古中唤醒上述内容，再延伸至华夏民族独特思维模式、生活习俗及宗教传统等，可大致勾勒出中华文化（及哲学）的原初样式。此即本书所要达成的目标。

文化学乃至哲学意义上的文字考古，因此拥有了等同于发掘华夏民族文化遗址的价值。考古的内容是远古文化乃至远古哲学，考古对象物则是古文字。考古的目的也不是为了理清古文字的流变脉络（源远流长的汉字训诂传统为后人留下了浩如烟海的资料），而是将古文字视为一扇扇久远年代的门，门后面所隐藏的华夏先民的生活故事才是本书致力于寻找的文化和哲学宝藏。

从初文、甲骨文走来的汉字，经钟鼎文、篆体、隶书，演变为现代楷书，其流变脉络大致完整。如将不同时代和字体的古汉字比喻为文化沉积岩，则：第一，汉字文化沉积岩的连续性基本完整；第二，中华文化的原初样式可能在上古文字的初义中留有痕迹；第三，以中华文化的原初样式为参照，或许有助于认识到后来的我们究竟做对了什么又或做错了哪些。

读者也不宜将本书当作文字考古的书，尽管本书也会涉及这方面的内容，或许还会提出进一步商榷的意见；而是要当作文化考古和哲学考古的书来对待。两者之间最为显在的区别体现在各自使用的考古工具上，前者以文字训诂为主要工具，后者以文化再现和哲学演绎为主要工具。方法上，前者重在史料的收集、整理、分析，后者则立足于史料的基础上展开哲学和文化学分析。呈现给读者的结果因此有所不同：前者是对已见文字史的发掘、修复和校订，后者是对未见文化史的再现和探寻。

笔者是在写作“在的哲学”过程中，无意间发现“文字考古”的，在思考“天人合一”命题的最初涵义时，想到要去查阅古汉字“天”和“人”的初义。结果出乎我的意料：华夏先民在逐渐呈现出“天”和“人”这两个古汉字时，“天人合一”思想或许就已经蕴含于其中了！这促使我萌生了通过远古汉字初义寻求中华哲学渊源的念头。好在笔者中文出身，对古汉字的情感尤在，也一直记得二十多年前老师说起古“虽”字的情形：一种发出“虽”音的虫子，每鸣叫一声便后退一步，华夏先民便依照其且鸣叫且后退的形态，刻画出一个古“虽”字来，读如“虽”音，古“虽”字便成了虫子虽的“其名自呼”，如同虫子虽在古汉字中说出自己一样。古“虽”字还兼有“退一步说”的意思，并因此有了“虽然”一词。词语“虽然”有“退一步说（即便你说的都成立），也不能支持你所要的结论”义。虫子虽就这样后退着爬进了华夏先民的语言中，一直鸣叫至今。

非常幸运的是，笔者网搜“文字考古”时，意外发现周清泉先生三卷本《文字考古》大著，由四川人民出版社分别于2003年和2014年出版。作者称“文字考古，以古文字为研究对象”，研究目的如该书的副书名所示——“对中国古代神话巫术文化与原始意识的解读”。周著给笔者很大信心，并因此确立了本书的第一个维度即“文字考古”的维度。和周著有着显著不同的是，本书立足于哲学视角，挑选出古汉字研究的部分成果带进哲学和文化学车间，再加工成本书所需要的新产品：华夏先民原初的哲学样式和文化样式。由此引出了本书的第二个维度即哲学维度。

正因为如此，本书特别重视古汉字的初义及其获得初义的路径。这就涉及一个很重要的话题：如何理解“初义”二字。今人所能接触到的最早的成型汉字只能是商周时的甲骨文和金文，但它们显然不是华夏先民最初使用的文字。新石器时代的史前纹饰符号（以仰韶、龙山等地的陶文为代表），更像是先民们所刻画的初文，但只有很少一部分进入古文字学者的研究成果，且研究手段只能是合理推测。所幸的是古文字学者们一直都在追寻初义，也称之为本义，并留下大量训诂学资料。笔者远非古文字业者，所能做的只是部分引用前人的古文字研究成果，从有关“初义”和“本义”的多种解释中，尽可能寻找出自认为相对可靠的解决方案。笔者进行寻找或判断的依据，更多地与哲学有关，也即多基于哲学的视角。

千万不要被哲学字眼所吓倒。只要您高中毕业，又对本书话题感兴趣，自然就能看懂。也无须记住书中生僻的古汉字，那是给学者们留的。凡是中等以上文化程度的在校学生、汉语教学和汉语爱好者、汉语写作者、对中华文化和哲学感兴趣的外国朋友以及那些试图帮助孩子获得良好语言能力、建立母语文化认同的年轻的中国父母们，只要愿意一读，都能比较轻松地进入本书话题。

本书无意讨论哲学话题，仅仅是将某些哲学分析方法作为特殊的考古工具引入本书，进而从古汉字中发掘出曾经流淌在华夏先民生活中的文化、哲学乃至生活乐趣。举汉字“人”为例，本书并不打算涉及高深莫测的人学理论，也不打算像《文字考古》那样在史料中描述华夏先民的原始意识，只是将刻画在甲骨文中的那个“人”字，还原为一个“劳作之人”，再同西方文化中的“面具之人”（英文“人”person 的拉丁文前身有“面具”和“位格”义，演好上帝分派给自己的角色，守住自己在 Logos 中的“位格”，就是每个人的人生。上帝就是那位在剧场之上俯瞰人世一切的唯一神。英文 god 有剧场屋顶观众义）进行比较，从中演绎出中华哲学和中华文化的原初样式。由此演绎的成果既是演绎对象的一孔之见，也有笔者的一己之见。不足和错误在所难免，欢迎方家批评指正。

本书所使用的哲学工具被称之为“在的哲学”，先是借用后期海德格尔和后期维特根斯坦的启示，再从中华传统哲学中吸取营养，最后融会贯通而成。相对应的西方哲学（准确地说是后期海德格尔所批评的西方形而上学）被称之为“思的哲学”。详细介绍这样的一件工具不是本书的任务，简略且通俗地描述一下中西方哲学的根本差异，希望能对阅读本书的兴趣做加法而不是减法。

把生活世界比喻为一条无形也无尽的河流，直接在河流中游泳的哲学话题构成“在的哲学”；坐在河岸上对河流、泳者及游泳过程进行观察的哲学，构成“思的哲学”。所谓“在”，意即我一直在生活河流之中（此即“天人合一”命题的最初涵义），我既是生活河流中的游泳者也是生活河流的生成者，其哲学形式多是对生活（即游泳）的直接体悟。所谓“思”，意即所思者成为反思之我的对象物，通俗的说法叫“物我两分”。思的哲学就是对世界和我进行观察、反思及论证的哲学，所关注的是我和世界所呈现出来的现象。生活本身的意义当在游泳过程中，而非对生活河流和泳者的观察中。从这个意义上说，华夏先民在生活世界里游泳的哲学或许是指向未来的。这也是后期海德格尔哲学的意义所在。本书的目的就是要推开古汉字的一扇扇石门，进而呈现出华夏先民在生活河流的不同区域中游泳的不同姿势。哲学只是以工具的形式进入本书，所呈现出来的也只是哲学工具使用后的效果。读者自然也就无需理会哲学工具自身的样子。带上各自的思考力，进入本书所谈论的话题，推开一扇扇古汉字的石门，领略中华文化和中华哲学的原初样式，才是读者和笔者需要共同完成的任务。

无论对笔者还是读者而言，进入本书话题都是一次激动人心且生动有趣的经历。它不仅是一次文化（哲学）探险和寻宝行为，还是一次在历史深处对话我们自己的行为。华夏先民的文化样式注定和今天的我们一脉相承，先民们曾经游泳过的生活河流一直流淌到了今天。那些古老而神奇的汉字，像化石一样点滴汇聚了华夏民族生活河流的源头。最初是一派清澈，简洁、天真，充满活力，远没有后世的陈腐和污染。在今天的我们看来，那就是神的河流，那就是天堂之水。游泳于其中的华夏先民们的思想之光足以穿透历史、射向未来。需要我们做的，仅仅是去推开上古汉字的一扇扇石门。

周灭殷商后，出于对前代殷商族文化记忆进行遮蔽的需要，相当一批汉字开始遭受不公正待遇，其初义或被清洗或被篡改或被污名。其典型标志就是荀子所言的“刑名从商”，原本属于商人用于氏族认同的原始巫术如黥额等，被周人用作处罚罪犯的刑名。华夏民族史上的第一次文化改造运动发生于此，周代以后更是愈演愈烈，至秦始皇时代发生了“焚书坑儒”事件。了解这一历史真相，并非是为了要追责古人，而是为了帮助今天的我们更健康地走向未来。

笔者无意将本书写成一本形式上严守学术规范的著作，更不愿意那些晦涩的术语和多得令人生厌的索引吓跑潜在读者。文字训诂原本偏冷，又需要足够充分的引证，如按照学术著作规范，资料索引加上术语解释的篇幅可能会将本书的厚度放大一倍。本书尽可能将它们省去。若遇到不太熟悉的训诂学术语，建议去网上搜索，既可节省本书印张以利环保，又可避免令那些早已熟悉这些术语的读者生烦。为保证一定的学术性，本书还是保留了相当多的资料引用，希望偏爱通俗性的读者不至于厌烦它们。繁忙时可先跳过它们，空闲时再静心品读甚或追问其中的逻辑关联，会有新的感悟。生僻汉字还是不用记它，那不是本书的目的。

每个人都是上古语言的受益者，探索古汉字里所隐藏的关于中华文化和中华哲学的秘密，会让我们再次受益。正是基于这一理由，笔者认为在学术性与可读性两端之间，舍弃任何一端都是难以接受的。限于笔者的学识和文字能力，又无法将两者融合得水乳交融。这是笔者需要向读者事先说明并致歉意的地方。

本书所选用的古汉字字源和训诂资料，构成了本书的第三个维度，即传统的训诂学维度——作为本书的基础部分。其中的大多数来源于上海新世纪出版集团之上海教育出版社 1999 年出版的《古文字诂林》一书（共 12 册）。该书属上海市古籍整理出版规划重点项目，邀请了一大批拥有很高学术地位的古文字学专家担纲学术顾问，并组建了一个阵容强大的编纂委员会。特别值得一提的是，该书采用八种古文字字体。这也是笔者钟情于该书的主因之一。另有少量字源和资料选自《汉语源流字典》（谷衍奎编，华夏出版社 2003 年版，本书正文落在谷衍奎名下的见解均源于该字典）。谨向编纂者和出版者表示感谢和敬意！恕笔者引用时就不再一一标注来源索引了。至于其他来源的资料，本书一般会简要点明出处。

如何对训诂资料进行取舍判断，对本书的写作来说是个重大问题。笔者渐渐悟出了一个方法，可类同于“最大公约数”法。其基本态度是，首先要对前人之说怀有敬意和“学术善意”，相信他们全都出于学术目的，所言皆有所本。然后努力从中寻找出一个尽可能满足各家之说的方案来。如将每一个汉字的流变历史比喻为一条小河，不同的学者看到的可能是这条小河在不同处的景观，尽管都以为自己是在追寻初义。本书打算通过“说”出古汉字背后有关先民生活、文化和哲学故事，来表明自己“看”到的更像是汉字河流的源头。这一做法首先可保证所得观点有较广泛的解释力，因为它从一开始就尽可能多地顾及各家之言。

以笔者浅见，“文字考古”话题中的观点解释力，或许还应加入如下考量：1. 在相应的观点之下，汉字的构件是否符合经济和美学原则，一个字中的每个构件是否都得到了合理解释，既无遗漏，也无重复；2. 字的初义与引申义之间的连接是否自然，越自然或许意味着观点越具备合理性，反之则存疑。对各家之说的兼容、文字背后的生活故事（及其哲学理解）等，也当成为重要的考量因子，前文已叙。另外一个重要事实是，不同汉字在历史中的境况是大不相同的，甚至迥异的，如“辛”“妾”这些汉字就遭受过污染、遮蔽和歪曲等不公正待遇。说出这些故事，成为本书的一个重要内容。本书所能做的，也只是其中很小的一部分。

另一份幸运是，写作过程中恰遇朱大可先生新著《华夏上古神系》（东方出版社，2014 年版）出版。朱著以“音素学考古”的方式切入，创新性地再现出世界（及华夏）民族、语言和神话同属“非洲起源”这样一个理论视角，并进而概述出华夏第一代、第二代和第三代神话的基本脉络。其“因素学考古”更是直接将本书“文字考古”带向全球视野，这是笔者特别要感谢的地方。笔者此前零星接触过“非洲起源”说，学界很早就流传有周民族来自西方一说，孟子也曾说过周文王为“西夷之人”（《孟子·离娄下》）。但能将古汉字话题与“非洲起源”说结合到一起，则是受《华夏上古神系》特别是“因素学考古”的启发无疑。

虽然“非洲起源”说的历史细节尚有待挖掘和完善，但其表达的思想——笔者将其表述为“将人类生活世界接续为一个整体”的努力——则是笔者高度认同的。该思想不仅在互联网世界中正趋向现实，同时成为国际组织、国际公约乃至国际学术交流的共识。反过来说，如没有这样一个共识在，所有的国际组织、国际公约乃至国际学术交流都是值得怀疑的。“非洲起源”说成为本书的第四个维度，进而启发了笔者对中西哲学差异原因的新思考——基于“非洲大迁徙”背景的思考，并逐渐将“中华哲学为何以及如何远离帝神传统的？”这类问题带进写作中。值得庆幸的是，本书寻找到了华夏先民（准确地说是王权）疏远帝神和宗教的大量古文字痕迹，进而发现了充满神性力量的古文字地质层。本书后记《唤醒文化地质层中的神性力量》汇集了部分思考成果。要想更好地理解先民们的文化样式，需要我们将自己前置到他们的时代中，而非只是用“科学”的眼光审视他们。本书也保留了一些内含有与《华夏上古神系》存在某种不一致的描述，笔者更多地将其理解为源于维度（以及由此而来的资料）差异，以方便读者多维度地思考。

至此，本书已展现出自身的四个维度：基于后期海德格尔和中华传统哲学的哲学思考即“在的哲学”，朱大可先生的“非洲起源”说，周清泉先生的“文字考古”，加上传统的“文字训诂”（以《古文字诂林》为主）。最终呈现出来的是上述四个维度之间的观察方案及其景观。笔者对该方案可能有的错误负责。笔者渴望的第五个维度——中西文字比较，只能寄希望于贤者了。本书只是在一两个地方涉及了这一维度。

本书分为五章，由四十篇（节）既相对独立又构成联系的文章组成。各章节标题所起的作用如同包裹上的标签，以方便对打包进对应包裹里的相关文字进行识别。因此也就不意味着本书就各章节标题所指向的话题展开了讨论。毕竟是古汉字在说话，而非某个写作者在说话。

本书在修改过程中，重点参阅了研究夏商周历史的三本新书。第一本是郭静云著《夏商周：从神话到史实》（上海古籍出版社 2013 年 11 月版），第二本是日本讲谈社出版的“中国的历史”系列之一、[日]宫本一夫著《从神话到历史：神话时代夏王朝》（吴菲译，广西师范大学出版社 2014 年 1 月版），第三本是讲谈社“中国的历史”系列之二、[日]平势隆郎著《从城市国家到中华：殷周、春秋及战国》（周洁译，广西师范大学出版社 2014 年 1 月版）。

上述三书都关涉两个重大话题。

话题一：有没有夏朝或夏代？三书都倾向于认为有夏朝，有大量考古资料及分析，也即郭著书名所言的“史实”。笔者也倾向于认为或有夏国，且有可能发源于长江流域（郭静云称之为“夏水古国”，其形式应是联合城邦古国，夏国神史也是众多古国历史合并的结果）。《文字考古》认为有夏族无夏朝，其中一条重要理由是夏朝帝王系表是从殷商帝王系表复制过去的。笔者认为这很有可能是下列情况：因夏国资料失传，后人只得复制殷商的王系作为补充。否则诸多后世政权争先标榜自己为夏的正统就很难做出解释。可取的态度当是存疑待考。

话题二：甲骨文与夏有无关系？因目前尚未发现夏有文字传世，笔者暂时将汉字初义背后的生活场景归之于殷商人。甲骨文中的人殷燕音诸字音同义通（见书中有关章节），足以旁证汉字与殷商人生活的紧密关系。至于汉字发展在殷商人与夏人之间有无传承渊源？笔者倾向于认为会有传承关系，但现在给出结论则为时尚早。提前说明这一点，是希望读者不要误认为本书否定此传承关系，书中大量的文字表述容易造成这一误会。书中归在三位作者名下的观点，当来源于各自的著作，恕不一一标明出处了。

古语云“中国失礼，求之四夷”，孔子曰“礼失求诸野”，说的是华夏文明中某些被遗忘的精神财富，或许要去周边少数民族文化中去寻找。最近三十多年来少数民族文化的挖掘整理工作获得较大进展，为寻找中华文化的原初样式提供了新的路径。其中，云南人民出版社推出的《彝族文化研究丛书》（1985 年至 2010 年已出版 59 种）堪称样板。尤其是彝族十月太阳历的研究［参阅《文明中国的彝族十月历》（刘尧汉、卢央著，云南人民出版社 1986 年版），《用天文历法解开源头文化之谜——关于河图洛书的几个问题》（刘明武，刊《汉学研究》2011 年第 3 集）等］，很好地诠释了中华文化和中华哲学中的诸多元概念和元问题，如河图洛书、阴阳、太极、五行、八卦、干支等。本书的有关章节援引了其中的少量成果。在此向诸位作者一并致谢！笔者乐意相信，随着少数民族古文献和古文字研究的不断深入，一定会为汉字考古带来更多惊喜。如果说汉字考古这类工作类似于西方文艺复兴中的“人文典籍发现”，那么少数民族文化的研究成果或类似于西方近代文明中的“地理大发现”。复兴中华文化纯正、干净的源头，需要前往更为遥远的时空中寻找。读者和笔者不妨翘首以待。正是因为考虑到少数民族文化参与其中，本书一直坚持谈论“中华文化”而非华夏文化。就探讨中华文化源头这一话题而言，“华夏文化”的称谓自然更为精准，也容易为更多的学者所接受。

细心的读者或许还能观察到，本书在资料引证方面呈现出一个由浅入深的推进过程。这原非笔者特意为之，而是自然形成的结果。本想再花点时间，在前面的章节中加强一下资料工作，向整齐划一方面靠近一点，后来还是觉得原生态样式为好（同时在个别章节做了些必要的补充）。进入古文字探险本身，就客观存在有渐次推进的过程。好在本书并非要总结什么，只是想尝试一些新东西。

最后想说的是，每个人都有了解母语文字初义的权利！如果要说本书有点价值的话，其最大的价值或许就在于唤醒这一权利。

2014年3月16日于北京

第一章　言说的我们

当我们运用语言说出生活时，究竟是我们在言说生活？还是生活借助我们和语言说出它自己？抑或是语言借助我们说出生活世界连同我们自己？人们甚至可以认为，语言和言语本身就是生活，探讨某种民族语言怎样运作实际上是在探讨该语族怎样生活。……回答上述问题的诸多策略，当与各语族的生活模式、同生活世界相遇（及打交道）的方式有关。

先来看看不同民族语言是如何说出“语言”一词的。

海德格尔与日本学者九鬼周造伯爵和手冢富雄教授，先后就语言话题各进行过一次对话（可参考《从一次关于语言的对话而来》，见《海德格尔选集》第 1005 页以下，孙周兴选编，上海三联书店 1996 年 9 月第 1 版），从中可以一探日语关于“语言”的“言说”。日语“语言”（koto ba）一词，由 koto（粹）和 ba（花叶，花瓣）组成。九鬼周造将 koto（粹）理解为“喜悦之源”，手冢富雄则理解为色和空相互作用中得以发生的那个东西（海氏理解为“本有”的道说）。笔者认为“空”和“本有”同源于生活世界，“色”则如同海氏的“大地”，此处可指向言说者，koto（粹）可描述为生活世界进入言说者内心的一株无形植物，并最终开出了花叶（ba），伴随有喜悦感，语言便自然出现了。日语“语言”一词的本义是：生活世界进入我们内心后以语言之花的形式“说”出它自己。

古希腊文没有语言一词。按海德格尔的说法，他们将语言这种现象首先领会为话语，哲学思考以逻各斯（Logos）为首要对象，且以逻各斯为主导线索来清理话语形式与话语成分的基本结构，语法在逻各斯的“逻辑”中获得基础。逻各斯义即让人察看话语所谈及的东西［《存在与时间》（修订译本）第38、第193页，海德格尔著，陈嘉映、王庆节译，北京三联书店1999年12月第2版］。希伯来文“语言”一词来自于上帝之言，可视为上帝创世时对世界的设定（太初有道，上帝与语言同在），人因为分有上帝的设定而有了语言。对两希文明来说，上帝、世界及逻各斯三者可通，都和“世界的整体连续性”有关。对象世界作为一个连续的整体，上帝就是世界整体连续的“一”且赋予人格化，逻辑则是世界整体连续的规则化。始基、实体、理式、存在、终极原因等西方哲学概念，全都基于世界的整体连续之上。无论是遵循上帝或逻各斯（Logos）而言说，首先都是世界（上帝）设定了言说，人和万物在世界的设定中而言说。

在古汉字中言说生活世界的华夏先民，是如何说出“语言”的？又是如何说出自己的？

1.1. 语言中“谁”在说话？
——“言、音、咅、辛、干、千、曰、谁、文、字”及其他

汉字“语”由言和吾合体成字，当先有言（、），而后有语。《说文》释言为“直言曰言，论难曰语”。释义不详。甲文言从口，辛（qian

音）声。高田忠周疑䇂为衍，衍和言音义相近。马叙伦认为言从䇂得声。吴其昌认为古文辛言为一字（古文辛䇂可通）。郭沫若认为言音同类，两字都像口吹乐器形。叶玉森认为言从有出口生愆义（释䇂为罪、为愆），主张慎言。于省吾认为“言音初本同名”。徐中舒认为告舌言三字都从“木铎之舌”获义，故初义相同。

《说文》释音（、）为“声也。生于心，有节于外，谓之音。宫商角徵羽声，丝竹金石匏土革木音也。从言含一”。义为乐音。关键是音所“含一”有何意。林义光等认为“一以示音在言中”。高田忠周认为“一以象其意”，与甘从口含一同意。释义不清。马叙伦认为古人不会先造言字，然后说音在言中，对林义光等人之说提出质疑。进而推测音即声的本字，声为音字的今文。徐中舒认为音“象倒置木铎及铎舌之形，（音）与告、舌、言实为一字”。笔者按，徐说寓意音所含一即为木铎（或木铎之舌）。

笔者认为徐说有可信之处。音言原本同源，造字六书中属会意字，会“口吹乐器”意。音所含一或为木铎及铎舌（古有“振铎以令兆民”说），或为其他乐器。言，从音省一，所省去的正是木铎、铎舌或其他乐器——它们均表征有特定含义。言因此成为音的泛称，表征一般意义上的音，也即音的共相。由此可判断当先有音而后有言，许慎颠倒了两字先后顺序。音和言都先于语，华夏先民最早的声音语言或是乐音，且很可能是器乐音！先民们“口吹乐器”先得音字，后从诸音中得言字。音言二字的读音，按《文字考古》的说法，当和殷人之殷、玄鸟燕雁及人字的读音相通（见“第 1.5 节”释人，“第 5.6 节”释燕雁殷等）。背后的寓意或许是：唯有人才可以发出音言。

按照《人类沟通的起源》（迈克尔·托马塞洛著，蔡雅菁译，商务印书馆 2012 年 9 月版）一书的说法，灵长类大猩猩的叫声包括语言诞生之前智人的叫声，都不能算是语言。这类叫声传递的只是情绪信号，仅受基因控制，可一视同仁地传递到附近所有个体的耳朵里。它们的手势则是通过学习获得的，可吸引同伴的注意力，传递沟通意图，具备人类沟通的基本特征。该书的观点是，人类语言连同句法最初是从手势语（以手指物和比划示意）中得以孕育和发展的。

甲文音言二字则提出了另外两个问题。

问题一：华夏先民为什么用乐音（音言）来命名汉语“语言”？哲学上的猜测是，所有喉咙里直接发出的声音动物也能做到（且未必是语言），唯有借助乐器发出的音言是动物做不到的。接受者或许正是依据这一差别，认识到什么是人的语言，什么是动物的叫声。人因此成为语言的动物，而动物则没有。历史学上的猜测是，此时的先民们尚未捕捉到有确定语义的语音可供学习模仿。如同聋哑人因不能捕捉到有意义的语音，而不能正常言说一样。语言学上的解释是，人类最初的肉声多和情绪相联系，不能有效传达意义。动物的叫声只有情绪，更是远离了语言。

器乐音不仅音质稳定，且可远距离传播，这是手势语所做不到的。还能很方便地与特定语义建立起关联，特定的器乐音（言）可绑定特定意义：狩猎、战争和祭祀等。在实践中不断重复趋向固化，因而成为最早的一批声音语言。口腔发声系统有了第一批可供模拟且相对稳定的语音之后，肉声语言才有可能。设想当时如出现一种从未有过的器乐音，定会引起附近所有族群的好奇与警觉。

问题二：如果不是人发出的器乐音，而是万物发出的声音，该如何用文字来表征它们？答案是华夏先民造出“音”（bu 或 pu 音）字。《说文》释音为“相与语唾而不受也。从丶（zhu 音，古文主），从否，否亦声”。释义不明。林义光释音为否字初文，显然没有理解音字“从丶”

何义。马叙伦认为音为唾字初文。一说音为古文呸。诸家之说因受限于许慎所言，没有触及音字初义。

笔者认为言音音都从䇂。《说文》释䇂（）为“从干二。二，古文上”，释义不清。诸家多从许说，释为罪。按《文字考古》的说法，周灭殷商后，孔子说周人是“因于殷礼，所损益，可知也”，但其中不乏或遮蔽或羞辱或篡改的做法，《荀子》所言的“刑名从商”（周及以后的刑罪名称多来源于商朝）尤为典型。刑天、黥额、辛鼻、赭衣原本源于殷商人的氏族认同巫术礼仪，全被周人用于刑罪之名用。由此可推䇂字初义当与罪无关。

《说文》释干（）为“犯也。从反入，从一”。义即干犯之干。一说干即竿字古文。一说干与捕鸟工具（古文禽）相通。一说为干戈之干，兵器。一说干为狩猎工具。

笔者认为诸家忽略了干“从反入”的含义。正午过后，日影开始呈夹角形向测日架下移动，即为入，也为五后之数六。入有内入义，日影进入测日架之内即为入（见“第 2.5 节”释六入）。干“从反入”表明，干正是测日架上的那个测日影工具，形制或为十字尺，或与捕鸟工具相通，或为其他；入则是干投在地面上的影子。日光照射于干，在地面上形成投影。其影在正午时刻呈午五之形，此后由西向东进入测日架下即为入。干与其投影入，因日光偏西而呈相反形，即干在字形上“从反入”。干最初被用作对话于日神的神器，进而获得介入、作用于对象物义。今文中的干扰、干预、干活等，均保留有此义。天干之干有上天主动作用于大地义。干戈之干等当属于后来义。

甲文䇂从立从丨（shu 音），非《说文》所言的从干二。此处丨当源于殷商人的祭神架，在甲文中弯成丂丂形，或出于对话神祖的需要，模拟祭祀者的曲体恭敬之形。立（）《说文》释为“住也。从大立一之上”。立所从大，取材于人形，甲文大与人可通。商承祚等学者怀疑立为地字初文，立所从一为地，立象形人立于地上。与天（一在大上，即天在人上）相对成文、相对获义。另有诸家多认为立位同字，立初义表征神祖立于祭位。立所从一即为“祭位”，可理解为神位和牌位。立之所以获得祭位之位义，是因为立所从一或为丅（古文下）字的省文，立字所省略掉的正是丅下所从丨所表征的祭神架。给立添上祭神架丨，则成䇂字。立䇂两字之所以义通音殊，是因为䇂从千得音义，䇂千音同义通。

千（、、）《说文》释为“十百也。从十，从人”。义即数字千。非初义。林义光认为古文千不从十,千身两字古音近，疑千为身字省形。一说千与人古音同部，声相近。笔者认为䇂千两字同源异构，源于人形得字形。所不同的是千字取形于人身，䇂字取形于神祖牌位，因此千实而䇂虚：千指向可见世界，以具象人身表征万物之身，后引申出数字千义，大千世界因之丰富而多彩；䇂指向命灵世界，以虚像的立位指称万物之灵，命灵世界因之神秘而无限。大地万物因千而能同，同为千；天地神人之间因䇂而可通，通于䇂。甲文中从䇂的龙凤辛妾等字（见本书有关各章节），都具备与上神沟通的神性。

许慎之所以释䇂从干二，是因为误认立为二，误认祭神架（丨）为干。立与神祖（二）指称可通，祭神架（丨）与干形义可通，许慎之误情有可原。即使按许慎所言䇂从干二说，也可推出䇂初义为对话上神和先祖，与罪义无关。

䇂初义是对话神祖的礼器，后被周人演绎为罪义，缘于周天子对神权的垄断行为（笔者按，颛顼的“绝地天通”事件则是这一垄断行为的曲折反映）。原本测日工具的干，被演绎为干犯之干，透露出周人对殷商文化的打压史实。从䇂以及从辛的众多汉字，也都被误释为与刑罪有关，以至于它们的初义被埋没。

从䇂的咅后来又孳乳出呸。移咅下口至左旁，改咅所从立为丕，即为呸。丕和立在古文中可通，均指称先人。咅与呸分流后并没有相去太远，呸降格为“唾面”义，咅则被疑为呸的初文。两字最初的来源以及初义淹没在历史深处。

回看言音咅三字，音言所从口为人吹乐器之口，人吹奏乐音而有音言；咅所从口乃万物之口，万物言说自身之口；人之口和万物之口的不同之处，正是音言所含的“一”即乐器即木铎（音言有该一，咅则无该一）；人之口（音言）和物之口（咅）的共同之处，是人和物都在“其名自呼”。音言所从䇂，通向上神和殷商人所崇拜的氏族神祇。按《文字考古》的说法，殷商人以玄鸟为命灵，以空桑为木母即传播命灵的媒介。扶桑十日为第一代命灵，对应于后来的十天干。殷商人子皆由第一代命灵转世而生，也都以十天干中的某个神祇为名。故言字读音如同玄鸟燕雁，音字读音如同殷人。咅所从䇂通向万物有灵（即万物有丶主），故咅被《说文》收入丶部。从咅的汉字也都可以描述为各物“自呼”，例如咅遇土为培，遇水（氵）为涪，遇阜（左阝）为陪，遇邑（右阝）为部，遇石成碚等，培涪陪部碚诸字的读音均来源于土水石等物与咅相遇时的“其名自呼”。

为音言咅均从䇂这一说法能提供旁证的有曰（）字，《说文》释曰为“词也。从口，乙声。亦像口气出也”。罗振玉认为卜辞曰从一不作乙，晚周礼器（铭文）曰有像口出气形的。皇侃认为开口吐舌发声即为曰，曰象开口吐舌形。高鸿缙引《孝经音义》称：曰从乙在口上，乙像人将发语，口上有气。徐中舒认为曰象木铎倒置形，表示振铎者将发语告人，一为木铎的铎舌。振铎宣令为曰字的本义。笔者认为曰初文表征殷商先民模仿玄鸟乙的鸣叫声的一种拟声行为，曰所从口为人发声之口，所从乙为玄鸟燕雁，乙字的读音当来源于燕子的鸣叫声，即燕子的“其名自呼”，乙的字形来源于燕子的侧面视像（见“第 1.3 节”释乚乙）。“天命玄鸟，降而生商”，殷商人以玄鸟为氏族图腾，对玄鸟的拟声是出于氏族认同的原始巫术行为。曰所从乙声之乙，与音言所从辛可通，都是对话于神祖和上天的工具。曰的发声方法或许是口中含有植物的叶片，未必就是肉声呼出。后从中演化出铎舌，与音所含“一”可通。甲文曰与音言因此可通，神奇的木铎（一）应是连接音言曰三者间的物质纽带，它们共同的精神纽带则来自于神祖和上天。曰和音乐之乐音同义通，可为之旁证。曰和言后来都转而特指口腔肉声语言，却在字形上依旧保留有当初吹乐的痕迹。

回到本节主题：语言中谁在说话？表面上看，好像是在先民同乐器相遇的过程中，语言自己出来说话。如改从言说者角度看，又好像是言说者在说话，先民以吹器乐的形式“说”出音言。实质上则是人与世界相遇的过程在说话。先民同乐器相遇，是先民同世界相遇的一个缩影——如同先民进入生活河流。先民吹奏出来的器乐音，如同先民在河流中划动的水纹，自然流淌出意义。语言原本是在先民同世界（如乐器）相遇的过程中生长或流淌出来的，生长或流淌的过程就是言说世界（连同人）的过程。语言之所以可能，是因为口中的乐器（一）。语言之所以有效，是因为从辛：可对话于上神与先人，也可对话于万物。音言二字所从辛，其作用相当于希腊文中的 Logos，将语言同生活世界连接为一体。背后的哲学故事是，华夏先民通过祭神架将现实世界与神祖世界连接为一个整体。

人与世界相遇的过程就是人的生活本身。音言二字告诉我们，人类语言的实质是生活自身在说话——生活说出语言的同时语言也在说出生活自身。这就是华夏先民对语言的最初理解！特别需要说明的是，先民们对语言的理解远非形而上学语境中的理解——人站在语言对面理解语言（语言成为观察对象），而是先民直接在语言行为（即吹出器乐音）中使用语言，也即在使用中理解——听懂了语言就是理解了语言。

至于语字读音，《文字考古》给出如下场景：渔女面对捕捉在手的鱼，见鱼嘴一张一合以为鱼在和自己对话，便模拟起鱼嘴的动作，吁气呼出 yu 声。后便以 yu 声称鱼，渔女自呼为女，人对鱼而语的语也读 yu 声。于鱼女渔语诸字读音来源于同一个现场。笔者按，上说未考虑到古今语音的实际变化。倘若诸字的古今读音有变，则需要假设它们之间的音同音近关系没有改变，上说方可成立。

人所听见的声音在甲文中叫聲（简体作声），和馨同源同体，且都和祭祀有关（见“第 5.2 节”释声）。祭祀中的声音和花香原本同源，同来自于世界、神祇和先祖的启示或赐予，只是一入鼻一入耳罢了，因此而有了区别。声音可视为进入到耳朵里的花香，花香则是进入到鼻子里的声音。依靠花香和声音，华夏先民与祖先与神祇的交流因此有了媒介和管道。此说和日文“语言”（koto ba）一词的本义曲径通幽。

不同乐器所发出的不同音质及相关特征的音言，或许为周边不同的部落所拥有，且有可能与氏族图腾有关，相互宣示着各自族群的存在；或许还有着更多不同的用途、表达更为复杂的意义，例如祭祀、战争、狩猎、和平、迁徙等。远古而神奇的音言，对内可协调族群、统一行动，对外可宣示族群的存在、传达给周边族群以不同的信息。

当时的先民应该也能通过口腔发声表达简单的情绪意义（如喜悦、惊奇、愤怒、悲哀等），如同动物们一直在做的那样，或许比动物们的叫声还要复杂。但和音言比较起来，它们都是有限的（如意义不确定，不利于传播等），甚至是先天不足的（无法建立起共同理解的内容），因此才需要器乐的音言。甚至连从口腔发声的曰字，最初也要从吹乐的音言中衍生出来。

是不是每位原始初民都可以曰（言）呢？答案一定不是。曰只能是掌握在部落的头领手中，最初的曰代表着一种发布指令的权力，即“振铎以令”，即王曰或上曰。语族群体对语言的依赖和崇拜之情，在一次次的王曰中得以孕育和成长起来。华夏民族的早期文化记忆中，不乏有“帝卜曰”及后来的“子曰”，几乎没有“民曰”。从中可窥见曰的权威性。

最神奇的当是本文标题里的那个“谁”字，虽说在金文中才出现，但组成谁字的部件“言”和“隹（cui 音）”甲文中全有。甲文隹象形跳跃的雀鸟，指向鸟或鸟的羽毛。有“言”从一片羽毛或一只雀鸟（隹）的背后传出，但发出音言者却没有现身，听者自然会问：谁？也有可能是说话者来自其他遥远部落，其话语如同鸟语难解，听者同样会问：这又是谁？另一种可能是，谁所从隹，表征图腾旗上的神鸟。顺着陌生的音言声望去，一面面图腾旗招摇而至，他们是谁？

证据之一是，“鸟”及相关部首（含隹部）的古汉字阵容庞大，如同远古群鸟遮云蔽日而来。唯有那只能“言”的隹鸟不在群鸟的队伍中，孤独地指向没有识别出身份的人（谁）——隹极有可能是远古图腾鸟。更为有力的证据是，所有与言有关的古汉字都指向语言行为，华夏先民也正是通过音言来确定发音言者是自己的同类——哪怕新的音言暂时还没有听懂（谁）。

音言和王曰都需要记录下来，最初能记录的工具只是文（）。《说文》释文为“错画”，交错刻画成文，文有刻画和图画义。商承祚认为文象人形，初义为“被发文身”之文。吴其昌认为古有“文且（祖）”和“文母”等文尸风俗，饰尸以祭。文身（及文尸）图案当取材于对图腾物神兽、神鸟、虫鱼及植物、山川的刻画甚或蕴含有对神祖的想象。一说

“文”字的初形来源于龟甲裂纹。笔者认为文源于龟甲裂纹说或可解答文的读音来源，寓意文与裂璺之璺（纹）、问卜之问音同义通。经历一系列庄重而神圣的仪式之后，被神草（蓍草？包茅？）之火精密拷问的龟甲开始裂璺（纹），神祖关于族群未来的启示或警醒透过龟甲裂璺得以呈现。巫祝们可依据龟甲之文而问未来，进而达成对未来的书写。先民文身的最初动机中即内植有指向未来的功用：在未来行动中保护好自己或杀死敌人并猎物，且能方便与神祖沟通。能够干预未来的卜巫之文结合图腾神力，理应受到先民们的崇拜与追捧。

因甲骨文需消耗大量原料，且加工过程复杂，越来越不能满足人神之间日益广泛的对话需求，按朱大可先生在《华夏上古神系》中的说法是“弊端已经昭然若揭。周人不得不另辟蹊径，寻找新的对话道路”，蓍草问卦应时而生。笔者想补充的是，在殷人以火问甲到周人蓍草问卦的转变过程中，神奇的文当起着内在的纽带作用。外在的纽带作用则是由蓍草之火在龟甲炙烤现场连接着。或许在某次偶然的龟甲炙烤中，蓍草和龟甲呈现出来同样的文来，因此启发了最初的蓍草占卦人，他极有可能是殷商人。甲文和蓍卦都是在以问的方式，祈求神祇和先人显示出相应的文来。蓍卦之爻与龟甲之文在字形上有相通之处，同属于交错刻画而成字。人之问和神之文共生于同一过程中。又因占卜之文能指向未来，才有资格代表人的书写，走进“语言”之中，文字语言因此而生。

另一个重要事实是，汉字字音（即言）与音乐同源，字形（即文）与绘画同源，古汉语也叫“文言文”。声音语言和文字语言虽然有着不同的源头，最终却相会于同一个语言系统，相会于同一个生活河流中。笔者进而认为《人类沟通的起源》所关注的手势语既是两者共同的起点，也很可能是两者会合的桥梁：人“以手指物”的手势（源于类人猿“获取注意力的手势”）很像是看得见的声音（沟通者和接受者会形成共同关注的焦点），而人的“图像手势（比划示意）”（源于类人猿“改变意图的手势”）中则蕴藏有绘画图形（沟通者意欲接受者能按照图形所示改变其意图）。即使在数千年后的今天，音乐和绘画对培养人类语言能力的重要性依旧不减。两者（音乐和绘画）不仅同属于广义的语言范畴（广义语言还包括手势语、身体语言和旗语、暗号等），同时还以艺术形式延续着也探索着人类与世界相遇的那份古老能力。

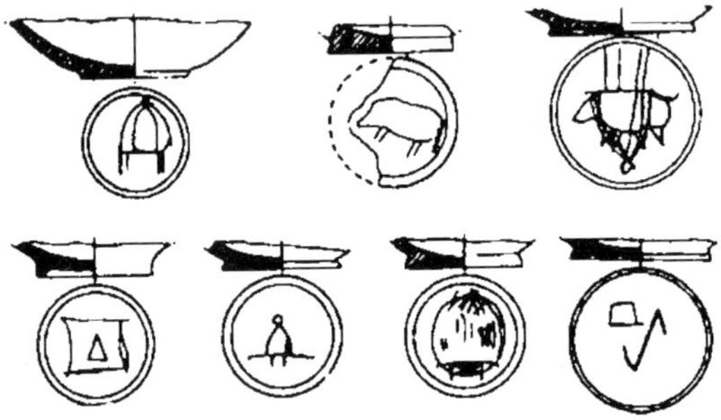

安徽蚌埠双墩侯家寨器底刻画文字（引自《夏商周：从神话到史实》第 298 页图一三一），距今有 5000 到 6000 年。郭静云认为最早出现文字符号的地域应在江淮、江汉平原一带。另有学者认为这些文字符号与甲骨文构字规律一致，可能有传承关系。

对任何一个语种来说，文字（）的出现都是一次革命性事件。而对于汉语来说，字的出现意义格外重大。汉语“文字”中的文是用来表字形的，字则是用于表读音的。自从甲文有“字”的那一刻起，意味着汉语获得了利用字音创造新字的能力，从而摆脱了单一象形文字（文）的束缚，大量形声字借助表音字符被制造出来。汉语“文字”连用“说”出了自身的神奇所在：既保留有象形文字的远古神韵（文），又获得了与拼音文字利用声符造字的功能（字），成为世界文字大家族中的奇观。

《说文》释字为“乳也，从子在宀（mian 音）下，子亦声”，在屋宇下养育人子即为字，有孳乳繁衍义。马叙伦认为孕字本为一字，孕形误为字，古音同在一个音部（之类）。笔者认为由孕到字，寓意人子由母体来到屋宇。“字”的初义所表征的是，屋宇下的人子用嘹亮的啼哭声宣告自己降临于世。汉语“文字”中的字恰恰是表音的，这或许与“字”的初义及婴儿的啼哭声有关。婴儿啼哭声也因此成为华夏先民最早的肉声语言（见“第1.2节”文字）。用特定符号把肉声语言记录下来即为字，且由最初专指婴儿啼哭声的单一符号，逐渐转型为指称所有肉声语言的符号。后世文人有名有字的习俗，最初当发源于此。由华夏婴儿的其名自呼演变为华夏后人的其名自呼。一说字有“养”义。

汉字最初当发源于象形文字。但如果只是限于象形文字，汉字也许早就被淘汰出局了，因为它将不堪重负。古汉语之文原本是图画的产物，言原本是音乐即声音的产物。表音的字出现之后，言开始反哺于文而成字，声音语言成为文字得以生长的新力量，汉语的两个源头（图画和音乐）得以贯通并呈融合之势。通过字音造出新字，汉字不仅成为可读的对象，且由单一的象形文字转变为形音兼表的文字，进而获得了同拼音文字相竞争的能力。语言学上的后果是，汉语形声字中的声符被赋予了表义功能，读音相同或相近的字意义或许可通。

（郭静云认为汉字当起源于长江中游、江淮、江汉地区的先楚、先吴及淮南先民的语言，差不多与西亚的苏美尔文字同时。发源于东北地区的殷商人带来了阿尔泰语系的特征，依照南方构字规律另行造字，逐步发展成为跨语言的记录工具。来自西北地区的周人则带来了羌、藏族语言的影响，汉语进而形成汉藏语系的语言族属。笔者按，殷商人的来源有六七种说法，笔者倾向于《文字考古》所主张的发源于山东说。郭氏所言甲骨文阿尔泰语系特征，有可能来自于殷商人与东北地区的交往。）

诞生于祭祀（和图画）中的文，或许还只是神祇主导的事情，催生于书写（和声音）中的字，则完全是人主导的世界——人通过肉声语言制造出大量新字用于表征更为复杂的生活世界。文和字都呈现在贝壳和甲骨上。虽然先民们已不再是通过占卜获得新文字，但并不意味着字就无法书写未来。字不仅从文那里继承了书写未来的功能，且能通过记录占卜与卜辞（即与未来沟通的方式与结果）而记录未来。

言也因为有了文和字，获得了穿越时空的力量和永久流传的可能，人类因此创造了“历史”。那些最为古老的汉字，成为华夏文化史的最初一批化石，如同一扇扇石门，将中华文化和中华哲学最初的样子掩藏在门后。本书的文字考古也因此而有了必要。

1.2. 说出“自我”的不同身影
——“余、舍、于、丂、勹、予、我、吾、朕、名”及其他

朱大可在《华夏上古神系》书中依据“音素学考古”方法，考证出（人类民族、语言、神话起源地的）非洲“最高神的神名音素标志（A/E/O），是最典型的‘开口呼’（张口元音）。这是全球婴儿学习说话时最先发出的三个元音，也是人类婴儿寻找‘神性父母’时发出的第一声呼号”（见该书第 68 页）。通过该书《表 2-2 最高神：A/E/O——日神、创世神、始祖神》（该书第 69— 72 页）可看出，世界各民族最高神的发音依旧是多为三元音 A/E/O 音开头，但是，“A/E/O 却在汉语的自我发育中发生音转，导致 A/E/O 声母的全面缺席”。这在笔者看来，或许是因为华夏先民离开非洲最高神太过遥远，以至于有所遗忘。值得庆幸的是，在华夏婴儿的第一声啼哭（发音如 A）中，依旧保留有对“神性父母”的呼号。长江黄河流域的诸多省份广泛使用“伢”字（读音与 A 相同或相近）指称小孩。原初事实或许是，当年的非洲初民正是根据婴儿的啼哭声命名

（兼指称）婴儿，并将其理解为婴儿降临人世的自我宣言（即其名自呼）同呼号“神性父母”（最高神的神名）的统一。华夏先民所遗忘掉的恰恰是这一段生活内容，只是在婴儿的啼哭声中保留了部分音素学痕迹。婴儿啼哭声或可视为人类最初的肉声语言，其音质稳定，意义明确，全人类都能理解。

为之佐证的有拉康援引古罗马学者奥路·热勒在《雅典之夜》中所言：梵蒂冈山（Mons Vaticanus）地名来源于“婴儿啼哭（vagire）”一词，发生在“世上至尊高位在那里展示神迹之前”。意即“婴儿啼哭”可视为“梵蒂冈山”一词的初义，“世上至尊高位”义即宗教最高神（见《拉康选集》第 246 页，拉康著，褚孝泉译，上海三联书店 2001 年 1 月第 1 版）。这一段文字揭示出婴儿啼哭与最高神之间的远古关联。

汉语语音可划分为上古（商周秦）、中古（汉至唐宋）、近古（元明清）和现代（民国至今）四个时期。受朝代兴替、民族迁徙和战乱等多种因素影响，古今语音变化很大。好在字音变化具有内在协同性，其结果是古代同音和近音字中的多数，演变到今天依然相差不远。至于声符所具有的表义功能，更是为今人判定汉字间的音同义通关系提供了某种方便。声符相同的字，基本可断定它们的古音有相同或相近关系。

接下来的话题是，优先选择乐器发“言”的华夏先民，如何说出自我？这需要从余、吾、我等古汉字的初义中去寻找答案。它们（余吾我等）同属第一人称代词，为何却各不相同？其中的秘密又是什么？

余（）《说文》释为“语之舒也。从八，舍声省”。语气舒缓为余。林义光认为余为予的异体字，义同赐予。一说舍最初写作余，余舍本为一字。强开运认为余字本有蛇音，舍应从余省，而非许慎所言的余从“舍声省”，主张先有余而后有舍。一说余即除的本字。徐中舒认为余象形屋顶和顶梁柱。高鸿缙认为余从中（古文草）亼（ji 音）会意，中为茅草，亼为屋宇。余为表征茅舍的本字（即初文）。余（此处指从中亼会意的古文余）殷末及西周时用于第一人称代词，春秋中叶后改用从八的余。余所从八，非别义之八，也非数八，象气越于（舒缓）之形，“语舒曰余，行舒曰徐”。按高说，古文余和从八的余当为两字，字义也不同。朱歧祥认为殷文“主词用余，宾词多用朕”，余和朕义同第一人称我。笔者认为可采信的有：1. 初文余上从亼省，下从于得声，后于下加八得余字；2. 初文余表征茅舍，且先有余而后有舍；3. 初文余和从八的余之间当有关联；4. 许慎所言语气舒缓非余字的本义。

舍（）《说文》释为“市居曰舍。从亼中，象屋也。口象筑也”。孙诒让认为舍即施舍之舍，舍和予古音相近，施舍义即赐予。刘心源认为舍当从余（上余下口成舍字），舍有舍（弃）义。高田忠周认为舍字古人用于屋宇、客屋、主人家等义，有居、处、息、舒诸义。于省吾称“舍命”一词为古人“恒语”（固定用法），义同发号施令。陈独秀认为“以余舍（即自家房子）舍予他人止宿”为舍（义同客舍），也即《周礼》所称“路室”。舍主人自称为舍；旅人寻问舍主也称舍，今人称啥（舍啥为古今字）。

笔者认为诸家释余舍或限于屋舍，或限于施舍，未注意余于音同义通。要理解余和舍，先要了解于字。

《说文》释于（、、）为“於也。像气之舒。亏，从丂（yu音），从一。一者其气平之也”。许慎释于用“气之舒”，释余用“语之舒”，笔者推测于余两字当同源、义近且音同，都与气出有关。刘心源认为“舒亏”即纾余，亏即今文于，字形象气舒状。陈独秀认为丂古文中可用作亏（异体于），丂上通接一为亏。高田忠周认为许慎释余所用的“於”即乌字，假借为于，于於周时为古今字，於有自此之彼义。笔者认为於借用为于时有已在某处义，义同在此。林义光认为于本义

为“纡曲”。胡光炜认为“凡言于皆示所在”，卜辞用于有三例，一以示地，二以示时，三以示人（于字和地点、时间、人物有关）；於为于的通假字，秦以后开始使用。马叙伦认为许慎以於释于为声训，古文于於可通借。

《说文》释丂（ㄎ、丂）为“气欲舒出勹（bao 音）上。碍于一也”。从字形释义，所言不详。一说丂为古文于。邵英以为丂即稽考之考的本字，气欲舒出勹上碍于一，有稽留考察之意；此处丂读如 kao 音，丂加攴为攷（亦作考）。林义光释丂为“攷引”，从一而引；丂反文读如呵，丂加口为可。高田忠周认为“一者指事也”，但未言明所指何事。高鸿缙认为丂字所碍的一为“物之通象”，气为物所碍、不能舒出即为丂。一说勹即古文丂，古文有勹无丂。马叙伦认为许慎所释关乎丂的字形，而未触及字义，进而怀疑丂为如何之何的本字。唐桂兰认为丂字“如人怀郁闷之状”，有久留意，有执着意。

笔者认为丂初文象形人屈体（勹）对物（一）作呼喊状。《说文》释勹为“裹也。象人曲形，有所包裹”。笔者理解为人体或立地屈身，或卧地匍匐，均为勹。呼喊者（勹）所面对的物（一）或实或虚，或为上神，或为先人，或为人事，或为梦境里的幻象，或为从前未见之物等，不一而足。面对上神时呼如丂兮（表惶恐虔诚之心），从中演化出伏羲之羲；面对先人时或呼如丂兮（表恭敬虔诚之心），或呼如丂可（听从先人教诲）；面对人事时或呼如丂可（郑重承诺），或呼如丂号（亮出身份），或呼如丂何（相互商讨）；面对未见之物和梦境幻象时或呼如丂何（惊讶中询问），或呼如丂攷（努力寻找答案）。屈体之人（勹）倘若遇到贵重之物（如米），则恭恭敬敬或手掬，或物裹呈匊躹之态。

再联系于於余，考察丂勹。于从丂、从一，音义和於可通；於即乌，一说是乌鸦，一说是玄鸟或三足乌，有在此义；余即我。据此可推出如下场景：屈体之身（勹）所面对的物（一）为乌，乌即神鸟玄鸟，该景象描述为丂；丂上加一得亏于（以及所衍生出的於），所加一表征人的音言（即“气之舒”音言），义即屈体（勹）之人面对神鸟乌（丂所从一）报告说（于所从一）我（余）在此。亏于於三字读音从余而来，从更远的源头语鱼女（见“第1.1节”释语）而来。丂因此成为于的初文，丂亏于於四字音同义通。和丂相比，亏于表征已发出的音言（气之舒），丂表征尚未发出的音言（气欲舒）。亏于之音如何发出？当是吹乐，也即吹于。于成为一种乐器，且极有可能是竽的前身，于竽可通。

接下来考察余字。于和余一为“气之舒”，一为“语之舒”，可推余最初也是吹乐（许慎所言“语之舒”中的语，当属于后来的事）。于和余所舒的都是器乐之声（音言），初文余象形先民立在本族群茅舍（亼）之下、吹奏一种叫于（竽的前身）的乐器，音义或比简单吹乐（于）要丰富（语之舒高于气之舒）。余所从于，和音所含一（即木铎）功能相同。目的是告知神鸟（乌於）或周围族群余已在此（於）。此情此景下的余于於丂亏音同义通。余通过吹于获在此义，进而返指吹于人自身——成为第一人称代词。于丂亏於或先于余，因为余已盖起了茅草屋（亼）。初文余当从于从亼省，非高鸿缙所言的从中亼会意，从于得音，兼有於义。

华夏先民从音言和曰中获得了新乐器（于），便一路吹起了于，告诉同族和外族人自己所在的位置（于和於）。然后盖起了茅草房余。乐器于当从音（及言曰）所含“一”（即木铎之舌）演化而来。于发出的乐音可远距离传播，有固定明确的“我在此”义。诸字的先后关系如下：音（言）—曰—于—於—余。余成为第一人称代词，或与茅舍有关，在自家族群的房子里自称为余。

返指自身为“余”的人，后又为何在初文余下加八？笔者认为后加的八来源于固定茅草屋的基桩，甚至有可能就是披到地面上的茅草。当初的吹于人，和后来盖起茅草屋的建设者，原本是同一群人，便借余字初文用来指称茅草屋和茅草屋里的主人。后在余初文下添加八，造出新的余字来，以便和当初的吹于人有所区别——八有分别义。

虽说舍余同源，笔者还是倾向于认为余当先于舍。两个字的上部和中部都是亼和于的组合，指向同一个吹于人。两字间的差别体现在两字的下部：余所从八或是披到地面上的茅草，茅草墙体类似于蒙古包样的圆形，如前所述；舍所从口或为泥筑土墙，房屋墙体呈四方形。《文字考古》认为舍为殷商人游牧途中的临时居所，天明离开时即舍弃，住居时长仅一天。笔者认同殷商人因弃舍而新造舍字的说法，但同时认为他们居住舍中远非一天，或为半月、月余乃至更长，如同今天我们在大草原上看到的牧民移场那样。一夜之舍，当为后来的旅舍。

当初那个吹于人，先是进了茅草屋（余），后来进了好房子（舍），同时成为房子的主人。主人在自家的房子里是可以使用第一人称的，余和舍先后成为第一人称代词。

余和舍先后走进了各自的房子。相对于外出打猎和征伐的同族人来说，他们一个成为剩余者，另一个成为被舍弃者，余和舍成为先民团队中的留守者和建设者。或许正因为如此，余和舍得以用作谦称——尤其是当友好族群来访时。毕竟在先民的生活中，狩猎、采摘和征伐才是生产第一线。

舍加予为舒（作家老舍本名舒舍予）。舒（）《说文》释为“伸也。从舍，从予。予亦声。一曰舒缓也”。另有左舍右夫的古文舒及多个异体舒。舒字如何获得伸义？关键在“予”字。

予（、）《说文》释为“推予也。象相予之形”。林义光认为

予字“辗转推予，如环相连”。孙海波认为予“取持环相（向）外之象”。马叙伦认为予幻实为一字，幻为奂焕的转注字。古读予当如于，予有与义。

予也一定和舍有关。笔者认为予或许就是将屋舍伸展开来的、某种环环相扣的物件。虽然其环环相扣的神秘图像，很容易让人误认为幻字，但只要结合后来的杼字，就可逆推出予的初义来。杼当承予而来。机杼即织布用的梭子，其作用是吐出纬线，“伸”开即编织起经线之布。一说予即杼的通用字。笔者认为此说混淆了两者间的时间先后关系。后来的织布梭子是木制的，而最初的予有可能不是木制的，无需加工的藤条植物更有可能成为首选。

屋舍在予的伸展中获得理想形式且得以舒展，舒字因从予获得伸义。予作为房舍的建设者和形式赋予者，深受主人喜爱，房主人自称为予。予后来又从伸义中衍生出给予义，向外伸展就是向外给予。梭子发明出来后，先民很自然地联想起它是一种木质的予（杼），进而被命名为机杼。在男耕女织时代，欢叫的机杼声代表着家庭的生气与活力。《木兰辞》中“不闻机杼声，惟闻女叹息”句因此传达出空前的沉重与焦虑。

舍当在余之后，舒当在舍之后，舒和予则有可能同时出现。诸字的先后关系链延长为：音（言）—曰—于—於—余—舍—舒（予）。

补充一点华夏先民所居住房屋的知识。据宫本一夫介绍，新石器中期淮河流域长排连间房屋的基本构造是：先挖基墙，树立木柱，编制骨架，墙泥深抹至骨架中，以筑成墙壁。同时伴有基坛建筑，即在基坛上盖房子。长江下游地区则出现干栏式建筑。黄河以北，则是半地穴式房屋为主，伴有窑洞式房屋。笔者认为最初的房屋骨架（包括干栏式建筑的骨架）或被刻画在甲文“予”字中，长排连间房屋的骨架成为其复杂形式；半地穴式房屋或与“宅”字有关；基坛上盖的房子或为“亳”，高宅为亳，亳字从宅从高省。

我（）《说文》释为“施身自谓也”，义即通过返指自身而成为第一人称代词。虽然高鸿缙认为“我”作为第一人称，当先于余和舍，其初义是古兵器，从戈从杀（一说从古文垂）。为填平从杀伐之戈到第一人称代词间的巨大鸿沟，古文字学者们可谓费尽心机。林义光认为羲从我得声，羲有施和加义，“我为凡物相交加”，着眼于许慎所言“施”字求解。吴颖芳认为我即古杀字，借为吾我。严章福认为以戈自卫获得吾我义。吴元满认为我从戈从身，古人以身自称。一说我有伐克义。吴锦章认为我“从戈，禾声”。吴楚认为我“为言仪”，古人入学必习干戈。从周礼（习干戈）释我。马叙伦认为我和杀因古音相同可相借，并非我字有杀义。一说古经文释千为“古文垂”。

依笔者看来，杀伐之器“我”原非普通兵器，而是族群行使权力、捍卫权利和彰显族群力量与决心的象征物。与吴楚所说“言仪”有关，但非源于周礼干戈之习，而是相反，周礼习干戈当源于古代仪式。作为第一人称的“我”古时多用作复数，不是返指某个说话者，而是返指说话者身后的集体甚至整个族群。那些站立在同一个杀伐之器“我”下面的，全都是自家族群的自由战士。当他们对外行使杀伐之权时，便集体自称为我。作为第一人称代词的我，首先是同一个族群的人，同属于一个集体；其次是一群为捍卫族群权利随时出征的自由战士；背后则彰显出我的权利和权力、力量和决心、自由和意志力。我所从古文垂，或来源于䇂千，与音言所从䇂同，寓意着“我”的权力来源于上神和先人的庇护。

站立在兵器图腾下的我，同余、予及舍等，原本就是同一群人。当余先宣示自己族群“于此”，后又盖起房屋（余和舍）时，背后则需要我的保护，之前或许还需要我的征伐。余和舍所建房屋的入口处，也一定树立着杀伐之器我，和吹奏的于一起共同宣示着房屋主人所在族群的权利和意志。

如果说“我”是自由战士，“余”和“舍”等是留守者和建设者的话，那么接下来的“吾”或许就是一位语言哲学家——在言说中确认自我的人。

《说文》释吾为“我自称也。从口，五声”。义即言说者自称为吾。高田忠周认为汉语自称诸义中我为本字，吾余予皆假借。吾为语的本字，语为纵横交错之言。其纵横交错一说当从“五声”而来，五字会四方交于中间意。有上午下口的异体吾，表明五当从午舞而来（见“第3.5节”释午舞五）。金祖同引用古籍称“我”为丝线坊的纺架，“吾”为纺锤，纺线时发为五声。如从此说，则吾和我都源于纺线人自称。

笔者认为言说者返指自身即为吾。吾所从口为言说之口，所从五会四方交于中间意。在“吾”字中，五所交汇的中间正是言说者（口）的面部，如此便完成了返指功能——指向言说之口的面部就指向了言说者自己。

言说者、自由战士、建设者和留守者原本是同一个族群的人，或许都生活在陆地上。舟楫发明出来后，无论船主人，还是乘船者，又或送客上船的人，都学着自称为“朕”。甲文朕象双手持篙撑船形。《说文》对其字形无所释。学者倾向于认为朕初义表征双手持篙撑船的动作，和送字有某种渊源关系，且这一渊源关系同舍、余两字的渊源关系有一定相似性，寓意华夏先民在相互送别（朕）中说出自我。段玉裁认为朕为舟船的缝理，引申为凡缝皆曰朕。遵段说，则人与人因相互接触（如同缝合）而自称为朕，与送别中的“朕”可通。舟上之朕和舒中之予各自告诉我们：朕，在人际关系中说出自我；予，在自家房子里说出自我；虽自我相同，但面相各异。后自秦始皇开始，朕被垄断为皇帝专用的自称。

如何在语言中“说”出哲学意义上的自我，对于每一种民族语言来说，都算得上是一个重大话题。华夏先民秉承了在生活中说出语言（言）的传统，依旧是在生活的河流中言说自我。对于华夏先民而言，从来就没有一个脱离生活的神秘自我，只有一个个在吹于之音（言）中宣示自己在场（于）的留守者和建设者（余舍予），站立在同一个集体中的自由战士（我），返指自身的言说者（吾），双手持篙撑船者、乘船者和送客的人（朕）。汉字余舍吾予我朕，不过是关于自我不同面相的诸“名”而已。

（一种可能性是，上述关于自我的不同称谓或许来自于不同的族群。郭静云称殷商王族以军事为业。如此，“我”极有可能来自于殷商人的自称。江汉屈家岭文化时期的城邦古国已发展出城市壕沟与水道之间的庞大贸易网络。“朕”极有可能为先楚人所喜爱。甲骨文及后来的古代汉语乃至今天的现代汉语，原本就是多族群语言融合的成果。汉字的“其名自呼”传统，不仅打造了一个供万物自呼已名的造字平台，同时打造了供各自族群自呼其生活的文化融合平台。）

名（、、）《说文》释为“自命也。从口，从夕。夕者，冥也。冥不相见，故以口自名”。林义光认为名所从夕原为口字的变体，象物形；名会意人之口对物之口（夕）称名。唐桂馨认为名从人从口，人讹变为夕，物不能自名，物名只能出于人之口（意即人之口赋名于物）。马叙伦认为名明实为一字，明从月囧得义（名所从夕从月来，半月为夕；名所从口从囧来，囧口同形），囧即窗牖（笔者按，囧初义为房屋顶上的亮瓦，非窗牖），月光由囧而入为明为名。李孝定怀疑马说，从《说文》“冥不相见”语中推测名初义或为军中口令。戴家祥认同马叙伦的明名同字说，但认为名所从口既非窗户也非口，而是器物统称，月照器物而明，物因明而得名。笔者认为当结合汉字“其名（鸣）自呼”传统、也即许慎所言的“自命”特征释名。

鸣（、）《说文》释为“鸟声也。从鸟，从口”。商承祚认为甲文鸣多作鸡形，司晨之鸡应时而鸣，引申为凡鸟之鸣。马叙伦认为甲文鸣从鸡象构文，而张其口。于省吾认为殷商卜辞中关于“耳鸣”的占卜很多，居延汉简中也有“耳鸣得事”和“耳鸣望其事”的记载。胡厚宣认为商人以鸟为图腾，视鸟鸣为不祥之兆。

笔者结合《文字考古》推测，从玄鸟燕雁到家禽鸡鸭鹅等，全都依其鸣自呼而得声、得名。名当从鸣得声，明当从名鸣得声，名鸣明音同义通。名初文从人从口，字形为人在上口在下。名所从口为物自鸣（自呼）之口，名所从人则是那位给物命名的人。人依照万物所鸣所呼的声音而名物，即为名。名所从人后来变如口。《说文》以篆体名为蓝本，误认由人所变之口为夕。恰如林义光所言夕为口之变，但非林说的夕象物形，而是人命名万物之口，背后是命名万物的人。人所变之口（后变为夕形）是对物自鸣之口的模拟，唯有成功模拟物自鸣之口，人才能给物命名。于华夏先民而言，万物（包括人自己）全都是自己说出自己（以口自名），否则“冥不相见”——不为人所见、所知。许慎所误认的夕原本是人之口模拟物鸣之口的成果，恰恰是为人所已见、已知的。

生活原本丰富多彩，在生活世界中游泳的自我因此生成出不同的镜像，并发出不同的声音，最终获得了“余舍吾予我朕”诸名。尽管众多的“名”中闪耀着自我的不同身影，但每一个身影都是在生活的河流中天然生长出来的，如同舍的主人在支撑舍的结构物中生长出予（我）那样。因而他们都是天然纯净的，也是尽职尽责的，既洋溢着人性的光辉，又充满神性的智慧。他们尊重万物自鸣自呼的权利，让万物说出万物，在生活中言说生活，进而确证自我并引以为傲。作为他们的后人，在充满敬畏和感激之余，更应该重拾他们对生活的态度，重塑我们对未来生活的理想。

1.3. 打捞汉字世界的砖块

——“丶、一、丨、十、丿、乀、乚、乚、亅、冖、宀”及其他

汉字由笔画和部首构成，如同拼音文字由字母构成一样。学习汉字的人都得从点横竖撇捺这些基本笔画学起，但很少有人关注基本笔画及相应部首所承载的意义，更谈不上探讨其背后的哲学意味。拼音文字的字母因数量极其有限，一般只用作声符，尽管原初也有特定的含义。汉字部首既以形表意（造字意图），也以形表义（字词含义），还兼表声音。正是汉字的这一特点，为形声字的出现准备了逻辑基础；而数量可观的独体字，又为形声字的出现提供了充足的造字构件；得上述两者便利，汉字进而发展成为形音义兼表的文字。

在生活世界中吹乐、进而言说出“自我”不同面相的华夏先民，正是通过对汉字笔画和部首的灵活运用，刻画并言说生活世界的。其中基本笔画成为汉字世界里的基本砖块。通过对这些基本笔画最初来源的追寻，就能发现它们也是从生活世界的河流中自我生长出来的。在与华夏先民相遇的过程中，它们遵循着生活世界自身的样子，先后“其名（鸣）自呼”出自己的身份来。

熟悉《易经》的朋友都听说过一画开天，义即伏羲画出阳爻（—），有开天辟地的重大意义。先于一画开天的，应该是一点（丶）见物。笔画“丶”古音读如主，《说文》释为“丶，有所绝止。丶而所识之也”。蕴含有凡是识物先见于一点（丶）义。朱骏声从“点其句读”释义，将丶和一丨等其他笔画相区别。高田忠周释为点注之象，义同今人所言点画，但不确定点画的具体形状，有泛指一般点画义（面向世界可任意指

指点点）。马叙伦释丶为唾字初文和烛字初义及炬字初文的混合义。从丶的主实为燭丶（烛光灯芯）的后起字，丶下加镫（灯）成甲文和陶文主。高鸿缙认为丶即主字的初文，象火炷形。

笔者认为《说文》所言“有所绝止”，义同止于绝无处，物象消失前仅余者即为丶为点。《说文》所言“而所识之”，义即因丶而见物。主从丶得音义，是因为万物皆是丶主。万物有灵、有丶主，如同万镫（灯）皆有火丶主一样。丶主读音或从火苗亮灭时的声音而来，如同火丶其名自呼。背后的哲学意味是，万物与华夏先民相遇时，均起于一点（即丶）。生活世界如同平静无浪的河面，也如同一张白纸，本不可说，也不可见。点丶恰如第一朵跃出河面的浪花，整张白纸上的第一个落笔点，开始为华夏先民所见，并以丶主的形音义说出万物自身及生活世界的样子来。人的生活于是从这一点处开始，逐渐呈现出它的丰富性来，人对生活世界的认知、言说也因此有了开端。

神奇的丶开始了移动，首先是横移出“一”，笔画读为横，字义为数一。《说文》释一为“惟初太始，道立于一。造分天地，化成万物”。附会阴阳家语，远非初义。诸家释一多直接从数出发，脱离生活河流。笔者认为丶一同体，丶和一均源于人的一指动作，所指者（无论大小虚实）皆为一，也为丶。数一所表征的正是各物自身（见“第1.5节”释一）。虽然一和丶可指向同一物，但丶所表征的仅为所指物的初影，一则表征所指物的全形。人指向万物而得其丶，仅得万物初影；如万物面向人呈现为一，人则能得其整全。点丶之所以横移为一，是因为在华夏先民看来，人可言说的万物或从大地而生，或依大地而来。大地如同一张巨形案几，万物皆呈相于案几之上，万物之丶得以在大地案几上横移为一形。

如果丶跳跃横移则为丷，音义同八。丷字右边点，因与左边点丶同在大地上并列而生，被赋予分别义，分别于左边的丶主。需要说明的是，从丶到一，没有发生任何变异；从丶到丷，则有变异发生，因为有他物得以呈现。

让笔画丶上下移动，便成丨（shu 音）字，《说文》释丨为“上下通也。引而上行读若囟（nao 音），引而下行读为退”。从人形释丨，上行至囟脑，下行至退腿。一说囟有向上登高义，囟上一点指事高峻之处。马叙伦等学者认为丨初文表征木棍。笔者认为丨初文表征林木主干，后延伸至祭神架，且从祭神架中得上下相通义。中屮（古文草）木丄（古文上）丅（古文下）止等字中的笔画丨均有上下可通义。也正因为上下能通，故有了天干和地支，有了上神和人世，有了天空和大地，草木因而可上下生长，祭神架因而可对话于帝神和先人。一上加一即为二，初文二相对大地（一）而生。二同古文上，指向天空与神祖。

横竖交叉便成十，不是数字十，而是神奇的笔画十，笔者猜测它的初形应是极具神性的十字尺。数十来源于“集束”于一义，将筹策集一束，即为数十（见“第 2.5 节”释十），字形与笔画十不同。十字尺或与数七更为接近，而非后来的数十。《说文》十部释十为数，而非十字尺，依据的是篆书，而非甲文。十字尺最初或取形于初文甲（十）；或取形于干，天干之干从十；或取形于千，千从人从十。甲文士从十，在殷商游牧队伍中拿着十字尺探路的就是士。丈博两字皆从十，午巫五壬诸字的初文中也都蕴含有旋转 45 度的十字尺（×）。十字尺在测量日影、巫术仪式和生产劳动中均不可少。更准确的说法或许是，午巫五壬㆔丈博诸字都从十字尺中得形、得义甚至得音。追问十字尺的源头，笔者推测或来源于契刻（甲），进而引申出契期七千㆔诸义，七与契期千㆔音同义通；或来源于祭神架（丨），有神主在上即为示，无神主即为十（或为丨），十与氏是示诸字音同义通可为旁证；或是西方十字架的缩小版，如同非洲家园里的巨石文明演变为华夏大地上的“细石文明”一样。毕竟华夏先民离开非洲过于遥远，精致的物件更适合长途行走。

笔画丿《说文》释为“右戾也。象左引之形”。只说及字形，未涉字义，甚至不标读音，吴颖芳称其“诸字外别一例”。一说右戾也当作左戾，左戾也当作右戾，义即笔画撇与捺呈反文同体，实为一字。《说文》释乀（fu 音）为“左戾也。从反丿。读如弗同”。马叙伦认为乀与丿同为唇齿摩擦音，显然是一音转为二音。一说丿表征拉引器物，乀表征不顺物。笔者认为当联系乁（yi 音）和厂诸字，来探寻笔画丿和乀的初义。

厂（、、）《说文》释为“山石之厓巖。人可居，象形”。非初义。古文厂也非工廠之廠（简体作厂）。诸家也多依岸厈（古文岸）释厂，岸厈厂三字音同义通。一说厂为古文岸。与岸厈厓石诸字相比较，笔者推测厂表征物（一）之变（丿）。厂字形上可理解为从一从丿。所从一表征原物（比如原土地），所从丿表征原物的变化。厂字音同产蝉及嬗变之嬗，可证厂有变化义。岸厈所从干有向上义，寓意河堤相对于河床向上升高（干）而嬗变为堤岸（厈）。厓因从圭且从厂得声，有堆土成厓义，圭即土堆（或测日影、或祭神祖、或封邦国）。岸厈厂诸字中所变化的只是土的外形，其土质未变。石字表征的正是土质的变化。

石（、、）《说文》释为“山石也。在厂之下”。厂下的块状物（今文写作口）所指事的物体才是石头，厂本身不是石头。厂之外则是山土，土中之气如宣于山外则变化为石（见“第 4.5 节”释山石）。土因宣气嬗变而生石，发生嬗变的动力来源于厂；赋予厂字以变化义的，是厂字所从丿，笔画丿有牵引义（即《说文》所言“左引”义），厂所从一因受丿的牵引而有嬗变义。进入文字中的丿多转为嬗变义。马叙伦认为古文厂阜氏三字可通，或表明厂和阜后来被先民选为可居之地，成为氏族安居之所。许慎所言“人可居”之厂盖源于此。

将丿之变持续下去即成乁之变。乁（）《说文》释为“流也。从反

厂。读若移”。另,《说文》“及”字条目下释㇂为古文及。㇂反文写作厂,《说文》释厂为“抴（ye 音）也。明也。象抴引之形”。厂㇂读音相近，反书成文，诸家认为实为一字。笔者认为厂所从一虽然因丿“左引”而变，但原物一未移动，也无他物出现。和厂丿不同的是，厂㇂开始了流动和抴引之变，不仅原物一本身开始移动，且有他物和新物从原物一中流出。许慎释㇂厂为古文及，及有逮义，或寓意原物一因移动而触及（逮）他物。台湾方言中㇂读 ei 音，有指物（㇂个）义。

如果说笔画丿表征变化的开始，笔画捺㇏则是一段变化的结束符号。虽然同在一个变化过程中，但㇏和丿分处在变化过程的两端。带有笔画㇏的汉字如乂久文等，字中的笔画㇏均有标注变化结束义。

另需说明的是，厂字中的笔画丿尽管牵引着厂所从一，但丿本身更接近笔画竖（丨）而非横（一）。㇏和丿则同源同体。背后的意味是，上下变化中才会有丿和㇏出现。左右变化中要么不会有实质性的变化，如从丶到一的变化；要么会增加不同的物体，如从丶到丷的变化。丶是一个原有的物体，丷则意味着出现了新的物体。

变化还在继续，进而呈现出原因和推动者来。或许在殷商人看来，生活世界的变化全都由帝神最初引发，也全都由玄鸟带入人间，带入生活世界。乚（yi 音）（⺄）《说文》释为“玄鸟也。齐鲁谓之乙。取其鸣自呼。象形”，初文象玄鸟形，读音或源于玄鸟的鸣叫声。许慎后又补充说“鳦，乙。或从鸟”。《文字考古》认为玄鸟即燕雁；春天燕子来到黄淮流域，殷人开始北上游牧；秋天大雁南飞，殷商游牧族群开始南归；燕雁成为殷商人游牧生活的可靠指引者。大雁落于水面似乎不再北飞的地方叫燕，大约在今天的北京一带，地名雁栖湖或许保留有殷商时代的古老记忆。殷商人认同雁燕为氏族图腾，为万物命灵，雁燕成为上天作用于大地（即天干）的实际推动者：玄鸟入海化蜃化鱼进而化生万物。

殷人之殷和乚乙人燕雁等字音同义通。

周灭殷商后，对殷商文化传统采取遮蔽、篡改、诋毁、羞辱等政策，致使古文字学者对乚字的认知发生了偏差。陈邦福疑乚为人头形，后引申为人象。另有鱼去乙（乚）骨之说，乙骨为鱼体上的害人之骨。吴其昌依匈奴刑典释乚为“以刀刻面”之称。所幸的是，古籍中还是保留了关于玄鸟燕雁的残存记忆。马叙伦从中考证出乙（乚）为燕子异文，燕为初文，乚则近于写意画，“燕为正视而近之形，乙为侧视而远之形”，并推定从鸟的鳦为后起字。笔者推测鳦当是周人所造字，以遮蔽乚及其背后的玄鸟义。在殷人意识中，人和动物同属于虫，其中鸟为羽虫。玄鸟不属于虫类，因而不可能从鸟，从鸟的鳦也就不再是神鸟。曾宪通考证出楚人有“以燕请子”的习俗。笔者认为当是殷商玄鸟崇拜的文化遗存，楚人原为殷商旁支。

将乚乙丿乀𠂆⺄厂联系起来看，李孝定推测乀与⺄及𠂆均为一字，但苦于证据不足。笔者认为能将上述诸字连接为一体的，当是“嬗变”二字。玄鸟乚是推动变化的原因和动力源头，后出的乙字则模拟玄鸟的样态，呈现出变化的“一般样子”来（见“第2.6节”释乙）。此处“一般”义同共相。乚乙的变化发生在上天，成为大地变化的原因和起点，此即干支思想的最初来源。丿乀𠂆⺄厂均是发生在大地上的变化。其中，丿为某段变化过程的起点，乀对应成为该段变化过程的终点。𠂆既有土地形态的变化——形变为山厓，也开始了质的变化——质变为山石。真正的变异开始于𠂆⺄，𠂆⺄的变化中有异质流出。生活世界因为有了𠂆⺄，从此告别了单一和单调，渐次呈现出丰富多彩来。

结合干支意识，乚乙丿乀𠂆⺄厂等字的变化均可归因于丨的变化，丨引导天干作用（乚乙）从天而下，施加于大地，丿乀𠂆⺄厂㇀的变化才有可能。假设丨引发的天干作用没有呈现出变化来，则为𠃊（），读

为 yin 音。《说文》释乚为“匿也”，象隐蔽之形。孔广居等释乚为隐字的古文。马叙伦认为乚即今文影字，其中丨象测影之表，一象物之影。徐灏释乚为古文曲。林义光从廴（有长行义）释乚，乚字中的一画表征长行，因长行不见而乚隐。笔者认为诸说皆非乚字初义。乚字中的丨表征天干作用于大地，但并没有像丿那样嬗变为物，而是同大地（一）融为一体，于是不为人所见。乚所“匿”者非地上物，而是上天的神灵作用。上述诸家所言，为后出的引申义。天干作用无穷无尽，人所能见的只是其中很小的一部分。乚音同殷，或表明殷人将自己认同为天干作用的成果。殷人在乚之中，在天干的作用中，也在天之下。乚殷音同义通。

地上之物的隐而不见叫匸（ㄈ、匚），今文读为 xi 音。《说文》释匸为“有所侠（夹）藏也。从乚，上有一覆之”。按许慎所言，物因被一掩盖即为匸。笔者认为匸所从一恰恰是所藏物自身，物一从乚而隐即为匸，即为藏。匸初义所表征的是物一的自隐，而非人对物一的收藏。许慎所言的人对物的收藏，当属于匸的衍生义。反过来说，如匸初义就是人对物的收藏，不仅会与乚相冲突，且与下文提及的匚（fang 音）和凵（kan 或 qian 音）相重复。

《说文》释匚（匚、冂、コ）为“受物之器也。象形”。匚字不从一，其笔画上横（一）与竖折（乚）连接处不可出头，而匸字所从一则可向左出头。今文将两字归于一部（匚部），难见其差别。吴其昌认为匚象方石函形，石函即石匣。一说匚为匡字初文。马叙伦认为匚为匣类，因避免与凵形重复而侧为横向（义即原本可纵向同于凵，与凵同为一类）。唐兰认为匚为祭名，即祊祭，也叫门内之祭。一说匚有方义和报义，如报甲报乙可写作匚甲匚乙。一说“殷人社用石”（祭神架和神位等选用石材），或与匚有关。笔者推测匚初为石匣石函，殷人或用于陈列先人之位（匚甲匚乙，甲乙均为先人），匚因此获得祭名（祊）及方和报义。生之人如草木，劳作于土地之上；先人归为神灵，如同山土宣气后嬗变为石，恒立于石质的匚中。既享受后人祭祀（祊祭），也接受后人问候（报）。匚后延伸至一般匣形和框形器物，材质也由山石延伸至竹木藤类，因而有了框和筐。匠字从匚，再现出斧斤凿石成匚的劳作场景。

《说文》释凵（、∪）为“张口也。象形”。义即口因“张”而成凵，说解的是其字形而非字义。王筠认为凵字是口字变体，古文齿从凵。马叙伦认为口已象张口，凵缺其上唇，并不象张口形。推测凵像陨坑之形，一曰地有穿陷。笔者认为凵既是匚（fang 音，受物之器）的变形，读 kan 音，义同坎陷之坎；也是匸（xi 音，物自藏）的变形，读为 qian 音，义同嵌。坎凵意味着大地对物的主动收藏，从祊方得音；而嵌凵则意味着物自生于大地中，从千得音。坎凵和嵌凵来源及意义均有不同，携手达成地支（承载天干）的两个不同面相。

小结如下：

笔画丶表征世界和物的起点；一表征生活世界和物自身；丨表征上天与大地的连接，生活世界与帝神世界得以接续。三个笔画共同构成了汉字构件的第一个层次，可表述为元层次。第一，汉字世界连同生活世界已具备了基本构件，但尚未开始运动变化。第二，余下的构件全都由这三个笔画变形而得。笔画十可视为元层次笔画的集大成者。

接下来的第二个层次可表述为干支层次。其中乙乚表征天干，彼岸世界的帝神通过乙乚作用于大地；丿乀厂乁厂表征因天干作用带来的诸多变化（丿表征一段变化过程的开始，乀表征该变化过程的结束；厂及厂乁则表征大地上先后发生的形变和质变）；𠃊表征大地上的天干之隐；匚匸（藏，方）或表征物自藏于大地（音义同栖），或表征物被藏于生活中（音义同方放及报抱）；凵（坎，嵌）则表征地支的两个不同面相，承接匚匸演变而来。

汉字构件的第三个层次也是最后一个层次，全都来源于人的生活，可描述为生活层次。构成了汉字部首中最为庞大的阵容。限于篇幅，下面只能介绍几个常见的部首。

亅（ʃ）（jue 音）《说文》释为“钩逆者谓之亅。象形”。马叙伦释亅为钩字初文，认为《说文》所言“逆者谓之亅”属校对语。《说文》释钩（）为“曲也。从金，从句，句亦声”。一说句为古文钩，钩句古音同。《说文》释句为“曲也。从口，丩（jiu 音）声”。高田忠周认为句从口从丩，丩亦声，义曲折，章句之句有言语曲折义。一说句取形于钓鱼，会“鱼口吞钩”之意。甲文渔为捕鱼总称，甲文句则特指以钩钓鱼。《说文》释丩（、）为“相纠缭也。一曰瓜瓠结丩起。象形”。

笔者认为因瓜瓠纠结而有丩，丩来源于物。人因模拟丩而造亅，亅如带钩之类的物件。两者的共同点是“钩逆”，钩有勾连义，逆有相向迎接义，迎面而上相互勾连即为丩，也为亅。世间万物及其变化形式，因亅丩而连接。钩句表征连接的复杂形式，从亅丩发展而来。

冂（、）读为 tong 音，《说文》释为“邑外谓之郊，郊外谓之野，野外谓之林，林外谓之冂。象远界也”。按周人中央意识释义，非初义。一说冂初义相通于絅彤，表征颜色和衣服。一说冂通坰，为古代都市的界碑或地表物。马叙伦等从此说。陈独秀认为横工为冂，意即将甲文工横放即得到甲文冂。于省吾为陈说提供了诸多字证。杨树达认为冂左右两画像门的左右柱，横画像门头。若冂义为许慎所言“远界”，则与央（人在冂内）和帚（从又持巾扫冂内）的释义不相符。笔者推测冂和工一体两相，均与人居空间有关。其中，工向上支撑因而与空音同义通，冂横向拓展因而与洞音同义通。门头、地界、絅衣、远界等，均为冂的引申义。后又引申出同一之同：如将远界同一为一体，则同有和义；如局限于在一个门头里出入，则同为狭义单一之同。孔子说“和与同异”，所说的同当是狭义单一的同。门当在亅丩之后，物因亅丩而门，很有可能结成新的物体。

和门字形相近的部首是冖（∩、冂），读mi音。《说文》释冖为“覆也。从一下垂也”。一说冖为古文冕字。冖常与门相混淆。马叙伦认为冖冃一字，都是冠字初文，许慎所言“覆也”为声训。高鸿缙、唐兰等从冕说。笔者认为冖既是门字的省文，也是匚凵二字的向下翻转，由藏义门义转为覆义。

和冖相近的是宀（mian音），《说文》释宀为“交覆深屋也。象形”。王筠认为宀像“一极（顶）两宇两墙”之形。马叙伦认为宀穴一字。于省吾认为甲文宀本象宅形，即宅字初文。陈梦家认为宀与广可通。王慎行认为甲文宀象从山墙方向望去的（两坡屋面的）平房侧视图，突出平房屋脊和屋面出檐的特点，也即王筠所言的一极两宇两墙之形。命令食仓合诸字所从亼也象屋面的侧视形。《文字考古》认为宀有许慎所言的“交、覆、深”三义：屋顶构木为交；屋顶之面如圆盖之覆；交覆之下有穴（宀下挖凵成穴），穴中有火始见而明为深。宀与睡眠之眠和瞑目之瞑音同义通，人进入宀中得以瞑目睡眠。笔者认为此说如同王慎行所言相综合，即可获得相对完整的解释。宀所表征的屋顶未必是圆盖，更有可能是王慎行所言的甲文宀所表征的平房侧视图形。

和宀的单一功用不同，广（广、广）所表征的应是房屋建筑的普遍形式和发展形式。《说文》：“因广为屋。象对刺高屋之形。”释义不清。一说因广为屋当是因厂为屋。王筠认为广呈堂皇之形，不从厂。宀两面有墙，广一面有墙，以一面之墙见其三面，中高者为栋极，左右为两宇。一说广即庵字初文。笔者认为应结合劳作之人来看宀和广字。大致可以将宀理解为劳作之人的休息之所，此时的劳作之人呈现出尸的面相，人体眠瞑即为尸。因为宀，华夏先民呈现出劳作之人和瞑眠之尸两个面相。广则于两个面相之间开辟出新的空间来，其方法和途径就是去掉宀字中的一面墙，因而呈现出更多的可能来，如庭府庐庠等。先民于广下或听政或教学或会客或修身，于劳作和“挺尸”之外呈现出更多的面相来。人的生活世界因此而丰富多彩。

郭静云称（江汉地区的）古文字对整个中国上古文明的发展，占有最关键的地位，甚至是主导文明化的角色。并因此推论汉字的发祥地或许依然是源于江汉古国。江汉联合城邦古国可能尚未进入以政权取代神权的历史阶段，但却有可能已进入神权与政权互相争斗的阶段，此一情况有可能也正是石家河的神权中心何以没落，而联合城邦为之解散的核心原因之一。若郭说成立，甲骨文中那些神奇的笔画和部首有相当一部分来自江汉古国，且最初多与祭祀活动有关。

1.4. 语言如何行走世界？
——“云、闻、听、圣、呈、聆、职、戠、白、司”及其他

借助器乐（言音）获得语言能力且在语言和生活中确证自我（于余）的华夏先民，接下来的工作是要让语言获得行走世界的力量，首要任务则是接通与上神与先人的对话。获得上神和先人的帮助，语言才有可能走得更远。他们看见地气上升之云（非下雨之雲），似乎可通达上天，于是便造出云字，兼以表征与神祖的对话。

甲文云（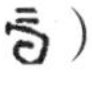）字形呈由下向上回旋状，《说文》释为“象气出也”。此云不从雨，从雨的雲简体写作云，很容易相混。金祖同认为殷人祭云犹言祭上帝。孙海波否定金说，认为旬当从云作，云旬声近可通，旬所

从勹当为云之伪。王筠认为倒之为云，云构形上为之字的倒形。笔者推测之有往义，倒之为云或蕴含有通达上天之义。段玉裁认为云“从古文上，象自下回转而上”。杨树达认为“曰以气上出为义，云以气上升为义。义同，故用法亦同”。

笔者认为曰云两字间的差别还是显而易见的，上对下发令为“曰”，下对上呈请为“云”，两字话语之气的流向相反，呈相向交流状。一说祈祷雲聚雨至之言为云，可采信。需要补充的是，既然曰的初义源于“振铎”，与曰同源的云也当源于吹乐而非肉声，目的或为了祈雨。今人多将云理解为对云气的模拟，属于合理想象。繁体的雲是可以下雨的，雲所从云则是为了下雨。通过乐音之云以祈求上天下雨之雲，才是古云字的初义，且与下雨之雲相贯通。

云有向上沟通义，除了前述论据外，还可从𠫓（tu 或 yu 音）旬两字中找到旁证。𠫓（）和云构形相似。《说文》释𠫓为“从倒子”。人子出生时头向上为倒子，𠫓有向上义，可证云也有向上义。《说文》释旬（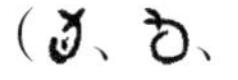）为“徧（今文写作遍）也。十日为旬。从勹日”。释义不明。王国维认为卜辞中旬出现的次数“不下数百见”，全用于癸日占卜，进而推测殷人于此旬之末（即十天干中的癸日）问卜下旬吉凶，勹或为旬的初字。王襄认同王说，并推测云或为二与旬字的合文。古文旬或从勹从亘，亘象云气回旋之状，董作宾认为“旬亘字皆象周匝循环之形”；旬或从勹从言，言即音言。

笔者推测旬字或从日、或从亘、或从言、或从二（旬匀一字），所表征的属于同一件事，即贞卜于“扶桑十日”以问吉凶，商人每旬必卜。旬所从日即扶桑十日，也即十天干之日；所从言即贞人所发音言；所从亘即音言回转之态；所从二即上神即“扶桑十日”。殷人每次贞卜时，都需从癸日起问遍天干十日，也即许慎所言“徧也”。十日为一旬义当从问遍十天干而来。另据《尔雅》“宣，徇也。徧也”，或表明宣从旬得音义。从二从旬的古文云，其所从旬当从亘，亘呈云气回转之态。由此可推旬所从日非曰之误，或为十日，或为亘字省文。上对下言说为曰，下对上呈请为旬、为云。

从云字的造字方法和结构看，当与甲文于（）同源而异构，两字所相关的乐器或许系同一类乐器改造而来。字形差别有二：一是上下结构是否连通，于上通至一，而云不通（从二即古文上），此为主要差别；二是收笔方式不同，于舒展而云卷曲且方向有异，是为次要差别。笔者给出的解释是，假设于发人际关系之言，沟通者和接受者都是人，效果可以预见，因而字形可通；假设云发人神沟通之言，沟通者为人，接受者为神（即古文云所从上），且沟通刚刚开始，所以上下未通。再假设于和云初文都来源于人神沟通，则于或意味着能让上神听见音言即完成，所以于上通至一；而云则需要上神明示凶吉，所以上下未通。透过上述细微差别，可见先民造字时的虔诚和专注。

相对于言于曰而言，云获得了对话宇宙的途径。此前的于曰言，均侧重在人与人之间的对话。源于人神沟通的云后来移植到社会中，用于人际沟通，则有下云和上曰联手，达成不同社会阶层间的对话。

有下云就有上听，繁体写作聽（、、）。《说文》释聽为“聆”。刘心源认为古文圣声（聖聲）一体，从耳从口。一说古文聽从聖从十口。郭沫若认为口有所言，耳聽之为聲，人获得声音的动作即为聽。于省吾认为古有聽治（政）之聽，从耳从口；其上加宀则为古文廷，聽政的王廷。《说文》释聆（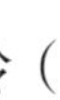）为“聽也。从耳，令声”。云聽聆之间的正确顺序是：王和上先是认真聽取下云，此即聽治聽政之聽。王聽后而曰而令，颁布政令。下云之人开始聆听王令。许慎聽聆两字互释，明显混淆了两者的上下层次和先后顺序，其背后或透露出远古时代上下间的平等关系。

对于可远距离传播的音言来说，大约只能是闻而没有听，唯有面对面的交流才有听。所听内容也不再限于器乐音言，还包括肉声话语（即下云）。《说文》释闻（）为“知闻也。从耳，门声”。古体闻从昏。高田忠周称有两例篆体婚实为闻字，从耳昏会意，昏亦声；古人婚礼于昏时，因无华烛，当闻声行之；闻、婚两字音义相近。董作宾认为闻原为“报告、奏事之专字”，像报告者跽坐时以手掩口，恐口液喷出，侮慢尊长。于省吾认为闻象人跽坐形，以手掩面，倾耳以听外警；另有“从欠从耳”的初文闻，掩口静默以坐，从耳以听。商承祚认为左昏右耳的古字即古闻字，战国前没有从耳门声的闻。从甲文字形看，笔者倾向于认为闻表征人蹲身侧耳闻声状，所闻的是远处声音，眼前无物。至于左昏右耳和左欠右耳的两个异体闻，均表示发声之物不可见——声闻之物如同昏时之物。

与闻字不同，听与德同根同源，会耳有所德意。耳有所闻和耳有所德在字面上的区别是：前者闻声而行，所闻之声未必进入听者内心，用行动去理解所闻之声的意义即可；后者听声而德，所听之声进入内心，用心理解其意义，最终达成心有所德。两者（耳有所闻和耳有所德）在哲学意义上的区别是，耳有所闻可描述为“在”行为，耳有所德当描述为“思”行为。闻和听，都有声音入耳，都可以描述为有所得。闻，因得于外而付诸行动，如闻风而动；听，因德于内而成为人的修为，心灵获得提升。

如站在《人类沟通的起源》一书的理论视角上理解闻和听的区别，则意义更为重大：听只属于人类，而闻则可为动物所有。前者因可建立共同理解而达成听者有所德（即达成人际间的理解）；后者因缺乏共同理解而不能成为语言，闻及之后的行动均被基因所控制。另需说明的是，人的闻和动物的闻一开始就有着根本区别，否则也就没有后来的“闻道”

一词了。

善听者为圣，听而能思为聪。善聆者为职，上之圣听对应于下之职聆。

圣（、、）繁体写作聖，《说文》释聖为“通也。从耳，呈声”。听者能依据所听内容“呈现”出生活世界的样子来即为聖。一说闻声知情谓之聖，声和聖古文中可通。林义光认为古文聖象声出于口、入于耳之形，出于口为声，入于耳为听，通于心为聖。郭沫若认为聖为古声字，从耳口会意得字形。徐中舒认为聖声听三字同源，最初时本为一字。吴振武认为甲文聖不从呈，至战国时才有从呈的聖字；《说文》所释不能反映造字初衷，多与战国文字相吻合。另有从又土的甲文圣，杨树达认为音义同掘，为掘字初文。聖简体写作圣，易与之混淆，实非一字。

从耳口会意的聖后来为何从呈？《说文》释呈（、）为“平也。从口，壬声”。柯昌济认为古文呈当从口从土，《说文》所言非初义，推测呈或为程（毕程氏之程）的古文。马叙伦依据《史记》有“便程”一说，推测便为辩之伪，呈为逞口舌之逞的本字。于省吾认为呈或为古程国之程的初文，“呈去衣甚近”，离殷都（衣即殷）很近的地方。

笔者认为聖所从呈表征口的复杂形式，口只是言说，呈则有象可依，有规律可循。故呈有马叙伦所说的辩义，有许慎所言的平（平准之平）义，后引申出规程之程。呈不应从土，而是从口壬声省。呈初文来源于花果培优技术，不断剪除旁枝上的花果，只保留强枝优质花果即为呈。呈从成得音，呈所从口取材于保留下来的花果。正因为呈是一个持续培优过程，所以“壬声”，壬为工的重复和持续形式（见“第2.6节”释壬），呈所从“壬声”之壬表征果木的持续培优。如果没有培优过程，所得的果实即为品。《说文》释品为“众庶也。从三口”。品所从三口为果木之果，且数量众多（即许慎所言“众庶”）。品的引申义如众说品评之品、品位之品、品鉴之品等，均由果木之果而来。《说文》释程为“品”，也出于同一个原因。古程国或因为发明了花果培优技术（呈）又能兼顾产量（品，众庶），得名为程呈。

聖后来之所以从呈，是因为对聖的要求提高了：不仅要善听（从耳口），还要善于鉴别（从呈声），最终还要拿出德政方案来。于是引出聪明之聪，繁体写作聰。《说文》释聰（）为“察也。从耳，悤声”。义即善察为聰。马叙伦认为聰为聖的转注字，听从悤得声，心聖同为次清摩擦音，由聖转注为聰。为保证诸侯国君善听善察为聖，管仲为相时的齐国还设立了“司声”（司聖）一职，作为国君的耳目。

在“耳口”（即古文圣。于省吾释为听，笔者按圣听古为一字）上加宀，即为廷字初文。廷就是王举行祭祀和听政的场所，古代太室中央谓之廷。王唯有能善听，才可能善于治理，依听行政就是德政，王因此而为圣。声、听、圣、廷诸字如此浑然一体，其初义却和闻没有多大关系。

有上听就有下聆。王廷中，下先口云，后用耳聆；王先耳听，后用口令；下用耳记住王令即为聆。白玉峥认为聆“象张大双耳，屏息听从之义”。此说有夸张之嫌。远古德政是在上与下的对话中完成的，气氛或许不乏严肃，但王与族群成员间的平等犹存。王也会依听行令。一说甲文令像听令者跪求状，笔者认为此为初文令，所跪求对象为神（见“第 5.3 节”释令命）；一说令为节符，远古时或为手印和足印，此当为王令之令，也符合“令，发号也”之说。倘若听聆圣聪齐备，则德政可期。

由听和聆催生的德政，需要更多的中介予以广泛传播，得以惠泽四方。职司后词四字便适时出现了。

职（）繁体写作職，《说文》释为“记微也。从耳，戠（zhi 音）声”。能聆听并铭记细微之处即为職。古语“凡言职者，谓其善听也”。

误以聆为听。马叙伦认为“记微”或为“记也微也”，微即徽；记有识义，徽有帜义，帜为号令之准，故有职守义；職的读音或由声圣转注而来。《说文》：“戠，阙。从戈，从音。”没有进一步对戠进行释义。刘心源认为戠本义为斩。孙诒让称有从戈从䇂省的古文戠。郭沫若认为卜辞中的“戠衣”或为“色如埴土”之衣。罗振玉认为古文职帜二字皆从言，从言从音可通用。于省吾认为祭名戠当为胑（zhi 音）字的初文，胑即暴晒的干肉。裘锡圭从卜辞中考证出戠有等待义，不急于做某事之前当先戠。《说文》释识（識）为“常也。常者，旗常画日月也”。由此可推识当从旗帜之帜而来。

综上所述，笔者认为戠初义为氏族队伍的识别符号，初始为音言。初文当源于执戈吹乐行为，与族群重大行动（集合、迁徙、出征等）有关，因此和普通吹于有所不同。后来改为以戈为杆，挂上有颜色符号的幟（许言“常画日月”或源于古老的日月神崇拜）。郭沫若所言的埴土色接近殷红色，为殷商人所崇拜的图腾色，或表明帜初为殷人所特有。暴晒的干肉胑或许也是为了晒成殷红色（今日中国农村犹存），用来祭祀殷商人所崇拜的上神和先人。有色图文的戠字虽依旧从戈从音，不过是以音言代替图文罢了。图腾旗幟举起来了，但音言不废，戠字也就无需更改。至于孙诒让所言从戈从䇂省的古文戠，或表明戠最初当兼有人与神祖沟通的功能。后出的識幟当从戠而来。

再来看从耳之職。職当是聆听王令者的责任所在。无论记微还是记徽，聆听者都需要将王令熟记于耳，最后还要将王令带向四方，以尽其所職。最初的王令或是口耳相传的，随着文字系统的逐渐丰富和运用的渐趋广泛，后改为以文字的形式发布。而无论口语形式还是文字形式的王令，都叫词。在王廷中聆听王令的人数量毕竟有限，不可能是他（她）们直接将王令带向氏族的每一个角落。他们在王城里的任务就是将王令落实为司，落实为词。

原先聆听王令的人由先前的职转身为白（、、），找来了司和词。听政而来的王令，也叫曰，即王曰。对王曰的复述即为白。聆听王令的职，现在的任务是要向司（词）复述王曰之令，其任务连同身份都转变为白。

《说文》有两个白部，一在帛部后，一在自部后。前者《说文》释为“西方色也。阴用事，物色白，从入合二。二，阴数”。从五行释白，非初义。西方五行中属金，五色中属白。徐协贞释白为古方国名，或为白方、白民国，或与白氏、白狄相通。高田忠周释白为魄字的古文，后转为日光所照之白、明白之白。郭沫若认为白象拇指形，颇受诸家质疑。一说白象形米粒核仁，徐复认同此说，并进而指出白为皀（古文即）上之白；皀表征谷有馨香，匕（匕母）即之（即分食给众人）；皀兼有一粒义，其上部的白字正像米粒。一说“伯之为言白也，明白于德也”，殷卜辞中的白和王都指称身份，白即伯。古有“殷人尚白”说，如将句中白理解为白色，则比较费解；如将白理解为尊贵的伯，则自然得体。

自部后的白（、），《说文》释为“此亦自字也”，即自字的异体。王筠认为该部皆鲁者百智等字全与部首无关。洪家义释白为霸字的初文，甲文白外框应为正圆月形，横画下面的空白处为可见月，上面半明半暗体为月魄。后因借白为百和伯，便新造霸字以表征初文。《说文》释霸为“月始生霸然”，霸然不是指称新生的月牙，而是指称月魄。

笔者综上推测白有两个来源。一来源于米粒皀上之白，为颜色之白；一来源于月霸之白，后引申出霸义。两个来源的白后来合流，指向王廷之白。米粒之白引申出“从入合二”义：白进入王廷，通过聆和职，全心身进入王曰中；能将自己所聆所职的内容同王曰合二为一，原样复述出来即为白。既没有增加，也没有减少，更不会有篡改，如同米粒的颜色之白。月霸之白则借月说曰：王曰王令如同圆月，不仅完整而且完美无缺；白只能慢慢复述王曰，如同初月逐渐还原月霸直至满月一样。月霸之白因而获得自称义——因白而自称。并因此被许慎误释为自（鼻子）。该部的皆鲁者百智诸字均从曰，不从白，更不从自，可旁证笔者上述推测。

王廷外如实记录白所复述王令内容的为司为词。初始可能是口耳相传，其身份为司。后改用文字记录，其身份演变为词。《说文》“词，意内而言外也。从司，从言”，属衍生义。一说司为词字初文，“继君听也，施令以告四方”。当保留有司（词）的初义。君王听政为王曰、王令，经白复述后得以被更多的人记录下来就是司，也是词。其内容是即将走出王城、传播至四方的政令。白的社会地位应该不低，起初或为女性居多。《文字考古》认为白的初义是描摹年长者的白内障眼神。存疑。周人在白旁添亻成伯，为男性专属。

《文字考古》称“司母”为喂养人子的饲母、食母。笔者推测司食之母和司词的大臣或为同一群人，且可能是女性。无论司食还是司词，其工作的依据都只能是王曰王令。著名的司母戊大方鼎或为戊日出生、名为戊的司母所执掌，根据王令为人子（或王廷里的人）分食，也有可能是为戊日出生的族人分食，他们都名为戊。司母戊的另一个身份，就是在王廷里聆听并记录王曰的人，人们尊称她为司（词）。

接续司词工作的为后。此后非先后之后（繁体作後），后後本不同字。学者们多将司理解为君令之词，将后理解为发布君令之词的人（“司者言也，后者发言之人也”）。笔者将司和后理解为先后在做的两件事。第一件事为司。白和司的区别是，白者人数极少，甚或只有一人；司者相对众多，他们或许要服务同一族群的不同分支。用各自分支能接受的方式默记下白，成为司的主要任务。白和司的共同点是，面对王曰而白而司且不走出王城——只是在王城之内完成王令传播至四方的准备工作。第二件事为后。其职责是将王令带出王城走向四方。甲文后与司相对成文，两字形同而异向，呈反向对称状。该形状生动记录了当年德政如何走出王城的情形。

曰白司（词）后同在“继君听”的过程中：王依听而曰，王曰成为这一过程的起点；白、司（词）、后，则依次形成君令向外传播链条上的三个环节。白者离王最近，其责任或是将君令内容确立下来，形成规范化的口语传播文本，如果当初还没有文字传播的话。司词第一次批量地复制王曰文本。后则需要将王曰文本带出王城。

王令最终要传播至族群的四方分支，由此可推后面对的不再是王，而是四方分支里的族人。从司到后，口耳相传者的身体发生了一次重大转向：由先前面向王的白和司转身为面向四方的后，目的是要确保君令之白之词的精准传播。今文司和后两字并列呈现出的反向对称形状，形象地记录了当年发生在王廷里的身体转向。语言（君令之词）成为这一转向的实际推动者。在词（即书写的王令）出现之后，词与后的身体转向依然在王城里延续着，不同的只是他们已手捧书写的王令在相互交接。

（平势隆郎认为汉字作为城市的文字，最早用于祭祀活动。与此相对，自从文书行政制度开始后，文字就成为行政的工具，之后便有了史书的出现。笔者认为此说有助于理解白司后史诸字。）

直到有一天，后被王权纳入后宫，改造为后妃之后。不仅词与后的身体转向被永远地终结了，或者说被别的形式取代了，还意味着当初连接王令与部落间的水平空间关系，已被改造为帝王与臣民、皇天与后土间的垂直空间关系。人间帝王在新的垂直空间关系中成为上天的唯一代表。

如果将云作为德政的起点，则王曰的依据一是来自于上天，来自于问天之云所获得的天启；二是来自于族群里的众人所云，来自于对族群生活的倾听。白和司（词）在王城里继续王曰的工作，形成规范的王曰文本和传播的依据。后则将王曰带出王城，走向族群的每一个角落。德政需要成长为林（桑）田（猎）活动中的收成、王的贡赋和全体族人的生活，天地人因语言得以贯通，且在华夏先民的生活河流中连续为整体。此时的语言理论上可走向整个世界，整个世界也可走向语言，连通世界和语言的是先民们的生活。语言、世界和华夏先民一直都在生活河流中，从未离开。

郭静云称从蒙古草原到江南，从山东、江苏到陕西、甘肃，都可发现与殷商文明相类似的遗址，分布范围非常广。殷商祭祀坑中的人头骨，不仅有东亚、北亚、西亚三个蒙古人种，还有太平洋黑人种、高加索白人种、爱斯基摩人种等。由此可见华夏先民手中的文字行走世界之远。

1.5. “天人合一”的最初源头
——“一、天、人、元、页、帝、中、位”及其他

“天人合一”思想被誉为中华哲学的核心理念，对其内涵的研究一般多局限于哲学文本。也有一些从字源意义上进行考察的，多止步于《说文》所给出的衍生义，远没有追溯到初义。本节文字将致力于说明：如能将一、天、人等字的初义逐步呈现出来，中华哲学中的“天人合一”思想实际上已蕴藏于其中。

每逢春节，中国人都喜欢说“一元复始，万象更新”。《说文》释一为“惟初太始，道立于一。造分天地，化成万物”。玄之又玄，非初义。刘复认为诸家释一要么主张少之极、要么主张物之极，全不得要领；少

之极义同无有，物之极义同无量，均非一字的本义；一应为数之始（起始之数，即第一之一）。郭沫若认为“数生于手”，即以手作数之法，甲文一二三四当源于“手指之象形”。意思是说先民通过扳手指头数数，得字一二三四。马叙伦认为一象初民屈指计数形，后以筹策代指，横画一指为一；弌式为地字异文，一二非数，皆地字初文；地从土也声，也弋音同，地与弌式为转注字。丁山认为弌所从弋或为戈之伪，一戈义即一个。笔者认为丁说过于勉强。李孝定认为由一到弌，属于秦汉时的别体，本无义理可求。戴家祥认为弌为大写计数之滥觞，起初或以资防检。

笔者认为一当来源人对物的“一指”动作。将一指动作刻画下来，一便从中而生。被指者（无论大小、虚实、远近）均为数一。一因而可被描述为存在者自身，任一存在者（就它自身而言）均为一。这一点，中西哲学理当相同。不同的或许是，西方先民指后有思、有看、有说等反思行为，指是为了思，于思中获得认知（真理和知识），被指者成为反思的对象物。华夏先民于指中获得生活（而非真理），所有可能的思行为均包含在指中而非指后，人与被指者从未分离。此不同构成“思的哲学”和“在的哲学”之间的区别。

为更好理解“一”与“一指”动作的关系，有必要补充三点。第一，《人类沟通的起源》将手势语确认为语言沟通的起点，和本书所表达的“一”源于一指的观点相吻合。第二，公孙龙《指物论》主张“物莫非指”，意即万物都是在人的一指动作中现身的。第三，广义的“指”物行为，包括观看、回忆、言说乃至想象、幻想等，可视为意向性。如看，是用眼指物；忆，是用心指物；说，是用口指物。

朱大可在《华夏上古神系》书中绘制的《表 1–2：根词“tik”的全球语言重现》（见该书第 52 页），则为数一同手势语（一指动作）之间的紧密联系提供了强有力的音素学证据。以根词“tik”组成的词汇，在世界各大语系及民族语言中几乎全都以“一、单个、手指、指、指出、手臂、索引”等意义获得重现。数一和手（指）间的联系，在根词“tik”中既紧密又单一，近乎唯一。这一语言现象在笔者看来，可视为初民们当年在世界各地无数次一指动作的古文字化石。

至于一的读音，或来源于乙乚，即玄鸟燕雁（见“第1.3节”释乚）。《文字考古》认为燕雁殷音言乙乚人诸字音同义通，殷人自认为是玄鸟的后人。设想有玄鸟燕雁突入眼帘，先民们的目光和手指投向玄鸟的同时，会从身体里迸发出惊叹之声（音同yi或ye），被记为乙乚的字音。经过无数次的强化之后，乙乚的读音最终内化为华夏先民们手口相连的天然冲动，分享给了每一次惊叹连同每一个所指物，今天的我们遇到惊奇之物时依然如故。一也因而从乙乚得音。

玄鸟将我们的目光引向上天（）。《说文》释天为“颠（巅）也。至高无上。从一大”。大象人形，大上之一指事人头顶上的至高巅即天。天巅古音同，颠与巅为古今字。罗振玉认为卜辞中有从二（从大）的天，二即古文上，人所戴者为天。马融释天为凿颠（巅）之刑，天即人的头顶。王国维认为古文天本象人形，其首特别巨大，属象形字；从二从大的天为会意字；从一从大的天为指事字。陈柱认为“天本训颠（巅）”，意即人的头顶。大字所强调的不在头顶部，故首形不显（大），天所强调的在头顶部，故首形特大。孙海波认为“天亦训大”，卜辞大邑商写作天邑商，大戊写作天戊。后（在大上）作二，示额在大上，会意。再省从一，得从一从大的篆文天。吴其昌认为天与大在金文中本相近，及至后世天与大两字也互用，天子也写作大子。其他如：大时即天时，大道即天道，大功即天功。顾立雅认为周克商之前，王及有地位的人皆名为大，死后名为神，先王犹曰大。周人后在大神之大上添一即为天，和添一成王同理。邵笠农认为天土皆人体（部位）名，天为人顶（头），土为人根。吞从口天声，言在头有孔，物所填入也；吐从口土声，言在根有孔，物所泻出也（意即土有吐生万物的功能）。天土为人体乾坤，吞吐为人体造化。笔者认为人的头孔所填入物乃是人的命灵，由天干十日而来。杨树达认为天初义为人的颠（巅）顶，后义为苍穹（天）。于省吾认为天属独体象形字，以人之巅顶表征至高无上义。天以丁为顶（意即天从丁，不从一），也表示天的音读（意即天从丁得声）。

以今人眼光看，并不存在有一个叫“天”的物理存在者。宇宙中有太阳、月亮、地球及星团和星系这样的物理存在者，天显然不是它们中的一员，它只是神秘的太空呈现给身在地球上的华夏先民们一个类似拱形屋顶一样的视像，后来的人取名为“苍穹”。

视像苍穹只是甲文天得以生成的依据之一，另一个依据则是苍穹之下的人及万物（同样作为视像）。将两个视像合在一起，构成“人在天之下”也即“天在人之上”这样一组“间关系”（可将“间关系”理解为存在者之间的关系——特此说明），再借用该组“间关系”中那个空间上居上位的因子（苍穹）来指事人上之天。这样的一个造字故事告诉我们，人连同万物永无可能离开天。“人在天之下”是被先天决定了的，无可更改。如果说某人天不覆、地不载，已是最恶毒的诅咒了。天在汉语文化中的地位，于此可见一斑。

《文字考古》认为天字初义为“刑天”，即黥额巫术。殷人成年时要在额头处刻上空桑十日的符号，以表示他们属于天干十日转灵而来，自证殷商族群后人的合法身份。天与填田音同义通：田为古“甲”字，义为刻痕；填意味着在刻痕处填入颜料（或由桑葚制成）；在额头刻痕处填入桑葚颜料，即为刑天。笔者给出的解释是，刑天当为天字的衍生义。其意义在于将天与人连为一体，也可理解为天向人的生成——黥额标志着该生成已在人身上得以呈现。刑有形义，寓意天在人的额头上已见出形状。桑葚颜料为赭色，也即殷色，与玄鸟（即燕）的羽毛颜色接近。殷从燕得声，黥者自称为殷人。

再来看人字。如何把人说清楚，对任何一种民族语言来说，都是一个重大的哲学话题。人（、）《说文》释为“像臂胫之形”，意即像人的四肢。一说像人侧立形。《文字考古》认为人字从燕雁殷得音，燕雁即传递命灵的玄鸟，殷商人在燕雁的带领下春天北上秋日南回，游牧于华北平原。殷即殷红色，黑中泛红，源于玄鸟燕雁羽毛的颜色。殷从燕得音，人从殷得音，人与燕雁殷诸字音同义通。

笔者认为人从燕雁殷得音义，从“臂胫之形”得形义，表征了一群跟随玄鸟燕雁在大地上的劳作之人。劳作的内容也非限于农耕，更多的是早期的游牧、采摘和捕捞。甲文人当源于对早期劳作情景的象形，绝非只是对“臂胫之形”的单纯刻画。值得称颂的是，甲文人所表征的各种劳作状态中，只出现劳作者，并没有出现劳作对象。或许在华夏先民的理解中，倘若有劳作对象出现，劳作对象也会在相应的甲文中“说”出自己来，所“说”出来的字也就很难精准地指向劳作之人了。

与像人坐卧状的尸字（如居尻所从尸）相比较，可为劳作之人提供旁证：人唯有在其劳作时才称其为人，居几休息则叫尸。今日方言中还保留有“挺尸”一说，大意是数落躺在那里不愿意劳动的人。那个进入古汉字的劳作之人，绝非是摆着千姿百态的造型供造字者写生，而是造字者通过观察劳作者的劳动之后造出了古人字。一说古人字像垂手行礼状，意即行礼之人。笔者认为此当属于后来的衍生义。因为两者的顺序只能是劳作之人在前，行礼之人在后。行礼之人，需要在人与人的伦理关系中确认自己。劳作之人，需要在人与大地的劳作关系中确认自己。两者之间的先后顺序安排，蕴含有华夏先民对

“人”的独特理解。

人初义是劳作之人，通过人与大地的劳作关系确认人自身。死初义为“人之离也”，而非尸之离。尸虽犹存，但劳作之人已经离去，回归“位”中为先为神且获得永生（见“第5.7节”释死）。

以劳作方式在场的甲文人，同英语中的人（person）相比，两者的哲学意味迥异。英文“人”（person）的拉丁文前身有“面具”和“位格”义，意即上帝指派一个角色（面具），你也因此在逻各斯（Logos）中获得相应“位格”，在自己的“位格”上演好上帝指派的角色就是每个人的人生。也就是说，英语之人是在人与上帝（及逻各斯）的关系中被定义的，人因为分享有上帝所指派的面具和角色、同时获得在逻各斯中的相应“位格”而确立自身。华夏先民是在人对大地的劳作关系中、在人与天的位置关系中获得人的身份的。逻各斯的“位格”决定了英语之人的时空位置，天地之间决定了甲文之人的时空位置；上帝之人决定了英语之人的意义，劳作之人决定了甲文之人的意义。

海德格尔在《存在与时间》中引用了德语关于“人”的故事：人，从泥土中而生。初看上去和汉语女娲造人的传说很相似，实际上却有着根本差异。德语中的人和泥土是统一关系，人和泥土都是大地进而都是世界的一部分，世界和造人的神原本同属一体，统一在西方的Logos话语中。女娲传说中的人和造人者女娲属于亲人关系，女娲是泥土之人的始祖。女娲造人，人在泥土上种植庄稼，同属于人对大地的劳作关系。中华哲学中人与大地的连续和统一，不像西方哲学中那样是先天设置着的，而是要通过人在对大地的劳作中得以实现。蕴含于其中的哲学深意是：华夏先民因没有预设人与世界的先天连续，所以需要追求后天的“天人合一”作为补偿；西方哲学因预设了人与世界的先天连续，转而刻意强调人对世界的观察（很像是对“劳作”的一种补偿），世界成为人的对象物，也即“物我两分”。中西哲学以反向对称的形式相呼应，神秘中透露着美丽，反向对称中蕴含着统一。

将生活世界比喻为一条整体连续的河流，则天地人同在河流之中，成为生活河流的一部分。这样的一个哲学视角正是华夏先民的视角，华夏先民因此成为生活河流中的游泳者。但对于拉丁语中的先民们来说，他们更乐意做生活河流的观察者，将生活河流描述为整体连续的“一”。上帝就是该整体连续的“一”的人格化。人，则只能是分享和分有整体连续的“一”，且因为分有上帝的“一”而成为“人”。本书将前者的哲学表述为“在的哲学”，将后者的哲学表述为“思的哲学”。令人惊喜的是，西方“思的哲学”传统和中华“在的哲学”传统，竟然蕴含在各自刻画“人”的古文字中！一直在与大地的劳作中、在“天之下”、在生活世界的河流中的华夏先民，也一直在“天人合一”的哲学中。人在对大地的劳作中、在天之下、在生活世界中，当属于“天人合一”思想的原初表述。西方之“人”也一直在人与上帝的关系中，一直在逻各斯的“位格”中，并试图通过追寻（爱）上帝的智慧努力理解上帝（哲学就是爱智慧）。东西方哲学的不同路径早已被设定在各自的古文字中！

东西方之“人”得以贯通的路径也隐含在古文字中。甲文劳作之“人”的引导者为玄鸟，玄鸟之上是天空，彼岸世界里的帝隐身于天空深处，神则成为帝的化身精心照看着此岸世界，帝神原本一体（见“第5.5节”释神）。按“非洲起源说”观点，华夏上空的帝神最初可能来自非洲故园，跟随着华夏先民非洲大迁徙的脚步，来到亚洲东方这片肥美的水草之地。说清楚这些故事及其背后的深刻寓意，重新将人类生活世界接续为一个整体，成为中华哲学的新使命。

继天和人之后，再来看元（）字。《说文》释元为“始

也。从一，从兀”。端始即元。非初义。孙诒让认为兀即元字的省文。柯昌济认为卜辞及金文中的元字从二从人，非许慎所言的从一在兀上。二即古文上，义谓人之上为人首。陈柱从柯说，并认为元兀一字。高田忠周认同柯的元为人首说，但在字形上认同许慎所言的元从兀作，兀从一在人上。陈邦怀认为卜辞中的“元臣”义为大臣，元训为大。王国维认为兀从人从一，一象其首。兀上有一为元，元天古文或同义。马叙伦认为始即胎字异文，胎儿出生头首先见，故以始释元。杨树达认为冠从寸（手），从冖（覆），从元（头首），人以手持覆加于首即为冠，可旁证元为人首。王人听认为战国兵器铭文中的“元用”义为“宝用”和宝重，元当训为宝。

笔者认为当结合殷人玄鸟崇拜释兀元。兀当从乌舞巫得字音，从儿上有一得字形。兀所从儿，为人字的奇文，可理解为仅具人形的人；兀所从一，指向命灵和神灵，此处或为命灵的传播者神鸟三足乌，兀从乌得音。乌黑之乌当来源于神鸟羽毛的乌色。殷女通过桑林里的巫舞活动，借桑木为命媒，得以与神鸟发生交感作用，腹中胎儿（即兀下儿）因得一（乌之命灵）而成为人子。兀乌舞巫吾音同义通。兀上加一为元，元所从一有肙员义，表征人子的幼小状态，且蕴含有成长的可能；有鼋鸢义，表征人子享受神鸟、神兽的庇护；有原嫄垣缘义，表征人子命灵的来源。元肙员鼋鸢原嫄垣缘音同义通。兀所从一既是人首也是乌。因乌在高处，后引申出高平义，兀字初义则转为元字所有。

首页二字或可为笔者上述观点提供证据。诸家多从许慎之说释首，认为古文首（）象人首有毛发，借巛为发，巛非川义。笔者认为首初文非源于人首，而是取材于牛羊鹿鱼等动物头形，用于专表兽首。殷人祭祀中常以牛羊鹿鱼头作为牲品，笔者推测牲品兽首最初或为太阳神所专享，其字形与太阳有某种相似之处（见

“第 1.6 节”释道首）。首读音或从狩兽而来，因狩兽而得兽首。初文首的形音义均与人无关。象有毛发形的人首当为后出字，或源于以人首为牲，或源于军事行动中的斩敌人之首。首字上部的巛（今文作丷）象悬挂以祭形。今文“首级”一词当源于此。

人的首称页（、）和元兀。《说文》释页为“头也。从**百**（shou音），从儿”。人（儿）上有**百**即为頁，頁才是人首。从字形上看，頁可分拆出上**百**下儿两字，頁所从**百**似乎是人首，頁所从儿似乎是人身。但这一推断与头（頭）字的初义不符。将人之页斩下后盛放于祭器皿中，即为头（頭）。頭初义应是盛放在器皿（豆）中的人首。郭静云称殷商时有人牲斩首祭礼，且最初的人牲未必是敌人。由此可证**百**不是人首。笔者推测**百**当是首字的省文，**百**从首兽狩得音。首除掉悬挂符号（巛或丷）之后方为**百**，目的是要安放在人身上重新组成頁字——頁才是人首。頁读音或从殷燕雁而来，殷燕雁頁音同义通。

古文字学者多倾向于认为**百**为古文首。笔者认为页所从**百**，当取形于图腾物神鸟神兽之首，所以不能有悬挂符号巛，义即不可悬挂，只能盛放于祭器中，如同“頭”字中的人首（页）必须盛放在祭器（豆）中一样。背后的意味是，首只是取之于普通猎物，但**百**一定不是，两者大不相同。元兀所从一，或直接来源于**百**所表征的图腾物，或间接来源于天所从一。**百**页因而与图腾物乃至上天可通。也正因为**百**是图腾物神鸟、神兽之首，才可以安放到人的身上，构成人首页。背后寓意有华夏先民对神、人、动物边界的严格区分。

将元兀所从一同天所从一进行比较，大致可以将前者（元兀所从一）表述为后者（天所从一）的具体形式和有形形式，将后者表述为前者的一般形式和抽象形式。将两者连接在一起的，正是“人在天之下”和“天在人之上”所表征的“天人合一”观念。

如结合“非洲起源说”，可为“天人合一”思想寻找到更遥远的源头，并因此与西方哲学思想相贯通。该源头就是帝神之帝（）。《说文》释帝为“谛也。王天下之号也。从丄（shang 音，古文上），朿（ci 音）声”。原本帝神之帝降格为帝王之帝，非初义。朿即木芒，一说为刺的本字。一说帝初文当取形于瓜蒂之蒂，瓜熟蒂落。孙诒让称《周礼》大宗伯掌建邦之天神、人鬼、地示之礼，天神中有帝，帝谓天帝。叶玉森认为殷礼迎气四方之祭也叫“帝方”，帝通假为禘。帝象“积薪置架”形，或源于燔柴祭天行为。象花蒂形的帝，初文或为示（来源于祭神架），因后人加草木成为俗文，被误认为花蒂。商承祚认为帝为蒂字初文，蒂即翻转的花萼。蒂为花之主，故引申为人之主。明义士认为帝从一从木从冂，束柴于上者（燔柴祭）为帝为禘。马叙伦认同郑樵所言的帝象花蒂说，认为帝后来从丄或因帝王义所致。杨树达认为帝即诗书中的上帝，方帝即罗振玉所言的五方帝和卜辞中的四方神。岛邦男认为殷卜辞中的帝是“对父的尊称”。裘锡圭进一步指出这和区分嫡庶观念联系在一起，嫡適（适）两字从啻（di 音）得音，啻则从帝得音。称先王之帝和称上帝之帝应是一语两分。“帝”字就是“嫡”字的前身。一说帝像女阴，一说帝像草制的偶像。朱歧祥称殷卜辞中有四方神祇，诸氏族方国也各有其“帝”在上天管治看顾，殷代已出现祭祀多神的观念。戴家祥认为帝为始祖，当尊于族祖，人有始祖，如同植物子实有花蒂。

笔者认为帝即上帝也称天帝，最初身份或源于人类共同的非洲家园。甲文帝当取形于瓜蒂之蒂，而非花蒂。花蒂说多源于生殖观念，且和女阴说有关，依据生殖关系理解人和上帝的关系，值得怀疑。因为天帝和人的正确关系是，尽管天帝是生活世界的原因，但天帝和人不在同一个世界里。瓜蒂恰恰能传达出天帝和人之间的这样一种关系：虽然蒂是瓜的原因，但瓜熟蒂落，蒂和瓜不在同一个生活世界里。瓜和蒂之间的关系，恰如人和天帝之间的关系。为此说提供旁证的还有孤字，孤从子瓜声，初义是“无父”（无父曰孤）。虽然蒂是瓜的原因，但不是瓜的父亲，所以瓜只能是无父，从“瓜声”的孤则天然获得“无父”义。

再联系彝族的葫芦崇拜文化（伏羲和女娲都是葫芦的化身，葫芦和祖先都读为“阿普”，壶天即宇宙，壶天之壶即葫芦等），结合古文献中所载汉人对长形葫芦与瓜无甚分别的旧习，可推出以下看法：1. 瓜蒂与葫芦蒂当初或被华夏先民混为一体，甲文帝的字形来源或有葫芦蒂的一份贡献；2. 瓜和葫芦以及葫芦背后的壶天（即人居于其中的天地）表征生活世界，帝表征彼岸世界，彼岸世界是生活世界的原因，但分属于两个世界；3. 悬挂着的葫芦蒂是朝向地面的，或为氐族之氐，蒂氐帝可通，彼岸世界和生活世界以一种特殊方式得以连接。彝族源于古老的氐羌族，当初应属于殷商人的旁支。

帝初义应为天帝，或源于非洲的天空，后跟随华夏先民迁徙的脚步进驻华夏故土。朱大可在《华夏上古神系》中考证出，无论是字形、发音，还是神格及其内在语义，殷商（甲文中）的“帝”和西亚的“帝歌（dingir）”天神，都如出一辙。“帝”的苏美尔身份“专门描述发光的神祇（Gods）和天体（Heaven）”，疑为日神。笔者认为正是非洲家园里的最初的帝神（或为日神），将全人类的生活世界接续为一个整体。不仅使得中华“在的哲学”同西方“思的哲学”得以重新接续，还透露出中西哲学当年如何分道扬镳的历史痕迹。帝神之帝后来在华夏故土上降格为帝王之帝，刻画着当年王权侵占神权的历史记忆。最初的原因或许是因为华夏先民离开非洲家园太过遥远，渐渐淡化了对帝神的敬畏之情，继而将目光下移到行进在迁徙途中的同族队伍中，更多关注当下的生活世界。当初惶恐注视着深邃天庭的目光，渐渐下移至迁徙路上的氏族队伍中；当初遥向天帝的敬畏之思，渐渐演变为面对当下生活的亲身而在。我们不能将这一转变过程轻率地理解为堕落，应将其理解为寻找一种新的哲学，一种不同于帝神传统的哲学。王权对神权领地的最初侵占，或许是寻找“在的哲学”必须要付出的代价。当王权彻底毁坏神权的价值根基时，堕落才真正开始。该根基可表述为：将全体人的生活世界接续为一个整体的努力。将人的生活接续为一个整体并赋予人格化，我们就能理解帝神的含义，无论我们是不是虔诚的教徒。帝神正是人格化了的人类生活世界整体连续的“一”，也是唯一。

回到华夏先民的哲学话题上来。我在大地上的劳作结果如何呢？或者说我与世界的关系又会如何呢？这类话题要靠古汉字“中”来回答了。

中（、）《说文》释为“和（一说内）也。从口丨，上下通”。孙诒让认为卜辞“中于且（祖）乙”和“我中女癸”句里的中有所得义，与高诱注语“中犹得也”相符。林义光认为初义为射中之中，口象正鹄，丨象箭矢。吴其昌认为中初义为立旗于广场中间，召集民庶，整饬军旅，有广场正中义，后抽象为中间之中。唐兰认为中初义为氏族社会的“徽帜”（图腾旗），每逢部落大事，选一空旷高地建中树帜，众人望帜而至。后引申出中央之中义。马叙伦认为中初义为什伍（军队）旗下集合，与《周礼·考工记》所载“熊旗六游”可通。李圃认为中为古代测天仪，饰有飘物以测风向。姜亮夫认为中初义为古人“立旗为表，以度日晷”（正午测日影）行为。田树生认为中表征植旗建鼓，以集合族众，引《通礼义纂》称“夏加四足，谓之节鼓；商人挂而贯之，谓之楹鼓；周人悬而击之，谓之悬鼓”。中字读音或源于鼓声。

笔者认为植旗建鼓、集合族众说可采信。王立自己部落的图腾旗也是各部落共同的图腾旗居中，以鼓声号令各部落酋长会盟。当王的鼓声在图腾旗的舞动中响起，四方部落的先民便以鼓声和各自的图腾旗相回应，迅速向四方传开。直到最遥远部落的鼓声响起，各部落的先民们依次举着图腾旗在鼓声中赶来，他们前行的速度或许还与鼓声和图腾旗所传达出来的具体含义有关。

如何在这样的一次重大活动中寻找出“中”字的初义呢？远去的图腾旗和鼓声都只能算是“中”字的字源而非字义，将“中”理解为王居中间的方位（四方之中）也只是触及了“中”字的字面义。当王的图腾旗在鼓声中立起，其哲学意味有三：第一，原本各向同性（即各方向都是平等的，任何一个方向都没有丝毫的优越感。此为现代宇宙学的一个基本信念——笔者注）的物理空间被人赋予方位感，被赋予人（王）居中间的意义，可描述为“人在空间方位中”，人与特定的物理空间相统一；第二，纯物理的世界被改造成为人在其中的世界，王族与部落成员的社会关系在物理空间关系中得以现身；第三，这样的一组关系整体上是和谐统一的，作为动词的“中”，其每一个环节都实现了人与世界、连同人与人的和谐统一关系。我们将这样一个场景描述为“王中”，其哲学意味是“人在世界之中”。

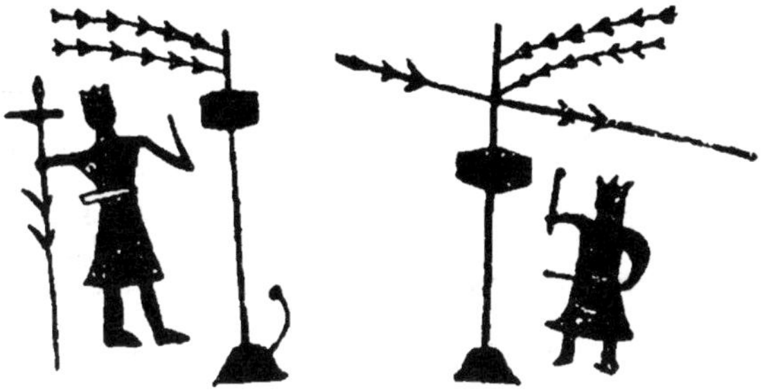

战国时期的古代攻战图（源于 1935 年河南汲县山彪镇战国墓出土的水陆攻战纹铜鉴，引自《古文字诂林》第一册第 340 页），或许蕴含有先民树旗建鼓（中）的场景。

这里“中”的含义首先是“在”，准确地说，是人“在”，是人对世界的进入并与世界相和谐。它只能是来源于华夏先民的生活河流，且一直在描述着该生活河流的状态（中）。以这样的视角来理解“天”和“人”字，在世界之中劳作的人自然是与世界相“中”的那个人，也即一直在生活河流中游泳的那个人，而非坐在河堤上观察河流及泳者的西方哲学家；“人在天之下”连同面南背北、左东右西、人居四方之中等，共同描绘出华夏先民与世界相“中”的状态和位置。

要是有人问，“中”字的初义在哪里？答案只能是：在王最初立起图腾旗的动作中，在各部落以鼓声和图腾旗相继呼应的过程中，在部落成员四方汇聚的路途上，在人对世界的劳作关系中，在华夏先民的生活河流里。“中”字的初义不是别的，正是“天人合一”思想在生活世界里的打开，与《老子》所主张的“守中”之中说的是同一个意思。还可结合《老子》所言自然、抱一、守一、得一等主张寻找到“中”字的初义：自然义即存在者成为它自身，可描述为成为存在者自身的一，任一存在者就它自身而言都是一。人若能抱一、守一、得一，最终能让万事万物自己实现自己（自然），就是守中——这也正是儒家“中庸”思想的最初源头。

虽说“天人合一”中的合有融合义，但并非是说将分离的天（对象物）和人融合在一起，而只是说天和人原本从未分开——此说与“中”字同义。合的初义当来源于原始宗教中的合祭。合所从亼（ji 音）表征祭祀之所，所从口笔者倾向于认为表征四方——寓四方合祭义。至于将合字初义理解为上下器皿之合、问答之合（即古文答）等，或属于后世衍生义，或在字形上有关联。

“天人合一”还表现为原始宗教中的人、神（鬼）同“位”。甲文位立两字同源同体（），《说文》称“列中庭之左右谓之位”。人在劳作，而位（立）者恒立不动（即使有动，也不为人所见），但又与人同在，永在世界之中。恒立不动的位（立）者，就只能是先祖和神（鬼）了。鬼，归

也。人之灵归于空桑木母之位（立），即为鬼。宗庙里的“木位”、牌位和“铜位”等，都从立字而来。先祖、神（鬼）“列中庭之左右”，人则是中庭的活动者与安排者。人与先祖、神鬼同在中庭，天与人因此合一。

因为祖先已经永恒在“位”，华夏先民“天人合一”的生活河流得以在时间上获得整体连续：如果说当下生活世界中的我们居中，则祖先连同祖先的祖先指向过去，子孙连同子孙的子孙指向未来，过去、现在和未来同在一个时间河流中得以整体连续。再结合“天之下”思想所表征的空间上的整体连续，华夏先民的生活世界因此而连续为时空整体。后人所说的“天下一家”，盖源于此。

将以上内容合并起来，即构成了对“天人合一”思想最初的也是相对完整的表述——它们恰恰就蕴含在古汉字的初义中。

1.6. 由“道”而来的“德政”
——“道、德、直、得、政、仁、义、羛”及其他

按照华夏先民的理想，上述“天人合一”的生活河流可描述为“德政”得以实现的世界。那什么是德政呢？或者说德政最初的含义有些什么内容？是后来所说的以德治国？还是儒家提倡的以孝治天下？我们还是去古文字中寻找答案。

道（、、、）《说文》释为“所行道也。从辵（chu 音），从首。一达谓之道”。辵为彳（chi 音）亍（chu 音）的合体字，有行走义。“所行道”义即人所走的道路。刘心源认为道从页不从首，页（义即人首）加走为道，古文走与辵通用。林义光认为道从辵首，有“按首所向”义。“按首所向”可理解为顺着目光向前。桂馥认为许慎所言“一达”说

的是道路。道，蹈也；路，露也；人所践蹈而露见为道路。马叙伦认为道为徒的转注字，徒即徒步行走义。

笔者认为道初义为“走道”，既非道路也非人的行走，而是人的行走与道路的统一，也即首足并用走出来的道——与“加走为道”及“按首所向”可通。道字表征的是人对于行走的整体介入，“整体”意味着首足并用，而不仅仅是用脚步行走。道在人的整体介入中得以呈现，可理解为道在人的行走中说出自己。借用生活河流的比喻，道的初义既不是河流，也不是人的游泳，而是人的游泳与河流的统一，即生活世界本身。道从哲学上可表述为生活世界的整体连续过程，是生活世界整体连续的时间形式和过程形式。这正是《老子》哲学中的那个道，不可见也不可说。原本就没有一个叫“道”的道在某个地方，原本就没有一个生活之道等着我们每个人走过去。为了表征这样一个事实，可“强名”之为道。如按《老子》所追求的抱一、得一理想，其中还隐含有下述规定：“走道”之人仅得自己之“一”方为守道。这和西方哲学中的“是其所是”规定，以及《老子》哲学中的“自然”（万物成为自己的样子）规定，都有着某种程度上的吻合。

另根据刘尧汉、刘明武等学者对彝族十月太阳历的研究，天文历法当为中华文化的源头所在。再结合“天道高于人道”和前述“天人合一”思想，大致可推测出道字初义或为太阳行天之道。初文道所从首或为日的象形，行走中的日放射出光芒，被混同为头发直立的人首。日在天空中有规律地行走即为天道。后呈现为历法中的“圜道”①，再演变为黄道。人之首如同天之日，人在生活中行走如同日在天空中运行。人在

① 注:《吕氏春秋·圜道》有专文论述；一说《周易》之周有圜道义；范蠡将“天地圜道”思想延伸至商业领域。

生活世界中的走道即为人道，理当成为太阳按天道运行的模仿。连接太阳与人首相似性的，或源于用兽首祭祀太阳神的传统，再借兽首为人首。借助牲品兽首，人首和太阳得以建立起相似形，所蕴含的逻辑是人道效法于天道。《老子》所言“人法地，地法天，天法道，道法自然”，可依次解释为：人根据大地上的气候变化以及太阳投射在大地上的日影决定农事和四时，大地则根据天上的日月运行呈现出四季变化，天上的日月星辰也在按照太阳行天的天道协同运动，天道运行的法则是要让万物全都成为它们自己（自然，意即成为自己的样子）。能在如此背景下顺道而为，理当成为人类生活的最高理想。

德，由道而来，得道为德（）。《说文》释德为“德，升也。从彳（chi 音），悳（de 音）声”。一说悳从心从古文相。一说悳从心从古文循，得于内心、循形于外为悳。一说德悳同字。徐同柏认为德古文写作悳。《说文》释悳为“外得于人内得于己也。从直心”。段玉裁认为升当作登，登德双声。马叙伦认为德应是登的转注字。郭沫若认为德字“始见于周文”，意即德字为周人所造。省心为德，省有视义，读为 xing 音（意即从反省中有德）。徐中舒认为德初文从彳从直，象“目视悬垂取直”形，会“循行察视”意（因观察有德），升应为后起义。戴家祥认为古文德和得同字。

德字从直（）。《说文》释直为“正见也。从乚，从十，从目”。段玉裁解释为从十目而视乚，乚无所逃，即为直。属附会之说。笔者认为直所从乚初义为天干作用于大地，但未呈现变化之形；所从十应为十字尺，殷商人游牧途中由士拿在手上探路的测量工具，故士字从十（见“第 1.3 节”释乚十）；所从目当为人目；正见意味着人所见与对象物相一致（暂不追问正字初义）。现在的问题是，直所见为何物？或者说直见到了什么？笔者给出的解释是，需要根据直所从乚的含义而定。

倘若所从乚的是天干对大地的作用，直所见的当是巫术礼仪中的天人交感；倘若所从乚的是观察对象，直所见的当是生活中的具体物象。而无论哪一种情况，直都有当值义。不同的只是：或在祭祀现场，展开人神对话；或在了望现场，为氏族探路、放哨。两者的相同之处是，都要获得正见。从心从直的悳德，所得的当是事物原本的样子。

接下来的话题是，为何《说文》释德为升（德，升也）？这需要在德与得的比较中寻求答案。如果你手持贝壳走在路上，你只是得到了外物，甲文得象形手持蜃贝行走状（、），表征手有所得（非心有所得）义。得和德同样是行走在路上，两者的区别是：心有内得，人的精神得以提升，方为德；倘若只是手得外物，则为得。人的内心精神并没有因得而升。

《老子》反复劝谕最高统治者们，心所内得的应当是道本身，而非别的什么东西。心如何能得“道”本身？首先是行道的方向要正确。按《易传》“一阴一阳之谓道”、《老子》“万物负阴而抱阳”及“道从太阴而出”等说法，参照华夏先民“面南背北”的空间定位，尝试解释如下：假设一位华夏先民面南背北且一直朝向南方走去，则前方为阳，后方为阴，人的面南背北同时对应于万物“负阴而抱阳”。方向正确之后，还要在行走过程中遵守一系列规定，如“守一”“抱一”等。如此方为“顺道而为”，终能实现“得一”和“自然”。

在《老子》看来，万物原本都该如此，但总有些人却喜欢反过来。一是在方向上不是“负阴而抱阳”，而是逆阳而谋阴（即阴谋）。阴谋一词的本义不是躲在阴暗处谋划，而是用阳以谋阴。阳只是手段，阴才是目的。谋阴属逆道而为，是《老子》所极力反对的。二是违反“得一”和“自然”等规定，肆意妄为。两者若失其一，都不能算是顺道而为。

将道视为人的生活河流，则任一过去时刻（在行道之人的背后）都属于阴，任一未来时刻（在人的前面）都属于阳，任一当下时刻都属于阴阳结合。由此而来的结论是，阴阳观念在道中被赋予时间含义，行道之人永远是“负阴抱阳”。从中可看出老子哲学是不主张倒退的，甚至是反对倒退的。

按“天人合一”的思想，得和德的过程都属于“中”，且都要遵守“中”的规则，不偏不离。也即我心和外物始终合而为“一”。能如此，则实现了老子所说的“抱一”理想。所谓“一”，即存在者自身；所谓万物“得一”，即全部存在者都与自身相一致，也就是老子所说的“自然”（存在者成为自己的样子）。老子所主张的“道法自然”，并不是说道要效法某个名叫“自然”的他物（道就是生活河流整体，道外已无他物），而只是说“道的法则就是让万物全都成为自己的样子”，成为自己的那个“一”，即万物“得一”。至于人的“抱一”，则有两层含义：一是要求人面对任一对象物时都能在观念上抱有该对象物整体——不多也不少，可表述为“以一观一”；二是要求人更要抱定自己的这个“一”，最终保证自己成为自己的样子。如果每个人都能“抱一”、都能“得一”，最终能和万物一起自己成为自己（实现“自然”），就是实现了“大道”，实现了“天人合一”，实现了“中”，实现了德，也实现了最好的“德政”。

孔子说“政者，正也”。正初文从止口（），从二的正（）和“从一止”的正（），当属于演化的结果。止字即脚步，脚步之上的符号无论是一还是二，都是初文的简化，三者表征的都是对脚步的要求即正。问题的关键是与谁正？谁赋予正的标准？先民给出的最初答案是：正于“王中”的召唤，正于氏族和氏族的神祇，进而正于道（见“第4.2节”释正）。按照“天人合一”和“中”的要求，人之正也只能是正于道、正于德，正于自身之一同时正于万物之一。假圣人明君之手（攵）

以正华夏先民的生活，便有了政。这样的政天然就是道、就是德、就是“中”、就是“天人合一”，就是最好的“德政”。华夏先民关于“德政”的理想，原本就内涵在道、正、德、中等古老汉字里。

那为何《老子》后来说“失道而后德，失德而后仁，失仁而后义，失义而后礼”呢？因为老子时代的德偏离了道，成为离道之德，所谓“失道而后德”说的就是这一事件。打个比方，道和德原本要求你一直朝前走，假设你被某处的德所吸引，就好比被路途上的某处风景所吸引一样，尽管你不得不朝前走，但你的眼睛（背后是你的心灵）却一直盯着你所喜欢的风景看，此时你所德的就只是你所喜欢的风景——显然它已经偏离了道。顺道而为的我们只能去“德”那些由道实时呈现出来的生活风景，不可以只“德”某处自己陷入其中的风景——若如此便是失道之“德”。

再来看仁。仁有三种写法：一是“从千从心”（）的千心仁，二是“从尸从二”（）的尸二仁，三是“从人从二”（）的人偶仁（二为偶）。笔者倾向于将三者连续为仁字演化过程的三个环节。

甲文千（）取形于人身之形，初义为至大之数，“造数之术穷，便以人代表之”，如一千（）二千（）三千（）等。笔者推测千字或许是以人身指向千物之身，进而表示大数——大字源于人的象形。今语“大千世界”一词，或与千字的初义有关。甲文心（）一说像葱头，笔者认为更像是葱的内芯，以表征人的内脏之心。《说文》：“心，人心，土脏也，在身之中，象形。”许慎所言“在身之中”，或意味着心与葱的内芯更为接近。“土脏”意即五行中属土的内脏，附会于阴阳家的衍生义。如笔者所言千“以人身指向千物之身”能够成立，则千心仁所表征的是凡物有身皆有其心义，寓意万物身心一体（此说与万物有灵的原始观念相符合）。果仁之仁保留了这一初义。

千心仁后变身为尸二仁（一说人尸仁），改万物之身千为人之身尸，改葱头之心为二。笔者认为尸二仁的初义是：借孕妇之形表征母子同属一体这样一组特殊关系。尸二仁所从尸表征孕妇之身，所从二既表征腹中人子，又寓意人子命灵由天干十日转世而来。至此再回看千心仁，便能恍然大悟：第一，万物之身同万物之心，原本也是一体关系；第二，由万物身心同体到孕妇母子同体，实际上是一种退步：由无差别的一体关系退步为有差别的一体关系——母与子毕竟是两个存在者。

将孕妇同腹中人子这样一组特殊的一体关系，外用到普遍的人与人之间的社会关系，就有了人偶仁：单人旁（亻）所表征的你，同“二”所表征的更多他人之间的一体连续关系。和尸二仁相比，这又是一次新的退步：由母子一体关系退步为陌生人的一体关系。

而无论哪个形式的古仁字，均指向同一个初义：个人与他人之间的一体连续关系。千心仁可描述为该一体关系的宇宙学形式，尸二仁可描述为该一体关系的孕妇和母子形式，人偶仁可描述为该一体关系的社会学形式。你若能主动将别人视为一体，即为孔子所说的“爱人”，你也因此成为“仁者”。孔子所倡“四海之内皆兄弟也”和孟子所倡“老吾老以及人之老”等，均包含于其中。三个仁字之间的退步关系，则反向要求我们能将陌生人之间的外在一体关系递进到无差别的万物身心同体关系。虽然孔子也反复强调“仁”的普遍价值和普遍意义，但由于孔子仁学整体建基于爱有等差的周礼之上，因而不可能将其仁学整体推进到千心仁的层次上，可视为一次严重的倒退。所以《老子》说“失德而后仁”。宋代陆象山（九渊）以《孟子》为本，依仁义礼智“四端”发出“本心”说，并推广至宇宙人事（心即理），可视为对千心仁初义的一次还原工程。甚至可以说，宋明理学的思想种子也早已孕育在千心仁的初义中。

再看义（、），繁体作義。《说文》释義为“已之威仪也，从我羊”。个人威严的仪表即为義。如遵此说，则義的衍生义“适宜、義气”等，就很难同其初义相吻合。幸好有墨翟用“弗”替“我”，得从弗从羊的别体羛（yi 音）。墨子的行为或许为理解義的初义留下了线索。

弗有矫正义。弗加上艹头指称一种植物，可做成箭头。陈独秀将弗理解为篮子类的编织物。笔者认为或为材质紧密的藤蔓。一说弗为“正弓之器”，或可旁证藤蔓之说。为何墨子要改義为羛？答案或许是因墨子主张“非攻”，所以要去杀伐之器“我”。如此说成立，替代“我”的“弗”极有可能是守卫之器。其材质紧密，可做箭矢，因而难以毁坏。弯曲成特定形状（弗），再环环相扣，连成一片，足以阻碍敌人前行。从我之義可描述为要求大家奋勇杀敌，从弗之羛旨在召唤族人奋起抵抗。无论是从我的義还是从弗的羛，参与者都能奋不顾身，因而都很符合義羛的标准，也与義羛的衍生义“适宜、義气”等相吻合。沉淀在義羛两字背后的，是个体成员对族群责任的自觉承担乃至勇于献身，且其担当精神与生俱来。至于義羛所从羊，或许是参与者的财富（捐献），或许是参与者的头饰羽毛（如同美字所从羊），表示参与者将应召前往。

当杀伐的我或防守的弗因战事立起，族群的青年战士纷纷挂上自己的头饰等待出征，他们的家人则献上羊等财物慰劳战士。義羛在诸行为中得以呈现。畏难或逃避者则为不義羛之人。義者的行为是“适宜”的，与族群利益相适宜；也是很“義羛气”的，对族群内的他者而言很仗義羛；当你将自己头饰（或财物）挂在杀伐之器我或防卫之器弗上时，你在族群中的意义也同时得以呈现。義羛两字的初义同其衍生义之间的关系，在上述文字中得以天然贯通。

接下来看礼，繁体写作禮。《说文》释禮为“履也，所以事神致福也”。初义表征先民礼敬上神以祈求幸福，属于人神交际之道。将人神交际关系的禮转用于人与人之间的关系，便成为后来周禮的源头（见“第3.4节”释礼）。

最后来回应老子“失道而后德，失德而后仁，失仁而后义，失义而后礼”的论述。老子时代的道德仁义礼等，以周礼为蓝本——这正是儒家所主张的。但在老子看来，最初的德政原本要求与道相一致，当你主张以周德为蓝本时，就只是盯着一处看风景了。尽管此时的你依旧行走在道上，但是你所德的内容与道发生了偏离——人之所德偏离了道之当德。此即老子所说的“失道而后德”。当你再失去“上德”（即无为的道德规范）时，就意味着你可能不是走在道上了，你从一开始就偏离了道，此时的你讲仁。表面上看来，讲仁是为了将人统一为一个整体。实际情况却是，当你开始讲仁时就已经将人分割成不同群体了。否则何须要统一呢？何须要讲仁呢？此即“失德而后仁”。单从表面上看，义也很不错，但攻守双方之“義羛”恰恰是相冲突的。这就比讲仁更坏了：仁虽有分裂，但未必有冲突；义不仅有冲突，甚至你死我活。也正是为了限制这种你死我活，便制定了礼。但更坏的结果则是，不仅有了你死我活，还有了等级之序——人与人的冲突因此而加深。原本用于人神交际关系的礼被下降到人与人的关系中，本身就是一次巨大的倒退。

透过本节古文字的分析，有助于我们认识到后来孔子所主张的“仁政”已偏离了“德政”最初的涵义，变得很不可靠了。真正可靠的“德政”乃至更为理想的生活，要去更远的历史源头上去寻找。如结合“非洲起源说”，其最初的源头当在非洲故园。以汉语文化的独特视角，重新将人类生活世界接续为整体，无疑将成为中华哲学的新贡献。

1.7. 生活为“家”连续成整体
——“家、豕、加、宗、祭、祀、父、母、祖、孝”及其他

对华夏先民来说，有房子不能叫有家（）。《说文》释家为“居也。从宀，豭（jia 音）声省”。《说文》释豭为“牡豕也，从豕叚（xia 音）声是也”。豕即猪，豭即雄性的猪。吴大澂认为古文家“从宀，从豕。凡祭，士以羊豕。古时庶士庶人无庙，祭于寝。陈豕于屋下祭也”。另有从犬的异体宊（jia 音），学者给出的解释是犬豕皆为家畜，故家字从犬从豕。王襄认为契文家象一豕或两豕聚于囗（wei 音）中，豕后又讹变为亥。叶玉森认为许慎训猪为丛居，家字从豕，当有聚族而居意。契文家所从亥应是豕的变体。方以智认为家从宀从古文族。顾实认为家族家国当从凥（异体居）为本字，也即许慎所言的居义。家字从豕，表明古代女子主中馈（管理饮食供应），以豕作为牺牲和食品的重要来源。上有蒙古包（宀），下有群豕，即为家字的象形。狄、羌、闽、蛮诸字可作为旁证：北方猎人与猎犬同住，犬立火旁得狄字；西边牧羊人赶着一群羊，人随群羊之后得羌字；南方湿热多虫蛇，人以虫蛇为食，被中原人称之为闽蛮。商承祚认为因豕的繁殖力旺盛，先民便假豕为家，求壮其族。邵君朴认为英文家（family）源于俘获来的男女奴婢（famel），如同甲文奴仆之仆。子妻奴婢，与牛羊犬豕，都是主人的资产，没有等差。家之所以从犬豕而非牛羊，因牛羊放牧于野外（意即与房子里的奴隶相区别，奴隶等同犬豕）。笔者推测如此说成立，则家或从枷夹挟押得音义。马叙伦认为亚字象古代居室结构之形，亚本象家形，也是厦字初文，家则为后起字（意即亚为家的古字）。亚牙叚音同，家或为亚的转注字。

陈梦家认为卜辞家指门以内的居室。屈万里认为卜辞家有邦国义。杨宽称西周金文中常见赐臣若干家，当是“成家的奴隶若干户”。一说家假借为嘉，有美善祥诸义。田倩君认为殷契中有宀下画有男女各一的家，此为真正的家字。李零称楚文中家上增一爪的合体字，仍是家。此说或可为邵君朴所言提供旁证，所添加的爪表明爪下的家人是抓来的奴隶。刘信芳称楚国管理州的官职有“加公”和“里公”，加公即家公。楚国“州加公”如同周的家宗人、家司马、家士之类，加无疑是家的假借字。

来看豕（）字。《说文》释豕为“彘（zhi 音）也。竭其尾，故谓之豕。象毛足而后有尾。读与豨（xi 音）同”。义即猪竭尾为豕。刘心源转引《礼图》所载称，天子诸侯之鼎为牛鼎，容一斛；大夫羊鼎容五斗；士豕鼎容三斗。豕鼎即士鼎。笔者推测豕士或许音同义通，豕因其祭品身份获此殊荣。王襄认为契文豕象形，或兼象竭尾，或兼象刚鬣，或兼修毛。唯有腹下所加／，不知有何意。商承祚称犬与豕有别，犬长尾体修，豕厥尾硕腹。唐兰认为古文豕头与犬无差别，所以要状其身尾，以作分别。卜辞中的逐字象有足在豕后。古文以逐为遂，遂象形豕在道中，遂所从足形（辶）应为后增。陈梦家认为豕下加一点为豕，象公猪腹后有阳具形，豕为豕有阳器者。随后又自疑已说。饶宗颐称豕表征天豕星象（也称奎或封豕）出，古代占星家以为该星象兆示当年有水患。高鸿缙认为豕尾常举而不垂，所以许慎称之竭尾。罗琨称记载畋猎活动的卜辞中多见“逐豕”语，豕本义是野猪；但卜辞中又有“百豕”献祭的记载，此时的豕又不大可能是野猪。何琳仪认为豕叠加音符矢为彘。豕加者为豬（猪）。《说文》释豬为“豕而三毛丛居者。从豕，者声”。一说毛为月之伪，应是三月为猪义。朱骏声称凡豕皆一孔三毛。马叙伦认为豕猪为近声转注字。

笔者认为诸家所说多有合理之处，所见或为家字某个时段的面相，或为某个角度的面相。家从宀而来，全无异议。但宀下所居何人？家为何从豕？为何加与家可以通假？笔者尝试从加说起。

加（）《说文》释为“语相增加也。从力，从口”。有强加看法给听者义。非加字初义。力初义表征先民手中用于围猎的工具，在长杆前端绑有刃具是力的特征（见“第 4.3 节”释力）。围猎者手持力加于动物之口，以防其咬人伤人，当为加字初义。桎梏加于俘虏颈手则为枷，枷与加可通。猎物因口被力所加，则成为人或可宰杀，或可驯化的对象，成为人的力量的一部分。加因此获得添加义。他族俘虏因戴枷而免遭屠杀，转化为生产力和部落资源，对本部落而言也是某种意义上的添加。家所从宀非余非舍，余舍或为殷商人所居，家所从宀为戴枷人所居。家加枷因而音同义通。殷卜辞中周天子姬姓与婢并称，或表明部分周人此时也在家枷之中。家从豕从犬，或因为俘虏被安排为养猪，与猪豕同居于宀下，且被恶犬看守；又或视枷人如豕如犬，戴枷人因失其人形而呈犬豕之形。殷商族人则或牧牛或放羊，猛士则豢养大象，以尽围卫氏族之责（见“第 4.1 节”释象卫为）。豕本为野猪，生性凶猛，不适合驯养，更不适合作为牲品献祭，便竭其尾，即阉割野猪的交尾之尾成豕，如同今天养猪场所做的那样。豕即豭，指称失去交尾之尾的野猪（与陈梦家所言的阳具相反）。豭从豕从叚，叚有下义，所下（竭）者为公猪的交尾之尾。豭因而也是假豕，放养在宀下，家因而“豭声省”。豕后来获得竭尾义，豕便带着刀伤隐身于豕后，不为人知。雕琢之琢所从豕，有切和刻义，当初的“竭尾”刀伤在琢字中华丽转身。豕字故事足以表明，殷人已获得了对动物两性繁殖的简单认知。《文字考古》认为，殷人不具有男女交合生子意识，因而也没有血缘家庭观念。笔者认为此说可商榷。另据考古资料显示，最迟在新石器时代前期，黄河中游的华夏先民开始用猪的下颚骨作为随葬品，目的或为驱邪。

再看豕字读音，当从食字而来。食字读音当从氏是饲司祀而来。豕与食氏饲司祀音同义通。豕既可用于食物，也可用于祭祀。至于豕亥可通，应和星象奎（即封豕和天豕）有关。该星象或与亥时或与亥月有某种联系，具体不详。

殷商人和宀下所居住的外族俘虏连同豕，原本不是一家人。殷人不讲家，而讲余舍，讲氏、讲宗、讲族甚至讲自（古堆字）、讲队。从豕的“家人”也在自和队中，但他们一定是外族，不是殷族和殷族的旁支。他们是“加”到殷商队伍中的俘虏。

从豕之家后来成为家国之家，或与周灭殷商有关。“家人”造反成功，翻身成为当家之人，并将宗的祭祀功能移植到家中，家因此成为周人宗法社会的基本单元。此时的豕则用于泛指祭祀用的猪羊等牲品。夺得天下的周族先民开始“祭于寝”，在自家的房子中祭祀神祖，此风俗在今天的中国农村尚有遗存。各地的家人也正是通过祭祀行为，将周以后的华夏先民同祖先连续为整体。

原先当家的殷商后裔中能够合作的一部分留在故土，在周公东征之后缩小为宋地；不能合作的殷商后裔及旁支则被驱赶到四周偏远之地，成为“四夷”（东夷、西戎、南蛮、北狄）。最先接受周人男权之家生活的殷商旁支姜族，则成为周天子的亲戚（婚族、舅家）。并从大西北迁徙到齐地，从殷商文化的边缘处迁徙到殷商文化的腹地，主要任务是“代天子征伐”。对周人较为屈从的殷商旁支嬴氏，被驱赶到西北代周天子养马去了，此即后来的秦。

笔者将中华传统哲学称之为“在家的哲学”，殷商虽然不是传统哲学的成型之地，但一定称得上是滥觞之地。只是殷商人的在家，应该叫在宗或在氏。为表述方便，下文中统称为“在家”。

《说文》释宗（）为“尊祖庙也”。殷人将房子外面的祭神架（示）

移进逐水草而居的房子（宀）里，就有了宗和宋。宋字读音表明，祭神架是用松树木做成的，宋与松音同义通。此时的同宗人，意为同一个神祇崇拜的群体。比宗更为庞大的群体是族（）。族象形箭矢的集合，义同簇。用在社会关系上，初义指称诸宗联合体，或许还是军旅建制（古有“四旗十箭”之说，旗和箭均为军旅建制）。更多的族进一步结合成殷商氏族。周人宗法社会中宗族二字连用，表征家的血缘关系在时间和空间上同步向外延续的结果。同姓氏的人聚集一地，才可能成为同一个宗族，他们拥有共同的族祖。随着人口的繁衍，同族中的某支小宗需要外迁到别处定居，此即开宗之举。将宗族比喻为一棵树，族为树身主干，宗为主干上的旁枝，家就是旁枝上的一片片叶子，个体只能隐身在叶子中。

示初文为丅，所从一表征上天，也即上，所从丨表征上神自天而降。示和下同源于甲文丅。丅与丄（古文上）相对成文，起初或均为动词，天与地因此得以贯通，干支思想孕育于其中（见“第 5.5 节”释示）。玄鸟所传播的命灵因能丅而为人子，又因复丄而归为神主。示与氏族之氏、与地支之支音同义通。帝在遥远的彼岸世界，氏族之神和先祖同在上天，可与帝相通。人既在天地之间，又与神祖同在氏族之中。因为有示，人与天干地支作用得以连接为一个整体。

祭（）象“以手持肉”形，肉摆放在祭器（台）上，以祭祀前代“饮食之人”即祖先。一说祭有“告杀之义”，古人捕杀鱼和鸟及各种禽兽后，需陈列以祭，称之为“祭兽”，且每食必祭。在笔者家乡，老人边杀鸡边念叨“小鸡小鸡你莫怪，你是阳家一碗菜”，态度十分虔诚。老人口中的“阳家”，就是相对于阴间地府而言的人世。对华夏先民来说，祭祀活动贯穿生活全程，遍及各个环节，仪式多样复杂，所祭对象、内容和含义都十分丰富。从“在的哲学”来看，祭就是“在”的一种重要方式。万物均有灵有身，先民的身心自是同“在”万物之中，且同“在”于族群的精神联系之中。倘若没有了祭，心灵或许会缺席，与族群神祇的连续性也可能被阻断——这恰恰是不能接受的。另见“第 3.4 节”释祭。

祀（祀）《说文》释为“祭无已也”，从示，从巳。商有二祀、五祀、九祀、廿祀等说，周有阳祀、阴祀、望祀之别。无已，有不停止义，意为年而复返，定期祭祀。一说无已就是无蛇，已为巳之误，巳为蛇的异体，祀所从巳属反用，表征无蛇义。先民畏蛇，因畏生敬，敬为神君，祀能送走蛇，先民便奔走相告“无蛇”。笔者推测当先有送蛇（巳）之祀，后衍生为商周之祀。按《文字考古》所言，祀初义为殷商人的婴儿神判活动。新生儿诞后三日，通过“射日”仪式判别婴儿是否为十日古灵转世；如是，则以十天干中的某一古灵命名，交由女群中食母喂养成人；如非我族类，则弃之，所弃儿成为弃子。笔者的理解是，神判之祀当后于送蛇之祀。弃子成为它者，成为巳。逻辑关系上当是巳先于弃子。

笔者进而推测，祭与祀初义有别：祭为求同，祭者因求与所祭对象能同而设祭，有趋利意；祀为别异，祀者因求与所祀对象别异而设祀，祀为避害。祀的古文异体禩，从示从異。异与異同字，异与弃同源，可证祀为求别异，有避害义。祭和祀都致力于将先民生活同世界连接为一体，但连接对象有异：一为神祖一为它者。后祭祀连用，初义差别渐消，《周礼·大宗伯》中就有关于祀天和祀祖的记载。

华夏先民的家中之祭（祭于寝）当侧重于同，其核心是与祖先与氏族同，然后才是与世界同。周人则进一步实现了与天同，真正实现了天下一家。曾经的现在的和未来的家人，因祭而连续。周天子通过分封制，将天下人的小家，全都连续在周天子的大家中。此即华夏先民“在家的哲学”的真实起点——该起点就在生活世界里。原先的劳作之人此时成为“在家的人”——通过祭而在家，通过在家重新规定人的意义和人在世的意义。

在今人看来，家源于父和母。甲文父（），陈独秀认为象形父“举斧以率耕”，而非《说文》所言的“举杖以率教”。陈说依托于周人农耕文明，许说则附会于儒家学说。一说“父”为斧字初文，父斧古义相通。一说先民尊称率族人耕种的长老为父，不独指父亲。后又代指美男子。综上所述，初文之父尚未完全“在家”，还保留有在世界中劳作的影子。其最初的身份并非在周天子的井田里“率斧以耕”，而是在殷王的游牧队伍中率斧伐柯开路。因当时处于母系社会，父亲只能隐身在男性人群中，在母系之家的外面。

甲文母（）象形双手持乳状，《说文》释为“乳子也”。乳养孩子的母亲身份是明晰的，但初义是食母而非生母，即殷卜辞中所称“司母”，特指乳养人子的女群。出土的殷“司母戊鼎”就是供食母戊烹煮食物喂养人子的食器。生母称为匕，见“第 3.7 节”释匕。依《文字考古》所说，子生母死即女人因生产而亡的很多，新生儿多由食母代养。进入周朝男权社会后，母字转指生母。凝视甲骨文中数量众多的古“母”字，它们形态各异、自信满满、生动如新，向今天的人们传递着母系社会的神韵——虽历经男权社会的刻意遮蔽却顽强地留存在古汉字中。

首先“在家”的不是母，先于母“在家”的是祖。祖（）古体作且。《说文》释祖为“始庙也。从示，且（ju 音）声”。非初义。一说且为祖字初文，一说为俎字初文。《说文》释且为“荐也。从几，足有二横，一，其下地也”。释俎为“礼俎也。从半肉，在且上”。郭沫若说且象形男根，理由是先民有生殖器崇拜。《文字考古》认为殷商人观念是女人感应神灵而有孕，如同玄鸟入海化蜃。进而认为且字初义指且刑（即车裂之刑）。如旧王在游牧途中不能带领族群走出困境，不仅要让出王位，还可能被车裂而死，以祭上天。王亥或许就是第一个被车裂而死的殷王。且字所表征的正是车轮碾压过的旧王尸体。后借且指代旧王，且因而获得祖义。王国维认为且象几形，二横为几足。笔者认为可采信。一说且为神主位，且主音同义通。一说且象早期房屋，一说象祖墓形。

石家河时代祭坛陶偶，当为女偶，怀抱男根，带有神母特征（引自《夏商周：从神话到史实》第 52 页图二 O：2—3）。笔者按其中当蕴含有母系社会文化，崇拜的是背后神力，不代表男性有崇高地位，也不意味着男根与且（祖）有关。

笔者认为且初义为祭祖器物，上面盛放有肉牲，形状同几。人就食依几，先人享祭用且。且或叠呈于几上，供奉于先人神位前。且的体积比几要小，有二横木为足。祭祀帝神用燔柴生火，以大牢（牛）为牲。帝神与行祭者原本不在一个世界里，需要按神礼燔祭。先人与行祭者原本生活在一起，因而祭礼如人。且加半肉为“俎”，指称祭祖之礼及动作（礼俎）；加礻为“祖”，指称受祭者。两祖合享一祭为“且”，从切得音，后引申出并且之且。同宗众祖合祭为“组”。且刑之且（ju 音），从刀俎之俎得义，当出现在祭祖之器后。祖上之祖，初义为氏族先人，不分男女。至周以后，祖优先指称男人，后来近乎为男人专享，以至后人疑且为男根。于华夏先民来说，即使先人离世为祖，也将永远“持存”于族群的祭祀中。祖后来又借指在世的家长，意在强调对长者的尊重。

祖也称先，合称祖先。《说文》释先（）为“从儿从之”，会前进意。一说先“从止从人，止在人上，会世系在前、人之先祖之意”。止即脚趾，脚趾在今人上方者为先人。先人，就是前进到历史（和未来）中的人，但从未走远，一直和今天甚至未来的后人在一起。先人因在天而知未来，其中成就巨大者为神。徐中舒认为古人有结绳以记其世系之俗（绳其祖武）。孙字从系，系像绳形，“子之世即孙，系于父之足趾之下”，子及其世系都在父及先人的脚趾之下。笔者认为徐说可采信。

先字的造字思路是以上表先，趾在人上为先，与上字的造字思路相一致。古文上（、丄），初义指事高处，后借指先人、祖上和帝神。异体上，或田上加一（），或田上加二（）。此处的田，与丄所从一相同：一初文为大地，大地与田可通。一上加丨为丄，指称相对于大地而言的上。田后演化为大地上的披甲畋猎之人（田通甲），此处的上（）则是相对于畋猎之人而言的上。高居于畋猎者（田）之上的一和二，则或为上帝、或为先祖。

比较一下帝、先、祖的异同，是一件非常有哲学意味的事情。古帝字取形于瓜蒂（），瓜熟而蒂落，蒂与瓜因此而断裂。以蒂指帝及彼岸世界，以瓜指人及生活世界，蒂与瓜的断裂所表征的恰恰是帝与人的断裂——即两者不在同一个世界里。对华夏先民来说，先离当下世界比神祖要近——当下之人挨着先的脚趾而在。祖虽然离当下生活较先远，但祖与当下世界的连续在家祭中得以确立。帝因此与祖和先均有不同：帝属于生活世界之瓜的指引者，而非生活世界之瓜的一部分；祖和先虽然已进入历史，却天然地与当下世界连续为一个整体——今人及其子孙一直在祖先生活的连续性中。

（如果考虑到华夏先民、语言、神话的“非洲起源”说，帝与先民生活世界的隔断，或许表明帝来自遥远的非洲。借用瓜蒂与瓜之间的隔断关系来表征帝神与人之间的不连续关系，则有可能是“非洲起源”说的一种曲折反映。）

真正接替祖管理家庭的不是母，而是姐——比母年长的女性首领。姐从女从且（祖），即祖之女——祖的继承人，真正的家长。协助姐管理的有兄和姑。兄为祝字的初文，其身份为巫祝。姑，从女从古。《文字考古》释古为古子（子字的倒文，即倒着出生的婴儿）。因古子全都由空桑十日转灵而生，古因此获得古代义。一说十口为古，十即神奇的十字尺，如前所述。十口之古或是主持测量的人，或许还是口记测量结果的人，确保世代口口相传。其身份当兼有巫祝和教师等职。另有持戌之姑。甲文威从戌从女，《说文》释为“姑也”，此姑当为母系社会执法者。有人疑威字有加威于女义，理由是女在戌下。存疑。止在戈下为武，难道是加武于止？周代以后，人们刻意忘却之前的母系社会事实，造成上述怀疑。

男性在母系氏族中的地位是多重的、不确定的，甚至有些尴尬：带领族人拓荒而耕的是父，协助女性首领管理氏族的本族群男性叫舅——寄居在母系氏族之内（臼）的田力之男。给成年女性带去性爱的通婚族成年男性是巴，直接以一种令人惊喜、神秘伴有恐惧的蛇（巴，即蛇，男根的象征）为名。周灭殷商后，率耕的父成为男性家长，称为“大”（父的别名），巴则加父为爸，大父爸三字指称同一个人，即男性家长。此时的祖渐为男性所专享，以至于后人误认为祖所从且为男根为祖庙。舅则成为母的兄弟，做成了家外的亲戚。父所生的儿子中年长者为兄，年幼者为弟。兄字从巫祝之祝而来，义为兄是协助父祭祀的人。弟字来源于弓矢的使用，且与“正弓之器”递送箭矢有关。于箭矢而言，正弓之器的递送处在次要地位，便借用为兄弟之弟（见“第 3.6 节”释兄弟）。

华夏先民没有忘记，家中还有老考、有儿孙、有孝道。这一组关键字更能揭示家的本质。

甲文老（ ）“象人老伛背之形”，一说象“老者倚杖”之形，所倚之杖即老所从耂（lao 音，古文老）。《说文》：“七十曰老，从人，毛匕。”何谓毛匕？有说是白发的匕，有说是长发的匕，笔者认为后者较可信，寓意人因长发而老。史称殷人“养国老于右学，养庶老于左学”。笔者据此推测，殷商族中的年长者退居生产一线后，或进长老院为“国老”，或进贵族学校为“庶老”。另据记载，周朝有“多老”掌管乐舞。若如此，他们实际年龄要远比七十岁年轻得多。以当时生产生活条件而论，不可能让七十岁以上的老人去做这些事情。《说文》所言“七十曰老”当属于衍生义。老者所倚之杖（耂）应为某种特制配饰——获得族群尊崇的荣誉物。殷周尊老传统均源自于上古遗风，年龄在当时成为稀缺资源。尊老与敬祖，源自于同一个社会事实。

按流行说法，孝与考形近、声近、义近，考与老同源同体，三字均从耂。笔者认为老初义或专指女性老者，其下有匕（女阴）；考初义专指男性老人，其下或省匕，或变为男根形。或因造字需要，或因礼教使然，考字下部笔画后规范化为丂（kao 音），男根隐去。正因为有此区别在先，后流转出“考妣”一词方为自然。从耂的孝字，初义当表征老（耂）与子之间的良善关系——老人带着小孩即为孝。教字从孝，表征老少之间言传身教（见“第 3.5 节”释教）。在周人意识中，如该子能“善事父母”方为孝，以孝事父母尤重“事死如事生”，孝借祭祀活动永久实现了两代人之间的连续与传承。老考孝共同走进血缘之家中，且都是自己“说”出自己。造字者所为，如同助产士而已。

孔子释儿（ ）为“人在下也”。儿原是异体人字，借以指称下一代，不分男女。甲文子初义为果子，后借于指称人子，包括男子和女子。孙

（）字则象形果实再结出新果实，延续了子（籽）的造字思路。《说文》：“子之子曰孫（孙），从子从系。系，续也。”笔者推测孙字当造于母系社会，女性如“果实之籽”，籽能生“籽”，子子孙孙，皆集于母系家庭中。进入男权社会后，子渐与女相对，专指儿子，与今义同。

胄（）象形“首铠”，即今天的头盔，当时或兼有徽识和面具效用。笔者推测，族群不同其胄各异；同族不同宗则胄同而徽异。今文后胄连用，表征后代子孙。联想起英文“面具”之人（person），其哲学意味深长：英文之人戴着上帝分配的“面具”，人在上帝的连续性之中；华夏先民继承着宗族之“胄”，人在宗族的连续性之中。周灭殷商后，则演变为人在血缘之“家”的连续性之中。

本节文字结束前，有必要看看亲和仁两字意义流变的不同走向。《说文》释亲（）为“至也”，即亲近的意思。亲字初文来源于嫁接技术中的辛。立一旁枝以托起接穗的新生枝条，即为辛。辛下加八为亲，以示辛木和接穗有别，辛木不是接穗，却与接穗很亲近，为接穗的亲木。等到接穗壮大可自立，辛亲需及时被先民用斤砍伐取走，成为柴薪。接穗则相应成为新木。新与亲因而同源（见“第 2.6 节”释辛）。至于甲骨文中有看上去像一人亲近另一人的亲，是因为在殷商人看来，人与草木同源，以人形代草木而已。一说亲与仁同源，当属于后义，或用于指称殷人的母子亲缘关系——生母因为是人子的灵媒而与人子亲。殷人母子亲缘关系指向古灵，周人母子血缘关系指向男权，两者间的差别巨大。特别值得玩味的是，亲与仁两字反向演绎：仁字从母子同体、身心一体，最终走出家庭，泛指社会人际关系之仁；亲字则从原先的外在人际关系，悄然走进家庭和家族，特指有血缘关系的亲人。诸如此类的字义流变差异，不仅为家庭与社会的相互交融埋下伏笔，同时也给古汉字的演化史增添了诸多奇观。

1.8. 追问古文字中的伟大先祖
——“伏羲、女娲、黄帝、帝喾、尧、舜、禹”及其他

结合周清泉、朱大可诸位学者的考察，笔者尝试着将中国上古神话的发生历史简述如下。距今约两万年至“轴心时代”前，沿非洲人口大迁移不同线路到达华夏故土的先民们，其祖先怀揣着非洲故园里的原初神话记忆出发，经过不同迁移路线上后人们的改造、融合、复原、再改造、再融合，形成了各自的上古神话版本。以商周神话的代际变更为核心，以诸夏、四方及“亚洲精神共同体”为文化背景，在民族大融合中孕育了华夏第一代上古神话。不幸的是，它们在距今近三千年前的“先秦文化革命”（朱大可语）中毁灭殆尽，因为诸神教诲会妨碍诸侯国新贵们的“新政”。但在周清泉先生看来，大肆篡改前朝文化典籍的首创者当属周公，不仅通过篡改、遮蔽等手段以诋毁商人的文化传统和宗教生活，还伪造出姬姓黄帝世系，借以建立起周人宗法制度的正统地位。其篡改的深度和广度堪称前无古人，对后世的影响也极其深远。

尽管如此，笔者依旧乐意相信，上古诸神契、稷、禹、羿、尧、喾等，极可能保留有华夏第一代神话的残存信号。他们的神迹故事或许被多次篡改，但他们留在甲骨文中的有关痕迹，或残留有第一代神话的信息。至于伪造痕迹明显的伏羲、女娲、黄帝、神农、西王母、盘古等，此前或潜伏在华夏大地的某个角落等待被隆重整容，或徘徊在境外某处觊觎着华夏神坛。在新的造神运动中，他们因为后来者身份反而像“堆柴火”（顾颉刚语）似的被堆放到神话序列前沿。他们构成了第二代华夏神话的源头和主体，此即以三皇五帝为主干的“大

一统的帝王血缘世系”。

朱大可将华夏第二代神话的形成划分为四个阶段：战国时齐国的黄老“文化革命”，秦朝的集权专制制度，汉武帝时代的“独尊儒术”，王莽和刘向父子伪造的“三皇五帝”世系德表谱系。并评价说，“此后的2000年中，中国人将长期生活在这个体系的阴影之中。战国以来的第二代神话重构工程，终于走向一个自杀性的结局”。第三代神话或孕育于齐国的黄老“文化革命”，开启于汉武帝及两汉的造仙运动，配之以谶纬之风和巫蛊浪潮，延续至魏晋，“新神仙进占人类生活涉及的所有场所，甚至还统治了臭气熏天的厕所”。西汉末年进入中国的佛教适时加入其中，华夏大地上再一次神佛满天。到明清两代，第三代神话已发育为一个庞大驳杂的系统，包括佛教、道教、其他宗教（袄教、摩尼教、苯教和伊斯兰教等）及民间四大神系，神仙数量多达上千位。朱大可指出，“这就是第三代神话的基本格局”。（引自《华夏上古神系》第564页）

笔者想表达的观点有四：一、或因为华夏先民离开非洲过于遥远，一代一代逐渐淡忘了非洲原初神话的记忆，转而关注自己所在的氏族和脚下的土地。如借用海德格尔天空与大地争执的话语模式，则可表述为华夏先民离天空太远，离大地很近。二、华夏先民之所以选择了“在的哲学”而非“思的哲学”，或许就与上述因素（离天空太远，离大地很近）有关。不幸的是，我们过早地忘却了神的教诲，原本“在世的哲学”退化为“在家的哲学”——淡忘了生活世界的整体连续，仅关注宗法之家的时间连续。前述华夏三代神话的演变轨迹，所遵循的是同一个逻辑，也即“在家的哲学”所提供的逻辑。三、如我们能及时明白神的价值在于将人类（和氏族）共同体的生活连续为一个整体，且能从“非洲起源”的史实中体会到人类生活整体连续的内在本质和未来趋势，华夏先民的长途迁徙以及明清以来长期的精神迷茫也获得了丰厚的回报——以“在的哲学”精神重构人类生活整体连续的未来图景。此即中华哲学的未来贡献。四、尽管历代权力之家的家长们有能力修改甚至杜撰华夏神话，但笔者依然相信执笔者定有所本。虽原本已不可见，但能通过“文字考古”或其他途径捕捉到部分残存的信息。本节文字的意义即在于此。

希望上述不算太短的文字，能有效避免或减少本节文字可能带来的误读。

先来考察作为始祖神之一的伏羲（牺、戏），羲（、）《说文》释为“气也，从兮，义声”。学者多认为气非羲字初义。桂馥认为“气下有阙文”。马叙伦认为“气盖兮之伪”。笔者认为大致可将羲理解为羊我丂（或兮）三字合体。丂初文象形人屈体成勹对物（一）作呼喊状（见“第 1.2 节”释于丂）。丂上加一为亏（音义同亏于，非今文亏损之亏），亏有于（在此）义。丂上加八为兮，八有分别义。《说文》释兮为“语所稽也。从丂八，像气越亏也”。义即兮在语气上要越过亏亏于。笔者推测兮在语气上越过亏的动力和原因或源于惊恐。于音和兮音均有在此义，通过发出音言宣布自己在此。差别则是：于发音顺畅而平缓，兮发音惊恐而强烈。羲从义（繁体写作義）得声，羲所从義有适宜、义务义。

《说文》释伏（、、、）为“司也。从人，从犬”。徐铉注“司，今人作伺”。伏所从犬，并非是指有犬在人旁而伏，而是表征作伏地状的人因失其人形而呈犬形——如犬一样匍伏在地上。伏所从犬的用法及意义，与狱哭状所从犬相同（见“第 2.8 节”释状）。由此可推，语词“伏羲”中的惊恐来自于伏，来源于伺，准确地说，来自于呼喊者所伺候的对象。且呼喊者因惊恐失其人形而呈犬形，可证伏地呼喊者的惶恐与虔诚。作为华夏始祖，伏羲以惊恐之状所伺候的对象只能是上神。

“伏羲”二字极有可能源于先民伺候上神时的呼喊声。伏，义即伺候，表征华夏先民伺候上神。羲义同我，古有我、义、羲音同义通之说。“伏羲”一词的初义，大约是以一种惊恐（和虔诚）的声音说出“伺候帝神的是我”，蕴含有我在此（于）义，且伺候帝神是我的义务（羲从“义声”，从义得声）。此图景无疑是华夏先民祭祀帝神场景的生动再现，语音“伏羲”因而成为华夏先民祭祀帝神时代的遥远记忆。

遵此说，伏羲的众多别名（伏戏、伏牺、庖牺等）就好理解了。以巫术之戏宣布我在此祭祀，便有了“伏戏”，后来又添加了祭祀用的牺牲（伏牺），制作牺牲的人后来有了一个神圣的身份（庖牺）。如易卦确为伏羲（更大的可能是某个部落集体）所创，则卦象所演绎的就极有可能是帝神对人的启示，其内容当关涉先民生活。

华夏始祖伏羲的位置又在哪里呢？笔者推测他甚或是她，或许行进在华夏先民离开非洲故土的路途上，回望着记忆中的帝神呼喊着“伏羲、伏羲”；或许已来到古华夏的天空下，面对着头顶上和非洲记忆中一样威猛的帝神和闪电，一遍遍地惊呼着“伏羲、伏羲”。其具体的身份和位置之谜，已追随帝神隐身在历史深处。今人关于伏羲的诸多故事，更多的是生发在古华夏土地上的新芽。

再看华夏女性始祖女娲。娲（）《说文》释为“蠃（lei 音）也。从虫，咼（gua 音）声”。段玉裁注称“蠃者，今人所用螺字”。一说娲即蜗牛，一说娲为井中虫。《文字考古》结合《山海经》等书所载的“雉入海化为蜃”说，考察出蜃娲同源，同为殷商图腾中的玄鸟（雉）所化之物（笔者按：此说与朱大可所言女娲属于水神说相契合），可视为神灵（玄鸟）转世的第一代命灵，与神灵所化生的“扶桑十日”可通。殷商族人皆从“扶桑十日”转世而生（蜃辰娠因此音同义通）。和“扶桑十日”说略有不同的是，另有女娲“肠化十日”的传说，将女娲提前安置在玄鸟和“扶桑十日”之间。女娲之肠所化生的十日，也即归于空桑木母上的天干十日。周清泉先生另根据娲、螺壳上皆有回旋纹也即雷文（纹）这一事实，进一步考证出女娲与《山海经》中的雷神、嫘祖、雷祖、雷兽等共同指向传说中的空桑木母，也即有穷氏或空桑氏。

有“华夏人文始祖”之称的黄帝因和周天子同姓姬，极有可能是周人杜撰出来的新神。其原型或是偏居于西北黄土高原上周族先民的地方神，不妨称之为黄神。黄（、、、）《说文》释为“地之色也”，从田，从（古文）光。齐文心认为殷甲骨卜辞“贞令王隹黄”句，可解读为“黄国首领称王，并且经常接受殷王的命令”。笔者按，此时的黄国极有可能是文王之前的周族。

笔者进而认为《说文》的“地之色”说可采信，但不完整。黄所从田，既有可能是大地，也有可能是大地上的田猎之甲（田为甲的初文）。如此，则黄的初义有二：一是照向田地之光呈现出地之色，即周人居地的黄土之色；二是照向田甲之光呈现出来的人之色，即周人的皮肤之色。前者中的黄神为大地之神，后者中的黄神为周人始祖。笔者更愿意相信是两者的统一。正因为如此，一旦周人入主中原，黄神自然升级为黄帝，成为华夏人文始祖。另有黄为佩玉（璜）说和黄为横的初文说，均属于倒果为因。如结合华夏先民的天文观测，黄所从田也有可能是观测日影的圜道，圆圜中间有“十”字即为古文黄，此处“十”或为测日影的工具。这样的一幅图景在华夏及少数民族的天文历法中留有痕迹。历法术语圜道俗称黄道（如黄道吉日），或可旁证黄字与天文历法之间的渊源关系。

与黄帝并称的炎帝，又称神农氏和烈山氏。《说文》释炎（、、）为“火光上也，从重火”，有火烈义。一说火炎焱本为一字。烈《说文》释为“火猛也”，非初义。烈山氏“益烈山泽而焚之”之说，或许透露出烈字的初义乃是刀耕火种之火。列（、）《说文》释为“分解也，

从刀”。可为“刀耕”之说旁证。笔者甚至推测炎帝之炎同样来自于刀耕火种，或许炎和焱字意在刻画火种之火的“并列”之势，并因此和甲文“然”所表征的田猎之火有很大不同（见“第2.1节”释然）。农《说文》释为“耕也”。甲文农或“从林从森从辰”，或“从草从辰”，商承祚认为“象耕于林野中”；金文农从田，“象执事于田间也”。笔者推测，农字字形上的这一变化，或许反映出商周两代农业内涵的巨大差异：在殷人看来，农业（桑麻林果为主）仅为游牧生活的辅助手段；在周人看来，农业（黍麦稻谷为主）已上升为国人生活的主体内容。

炎帝或为周族南部殷商旁支的代表，他们发明了刀耕火种的简易农业。黄帝战胜炎帝，表明周族正式入主华夏，农业成为主要的生产和生活方式，华夏农耕文明在宗法分封制度的护卫下正式起航。

与炎帝功能相近而身份相混的是火神祝融。《说文》释融（融、𩰫）为“炊气上出也。从鬲（li音），虫省声”。鬲为煮食之器。虫或为鬲中食物，或为生火之牲（祭祀火神用品）。如祝融为火神，所掌管的当为炊事之火，和炎帝的烈山之火有别。祝乃巫祝，通过巫术礼仪掌管炊事之火当为祝融的职责。萧璋认为融与烝声近义通，可为旁证。王国维认为“古文庸，与融之从鬲虫声者同”，可证庸（用）和融同源。融字表明最初的物用之一或为炊事饮食。一说炎帝死后化身为灶神，农神与灶神由此合体。

传说黄帝与炎帝、黄帝与蚩尤均有一战，炎帝降而蚩尤诛。朱大可认为炎帝和蚩尤原为一体，后分为两相。蚩（蚩）《说文》释为“虫也。从虫，之声”。若以它代虫（虫它可通），则“蚩”可通“上止下它”的[illegible]，音义同蚩。一说蚩尤之尤可通“从虫有声”的蛕（hui音），即腹内蛔虫。笔者认为蚩尤本名尤，蚩为胜利者强加给失败者的污名化标签，并与腹内之虫相联系，寓意蚩尤是个不光彩的内部反叛者，被污名为令人惊恐的“它者”，必欲除之而后快。另，蚩尤在苗族文化中地位崇高，和黄帝相当，某些方面甚至比黄帝更加卓越。其中或许蕴藏有关于蚩尤的最初秘密，有待我们去挖掘。

继承黄帝帝位的是颛顼（zhuan xu 音），一位身份模糊的神。颛（颛）《说文》释为“头颛颛谨貌，从页，耑（duan 音）声”。顼（顼）《说文》释为“头顼顼谨貌，从页，玉声”。颛顼所从页为人首。耑即端字初文，初义表征植物初生之头（题）。马叙伦认为颛顼“合言为缩，单言为顼，重言为颛顼”。颛顼二字意即头颛颛顼顼，呈现为“缩头”之貌。笔者认为这当然不意味着颛顼是一位缩头的神，而是意味着植物在大地上的发端（耑），甚至还意味着大地也同时在生长出玉的芽头（顼）来。颛顼表征大地经日光照射之后呈现出来的最初景色，成为天干作用于大地之后的首批成果，帝神颛顼因此成为黄帝的天然继承者。玉石文明发育于龙山文化和良渚文化，植物崇拜则更早，时间均在殷商之前。颛顼或为殷商时代就已存在的神，且极有可能是人子的庇护神——与其植物芽头的形态相呼应。颛顼在五帝中神迹不显，或与他呈“缩头”貌的初生状态有关。颛顼注定成为华夏神系中不太重要的过渡性符号。

继承颛顼帝位的是帝喾，又一位神迹斐然的神，据说还是一位神童。最让后人惊叹的是，殷商人始祖契的生母简狄、周人始祖后稷的生母姜嫄，都是帝喾的妃子。《说文》释喾（喾）为“急告之甚也。从告，学声省”。释义神秘难解。一说喾同酷，经籍中酷烈、酷虐之酷通喾。酷本义为酒味厚重。马叙伦认为喾为告的转注字，义同桎梏（gu 音）之梏。笔者按，马说误解了告字初义。

告原是一种巫术活动，通过牛“角着横木”以触人的形式，求得神灵告示（见“第 3.4 节”释诰告）。喾所从“学声”之学，义为冂（tong 音）下之子依长者示范，体悟后有得（见“第 3.5 节”释教学）。喾字初义或为告这一巫术活动中那些急于学习，也学习得很好的少年（如许慎所言“急告之甚”），她（他）们或成为神童，和帝喾一样。传说帝喾还是占卦活动的发明者，或表明告同八卦有某种内在联系。由颛顼到帝喾，或意味着生活世界经自然界的干支阶段（颛顼）后开始了人的历史。颛顼指向植物，帝喾指向少年。

尧（𡉈、垚）《说文》释为“高也。从垚（yao 音，古体尧）在兀上”。垚义为“土高也。从三土”。甲文有“从二土一人”的尧，商承祚认为“与三土一人二土二人意同”。汾河流域有尧水、尧山、尧庙，丁山认为大概是因为商代的尧氏居此地而得尧名，未必是帝尧故都。按《文字考古》的说法，传说中的唐尧即汤尧，又名成汤。因周人伪造唐尧进入五帝，不得不改唐为汤，导致成汤与唐尧相分离。笔者认为尧初义为累土，尧氏或为殷商队伍中较有特权的一支。以游牧为主业、以农商为副业的殷商人普遍择水草而居，尧氏却选择累土而居，或许负有警卫、瞭望、制陶（尧也称陶唐氏）等特殊使命。累土之尧，进入周代时演变为筑土之城。或许正因为这一特殊功绩，尧被周人尊为五帝之一。生活世界中的尧氏当在舜和禹之后，其在五帝序列中的位置因其在后而被提前——拜篡改者“堆柴火”所赐。

舜（舜）《说文》释为“艹也。……蔓地连华。象形。从舛，舛亦声”。舜表征蔓地连华之草。《华夏上古神系》根据舜复杂离奇的亲属故事及其“重华”（有四个瞳孔）名，考证出舜是“被严重误读的日神”。舜的父亲瞽（盲人）寓意光明前的黑暗；舜的弟弟象（像）指向“随附于太阳光线的物象与阴影”；象被舜封在“有庳（bei 音）”意为“低矮之处”，“指的就是地表和地面”；等等。

笔者认为舜字还隐藏有另外一个巨大秘密：原本高踞天空上的日，跌落为大地上的艹。不仅蕴含有阳光同植物之间的天然联系，还披露出华夏先民“离天空很远，离大地很近”这一精神变迁的轨迹，背后或许隐藏有华夏先民远离“非洲起源”地的历史事实。华夏先民与非洲故地的水平距离，在舜字中被演绎为天空与大地间的垂直距离。

禹（、、、）《说文》释为“虫也”。从内（rou 音），象形。内《说文》释为“兽足蹂地也，九声”。林义光认为“禹为多足之虫，如蜈蚣之类，故象虫有足形。字疑周人始造”。旧说禹父为鲧，《文字考古》认为鲧乃禹母。蹂是指鲧母之龟“蹂地拖曳而行”。并推测禹字读音的由来，“因鲧殛死于羽山，其神化为黄能而入羽渊，母死子生之地皆曰‘羽’，故禹羽同音”。周人出于男权社会需要，将神话中的鲧禹母子关系修改为父子关系。禹在《华夏上古神系》中归属于地神。

鲧《说文》释为“鱼也。从鱼，系声”。最初读 xi 音，后因鲧义为大鱼，同鲲，转为 gun 音。鲧妻名为“女嬉”，嬉读 xi 音。《文字考古》结合鲧化能、化鳖之说，推定嬉的身份为屓（xi 音）——大型蠵（xi）鼋（yuan 音）。鲧在《华夏上古神系》中属于地神，和大禹同类。

结合“雉入海化为蜃”和“息壤”传说，笔者在鲧禹神话中发现了一条由“玄鸟—蜃—鱼—蠵（两栖）—陆地”串联起来的进化链条。玄鸟（雉）入海如同天干作用，蜃同娠，“化蜃”寓意地支承接天干而有妊。或因鱼尾像燕尾，鱼有幸成为第一批生物代表，且能同人（余、女）相对而“语”。蠵屓兼有鱼和蜃贝类特征，被选为鱼的继任者（鲧），目标是向陆地上运动。蠵与嬉的结合，陆地上便有了新的虫子禹。可随意生长的息壤，寓意陆地在持续生长（背后是海平面的持续降落），陆地上的生命开始熙熙攘攘。禹则借助和鱼余相同的读音，将陆地生物及人与大海甚至玄鸟连接为一体。鲧和禹转身为陆地之神，且以“在家”的方式被讲述。

最后来看一下周人始祖后稷。至于商人始祖简狄、契、实沈等，详见“第2.6节”《天干、地支名源考》中的文字。稷《说文》释为“斋也，五谷之长”。今人俗称小米。徐协贞称“山西绛州有稷山，俗曰稷神山，相传后稷教稼穑处。稷方之领域应在此。齐亦有稷山。六国时立馆其下，名曰稷下。在山东临淄县北齐古城西，或为其后迁地也”。后稷又名弃，源于其母姜嫄将他丢弃于野的故事。按《文字考古》的说法，殷商新生儿三日后，需经隆重的射日之礼，将其归在十日中的某个神灵的名下。如十射不中，则神判新生儿“非我族类”而成为弃子。稷、弃两名集于一身，笔者推测或寓意植物稷连同农业生活方式原本为殷商人所弃用，或寓意周族先人曾被殷商所遗弃，或两者兼而有之。背后是两种生活方式和两个族群之间的冲突，以及由此而生的怨恨。《文字考古》认为，后稷之母姜嫄的原型应是殷商旁支姜族的女子。姜嫄即姜原，即姜族之原，即姜族居住地，后被周人改名为周原。其地在今陕西，即周人故地。诗经《周南》“爰及姜女”说的是周王古公亶父强抢姜族女子的故事，或可为之旁证。

本节文字尝试着从古文字中寻找华夏先民“远神近祖”、精神生活发生重大转向的历史痕迹，或许能为梳理中华“在家的哲学”的原初脉络提供借鉴。限于篇幅和学识等，这里所呈现出来的只是沧海一粟，或许藏有误见。笔者唯一能确信的是，这一大的方向理当可行。更多有价值的新见，寄希望于未来。

第二章 世界的样子

在中华哲学中，从来就没有独立于人的世界，更没有独立于世界的人。禅宗六祖惠能的名言“菩提本无树，明镜亦非台。本来无一物，何处染尘埃”，典型地说出了中华哲学的精髓。这句话的完整意思应是：不仅无一物，也无一人，只有“我心”。相对于“我心”而言，人（连同我和我身）同样属于外物。

“我心”既不是我更不是物，以“在的哲学”视角看，“我心”可描述为我与生活世界的间关系“符号本体”，来源于“我与生活世界的间关系”。将“我与生活世界的间关系”描述为人所具有的符号本体，便显现出“我心”来；将“我与生活世界的间关系”描述为人的符号化能力，便产生有意向性能力，可粗略等同于意识力。虽然心和意识能力的关系，可类比于机器和输出功率的关系，但又不能将心简单地类比于机器。

人和世间万物都只是在生活的河流中潜游，生活河流本身才是最为真实的生活内容——它们原本不可知也不可说。人和世间万物唯有跃至河面，方可显示出自身来，所显示的也不过是生活河流所映射出来的镜像——我连同世间万物因此在镜像中现身。那面无形的镜子不是别物，正是“我心”，同河面融为一体，且应一尘不染。倘若“我心”镜像中所呈现者，大致能与跃出河面者相统一，则“我心”就实现了《老子》所言的抱一、守一、得一理想——“我心”恰如一面“以一观一”的镜子。

这样一种独特的中华哲学态度，以及与之相关的世界图景，可以从古汉字中寻找到源头。

2.1. 世界如何“出没”于生活
——“在、不、否、存、有、无、亡、没、然”及其他

众所周知，西方哲学擅长谈论世间万物的“在”或“不在”。中华哲学与之不同，乐意追问事物的“有”和“无”。按王阳明的说法，对象物如不为我心所见则为“寂”，如同沉没在河流中不为人所知（可表述为“无”但非虚无）；对象物如为我心所见则为“明”，如同跃出河面（有）呈现在世人面前。中华哲学也讲“存在”话题，但讲的首先是“我在”，而非对象物的“在”或“不在”。那什么是“我在”呢？这就需要通过汉语存、在、有、无等字的初义，逐步追寻到这一思想的源头。

在（）由不和土组成。要了解在字，先要了解不和否。不字初文象形倒挂的花萼（）。花已凋谢花萼翻转向下，或花萼被先民采摘下来悬挂某处，称之为“不”。不字的读音或来源于先民折断花萼时发出的声音——如同不字“其名自呼”，又或与音字读音有着某种联系（见“第1.1节”释音）。“不”与花茎的断裂，如同瓜蒂同瓜的断裂，“不”因而可用来指称先祖。“不”下加一（如同立所从一，见“第1.1节”释立）则为丕。丕所从不指向先祖，丕所从一指向先祖所立之位，丕与立因而可通。丕所从不，与立所从大可通，不和大两字均可指向先祖。否可视

为丕的豪华版，否所从口为丕所从一的豪华版。甲文不丕否三字可通，且与音音同义通。另需说明的是，“不”和蒂有着根本差异。“不”总是在生活世界中：花萼之“不”同花原本连续，种子之“不”能发芽为新苗。而瓜蒂同瓜则是断裂的，如前所述。

不丕否三字的否定义，首先来源于生命体的时间断裂，断裂是对生命体时间连续性的否定；其次来源于无生命的花萼在空间上的向下翻转行为，翻转意味着对前生命形态在空间方位上的否定。其中蕴含着的哲学意味是：第一，否定的含义不是人为的，而是生活自行生发的；第二，否定本身恰恰是从对生命的肯定中而来的，被采摘下来的花萼只能是从开放的鲜花而来；第三，新的肯定依旧蕴含于其中，花萼（不）中的种子会再次发芽直至开花结果。华夏先民在生活河流中让事物自行否定，且又不破坏生活本身的连续性，同西方哲学中人作为观察者给出否定意义——属于人对观察结果的否定——有着方法论上的根本性差别。上海和香港两地学者在《汉语否定词“不”的句法地位》一文中指出，“不”拥有独立的否定投射，并担当否定投射功能的中心语。依本书看来，这如同当年华夏先民将花萼朝下翻转过来一样，每次翻转行为都是完整独立的。有生命的花萼承载着原定的生活事实，将其翻转过来即意味着对原定事实和生命形态的否定。

甲文中另有“鸟飞上翔”的异体“不”，从神鸟上飞中得字形，或寓意人的命灵再次脱离人体像玄鸟一样回归云天。既表征着天空对大地的否定（大地生命向天空回归），也表征着神界对人界的否定（人界命灵向神界回归），最终指向对大地生命连续性的一次否定。

“不从土”的在，意味着花萼（不）中的种子重新入土即为在。谁在？答案只能是花萼所生发的新芽在，而不是花萼在。另有“从土才声”的异体在，《说文》释为“存”。才的初义为植物新芽。笔者推测“从土才声”的在当由“不从土”的在演化而来。将花后之萼（不）替换为初出新芽（才），意味着花萼中的种子已重新发芽，新花因在土中生发而在。一说才为在字古体，则意味着先民直接让初芽（才）说出自己的在来。“从土才声”的在，初义可表述为新花的在：新花曾潜在于已凋谢的花萼（不）中，作为种子而在；花萼（不）中的种子在土壤（土）中生发出新花来，新花因此而显在，并同时证成其在花萼中的前在和潜在。在所描述的是存在者得以存在的过程，也即存在过程本身。如将不和才替换为万物乃至我，即可得到“万物在”乃至“我在”。如结合前述“天人合一”思想，则能将万物在和我在的过程理解为万物和我实现自己（即得一、自然）的过程。

西方形而上学所谈论的“存在”，无论是作为动词的“在（being）”，还是作为系动词的“是（to be）”，都不刻意表述作为过程自身的“存在”，多侧重于表述对象物现象的“在”即在者，并用“是”将诸现象连接为过程和命题。这正是海德格尔致力于纠正西方形而上学偏差的地方，也是他钟情于《老子》一书的原因所在。中华哲学所谈论的“在”，恰恰是万物于生活过程中的“在”，甚至可视为“在”这一过程本身。这样的“在”或许更接近生活本身的样子。

存（）从手从子，初义不可考，《说文》释为“恤问”非本训。我们不妨从其字形出发望字生义，幸好有在字可提供参考思路，该思路就是，要在过程中理解存字的初义，也即将“存”理解为过程。从手从子的存，所表征的既非子存也非手存，而是某物（或某人）存。其初义可理解为：在人“手”的关照下，某物（或人）在其“子”中存。如将“子”理解为存在者的连续物——存在者在各自的“子”中得以连续，则不仅人有其子，万物都有其子。物（或人）从手从子而存，则意味着物（或人）因子而存，物（或人）在其“子”中存。这样的存貌似西方哲学的“持存”，但却有着根本性的区别。因为它意味着既不是对象物新芽（才）在，也不是对象物种子（子）存，而是对象物（或人）在人“手”的关照下得以“持存”。种子、新芽、花萼、果子等，则属于物（或人）得以持存的不同形式。正因为如此，《说文》以存释在（在，存也）才得以成立。西方哲学中的“持存”所表述的正是对象物（作为实体）的存在形式。

和形而上学的“存在”义相比，中华哲学中的存在因与手有关，而成为“在手”（借用海德格尔语）的存在。存，从手从子，先天地与“手”有关，在手而存；在字所从“不”（采摘翻转的花萼）所从“土”（花萼种子的种植）同样都来源于手的动作，同样是在手的存在。中华哲学家和诗人言说物的自在时，要么是在以物喻人，说的是人（甚至是言说者自己）的自在；要么是说物在人的生活中得以自在，人还物以自在。世界和万物也一直是在人（和言说者）的手上，人也一直在世界之中，人和世界从未分开。这样的一幅“存在”图景，与后期海德格尔所描述的“此在”十分相似。笔者更愿意将其表述为“我在”，即从言说者的角度，将其表述为“我在世界之中存在”。

有（）“从又持肉”，又即手，会意“肉在手为有”。在华夏先民看来，既不是肉的有，也不是手的有，它们都无法谈论，属于无意义的话题。唯有肉在手上才为有，唯有世界之物（肉）与我（手）相遇，才可以谈论有。有物在手就是生活世界；生活世界“在手”方为有。华夏先民说有的思路，与说存、说在的思路完全相同。公孙龙的《指物论》和王阳明的“心学”也都表达出了相同的哲学意趣，有兴趣的读者可深入了解。

与有对应的是无，可通俗理解为没有。无繁体写作無，来源于原始礼仪中的舞（），或与午时祭日有关（见“第3.5节”释午舞五）。一

说舞象人持牛尾舞蹈形。另有“从羽亡”的古文舞（ ）。舞所从羽，依《文字考古》的说法，应是殷人羽舞中的饰物，很可能是雁燕等神鸟的羽毛。殷商人视雁燕为玄鸟，其羽毛在羽舞中被赋予超凡神力。舞所从亡（ 、 ）一说由入与∟合体成字，∟即隐字古体，物进入隐∟之中即为亡；一说由人与∟合体成字，人进入隐∟之中即为亡。至于《说文》所说的“亡，逃也”，当属于后来义。笔者认为古文舞（从羽亡）表征舞者隐入玄鸟羽毛中不为人所见，有無义，也有归义，归于玄鸟的命灵和庇护之中。后出的从火（灬）無，当表征舞者隐入舞蹈现场的熊熊篝火中不为人所见，舞者因而舞，也因而無。此解释与無字俗义（没有）也相吻合。

没（ ）读为 mo 音，义为沉没。与手持肉的有相比，手和肉没入水中为没有，也是无。物沉入水中为没，舞者隐入火中为无，两者表征同一个意思：不为人所见。没有之没读为 mei 音，从动词没 mo 音转化而来，词性变为副词，词义得以留存。如此之无，非西方哲学话语中的虚无（义同非存在），而只是有因沉没不为人所见。至于绝对的有和绝对的无这一类话题，在中华哲学中则是无法谈论的。

与动词没相对的是“出”，后连读为出没。出（ ）《说文》释为“像草木益滋上出达也”。一说“取足行出入之义”。笔者认为出从重屮省，下屮与上屮边界一致，为突出上屮出义，下屮省形。下屮因为省形，被误认为凵，出被误认为上屮下凵。出如是上屮下凵形，则与凶（众多邪草在凵中。见“第 5.7 节”释凶吉）造字意图相混，故难以成立。出如理解为屮上有屮形，可与许慎所言“益滋上出”义相吻合。古文中止与足同义，人足在屮上出，或人足在足中出，也能说得通。无论是草从草中出，还是人足从足（草）中出，都是存在者在出的过程中呈现自身。既符合“其名自呼”的造字传统，也能与动词“没”相对获义。

至于某个存在者A之所以成为A而非B，西方哲学给出的解释是，A的实体决定了该存在者只能是A。这一解释，后借用《庄子·徐无鬼》里的话翻译成实体的“是其所是”，意即实体（和事物）各自都是自己的样子。中文“是”既用来翻译英文系动词be和is，也用来翻译英文being（有动词“存在”义）。但中文“是”同英文的be和is及being等有着根本区别。中文“是”从止足正诸字演化而来，从华夏先民的游牧队伍中而来，从离开非洲故园的路途中而来（见“第4.2节”释止足正是）。华夏先民的“是其所是”，意味着个体在氏族队伍中获得定义，从氏族所信奉的神灵中获得定义，最终在生活过程中获得定义。古希腊哲学中的“是其所是”，则意味着对象物在Logos中获得定义，在能思的上帝那里获得定义，最终表现为持存物和实体的是其所是。从宽泛的意义上说，中华哲学侧重于在时间过程（道）中言说“是”，西方哲学侧重于在空间结构（实体）中谈论being和to be。

事物成为自己的样子，在古汉语中叫“自然”。使动用法中，“自然”义即使自己成为自己的样子，且是在行道过程中得以实现。甲文自（）像鼻形，当先民指着自己的鼻子确认自我时，源于鼻子的“自”因而获得了自我义。

然有“某样子”义，如古人回答你“然”，义同“是这样的”，即认同你此前所说的。《说文》释然为“烧也，从火”（）。笔者认为然表征烧且有成义，意即烧成了某种你想要的东西，也即被烧物在烧的过程中实现了自己的样子——该样子的设置者不是被烧物而是生火的人，后来才有了“某样子”的衍生义。结合先民的狩猎生活，笔者更愿意相信然所从火（灬）非烧烤之火，而是畋猎中的火攻之火。然初义极有可能是下列情况：猎犬发现猎物，先民生火驱赶、围猎，逼迫猎物面向猎人、也面向人的生活呈现出自己的样子——奔跑着的盘中肉食（然所从肉）。

捕杀猎物并加工成肉食，属于然之后的事情，便有了然后一词。背后的哲学意蕴是，事物都是在生活中逐渐呈现出自己的样子（然），生活世界中的我们在得到该事物样子的基础上（然后），便开始进入生活过程的下一个阶段。

在中华文化中追寻事物的样子，需追寻事和物的初义。事（）《说文》释为“职也”，从手。义为（用手）从事，动词。后衍生出事情义，名词（见“第 4.1 节”释事史）。事，起初当属于人为之事。非人为的就不能叫事。非人为的地震、洪水等现象，后来才成为事，此时它们已属于生活河流中的事。从来没有脱离于生活世界的事。虽然今天有个叫“物事”的词语，也只是说这些事由物而非由人生发，绝非是说它们在人的生活内容之外。

万物都在生活世界中，《说文》释物（）为“万物也，牛为大物，天地之数起于牵牛，故从牛”。意即用牛这个大物来表征万物。在华夏先民看来，人对外物的改变和干预开始于牵牛时刻（天地之数起于牵牛）。物字所表征的并非独立于人的生活之外的物（中华哲学拒绝谈论这样的物），而是那些在生活世界中的物，也即在手的物，被人所认知、所干预、所改变的物。也只有这样的物才具备谈论的意义。一说物字像刺田取土形，“刺地艺禾，故得利义”。寓意新的物还会从生活中陆续生成出来，如同耕种的土地上生长出新庄稼。物进而被视为人可从中获得自身利益的载体和对象，人赋予物以“意义”就是人所得之利。利得以生长的范围，则从林田里的动植物逐渐延伸至人的精神生活。

在华夏先民看来，事和物连同人原本一体，同在生活河流中。人、物和事的样子也只能是在生活中逐渐得以呈现。事物的有和无也不是绝对的，甚至也不是界限分明的。语词有和无所表示的，是具体事物在生活世界的整体连续中或出或没而已。只有在手的物以及相对应的在，从来就没有独立于人类生活之外的纯粹的物在，更没有独立于生活之外的纯粹的人在，只有作为生活河流游泳者的人与生活河流、与物同在。只有事情在发生着（人和物同在其中），只有生活世界在继续着。至于生活世界整体的样子，安排在“第2.7节”讨论它们。

2.2. 事物如何“分别”出彼此

——“它、异、八、分、各、类、你、彼”及其他

古汉语中没有第三人称代词，第三方在古汉语中一般被称为彼或其。且因为彼与此（及你与我）相对等，而带来实际上的互为彼此（及互为你我）。人际称谓上没有了由我及你而他这样一组由近及远的关系，代之以我为话语中心、一支为彼此关系（第一、第三人称）、另一支为你我关系（第一、第二人称）的两翼对等关系。甲文中有指称动物的它，初义表征蛇。华夏先民的生活中有它者而无他者和她者。古文他是佗的异体字，本义是负荷。她则是姐的异体字。他她所从也，与它蛇同义。本节文字侧重探讨华夏先民是如何区分他人和它者的，以及如何在生活世界中对事物进行分门别类的，继而尝试着分析其中的文化意味和哲学意味。

它（）即蛇字初文。《说文》：“上古草居，患它，故相问无它。”叶玉森称“疑古人足触它而惊呼有它”。一说它与虫一字两体，后并立为“蛇”。周谷城认为“它与也一字”，义同粒，小孩称豆豆叫粒粒，意即“小小的它它”。蚊子咬了一口皮肤突起来，说是“咬起了一个它”。一说它和也象形女阴，有种子义。一说畏蛇而言它，称为神君。

笔者认为古汉语中之所以有它者而无他者，是因为它很神秘甚至诡

秘，不为人所知。诸如草下之蛇、神君、女阴乃至皮肤豆豆等，都具有这样的神秘性。他人则是暴露在视野中的，无论或友或敌，均没有它的神秘性。它的初文或来源于对蛇的象形，或许先指称草丛中的蛇，后指向洞穴中的蛇。认为它象形女阴，且与也字可互释，或缘于对蛇穴的想象。它字初义可表述为“神秘的它者”，其代表者就是蛇，后演绎为蛇穴和女阴（也），再延伸至不为人知的豆粒（它它）及种子（也）。

《圣经》中的蛇是魔鬼的化身，古汉字中的蛇就是它者。虽同为人的异物，蛇在《圣经》中只能永久接受以腹为足的命运安排，作为惩罚；蛇在华夏先民那里却可以化身为神君和龙，转型为人的崇拜物。背后的哲学原因是，既然“天人合一”是中华哲学的最高理想，就不会有永久的“它者”。

华夏先民的生活中只有你和我，不需要说出他。先民们谈论彼此关系时，貌似在谈论他（彼），实则在谈论你我关系。所谓彼，义即暂时在别处的你。与之截然不同的是，在我—你—他次序井然的西方语境中，他永远不会是你，你也永远不会是他。与之相对应的是，现代中国人也乐意将西方的我—你—他次序，改造为极具中国特色的你—我—彼次序。如此之我，依旧在你和彼的中间——你和彼是我的两翼；如此之彼，依旧离我不远——和你离我一样远近。只有当彼和此相比较时，彼才有了远距离的意义，也正因为这一点，被借用为指称第三方。

本书将上述差异，归因为“在的哲学”同“思的哲学”的区别。当我和你说话时，他实际上是不在场的。更为严重的是，我只能和你说话——没有人可以做到和他对话（当有人说“我和他说过了”，只能算是对说话的回忆和描述，而非说话本身）。他，因为不在场，只能成为你和我对之进行观察、回忆和谈论的话语对象，为西方“思的哲学”所喜爱。观察、回忆和谈论等行为，都可以归在“反思”的名下。你和我一定是同时在场，可比喻为同在生活的河流中游泳。如果只有你和我而没有他（彼只是暂时在远处的你），则意味着你我一直都坚持“在的哲学”立场，一直都在生活的河流中游泳——这恰恰就是中华哲学的立场。

除了彼之外，古汉语谈论第三人时也称其。依《文字考古》所言，其为萁和箕的初文，其初义为育婴器具（萁和箕）。放置在萁（箕）中的人子被称为“萁（箕）子”。假如没能通过审判，则“萁（箕）子”将成为弃子。作为人称代词的其，当从“萁（箕）子”而来。其实际上是被悬置起来了，如同被放置在育婴器具中一样。因悬置而有远义，后被借用于指称第三方。

另一个需要说明的事实是，对华夏先民而言，神秘的“它者”是在场的，以神秘的也即不可知的形式在场而成为“它者”。当华夏先民们或互问“无它无它”时、或踩到蛇而惊呼有它时，那个神秘的“它”和先民们一道出没在生活河流里，且总是让先民们忐忑不安，一次又一次发出关于“它”的惊叫来。

异繁体作異，《说文》释異（）为“分也，从廾（gong 音）从畀。畀，予也”。徐锴注称当你打算给人某物时，先要将它从中分出来，也即異出来。罗振玉认为異像人举手“自翼蔽形”，借为翼。叶玉森认为異像人“捧头如鬼状”，有怪異义。高田忠周认为異像鸟翼有两翅，因为有分，而得一翅異于另一翅义，如同《老子》“同出而異名”所言。商承祚认为異为翼蔽的本字。马叙伦认为異为戴字的初文，会意“举由于首”即戴物于首。李孝定认为異象人首戴物形，本义当训为戴；古文中異有敬奉助佐辅承诸义及许慎所言分义，都是从戴义中引申出来的；異另有别殊怪义，当是分义的持续演化。于省吾认为甲文新異鼎之異当读作翼，有比翼义，古文有異无翼。戴家祥认为头上戴物是一种古老的运输方式。

笔者认为巽或从鸟翼得形音，人模仿鸟翼而得分义，因分而有他物义。另有祀的异体字禩，从示从巽，蕴含有巳巽可通，巳即他物。无论从他人处受物或将物分与他人，皆举物于头首，以示尊敬，巽因而获得敬奉助佐诸义及戴义。另有古文异，从廾巳声，为巽的转注字，字形与巽的简体异相同。

分（分）象形“刀以分别物”，物因刀分而有别，后分别连用。分表征人对物的干预行为，事物在人和刀的干预下而分离。倘若没有刀，自然也就没有人用刀分物的行为，只有事物自行相背的八。甲文八（)(）象物“分别相背”形，表征事物的自行分别。一点为丶主，两点为丷八，表征两个不同事物相继出现，两事物原本不同而成丷八,八有别义（见“第1.3节”释丷）。此即《说文》所言的“分别相背”。一说八是别的本字，八与别同音。《说文》释别为“分解也，从刀”，分与别同义。笔者想强调的是，当先有八，后才有分和别，它们分属两个阶段。第一个阶段，事物自行相背（八）而分类。第二个阶段，人开始对事物进行分门别类。前述它者属于第一阶段，事物自行相背而生它者；巽既开启第二阶段，因人参与而见巽，又包含有第一阶段，它者视为自巽，因而可贯通两个阶段。

不同事物自行相背而分的结果为各。众多相遇者自我定义、自名为各，构成各字初义（见“第4.2节”释各）。此处各，寓意万事万物各定其位。如各人都只是从各自的利益出发，以自己为本位掠夺世界，各则义同自私。在中国北方方言中，各与家音同义通（如北京孙各庄，义同孙家庄），或意味着男性家长主导下的宗法之家其本质就是自私。

个体事物还要进入一个个“门户”，形成组合。《说文》释户（戶）为“护也，半门曰户”。其中护为声训，“半门”仅指字形，并非指单扇门。一说门与户实为一字。笔者认为门户同指一物，打开即为户，故有“夜不闭户”说；关闭即为门，诗有“蓬门今始为君开”句。《说文》释门（門）为“闻也。从二户，象形”。其中闻为声训，从二户意谓打开的户关闭（二合为一）即为门。开一门见左右两户，闭左右两户得见一门。

同一门户里的是家人，外面来到门户里的是客人。《说文》释客（客）为“寄也。从宀，各声”。义即寄居为客。刘心源认为有从宫的异体客，与从宀的客构字意图相同。林义光认为有“从人在屋（宀）下、各声”的异体客。明义士认为客字会意宀下踞坐之人，原是从室外而至的客人。叶玉森认为客字象主人在室内跪坐迎宾形，室外足迹表征宾客已至。笔者认为众多相遇者（夂）自呼（口）己名以做介绍即为各，各所从夂初文象众人脚足相遇形。夂下加口为各，各所从口有言说义（见“第 4.2 节”释各）。客与各的差别在于宀，众人脚足在房子宀下相遇即为客。与房主人相遇的脚足当从门外而来。

与门户相近的是类，繁体作類，米犬页三字合体成字，初义不详。一说（《说文》部首）“自類以下皆似犬非犬之物，或類亦其一种”。意即類最初指称某种动物，后衍生出种類义。笔者依類字结构推测，類或可理解为与人亲近的动物，如同犬一样。兽头称首，人头称页（见“第 1.5 节”释元页首），来源于桑葚之粒的米有多和群义。類从米在犬上、从页，或意味着那些如犬一样的动物，都能和页（即人首）相亲近。后从中引申出同類和類似义。据《山海经》记载，有一种叫师類的野兽“其状如狸而有发”，一种叫奇類的鸟“其状如凤，五采文”。此处類或为动物名，兼有可与人亲近义。师类或为狮子类，奇类或为神鸟类。

有各、有门、有类，就能呈现出彼此和你我来。此（此）从止从匕，止于匕即为此。一说匕即彼字初文，笔画为人字的反文。笔者认为匕所呈现的反文之人，来源于对产子行为的描摹，婴儿都是头先出产门的——因而呈现为反文之人。匕字初义既指称新生儿，也指产母，还兼指产门即女阴。如匕属于彼的初文，则说明先民最初是以产门为坐标来区分彼此的：产门之内为彼和匕，止于匕即止步于产门之外则为此。此位于言说者手足可触之地；彼则与此相反，处在言说者手足不可触及且当止之地。

另，《说文》释彼（𢓍）为“往有所加也。从彳（chi 音），皮声”。马叙伦认为往有所加即“往有所至”义。遵此说，则近处为此，远处为彼，往有所至而目前未至处即为彼。当属于彼的后起义。《金文编》用“不从彳”释彼，义为对彳（往）的否定（即止），所止、所否定的远处为彼。

据《文字考古》介绍，殷人后将喂婴儿流食的汤匙称为匕，有桑匕和桃匕（分别取材于桑木和桃木），并将其归因于先民的图腾崇拜和巫术意识。笔者认为当加上生殖崇拜意识。今文匙从匕，可视为生殖崇拜意识的古老化石。止于喂食之匕（即汤匙能接触到）的地方叫此，反之，汤匙够不着的远处就是彼。

由匕彼而至其，遵循着相近或相同的思维模式。将匕彼描述为产门之内，则其（箕）当属于育婴器具之内——后者是前者的延伸形式。两者的共同内涵可描述为对人（子）的“悬置”或“搁置”，不同的只是“悬置”或“搁置”的载体和形式。也正因为两者间实际存在的连续性和一致性，使得匕彼和其在指称第三方时可义通。

尔（𠨰）象形“华盛貌”。借尔指称你，显然是出于对你的恭维，如同借女指称汝（你）一样——当时可是女人备受尊重的母系社会。另，汝字的初义当是指汝水，汝南即汝水之南。在华夏先民眼中，汝水的地位或许不亚于印度人眼中的恒河。同在汝水中沐浴的除了我，就全是你了。依《文字考古》所言，汝字的读音就是从余字的读音转注过来的。

余和汝本来就是同一群人，同为天干十日转灵而生。

《说文》释你（）为“扬也”，有赞扬义。《尔雅》释尔有举义。尔和你的初义同属于送给对方的赞扬恭维（举）之词，与前述借尔呼你的用意可通。有趣的是，古有“君子不自称”一说。因称字从尔，初义和尔你相同相通，同属于溢美之词。“不自称”并非说君子“不自称为君子”，而是说“君子不自夸”。之所以后来“你”演变为第二人称代词，或许与其最初的赞美义有关。同时也足以说明华夏先民对“你”的友好、热情和礼貌——对“彼”当然也同样如此。需要特别指出的是，先民们对“你”的赞美完全出自内心，毫无做作与伪装，更不会怀有任何目的。相比之下，后造出来的“您”字就显得有点做作了，在“你”下边再加上“心”字以表示尊敬，暴露出后人的虚情假意。

以上多属于事物的自行相背而分类，接下来说一说人对事物的分门别类。人对事物的分别行为，除前述分和别外，常见的有列、班、制、辨、判、则等，它们通常都与人所常用的分割工具“刀”有关。虽字面上与“刀”无关，却又属于人对物的分别行为的，当为半字（）。《说文》释为“物中分也。从八从牛。牛为物大，可以分也”。一说半为判的本字，判则为半的后起字。笔者推测半字或源于两部落间的联合祭祀，大家共同半（绊）倒一只野牛，共同半（判）定它适合不适合用于祭祀，祭祀完毕后再共同分享（半）它，两部落（人）则互为同伴（半），如因意见不合或出于私心抢回（反）祭品（半）则为叛。由此可以断定的是，半当属于人对事物的分别行为，而非事物自身的相背分类行为，牛也不可能将自己分为两“半”的。

“半”将一物分为两，“列”则将一物分为多。《说文》释列（）为“分解也”。可理解为将一物分解为多个部分。列后来衍生出“市肆”义。《汉书·食货志》：“小者坐列贩卖。”此处列就是卖物的货行（市肆）。

与半相近且能将半和列合并起来的是班（），《说文》释为“分瑞玉”。班玉的目的是“为欲其合”，为合而分。周天子“以玉作六瑞，以等邦国”，又“诸侯即位，天子赐以命圭，合瑞为信”。瑞玉和命圭所代表的国家权力需要分而管理，但最终还是要合为一统。故后来有了“班师”之说。班后来用作量词，与类义同。人为的半和列，在班的名义下再度聚首，合并、统一为一个整体。

制（）《说文》释为“裁也”。一说“像刀削木形”，可采信。且裁衣和制衣在《说文》中可互释：裁，制衣也；制，裁衣也。由此可推断，制的本义当是赋物以形，也即使物成型。

与制相对应的是解（），《说文》释为“从刀判牛角”。一说初义“当为宰杀剖析牛形”。将物分拆开来为解。制，成型一物；解，拆散一物。制中自然有解，解中也自然有制，同属于一个过程中的两面而已。

如何制？如何解？需要辨（）。如何辨？需要依据则（）。《说文》释辨为“判”。判是半的后起字，初义同半。和半不同的是使用了人的工具刀，不仅巩固了人对事物进行分别的权力和地位，且携带有人对事物进行判断的因子。《说文》释则为“等画物也。从刀从贝，贝，古之物货也”。义即分财有则。段玉裁认为“等画物者，定其差等而各为介画也”，等分不是平分。一说则初义是在煮食的鼎中刻下刻度，以方便分配食物，后衍生出规则义。可采信。当判不再意味着将物一分为二时，则也就不再只是分食的刻度了，而引申出规则和规律义。

分别事物的汉字还有很多，这里所述不及九牛一毛。倘若读者能从中了解华夏先民分事别物的部分特点，对本文来说就达成目标了。

2.3. 空间因“我中”而开显
——“空、东、西、南、北、前、外、这、那”及其他

于华夏先民而言，事物先有自行相背而分，后才有人对之分门别类，空间则从一开始就是被人所规定的：先是人开凿出“空”间来，接着是华夏先民居于新开空间，且将自己所在位置命名为“中”，最后是更多的空间方位因“我中”而开显。对于中华哲学来说，只有一种生活空间，由人所创、为人所用，天然地成为生活世界的一部分。从来就没有独立于人之外的纯粹客体空间，这也是和西方哲学明显不同的地方。

首先，“空”是由人创造出来的。《说文》释空（）为“穷”，义为穷尽或空无，当属于衍生义。一说空象形“穿穴”，从穴从工。可采信。工（）一说是规或矩，一说是斧，一说是建房子用的筑墙杵。笔者倾向于认为是支撑房子的版筑墙体。当先民居于洞穴时，工或是支撑洞穴的支柱（合“穿穴”义）；当先民在树上“构木为巢”时，工或是支撑巢穴的构木；当先民盖起茅草房，工便演化为支撑起茅草房（余）的中心柱；当先民筑起泥板墙时，工便演化为支撑起舍的版筑墙体（见“第1.2节”释余舍）。对应的空则是由工所支撑开来的活动空间。它显然不是虚空，而是由人创制出来的、为人所用的空。《老子》的“有无相生”思想已蕴含在“空”字的初义中。

空间之间（）象月光透进门缝形。门后面的纵深，就是人所开凿出来的空间也即房子。一说间指门缝，义为间隙，笔者倾向于认为兼指月光进入门缝（和间隙）这一事件，义为“在某与某之间”。卜辞中“甲子间乙丑”和“间祀”等用法，可为旁证。将空和间合并为“空间”

一词，意味着先是人开凿出空，人和物同时间入人所开凿的空之中——就像月光透进门缝那样。这样的“空间”自然是人和物共同作用的结果，如同游泳者与河水那样相互缠绕。

其次，空间的开显以人为参照系，准确的说法是以“我中”为参照系。面南背北、左东右西的我（华夏先民）一旦选中某个位置，该位置就成为“中”，且以“我”为参照系，简称“我中”。东西南北、前后左右都围绕着“我中”同时开显出来，如同“第1.4节”文字所介绍的“王中”那样。或有朋友问，东西南北四方不是被地球公转和自转共同规定的吗？怎么会和人有关？那我们来看看古汉字是如何“说”出东西南北的。

东方之东繁体写作東（），《说文》释東为“动”，属声训。東象“日在木中”形，义指東方日出之地，泛指東方。東字所表征的“日在木中”形象，只能是先民所看到的现象。一说東为乐器，疑如鼓类。若此说成立，東应是迎接日出的乐器，即晨钟的前身。为何“日在木中”不是描述日落景观？如此问成立，则東有西方义。笔者给出的解释是，殷人眼中的太阳或为神鸟三足乌所驾乘，每天东出西归。太阳升起时能见日光和树木，呈现出“日在木中”之景；每当太阳落山时分，日渐趋不可见，“日在木中”因而不能描述日落景观。

日落时分，人所能见到的有众鸟归巢，哪怕是阴雨天。甲文西（）依此景而造。《说文》释西为“鸟在巢上，象形，日在西方而鸟栖”，西字因此有西方义和鸟栖义。西字初文只见鸟巢而不见鸟，《说文》所言“鸟在巢上”当属于后人想象或意会。卜辞和金文中的西字多用于方位名、地名及宫室名。

北（）“从二人相背”形，会二人背靠背意，即背字的初文。先民面阳而背阴、面南而背北，便以北指代北方。后在北下加月（肉）旁新

造背字，指代原义兼指人的背部。

南方之南（𡆥）争议较大。《说文》认为南象形草木朝南呈盛貌状，以南指称南方。郭沫若等认为南字初义为古乐器。一说南是贡奉祖庙的贡物。殷卜辞中有一南、八南、九南之说。笔者认为当联系先民的太阳崇拜、兼采诸家之说来追寻南字初义。当太阳由东方运行到南方时，先民会敲打不同乐器以示区别，前述的东字或许是太阳从东方升起时敲打的乐器，南或许是太阳行进到南方时祭日用的乐器。为区别这两种乐器，更准确地说为区别两场不同的崇拜活动，东和南或许都要根据先民所看见的景象来象形，以刻画出各自的字形来。遵此说，则“一南一羊”之类的卜辞当与祭日有关。一南、八南、九南或描述着太阳运行在南方的不同阶段，祭日过程中需要献上不同数量的祭品（羊）。

综上所述，华夏先民应是追逐着太阳运行轨迹说出四方的。太阳初升，名为东的鼓乐声在先民们的晨梦中响起，迎接新的一天；太阳行至南方，名为南的古乐器奏起，并在太阳于南方运行的九个节点上，先后献祭上一至九只羊；太阳西下时分，百鸟归巢，先民或许会敲击一种与鸟巢有关的木制乐器，与太阳神祇举行告别仪式。后来的晨钟暮鼓、值夜的更声，逐渐从这里演化出来。人与太阳对话的三个方向分别称为东南西，人一直背对着的方位被称为北。人所在的位置则一直是“中”，先民们的生活河流，包括与太阳的对话都源自“我中”。

能体现“我中”的还有前后左右上下六个方位，并依此进一步定义出南北东西天地“六合”。有必要指出的是，对劳作中的和行走中的华夏先民来说，前后是脚走出来的（前后两字都有脚），左右是手指出来的（左右两字从手），而上下则是时空一体的，是“我中”的前置状态。可概述为脚定前后，手定左右，人定上下。

前（歬）《说文》释为“不行而进谓之前，从止在舟上”。字面义是人的脚足（止）在舟船上不行而进即为前。另有异体前象形足出履状，履即鞋子，“古人入室则脱履，止在履上，故为前也”。其字形当表征入室脱掉鞋子，准备趋前就位动作；其初义来源于“履上”之止足所指向的方位，即前方。此时回看许慎所言“从止在舟上”的前，其字形当来源于先民乘舟渡河行为。其字义有二：所谓“不行”义为人止在舟上，在舟上的人不用行走；所谓“而进”，义为舟进，人随舟而进。前字初义的关键点是欲往而未到之地。倘若是足行已到之地，则不再是前而是此了。结合先民面南背北的空间方位，前字所表征的可想象为先民面向南方的行走，指向未到之地和未来时刻。

假设大家同行，且步子频率一致，步幅小的人将会落后于他人。前后之后繁体写作後，和古文后（与司相对的后，王后之后）不同字。甲文後（）象形小步而走，《说文》释後为“迟也”，即落後于他人的意思，因步幅小而落後。在华夏先民看来，相对于“我中”而言的前和後，都不可能从静止状态下生长出各自的字义来；而是在人的行走过程中前和後分别说出自己，因为“我中”本身就是一个动态过程。

甲文左（）初义指左手，其字形最初写作ナ（zuo 音），ナ下加工，演变为左（）。或表明世界先在左手（工有劳作义），言说此时尚未开始。甲文右初形为ナ字的反文（），初义为右手，后加口演变为右（）。《说文》释左为“手相左助也”，《说文》释右为“手口相助也。从又，从口”，寓意右手有辅助言说的功能，左手对于人的言说有佐助（左助）之用。

ナ反向成文即为右和又。其中的逻辑顺序是，当先造ナ，后造右又。古汉字素有反书传统，同一字在左右方向上反着写，既不改变字义也不改变读音。左和右因反书成字，成为唯一的例外。有趣的是：第一，《说文》将左对应于劳作行为，右对应于言说。《礼记·玉藻》载周人设左右史记录周天子言行，“动则左史书之，言则右史书之”，可为左右初义提供旁证。第二，古人喜用左右来表征位次和官阶高低，右高于左。第三，《道德经》贵左，当源于更为古老的传统。

笔者结合《人类沟通的起源》所主张的“以手指物”观点，对左右两字的关系尝试解释如下：右手在以手指物中起主导作用，右所从口或表征右手指物的依据是口即语言，或表征右手所指如同口中所言；右所从又或表征右手指物，同口说的语言之间，既没有增减什么，更不会节外生枝。“相左助”的左手，在语言行为中是配合右手的，更多的与动作有关。左右两字中或隐含有汉语言起源的最初秘密：以手指物。

上下之分在“六合”中最为重要，不仅表征着社会成员和家庭成员间的地位等差，还以空间的形式表征着生活世界在时间（和代际）上的整体连续。

初文上（丄）象形一上之丨，初义为高处。一表征大地，丨指向高处。丄借指隐身在高处的先祖和帝神（见“第1.7节”释上）。祖先与今人的关系，就是生活世界的时间连续关系，被华夏先民表述为空间上的连续关系——祭祀活动旨在实现这一连续。

《说文》释下（𠄟）为“底也”。结合初文下（丅），再将下字还原至祭祀活动现场，下的初义应为“下示”。在祭祀现场所制造的烟云与光影中，也在先民们的想象与期待中，𠄟象形有某个神示随烟云若隐若现般从天而下。人与神、今天与过去与未来的连接，借助神示得以贯通。神示之所以能下，是因为神在上而我们在下，历史在上而今天在下。至于未来，其时间位置或在今天（及我们）之后，但其秘密则隐藏在神和先人的手里，因此在当下世界的空间之上。神示因此显得更加重要。另有甲文下作“𠄟”形，指事“在一之下”义。

再看高低远近里（内）外。《说文》释高（高）为“像台观高之形”，非初义。一说高象形楼台层叠，一说表征穴居之高，一说是嵩山之嵩的古体。笔者认为高字或与筑高台祭祀有关，因祭台层叠获得高义，以祭祀更为遥远（同时也在更高处）的祖先和神灵。

《说文》释低（）为“下也，从人氐”。古文氐与氏同字，象形种子萌芽长根，义为根柢。低初义当和新芽根部位置有关，指事人向下而低的动作，人趋向新芽根部就是向下而低。

远（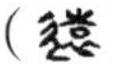）和近（）初义都不可考。《说文》释远为“辽”，笔者推测或因空间开阔而有远义；《说文》释近为“附”，笔者推测或因物相附而有近义，附着于你的物体离你最近。

从田从土的里（、）为周人新造字，指称农耕者居住之地，住在田地阡陌之中即居于田里，依农田间的道路而“说”里（见“第 3.2 节”释里）。从里从予的野表征由里向外延伸（予）的地方，农田之外即为野。里后加衤旁衍生出裡外之裡，简体写作里。

外（、、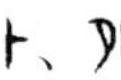、）从夕从卜，《说文》释外为“远也。卜尚平旦，今夕卜于事外也”。释义不明。马叙伦认为外是月弦之弦的初文，古文外（）从门外声，与从月在门中的閒（简体作间）同为舌根音。外所以有远义，是因为“自上弦至下弦为时远”，意即因时间遥远而得外义。后借用为内外之外。唐桂馨认为外“象弦月在弦外”（因月外而获得外义）。戴家祥认为外所从卜象墙壁，墙外有月，外义即房屋之外。

笔者认为理解外字的关键是“卜尚平旦”句。平旦为日出时分，当天的事需要在日出时分计划，游牧途中的殷人队伍也需要在日出时分通过问卜安排当天的事务。此即“卜尚平旦”义，也是“一日之计在于晨”的最初含义。然而“外”之卜却是“今夕卜于事外”，问卜的时间非平旦时分。半月为夕，夕或为月行一半（即半夜）时分，时间上当早于第二天的平旦。虽然“外”所卜问的内容也很有可能是第二天的事情，但因为是头一天晚上而卜，因而属于“事外”之事，因卜和事不发生在同一天里而称外，并因此获得远和外义。

里外也称内外，与外相对的内（、、）《说文》释为“入也。从冂，自外而入也”。从门外入得门内而得内义。一说内为芮伯之芮的初文，芮伯与周天子为同姓国（姬姓）。一说内入二字古文相通。

于华夏先民而言，高低远近里（内）外等空间方位，都是在生活河流中流淌出来的，且相对于“我中”获得意义。先民们或起身面向上神远祖而高，或俯身面向根氏而低；物或因辽阔而远，或因附着而近；农田有里，事外之卜为外，自外而入即内——或事里事外、或门里门外。没有纯粹客观的空间方位，只有人生活于其中且被人所定义的空间方位。

与空间方位有关的指示代词是“这”和“那”，其前身为此和彼，参见上一篇文字。这（）原本是适（繁体作適）的俗体字，適有迎接和前往义。《金文编》释这为“不从辵（chu 音，义为行走）”，意即不用前行。这表征站在某个确定的地点（因而无须前往）迎接他人到来这一行为。適所从啇有本和此义，啇遇女便衍生出嫡系之嫡。今文指示代词“这”义蕴含于啇中。这，不仅是我迎接来的，而且是从我所在的位置迎接来的。唯有将此两点结合起来，才能描绘出这的完整初义。因与此义可通，这被现代汉语借用为指示代词。

不妨将指示代词这想象成言说者打捞世界的语词之网，这指向哪里，语词之网就撒向哪里；这所要言说的对象物有多大，打捞它的语词之网就有多大。还可以将语词这描述为语言勾连世界的万能挂钩，无论言说者想勾连住什么样的对象物，该对象物都只能以这的形式首先被勾连住。古汉语“说”出这义的方式，内涵有华夏先民用语言打捞生活世界的特殊技巧。考察古这字，能让我们看见华夏先民迎接生活世界，且以自我所选定的位置为坐标，开始撒开打捞世界的语词之网这样一幅图景：空间因“我中”而开显，世界因我在“这”里而言说。这（this）和那（that）两词被罗素归为“逻辑专名”。

那（）《说文》释为“西夷国”。现代汉语借用为指示代词，或许还借用了满语读音。仅就指示代词而言，那义是由这义衍生出来的，如同彼义与此义间的关系，生活总是先有这（此）而后才有那（彼）的。那因此成为这的衍生物和延长物，相对于这而得义。如这在此处，那就或在别处，或许还指向他者，那与其前身彼因此有所不同（彼从不指向他者）。古汉语中的那只是某个远方他国的名称。现代汉语中的那是撒向别处的语言之网、勾连别处世界的语言挂钩，但言说者一定是站立在这处。随着有关那的言说得以建立，言说者借助语言翅膀飞到那处。不管言说者身在何处，那都可以是无所不在。这就没有如此幸运了，它只能是与言说者同在一处。而当我们说这也能无处不在时，其意思不过是说：因为言说者可以无处不在，和言说者同在一处的这因此而无处不在。借用这和那两款语言挂钩，今天的我们可以同生活世界中的任何对象得以连接。只是当我们如此言说的时候，切莫忘记先民们所倡导的“我中”这样一种哲学态度。

2.4. 日影星光草木中见时辰

——“初、衣、卒、时、日、光、年、春、辰、永”及其他

既然没有独立于人的抽象空间，也就没有独立于人的抽象时间。只有人参与其中的时间，进而有了人可以测量的时间。表征时间开始的初、始二字也都与华夏先民的生活有关。

初（、、）《说文》释为“始也。从刀，从衣，裁衣之始也”。一说初字从刃，刀以刃为用。高田忠周认为初与裁两字的造字意图相似，（裁或从才得音义），裁为制衣，才为草木之始（裁才音同义通，均有初义）。吴其昌认为初民之衣用兽皮割制而成，新衣出之于刀（初从刀）。马叙伦认为从刀衣“无由得始义”，初或是“从刀、祖声省”，借初为祖，祖训为始庙，进而获得始义。

笔者认为知初需先识衣。《说文》释衣（、、）为“依也。上曰衣，下曰裳。象覆二人之形”。衣即衣裳的统称。刘心源认为古文卒从衣从一（后为上衣下十），卒祭为终祀，卒义通终。《说文》释卒（、、）为“隶人给事者衣为卒。卒，衣有题识者”，义同役卒之卒。马叙伦认为“卒属衣不属人”，与罪人穿的赭衣不同。一说卒象人入衣之形，一说象上有领袖下有裤腿之形。笔者认为商代有卒氏；卒加山为崒，崒有高义；加米羽艹为粹翠萃，皆有美好义。进而推测卒初义既非役卒之卒，也非“题识”之衣。孙诒让认为古文假衣为殷（殷商之殷），“戎衣”义同戎殷，衣殷同声。王国维推测“衣祭疑即殷祭”，齐人言殷声如衣。陈邦怀认为殷之衣为“统祭”，周之衣为“专祭”，祭义各自有别。罗振玉认为“衣无覆二人之理”，高田忠周称“覆二人”说的是字形而非字义。

笔者结合《文字考古》认为，衣殷燕雁人裔诸字音同义通，可视之为殷商人的“其名自呼”。卒祖族足胄诸字音同义通，且义通于止祗至是氏，指向殷商人的氏族“身份认同”。衣的功能或如后胄之胄（见“第1.7节”释胄），用于表征穿衣人被宗族及庇护神正式接纳。不同氏族乃至不同天干之日出生的人需要穿上不同的衣服，以表示对氏族神灵或十天干中某位神灵的依从和服从。衣服连读有依从、服从义。最初的衣远没有今人所穿的衣一般复杂，或许只是一片简单的图腾布，刻画有对应于相关神灵的“题识”符号。至于人子究竟该穿什么样的衣也即依从于哪一个神灵，或许要通过问卜仪式得以确定（古文衣或从爻）。问卜结果出来了即为卒，上衣下十的古文卒或源于对这一仪式的象形。卒因此与族足祖音同义通，且获得终止义。从事这一特殊仪式的人群皆名为卒，他们是殷人中的卒氏，其社会地位崇高。从刀从衣的初，非许慎所言的“裁衣之始”，而是人之为人、为殷、为氏族后裔的起始。衣所“覆二人”，或为先人与人子——在衣中得以连接为一体。初所从刀，当从反匕而来。反匕若为人子，衣则为反匕即人子所穿；反匕如果依旧是匕母，则指向给人子穿衣的人。人之为人的历史，在初字中以人子首次穿衣的形式被打开。人子的生活世界因此有了一个新的开端，人子所携带的个人时间开始融入华夏先民的生活河流。人子的新人生恰恰是在卒字所表征的终点处开始。另，始字所表征的时间在某个重大事件中开始，且由启动这一事件的女性首领宣布（见“第 3.7 节”释始）。

下面我们来看时间。甲文时（、）象形立木测日影记时状，商代或更早即有了这样的计时方法。日影轨迹借助先民所立的木杆进入人的生活河流，并形成时间轨迹。时间隐身在万物的运行中（自然也隐身在太阳的运行中），本不可见也不可说。华夏先民立起一木杆，如同在阳光的河流中划下一道痕迹，借助这条痕迹，时间被迫“说”出自身。时字因此获得了记时和时间义，并进而衍生出当时、等待时机等语义。

甲文日或呈圆形（），或呈方形（），关键是字形中间的一画有何特殊含义，众说纷纭。有说是一，有说像乌（玄鸟），甚至有人说像太阳黑子。笔者认为以上诸说当属于后人附会，远非初义。其初义或与太阳神崇拜有关，古本《老子》中的日（）或保留有太阳崇拜的痕迹，其字形颇像神祇的写意面孔。《说文》释日条目下所言的“太阳之精不亏”，以及日区别于口字等说法，也都有可能源自于太阳崇拜。

光（）《说文》释为“从火在人上，光明意也”。杨树达认为初文光“上从火，下从女”，有赏赐义。笔者推测杨说或与原始仪式有关，女性首领赐予火种即为光，受赐者可获得某种特权，如使用火种建立新领地、狩猎、耕种等。但这依旧是光字的衍生义，而非初义。

笔者进而推测，日和光其初义都与太阳崇拜有关。甲文光象形女首领跪地拜日状，人因跪地拜日而得光。日与光因此有了下述联系：光可视为直立的日，日则是光的横截面；光如侧视图，日如俯视图；日是天上遥远的光，是神；光则是照耀到大地上的日，是人的生活——人在下接日而有光。连接日与人的正是日字中的神秘一画，它既是人神相通的痕迹（在日中为神主，在光下为人），也是太阳光线的轨迹。光与日在字形上的上述联系，无形中将“天人合一”的哲学精神包含于其中。光下之人因接受日光照射而感受到上神的温暖，并因此进入上神的世界中（上神同时走进人的生活中），日也因此有了进入义。日字初文中的神秘一画，原来是华夏先民进入日光中的通道。

日和光继续进入华夏先民的生活河流，生成出不同的时间意义来。日照向田地的“田光”即为黄，黄与光同源同体且可互用。大地上的劳作之人最初是畋猎之人。田与甲同源，均可指代畋猎之人。两字分流后，田侧重表征畋猎之田，甲侧重表征畋猎人所披之甲。照向畋猎之田的黄（光），同时也照在披甲人身上。黄帝最初或为周族先民所信奉的黄神，偏于西北一隅。黄初义当表征承受日光照射的大地之神，后借以指称披甲人（和黄肤色人）的神祇，周人入主中原后，黄神升级为黄帝，成为华夏先民的始祖（见“第 1.8 节”释黄帝）。先民劳作于其上的大地，因地神黄帝连续为物的整体（后延伸出天下观）；勤劳的华夏先民因始祖黄帝连续为人的整体，连续为一家人。华夏先民的生活因此完成了与太阳、与土地、与祖先的合流，人与土地的情感从此进入华夏先民的骨髓中！

流淌在大地上的光如何继续说出时间？来看旦、早、年等字。

《说文》释旦为“从日见一上，一，地也”，象形太阳从大地上升起，会意日出时分。一说旦象形日初升但还未离开大地状，笔者认为或许更为准确。《文字考古》说旦与诞音同义通，殷人视人子如日，旦字初义指称人子的诞生，兼指一天的诞生。上说如能融为一体，今天的我们甚至可将旦理解为时间的诞生。

早（）“从日，在甲上”。日在甲上，也就是日在田上和日在人上。光字中那个祭拜太阳的人，现在转身为田地中开始劳作之人。借劳作之人（及甲）同日光间的联系，以指事太阳升起的高度（日或与甲等高），义为早晚之早。

年（）象形“从人负禾”状，《说文》释为“谷熟也，从禾，千声”。一说年从人不从千，忽略了先民以人形代千万物形、千为大数、人与千通用这一文化事实（见“第1.5节”释仁千）。笔者推测年蕴含有千禾皆熟意，千禾皆熟的时长为一年。殷人年祀以一年为期，祀因此兼有年义。甲文岁象收割庄稼形，与年的千禾皆熟义可通，且因收割一年的收成而获得年义。载初义为乘车，后衍生出年义，或蕴含有华夏先民与日与光与地与黄同车而行的生活态度。天地如同一辆永不停运的大车，所载者就是生活世界本身。

年有四季。季初义为幼苗，后衍生出幼小义。春夏秋冬合为数四，故称四季。周人以伯仲叔季排兄弟序列，季排行第四。

春（、）从草从日，屯声。会草木初生意，指春天。一说屯字有草木生长艰难义，可参考《易经》中的屯卦，金文中有以屯代春例句。甲文中另有“不从草”的异体春，寓有花萼（不）生发出新芽（草）意。该异体春所从不取形于翻转的花萼（内含有成熟的种子），所从草当为

花萼生发的新芽，花萼中的种子生发出新芽即为春。一说春“从桑从日”，象形桑树抽出新条。上述诸说都内含一基本事实：有日有新芽才叫有春。春天因日而催生，因新芽而得以呈现。

夏字有两个本义，一是“中国人”的夏（），也即夏代的夏，从臼；一是夏天的夏（、），从日，“夏为木盛之日”。上述两义后来如何融合于同一个字中？笔者结合其他解释尝试做如下连贯。最早的夏字或从日从木，初义为“木盛之日”。其读音或源于夏日的蝉鸣，旧有“疑卜辞假蝉为夏”一说。先民佩戴夏日修长的树木枝条而舞，即“以夏为象舞形”，便有了夏舞。古夏地（旧说在黄河流域的冀方，郭静云认为当在江汉地区，称为夏水城邦联合古国，笔者认同郭说）农业较为发达，先民们或借木器而延长其手足，用于劳作，或借长枝以避烈日，用于休闲，因此获得较他族人貌似高大的独特外形，自称为夏人。原来从日的夏，进而衍生出从臼的夏，所从臼象舞蹈中加长的手形。一说夏表征以桎梏（械）加于人手足状，械与夏同音。笔者认为上说所言桎梏（械）或是某种劳动工具，被后人误识为刑具。有了修长的劳动工具，加上修长枝条的装饰，夏人显得比他族人要高大许多；背后或蕴含有经济实力、体力及武力的强大，夏因此获得大义。

郭静云称在《中国古今地名大字典》中，共有51个包含夏字的地名，其中十多个在山东，数量最多；8个在河北（含北京、天津），多数是后取的；7个在湖北，全是远古流传下来的；6个在江苏；山西、安徽各4个；河南3个；福建、浙江各2个；陕西、广东各1个。湖北的夏水（见于《水经注》，今名为长夏河，《水经注》也称汉水下游为夏水）位于江汉平原，不少屈家岭、石家河古城都傍夏水而立。荆南寺遗址也在附近。此地常有水患，且发现有先民治水的工程系统，极有可能是大禹治水的古夏国。

《说文》释秋（）为“禾谷熟也”。秋或从虬得音，商人将蝗虫等称为有角的虬，后借作“西风起，草木凋零，生机尽，杀气腾腾的”季节名称。一说秋与龟有关，徐中舒疑为蝗虫而非龟。

冬（）取形终牛棘（即牛伤，鞭打耕牛的带刺植物）悬挂下垂状，寓意一年农活暂告终结，初义为年终。郭沫若认为冬原是终的本字。叶玉森认为初文冬后又繁变为从日的冬（），字形“象木枝摧折，坠二硕果从日”。

春夏秋冬四字都从日而造，年分四季都与太阳的运行有关。殷人纪年用干（天干）支（地支）。天干之干来源于测日影工具（见“第1.1节”释干）。日影测量有了结果，测量工具十字尺便演化出数字义（见“第2.5节”释七十）。天干地支连用，蕴含有天地人相互交感义。上天进入大地和人的生活，即为干；大地承受上天进入而分枝，则为支（支同枝）；劳作之人立于天地之间，在天与地的交感中谋得生存。天干与地支交织出甲子纪年及十二时辰、二十四节气（大约在汉代得以成型）等，表明华夏先民在以农事为主体的生活河流中说出时间。虽然时间像是自在的，比如草木初生的春字和硕果下坠的冬字，但其背后无一不是人的生活和农事。十二时辰就是借用十二种动物表征的时间舞台，二十四节气指向二十四个农时。

来看一天中的时间。两次日落之间（即地球自转一周）的时间为一天，一天可分为有日照的昼和没有日照的夜。白昼除了早和晨外，还有午和莫（暮）与昏等。夜也称晚和夕，由黄昏至拂晓可划分为五更。

《说文》释昼（）为“日之出入，与夜为界”，义为白天。宋镇豪认为昼字初文取形于“立木测度日影以定时辰”。笔者推测所定或与祭祀有关。一说昼的初义是指日中时分。先民有日中测度日影的习惯。陈梦家认为古语“昼食”一词是指“中午田间一餐”。后泛指一天中有日

照的全部时间，即白昼。

与昼字同源而目的有异的是督字。督表征“置弋”（即通过观看日影）来确定方位。昼所定的时辰和季节属于时间，督所定的方位则属于空间。结合此两者间的联系，再回看日下之光以及日光中的人，对华夏先民的“天人合一”思想或许会有更为具体的感知。

夜（）《说文》释为“天下休舍”，从夕，义为休息时间。陈独秀认为夜象形天空“有月无星”，即夜晚，并以从夜的“掖”字有手臂遮挡处幽暗无光义作为旁证。晚（）《说文》释为“莫也。从日，免声”。莫即暮的本字。一说晚即莫的转注字。晚字为何“免声”？谷衍奎认为甲文免“像人戴丧帽俯身而吊形”，古代丧礼先脱帽，以白布包裹发髻，此为免字的本义。

笔者推测晚所从免声或与太阳崇拜有关，太阳落山时分人们脱帽相送，如同送别离去的亲人。晚的对应字当是冕（），表征迎接太阳升起仪式时戴在头上的帽子。如从实用角度考虑，晚又或与遮挡阳光直射有关。傍晚时分没有了阳光直射，遮阳的帽子自然所以“免”去，并因此造出晚字。有资料表明，古时阳光确实很强烈。至于黄帝创冕、冕为“大夫以上冠”之说，属后来的附会义。

夕（）《说文》释为“从月半见”，义为有月之夜。“半见”即半现，意思是说夕的字形是月的字形的一半，并非指只有一半的月亮。古文月夕通用可作为旁证。郑玄认为一年、一月、一日都可划分出“朝、中、夕”三个时段，这里的夕有时段之尾义。

辰（）郭沫若认为是农具，或像贝壳或像石器。徐中舒认为是蚌镰，其用途或为清除杂草。一说辰是收割用的蚌刀，不可信。农繁体写作農。農及大量表征農具的字都从辰，另有蜃、震和振从辰。笔者推测辰本义为助耕的农具，或来源于硕大坚硬的蜃壳（蜃与辰同），

用于定期清除杂草、松动土地，兼有开渠引水功能。因其使用广泛且频繁，農事离不开它，農字从辰；因可松动土地，便用辰字构造出震与振字；農事（薅草）及相关農具也都从辰；除草、灌溉和松动土地都需要观星月、知天时，进而由上述農事衍生出農时义如星辰、时辰等。十二地支中辰与龙配（辰龙），或与“雉入海化为蜃”这一传说有关。同时也说明農具辰负有灌溉之用（龙主雨水），或同祈雨、祈丰等有关。

从辰的晨（）字，一说象形清晨时刻的星月天象。笔者认为晨指向农夫用辰早耕时刻。虽然不是一天时间的开始，却是一天农事的开始，也是人与大地对话的开始，故有“一日之计在于晨”说。考察辰字初义，今天的我们依旧可以看见农具、农事连同农时等，在先民的生活河流中纷纷生长出来。或许正因为辰在农事生活中的重要地位，才有后来的“时辰”连用，辰和时联手成为华夏先民标注时间的坐标物。重测量意义的时被劳作意义的辰所充斥、所覆盖，从太阳日影中走出来的时间现在走进了先民们的农事中，与先民生活融为一体。从来就没有独立于生活之外的时间河流，也没有独立于万事万物之外的时间河流，只有同融于生活也同融于事物中的时间河流，此即华夏先民的时间观，也是中华哲学的时间观。之所以能说出时间，不仅是因为发明有“时”这样的测日影工具，还因为先民们创造出与辰有关的复杂农事生活。

午《说文》释为“跨步”。将其“跨步”义借用到立木杆观测日影运行中，则日影跨过中点的前后一段时间为午时，借人的跨步言说日影的跨步进而说出特定时段。另见“第 3.5 节”释午舞。

昏（）《说文》释为“日冥也”，从日，氐省。氐，象形草初发新芽状而获得根柢义——初芽处将成为草木外露根柢。甲文昏象形日近草木根柢，会意黄昏时刻。午与昏之间的时段中有昃（），表征“日在西

方时侧”，从日，仄声。

与昏接近的是莫，象形夕阳沉没于林草之中，是暮字的初文。《说文》释莫为“日且冥”，且有将义，据此可推测暮应在昏（日冥）前。

更（）《说文》释为“改”，非初义。更由重丙与攴（手，读pu音）合体成字。《尔雅》称“鱼尾谓之丙”。笔者推测更或从鱼脊椎尾骨相连状得字形，既有节点，又有连续，更初义为更续（依节点相连续）。戴家祥认为庚赓更三字“声同字通”。或因为鱼潜行于水，借形鱼尾骨的更被借用于表征夜晚时间，便有了五更（jing）之分。打更人为族人守夜打更，护送族人平安到达天明。

天明为晓（），《说文》释晓为“明也”，从日，尧声。古尧字由三土堆垒而成（垚），义为高地之城，照亮城墙（尧）的太阳（日）自然也唤醒（晓）了睡梦中人，指称拂晓之时。

送走昨天，迎来今天。昨（）《说文》释为“垒日”，从日，乍声。初义为“隔日”，时间因垒而隔。《说文》释乍（）为“止也。从亡，从一”。以亡止解乍，同于以昨解乍，以后度先。笔者认为乍兼有中止和初始义，新的开始发生原来的中止处即为乍。其字形像单足起步，寓中止义在前、起步义在后。新开始当为乍作的初义，且与今文乍有突兀义可通。制作当是作的衍生义。昨也有太阳新开始义，因其时间箭头指向新开始之前的一天而称昨。

昱（）义为明天，同翌日之翌。或源于商人的祭名，后用于指称明天。

今（）《说文》释为“是时”。笔者按今初义表征先民亼（ji音）集于林光（灵光）之下以聆听神示，因林光（灵光）所照射的此时此地而获得今时之今义（见“第4.7节”释金今）。

流走了的时间叫“昔”，先人与后人之间形成“世”和“代”。口耳相传中的昔时叫“古”。时间不会停下脚步，只会“永”流不息。一直流淌到今天，一直流向未来。

昔（）《说文》释为“干肉也，从残肉。日以晞之，与俎同意”。在祭台上残存很久的肉牲被太阳晒干，即为昔。一说昔很可能是腊的初字。叶玉森认为昔表征过去的洪水之日，义为昔日。存疑。笔者认为昔上部从双仌（古文冰），下从日，祭台上的肉牲因日光久晒而成干肉。昔所从双仌刻画的是日光照射下有气上升的样子。或许在华夏先民看来，土因气出而成石，水因气出而成冰；昔所从日或为日照下的肉牲，为强调气出需凸显日光，肉牲被显日所遮蔽。昔字构成了这样一幅图画：祭台上多次累积的牺品在等待太阳的升起，它们被太阳日复一日地晒得干而坚硬，体积日趋缩小，如同被神享用了一般。昔日之昔在太阳日复一日的照射下，也在肉牲仌气的流淌中得以现身。

如需要重新摆放牺品，就是措。措字从昔，义为放置。昔和措都与祭祀太阳用的牺品有关。昔措两字告诉我们，伴随着太阳的升与落，华夏先民的生活时间在昔与措中流淌出遥远的过去。

甲文世（）马叙伦认为是叶字的古文，“象茎及叶之形”，从草木之叶重叠中引申出世代之世义。可采信。俗语“人生一世，草木一秋”或为这一文化意识的遗存。《说文》所说“三十年为一世”属望字生义。《文字考古》说周礼以三十年为一世（即一代），且将“三十而立”理解为男人三十岁娶妻生子。存疑。

一说代字（）的初文写作弋（）。旧说弋象形一种有尖头的木契。笔者推测弋象形植物嫁接状，蕴含有以新（接穗）代旧（砧木）之义，这一解释同“天工人其代之”说相符合。旧砧木属于天工，新接穗代天工而兴人事。弋旁添亻即为代，既有人工代替天工的代替义，也借指血缘接续的世代义。生命因有替者而能移，游弋之弋义自在其中。

口耳相传远去了的人和事为古（），古即前言旧事。《说文》所言从十从口的古，指向口述测量数据的人，或许还是姑。古所从十为测量工具，古所从口表征对测量结果的言说和记录。

久（）初义为灸。后用于商人灸物成印，再后来用于在奴隶身上烙上主人印记。久灸如何衍生出久远之义，尚不可考，或与烙印能保留久远有关。

永（）林义光认为“象水长流相会形”，《说文》释为“长”。用于指称时间，永逼真刻画出先民生活时间的流淌形象。回看春夏秋冬、时日年昔，都是时间在日月星光中流淌“说”出自身。草木、果实、田甲、测日木杆、应时而至的蝗虫等物，在时间河流中或为礁石、或为坐标、或为漂浮物。原本看不见的时间河流因它们得以呈现、通过它们得以言说，流淌至今且流淌至永远。

2.5. 因序时、记物而有“数”
——“数、算、策、计、契、量、重、一至十”及其他

数，当起源于历法、记物活动。于汉语而言，基数多来源于记物算策，序数则多来源于历法序时，以天干地支为代表。学界多认为，“数”概念的发展大致要经历三个阶段。第一阶段心念、默记物数，数和物一体未分；第二阶段以结绳和刻契等他物作为符号代替物数，同体未分的物数有了替代物符号；第三阶段是计数符号从上一阶段的物数混合符号中独立出来，形成计数系统，成为文字符号中最为独特的一个家族。

数繁体写作數（），《说文》释數为“计也。从攴（pu 音），婁声”。

即计数义。《说文》释婁为“空也。从母，从中女，娄空之意”。非初义。笔者推测婁当表征女性族长分配食物，婁所从女指向女性族长。婁所从中意味着：1. 分配食物的原则是中，即公平合理；2. 分配给不同的人，次数很多，所以婁从双中且呈叠加形。婁加攴得數，攴即手。或表征对分配结果的记录与整理（通过扳手指及其关联形式得以实现），后衍生出动词數數之數义和名词數字之數义。

算（算）《说文》释为“数也，从竹，从具”，计数义。另有从竹从弄的异体算（筭），《说文》释为“记历数”的工具。形制后演变为长六寸的小竹片。笔者按两字来源或有异：具字从贝，从具的算或源于记物，贝与财物有关；弄字从玉，从弄的算或源于历法，玉最初用于祭祀。计数义独立出来之后，两个（或更多）来源的算趋于合流。源于记物的算（有贝）沿用到了今天，源于序时的算（有玉）后来退而不显。

策（朿）《说文》释为“马箠（chui 音）”，从竹朿（ci 音）声。义即策马用的工具。于豪亮认为有从竹从片（或析）的异体策，竹下或加片、或加析，同为策。笔者推测策应是部落特有或特制的有意义竹片，策上面或承载有责任（和权力），同时赋予有荣誉（和物质），以斤劈开分授予受领人，并因此获得奖赏和鞭策义。《说文》所说的策马工具或由此引申而来。责任有高低，功劳有大小，奖赏也就有多有少，不同的策或表征有不同的数量——计数功能由此而生。

《说文》释筹为“壶矢”，即投壶之矢。形制为小竹片。投壶为周时常见的一种投注游戏，投进壶里的小竹片（壶矢）可折算为钱数。投壶之筹或从先民当年用于计数的竹片木片而来。

计有稽考义，《说文》释计为会计之“會”。传说大禹在茅山考核过官员（大会计吏），后将茅山更名为會稽山。计从言十，所从十应是测量工具（可称之为十字尺），所从言当是对测量结果的言说，说（言）

出测量结果（十）即为计。计古两字都从十，且都和言说（计从言古从口）有关。笔者推测计所从言当属于测量过程中的言说，所言指向测量过程，当蕴含有计算义；古所从口指向测量结果，其作用是测量结果的记录与保存，蕴含有权威档案的意义在，并因此衍生出远古义。

个，繁体写作箇（），《说文》释箇为“竹枚也。从竹，固声”。意即可代替物数的小竹片。吴其昌认为另有“仪礼射礼之‘个’”，甲文写作个（）。其形制为竹子做成的箭矢，用于乡射。和投壶游戏中的壶矢一样，个可作为筹码，射中目标的个数量多者为胜。

如在个箇上刻有物名、数字、物品往来关系人的各自身份，即为久（见“第 2.4 节”释久）。久，如复杂到一定程度即为契和栔。《说文》释栔为“刻”，释契为“大约”。笔者推测栔表征动作刻，契表征动作刻的成果，两字原本同源，呈现为一体两相，古文中可通。契的使用方法或许是：将刻好的契一分为二，双方各执一片，合而能契作为结算的依据。契字有开义、启义和契合义，可为旁证。殷商始祖名契，商则是其部落名，或许还是地名。葛英会在《商字形义考》中认为商字的初义是古刻漏，其中“商字下部像足袋的部分是储水器，其上部乃是带有刻度的木箭，应是古刻漏的象形”。古刻漏又名商量。进而推测“商族应是其先人善造刻漏商量而得名”。契（商人始祖名）字的本义为刻，葛英会认为“极有可能与刻漏有关”。传说中契为虞舜的司徒，“教化民众，敬授民时”。笔者推测身为司徒的契或许还教民以契，发展出原始交易和记账行为。契与商在殷商人的生活中合流，共同推进商衍生出商业义。

契另有人工嫁接义，详见“第 2.6 节”文字。

依《文字考古》部落名先于地名的说法，笔者认为商初义当为刻漏，因殷人发明了商器，便以商指代殷人，再后来借用于指称部落名和地名。至于商字的读音，《文字考古》认为承空桑木母而来，殷人以空桑木母为族群图腾。他们发明刻漏（商）或许出于蚕桑业需要，比如观察和记录蚕在一天中的生长状况。商与桑因此音同义通，指称同一个族群的人。

量（）《说文》释为“称轻重”，义即称量之量。一说古时度量田地、道路和谷米都是露天的工作，所以量“从日”。笔者结合契与分等字推测，量字或是一种等分行为，将特定重量（或许是谷物）一分为二，即为量。从该字的对称造型看，量字或许源于当初平分重量的一种衡器，类似于后来天平的雏形。最初或许只有等分、等量的概念，远没有数和量的概念。与量字初义相近、来源不同的等（），《说文》释为“齐简”，意即用剪刀比照样板剪出另一个或等高或等样的物件来。此处等也只有同和等的初义，远没有数和量的概念。后衍生出“等量齐观”成语，或为两字的内在联系保留了古老痕迹。

重《说文》释为“厚也。从壬，东声”。初义为种植之种，繁体写作種。厚由后与子二字合体，后有承接义，后子即承接种子，承接种子为種，故许慎释重为厚。《说文》所说的厚义及增、益、复、迭等义，都可以从种植活动中衍生出来。重量之重当属于引申义。

几《说文》释为“踞几也。象形”，案几义。《周礼》记载有五几：玉几、雕几、彤几等。另有从丝从戍的幾，简体也写作几，有接近义（见“第 4.8 节”释幾）。数之几的不确数义当从幾引申而来，与案几之几无明显关联。

些（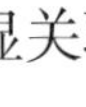）出现较晚，徐铉在《说文解字卷二新附》中释些为“语辞也。见《楚辞》。从此，从二，其义未详”。笔者推测些指向不确定的对象物，些所从二或为约数，因对象物不确定而数约。些许之些义由此而生。

下面来看一看先民们是如何“说”出数一到数十的。笔者乐意相信，一到十的基数对应于十天干的序数，基数一对应于序数甲，基数十对应于序数癸。十天干的解释见下一篇文字，下面来讨论数一至十。

一当表征“一指”动作，如前所说，被人所指者都是一，无论你一指的对象物是什么。并因此为扳手指计数这一古老传统奠定了基础：当计数中的你每扳下一个手指的同时，都在潜意识中完成了一指（见“第1.5节”释一）动作。数一，表征一指所得。

二（弍）《说文》释为“地之数也。从偶”。附会于后世天地人三才说。在华夏先民的哲学意识里，因为有上神先祖才有二，古体上和示都写如二，上与先合二为一（先人为上，在上）。敬上神与敬先人也合而为一。此为后来的宗法文明埋下伏笔。数二在时间上源于先，空间上源于上；而无论先和上，都可以对先民有所“示”。背后的哲学意味是，数“一”隐身在先民的生活河流中，现身于任一当下时刻；数“二”则以当下为参照，在时空中或向前、或向上衍生出新的数字来，同时也衍生出新的生活内容来。生活因我们自己而有“一”，因为历史和上神而有“二”。二，因此可描述为当下生活的历史镜像和神学镜像。既是生活自身的一次复制，也是一指动作的一次复制。

《老子》说，道从太阴而出，万物负阴而抱阳，故《易经》中有偶数（指向历史）为阴、奇数（指向未来）为阳的说法。另一方面，先又在上在天，天为阳地为阴，为阴的历史因在天而为阳，为阳的未来因在地而为阴。更奇妙的是，未来的秘密在历史中，在先人那里，同时也在天上，在上神那里。如此阴阳互转关系，或许才是阴阳太极图所要表达的思想。将“二”简单化为二元对立，不过是对华夏先民哲学思想的粗暴践踏而已。再结合“量”和“等”字，“二”先是被用于双方均分行为，后又被用于复制叠加行为，正是从复制叠加行为中，产生出更多的数来。

一和二的读音或源于“其名代呼”。当先民们每看见一物或一事时，手指向该物该事的同时，口中天然地发出 yi 或 ye 的声音。而当他们要言说不在眼前的物和事时，手指向空中比画的同时，口中自然发出 e 或 er 的声音。上述情景在今天聋哑人的比划手势语中依旧可见。言说者（或比划者）代近处可见可指的物事“呼”出一音，代远处不可见不可指的物事“呼”出二音。代呼的驱动力在今天的我们体内犹存。

三（三）《说文》释为“天地人之道”，从三数，附会三才说。古文一二三四都可积画而成，另有竖式（丨、‖、|||、||||）和斜式的异体一二三四，字形或许源于策、个（箇）这些物数的替代物。对四及以下的物数替代物进行刻画，就能获得物数一至四的记号文字。至于数“三”的思想来源，丁山认为先民“凡一二不能尽者，每每约之以三”。意即先民在等量平分后，物犹有剩余，便发展出数三以表征所余。可采信。三也因此用来表示约数和多。笔者补充两点，将等量继续下去也可获得数三，等前有一，首等生二，再等生四，合四中之二得三，如一直等下去还可生长出自然数序列；三或许与参字有关，古文参三（繁体作叁）可通假，参与商三音同义通。参读 shen 音时则指称星座参星。《文字考古》认为参星和商星都由三颗星组成，所以参通三。

四（亖、、、）《说文》释为“阴数也。象四分之形”。附会于后世之说。郭沫若将基数一到四归为一系，五到十归为另一系，十天干作为序数与之对应。先民数识初开时，基数只有一到四，对应的也只有四进位制，如“齐旧四量：豆、区、釜、钟。四升（勺）为一豆”。后演化出十进制。四字读音或与有关，象鼻涕泗喷之形，以清除鼻涕音为音。笔者推测四（亖）最初当源于对物数四的替代物（如 4 枚支、策、个之类）的刻画。先民有计算意识后，四或演变为两次等分义，即从两次等分中获得四义。异体四（）上部所从一或为待分的对象，一

下的两“×”符意味着对同一物连续等分两次。如果是分谷物，就需要量上两次（每次都量出一半来）以获得四分之一量。《说文》所言“四分”，或许来源于两次等分。数四出现的意义有二,一是开始摆脱刻画记数思维，二是带来了运算的复杂化。

五（、）《说文》释为“五行”，从二，象“阴阳在天地间交午”。从五行释五，非初义。丁山认为五像测日用的“收绳之器”，引申为“交午”。杨树达认为先有午（）而后有五。笔者认为五午同源于测日影现场：测日架不同位置的投影从四方交汇于中为五午（见“第 3.5 节”释午舞五）。《说文》释五所用的五行和阴阳话语，当从测日影中衍生而来，且能与“收绳之器”说相一致。吾字所从五有会“四方交于中间”意（见“第 1.2 节”释五），或与测日工具的四方投影午时会于中间有关。数五基本摆脱了刻画记数思维，开始从空间方位中选取造数的素材，意味着表征数的文字进一步摆脱了直观物数的束缚。另有保留刻画思维的异体五（），可视为刻画记数思维在数五处的早期残存。

彻底摆脱刻画记数思维的是数六，其形义源于数五之后。六（、）《说文》释为“易之数。阴变于六，正于八，从入从八”。所谓“易之数”，是说易卦的爻数为六，非初义。六字初文或同样来源于测日影行为，测日之器的投影已变换成夹角形状，不再是正午时的交汇状，表明午时已过，隐含有午之后义。后借用该形表征数五之后的数即数六，午之后即五之后。一说数六从入字而来，六和入甲文字形相近。《说文》释入（）为“内也，象从上俱下也”。笔者认为此处内当理解为动词，有内入义。何物内入？测日架下的投影。午五过后，投影开始呈夹角形向测日架下移动，即为入，也为六。

有必要说明的是，一二三源于数与物一一对应的刻画思维，可表述为因物而生的数。四源于人对物的等分，五六源于人对时间的测量和对空间的定位，可表述为因人而生的数。古文中依旧保留有刻画成字的异体四和异体五，表明四和五依旧残留有一一对应的刻画思维。从六开始，华夏先民才彻底告别了一一对应的刻画思维。

七（十、、、）《说文》释为“阳之正”，从一。释义不详。丁山认为七为切字初文，诸家多从丁说。一说七初文（十）同甲。甲初义为切划植物后致“皮开裂”，后用于划制皮革而有甲胄义。一说七为漆字初文，切开漆树皮而得漆即为七。《文字考古》认为殷人借用月亮圆缺变易，来解释人一生的生理变易周期，因此殷易异“音同读 yi”。又因为月亮“由朔—上弦—望—下弦—朔的变态时段都在七天多一点，因其是周而复始的反复循环，故叫期”。《说文》释期为“会也，从月，其声”，可旁证殷人因月分期的说法。七天一变，七因此读如期音。殷人一生的“生期”和“死期”均以七年为一阶段，当由此而来。周人在因袭殷礼的基础上，只是改月候之期为星宿轮值之期，期长依旧为七天。先是把天上的星域划分为四方，每一方七星宿，四方共二十八宿，每一星宿轮流当值一天，四方星宿当值一轮约合阴历一月。此即华夏的“星期（星宿之期）”。至于《说文》所言“阳之正”，丁山认为同“一变而为七，七变而为九，阳变七至九”这一古语有关。

笔者认为七与切契期漆诸字音同义通，源于先民的切划、契约、期候等行为。一源于先民对眼前事物的一指动作，七来源于他的同伴对所指物事的切划动作，通过切划表达了对该一指动作（及所指事物）的认可与约定，因而有了契和期义。一为初阳，七源于对初阳一的契合（正）行为，此即许慎所言“阳之正”。数七义则与《文字考古》所说的“星期”有关，先有七天之期义，后有数七之七义。相对于数七而言，五（午）和六（入）均未正。唯有至数七，方成生期死期，期为正的结果。

八有分别义（见“第 2.2 节”释八），如何演化出数八义，未解。据《文字考古》称，“周人以八为期”，笔者认为可采信。进一步的推测是，以七为期用于女人——她们是殷商母系社会的主导者，以八为期用于男性——他们成为周人男权社会的统治者。周人的这一做法既可“分别”于殷商时代，更利于男权社会的稳固。传统意识中，男子可娶年龄比自己小很多的女性，女性则不可以嫁给比自己年龄小的男性。如上述推测成立，则分别义和数八义可统一于周克商后的分期之变。

九（）《说文》释为“阳之变”，象屈曲究竟之形。非初义。一说九象龙形，九与虬音同义通，因龙体大而神秘，后借用为表示大数九。徐中舒认为九象曲钩之形，勾古体为句，读勾音，九句勾音同义通，源于曲钩形生活用品。马叙伦认为九象肘字初文。朱芳圃认为九与内（rou 音）同源，后来析为二字，“九象动物足指践地，内则兼象其身与尾”。仇内字通，可为之旁证。笔者推测九有可能源于生活中的某件物事（如祭祀、狩猎），该物事常以数九的形式出现（如同前述月期中的七天），便借用为数九之数。

十（）《说文》释为“数之具”，具通俱，意即数到十这里就齐全了。为什么齐全了呢？因为数十中的“一为东西，丨为南北”，东西南北都有了。此说法显然很勉强。数十字形或源于结绳记事，先民在一根竖绳子上打结表示十，两根竖绳子上打结就是二十，金文象形在三根竖式的绳子上打结，即三十。笔者认为十初文有集束义，集束的形式就是竖绳上所打的结。集一束成一十，集二束成二十，依此类推。

华夏先民发明了干支历法。依笔者看，十天干序列名称模拟了嫁接技术，十二地支序列则模拟了播种技术。限于篇幅，见下一节文字。至于长度单位寸尺丈寻里等，也非物自身所自有，均属于人所赋予的标准。请参阅“第 5.8 节”释尺及其他章节的相关文字。

2.6. 天干、地支名源考
——“简、契、甲至癸、子至亥”及其他

华夏先民以干支相配记年。十天干依次为甲乙丙丁戊己庚辛壬癸，常用于第一至第十的序数，甲为第一，癸为第十，讲序数多涉及天干次序。十天干依次循环一遍即为一旬十天。与天干相对应的十二地支，依次有子丑寅卯辰巳午未申酉戌亥，用于指称一天（含昼夜）中的十二个时辰，兼指一年中的十二个月。干支相配依次出现甲子、乙丑、丙寅、丁卯等六十个年份，满六十年为一轮回，重新从下一个甲子年开始记年。六十年为一花甲子，干支纪年也称甲子纪年。

已出土的甲骨文中有相对完整的干支表，表明干支思想在商代已成型。二十二个干支名称未必是为干支而造的字，时间上应更为久远。干支思想来源于天地交感意识，当无疑义。但干支名称的来源一直都没有说清楚，干支因何排序也一直是个谜。历史上的阴阳家、道家乃至儒家多附会之说，现代学者郭沫若、闻一多及其前辈所说也难以使人信服。本节文字将致力说明以下观点，十天干名称及其排序来源于嫁接技术，十二地支名称及其排序来源于播种技术。

自然嫁接现象一直就存在于自然界中。在风或鸟的帮助下，接木的种子被带落到砧木的树桠上，如种子成活则意味着自然嫁接出新的品种来。或许在殷商时代乃至更早，自然嫁接现象已被华夏先民所广泛认知。殷商人每年春天北上秋日南回，在华北平原上游牧、狩猎兼与沿途原住民开展原始商贸活动。留守在殷商故地的人们，则在从事着蚕桑、林果种植及捕捞。华夏本土出产的林果名称大量现身于甲骨文中，可为之旁

证。传说“天命玄鸟，降而生商”，说的是帝喾次妃简狄吞玄鸟蛋而生殷商始祖契（又名阏伯）。这与鸟衔（接木）种子落入母木（简狄）自然嫁接出新苗（契）的情景，十分吻合。又，商人以玄鸟为父（准确地说是命灵携带者）、以桑木为母（命灵的接收者、承载者和受孕者）。笔者认为这些原始意识或都从自然嫁接现象而来。它们之间的相似关系十分明显。

传说帝喾的长妃姜嫄生长子弃（后稷），教人稼穑，为周人始祖；第三妃善于养蜂采蜜，生子尧，五帝之一；第四妃生子挚，继帝喾位后禅让于尧；帝喾第五子台玺和长子后稷同为周人祖先。此血统序列当为周人安排，以表明周大统的嫡长子地位。将周朝才趋成熟的农耕技术（稷）放在殷商祖先（契）之前，不合常理，不过是想借以表明农耕的重要地位。这也是《文字考古》认为周人伪造三皇五帝历史的依据之一。传说中的帝喾善于占卦，应是易卦的最初发明者（见“第 1.7 节”释喾）。

简和契两字可从嫁接技术中获得新阐释，或者说两字隐藏有嫁接技术的有关信息。简狄又名简和易简。金文简从竹从门从外。许慎释简为“牒”，从竹，间声。义即书简之简。间象月光透进门缝形（见“第 2.3 节”释间），间所从月后改为从日。简狄之简当表征天干作用（月，日）进入“竹”质的“门”中，从竹从门从外的金文简或表征天干作用从“外”面进入“竹”质的“门”内。既与吞玄鸟蛋而生契的传说相吻合，也符合嫁接技术特征。易简之易有容易、变易、移动义，有砧木容易嫁接新穗义，有移植接有新穗的砧木义，还有培育出或变易出不同于砧木的新苗义。契，可解释为接穗之契，在砧木上切开界面，使得接穗与砧木得以相契合。契神的其他贡献（史称“五教”如契木守约、刻漏商量等），可从契字的其他词义中获得解释。契也称阏伯，阏伯之阏或表征新穗在母木的门里（於有在此义），和从竹从门从外的金文简可通。背后的历史或许是，简狄原为黄河流域某个母系氏族首领，最先发明人工嫁接技术，教民桑麻，为商部落的发展奠定经济基础。进入男性主导的宗法社会之后，史实被迫沉淀于神话背后，简狄本人则被托古神化为帝喾的后妃。

殷商人关于疾病的认知原型，也取材于嫁接技术。疾字的初义表征病邪如同箭矢，射中人体即使人染疾，疾也可能很快就离开人体，因而获得快疾义。病的初义则表征病邪已成功地将自己嫁接于人体，病所从丙意味着病邪有了嫁接于人体的接柄（见“第 5.8 节”释疾病）。可见嫁接技术对殷商文化影响之深。

传说帝喾与简狄育有两子，长子契（阏伯）和次子实沈。久居“旷林”却不能和谐相处，反而“日寻干戈，以相征讨”。弄得帝喾没办法，迁契于商（疑为今河南商丘附近），主辰星（即根据辰星安排农事），辰星也称商星；迁实沈于大夏（疑为今山西太原附近），主参（shen 音）星（即根据参星安排农事）。参辰二星，“常出没不相见”。《文字考古》认为参商（辰）二星的运行天象成为殷人识别春秋季节的标志，一在初春出现，一在初秋出现。殷商人只有春秋两季，包含夏冬在内的四季因周人农耕文明需要而产生。

依笔者之见，实沈和契相争，蕴含有播种育林技术同嫁接育林技术的路线之争。实指向果实，也即种子；沈义同沉，可理解为沉入土中；将植物种子播种到土壤里即为实沈。实沈代表播种技术，契代表嫁接技术。另，参星也称夏星，每天清晨时分垂落于西方，辰星（商星）此时正高悬于东方天幕。笔者进而推测，这一命名安排或为殷人克夏后的故意为之，（太原附近的）大夏未必是夏人的原住地。

殷人食物来源于采摘、狩猎及捕捞，嫁接和播种技术多服务于采食桑葚及蚕麻纺织。传说中契和实沈兄弟之争的背后，或许是两个兄弟部落不同技术路线之间的竞争。传说中的参星和商星不同时、不见面，所寓意的或是两部落间的农时和农事差异。更为重要的是，两条技术路线影响到了天干和地支的命名。

天干之干，有天主动作用于地的意思。对应的地支之支，则有大地承接上天施与的意思。或许在先民看来，天作用于大地，如同新穗嫁接至砧木，大地承接上天，如同于土壤接受种子，便从嫁接和播种技术中为干支寻找命名资源。将天干和地支类比为树干和树枝的关系，明显地属于后人附会。天地间的人唯有顺干支以应天时，方能天人合一，否则就有可能逆天时而动，上天将给予惩罚。天地交感和天人感应，因此而贯通。

最能说明问题的是十天干名称与嫁接技术、十二地支名称与种植技术的吻合度如何，所幸的是笔者发现它们高度吻合。下面尝试予以解释。

十天干名称与嫁接技术流程对应如下：甲，划开砧木和接穗树皮，甲从划口得字形；乙，选择好新的接穗，新穗的形状如同乙；丙，切好接柄，做好新穗与砧木相接的界面，接柄恰如丙形；丁，将新穗接柄嫁接到砧木界面上，使“万物皆丁实”，丁表征嫁接后的成果；戊，勾绞别枝以固定砧木同接穗的连接，别枝相互勾绞呈戊形；己，再用植物皮（丝）绑牢接穗，己初义为别丝；庚，接穗在砧木上生出新芽，完成赓续，接穗新芽即为庚；辛，加立支柱（辛木）以撑托起新芽的枝条，并在辛木上刻下所有者标记及其他符号，辛即支柱辛木；壬，将由甲至辛的嫁接过程持续地重复下去，对工的重复即为壬；癸，整体完工后的嫁接苗木连成一片，达成嫁接计划，癸字是对这一成果的象形。

甲（十、⊕、甲）《说文》释为“甲像人头”，非初义。《汉字考古》认为甲初义表征种子表皮自动开裂；后表征动物甲皮蒙在脸上成面甲，或戴在头上成头盔（），也即《说文》所言的“像人头”；再后来，披在身上为铠甲（）。笔者认为甲初义表征在树皮或皮革上刻划致皮开裂（）状。天干之甲，当表征两个同时的动作：一是切开砧木树皮，为接穗预留接口；二是切开接穗表皮，等待截取接穗。如将接穗比喻为天干作用，砧木则形同承载天干作用的大地，甲则意味着天干作用已经开始，同时成为嫁接技术的第一步。

另，在先民看来，万物“皮为甲，根为宅”，春天到，草木表皮（甲）先行萌动。从空间上来说，天之表皮（即云彩，状若鱼鳞之甲）离大地最近，人的头甲和草木表皮之甲离天最近。天地（人）之间的交感理当从甲开始，甲因此成为天干之首。

作为序数的甲有第一义，意味着上天对大地的第一次进入（天干）。和基数一所表征的人对事物的一指动作有某种相似性，该相似性体现在“一”中。

乙（、）《说文》释为“乙承甲，像人颈”。非初义。植物去皮后可见其骨，皮为甲，乙就是植物的嫩骨（新枝芽）。天干之乙，自然不是原砧木上固有枝芽，而是取之于接木的新穗，等待嫁接到砧木上。乙因此被视为天干作用的实际承载者。

乙音或来源于轧和乚，天干之乙或表征日月行天轧出天骨，如同车轮碾地轧出车辙。车辙、天乙、物骨，都可称乙。太乙，意指最大的一条痕迹，如同老子所言“道”的痕迹——后出的“理”蕴含于其中。乚乙所指称的玄鸟燕雁，成为天干作用（具体为万物命灵）的实际携带者，与接穗乙可通。作为序数的乙读音同于一，或寓意乙之前的甲不可见，也即上天对大地的最初进入不可见。人所能见的只能是上天所携带的“接穗”乙，即人所见之“一”。天干作用中的万物命灵不可见，人所能见的只能是命灵的携带者玄鸟燕雁。天干作用在“乙”字中首次呈现出物象来，它们或为接穗或为玄鸟，均可表征为乙。

甲文丙或取形鱼尾骨（见“第2.4节”释更），先民手持鱼尾骨抓鱼时如同握住鱼柄，后借用（兼模仿）为工具的手柄，丙为柄字的初文。一说丙来源于对箭矢入门（tong音）的象形，门为箭矢插入箭杆的固定物，门有同义，箭矢入门意味着箭矢已与箭杆同。箭矢尾端或象鱼尾骨形，类似榫槽，以方便箭矢固定在门和箭杆上。由此可推丙从门得音义，从矢门得形义。天干之丙当来源于接穗末端的接柄（丙）形（榫槽）。与丙对接的砧木界面处要做成榫头状，便于同接穗之丙相绑定。干支作用在“丙”字中已进行了物形对接的准备。

丁（、、）象形嫁接技术中的砧木界面的榫头和接口形，表征接穗已成功介入砧木。《说文》称“夏时万物皆丁实”，或表明新接穗在夏天已丁状结实了，如同天生万物一般自然。如把砧木的榫头看成钉子（朾），嫁接可描述为将砧木钉子钉入接穗的行为，丁与钉可通。俗语“丁是丁，卯是卯”，是说嫁接技术中的“丁”和播种技术中的“卯”虽然方法不同，但都要求扎实可靠。将种苗移栽到林地坑穴中即为“卯”，具体见下文。

另，天干之丙丁或许还与北斗、南斗两星宿有关。民间素有“北斗柄，南斗人”之说，意即北斗七星形如勺柄（为指南针所用），南斗六星状如人形（被神话为南极仙翁）。此说或表明，甲乙丙丁为十天干的第一个层次，天干之天先后呈现出皮鳞（甲）、骨架（乙）、北柄（丙）、南人（丁）之象。此说法与天干名称源于嫁接技术的说法不构成矛盾，笔者倾向于认为两者可相互佐证。天干作用在“丁”字中不仅已实际发生，而且已经丁实。

戊（、、）《说文》释为“中宫也，像六甲五龙相勾绞”。虽借用后来的阴阳家语，但其“勾绞”之说不诬。笔者认为通过别的枝条与

砧木上枝条相互勾绞，来固定砧木与接穗的空间关系，以利接穗成活，当是戊字初义。后出的守卫义、兵器义和茂盛义，均可从戊的这一初义中引申出来。笔者甚至推测，借嫁接之戊为天干之戊，或蕴含有“勾绞”出完整天象的意图。《说文》所言的“六甲五龙”和“中宫”说，或可为之旁证，它们当从戊的“勾绞”义而来。天干作用在“戊”中已呈现出完整的天象，将演化为大地上的万象。

己（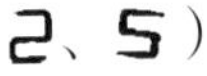）《广雅》释为“纪也”。《说文》训纪为别丝，释己“象万物辟藏诎形”。笔者认为己字初义当是用丝绑定（且梳理出）某物来，甚或直接来源于嫁接技术。别丝之别当为动词，用树皮或藤蔓之类的丝（己）绑住新接穗与砧木的嫁接界面，且固定住戊的“勾绞”之形，当是己字初义。后出的记、纪、忌诸字，与此说可融。《说文》所言“辟藏诎形”，徐灏所注“般辟收敛”，大意是说将戊的勾绞之诎形用丝绑住且藏起来，因而有收敛义。天干之己当承续这一初义而来，且在戊后。天干作用在“己”字中已呈现出具体物形，大地万物因而能各具其象。己后来用于自己之己，蕴含有华夏先民化多为己的能力和胸怀，相勾绞的东西绑在一起而成一己。

庚（）象形新接穗终于在砧木上生长出新芽（及新枝），字形最上端的倒八字符号，表征新芽。其中，一层倒八字的可视为两片新芽，两层倒八字的可视为四片新芽。新芽下面的全部字符，生动再现了从甲到己的嫁接劳动成果。陈启彤释庚为“络丝柎”，说的是庚前的己。林义光疑庚为“阑木”，说的是己前的戊。许慎所言“象秋时万物庚庚有实”，更是将春天的嫁接劳动成果移栽到了秋天。《白虎通》所言“庚者，物更也”，说的是接穗孕育新芽，生命得以赓续，符合初义。天干作用在“庚”字中催生出新的生命，不仅开创了一个全新的世代，还为未来的世代赓续创造了可能性。

辛（、、）《说文》释字形从干二，释字义为罪刑。从周人释辛。笔者认为辛所从干为木杆，用来支撑或托起接穗新枝（被许慎疑为二）。接穗新芽成枝时，需要立旁木托起，以防旁生或折断。支撑新枝的旁木可称之为辛木。辛下所从一，或为劳作者的识别符号，或为记事木片（上有相关刻符）。托起接穗的辛木一直很辛苦，虽然不是接穗却与接穗很亲，接穗壮大后相对于砧木和接穗而言都是新，此时的辛木可能被砍伐成为柴火（薪）。周灭商后，在奴隶的鼻头刻上记号也叫辛，后来发展出辛刑，辛衍生出罪义。另有字形下方呈弯曲状且带有几片叶形的异体辛，或许是因为辛木取材于林地里的植物，插到林地里之后生发出新叶来。《白虎通》所言的“辛者阴始成”说，《史记》所言的“辛者言万物之新生”说，与辛的初义可通。古商字从辛。葛英会认为商为刻漏商量，一种计时工具。按此说推论，嫁接技术中的辛或许有标识植物生长状况的刻度记录。天干作用在“辛”字中持续照看着大地生命的生长，成为大地生命的至亲。其身份已发生了一次重大转换，由大地生命的施与者转换为大地生命的照看者。

壬（、、）与工同源，甚至同体。笔者推测壬当是工的学徒。技术初创时，无须学习也无从学习，大家都是工。等技术复杂到需要学习时，先工带后工既可实现代际传承，又利于技术创新。此时先工为工，后工为壬。壬，先是成为工的重复和模拟；壬，继而孕育出新的工来，且可堪重任，因而也是工的生长和延续。另有壬“与巫同义”说。巫和壬都从工，笔者认为巫和壬所同的是加义，即巫和壬都是对工有所加。巫对工所加的是事实之外的语言和舞蹈，不实之词叫诬。壬对工所加的则是“工”本身，后演化为两工上下叠加之形（）。最初的工和壬或许来源于屋舍建筑活动中。借用到嫁接技术中的壬，意味着将从甲到辛这样的工作流程重复一遍，目的是为了嫁接造林。天干作用在“壬”字

中可扩散至大地的每一个角落，其途径正是年复一年的轮回和重复。另有从人从土的壬，见“第5.8节”释壬任。

癸（、、、）是壬持续的结果，呈现出嫁接技术的理想景观：一片新林地得以育成。《说文》释癸从草从矢。草即木，指向嫁接后的幼苗，矢代表方向，持续造林的方向标识。徐同柏认为两工相交得癸字。笔者认为癸呈两壬相交且重合状，表明癸是壬这一工作在林地里的有序重复。其中，有象四中合体成字的癸字，传神地描绘出林地向四方延续的方向。植株间的距离需要测度以合理密植，便有了睽和揆。嫁接技术之癸，表征年度造林计划完成。借用于天干之癸，寓意上天对大地的施与完成了一个（日、月、年的）轮回。

嫁接技术和与之对应的十天干，均可分为三个层次（阶段）。甲至丁为第一层次，如前所述。戊至辛为第二层次，于嫁接技术而言，养护出新枝；于天干作用而言，上天成功施与大地生命。壬和癸为第三层次，于嫁接技术而言，复制出新的林地；于天干作用而言，上天哺育万物遍布于大地的每一个角落。

郭静云引用王晖观点称，商代及先商时期存在着以十天干命名的部族。笔者认为其中或蕴含有嫁接技术的原始分工，十部族或来源于十个专业团队，各自担负着嫁接技术的某个最擅长环节。每个团队的成员或许在同一个天干日出生，为同一个天干日所代表的神灵转世而来。

十二地支名称与播种技术流程对应如下：子，播种育苗，子即种子；丑，幼苗破土育成，苗因幼而纽丑（丑陋之丑繁体作醜，与地支丑不同字）；寅，移栽幼苗丑到林地中，寅有移动义；卯，幼苗入坑卯实，卯有固定义；辰，新苗林地养护，辰有除草、松土义；巳，趁早除去杂苗，巳为杂苗之子；午，修剪忤逆倒长的旁支，午有忤逆义；未，整枝后的树冠呈理想状，如同未字形；申，成型的树木快速生长，申义同伸；酉，开花坐果，储果之器为酉；戌，获得收成，戌成一字；亥，留存种子，以备明年育苗，亥即树木根荄。

子（）初义表征草木之子，也即播种技术所用林木种子。借用为地支之首的子，可视为天干作用于大地后获得的第一代成果。按《文字考古》所言，殷人神话中的空桑木母因感应上天而受孕，所孕育的第一代空灵为天干十日，殷商族人全都是从天干十日转灵而来。地支承接天干且以子为首，正与这一神话传说相吻合。简狄次子实沈为首的部落，从他的兄长契部落嫁接成活的林地里收集来植物种子，进行播种造林试验。试验获得了成功，便有了后来的“旷林”之争和十二地支名称。地支之子寓意大地生命的时间按钮已经启动。

丑（、、）《说文》释为“纽也”，象形植物种子破壳出芽状，林木新芽因受到壳的挤压而扭纽。播种技术之丑指向林木种子扭纽发芽时刻，并因此同新接穗（乙）区别开来。地支之丑寓意大地生命获得了最初的形式。

寅（、、）像箭矢，有引义，引苗离土为寅。寅字中的箭矢形会意种苗向上移动离开原土壤。异体寅或许加了个类似盆托一样的保护物（），后又添加双手（）表明移栽者小心翼翼。播种技术之寅意味着将种苗从苗圃移栽到林地。地支之寅寓意大地生命将开始独立面向世界的历程。

卯（、、）《说文》释为“冒也。二月万物冒地而出，象开门之形，故二月为天门”。附会阴阳家说。卯初义是将移栽到林地坑穴中的新苗卯实，并借用支架固定、扶直。柳树之柳之所以从卯，是因为根系发达易卯实于地。后出从金的铆，有卯定、卯实义。地支之卯寓意大地生命获得了属于自己的根基。

辰如“第 2.4 节”释辰时所述，有松土、除草义。播种技术之辰表征新林地养护工作。地支之辰寓意大地生命需要整理环境。

巳（）《说文》认为“象蛇”，指向它者。林地中的它者既不是小草也非蛇，而是杂木。播种技术之巳表征清除林地杂木（除巳）。一说地支“有二子”，巳字形如子，释巳为子，子和巳皆为子。笔者认为当初殷人将巳写成子样，或许是为了突出巳苗义，强调除巳要趁早，有巳苗即除。如子的巳苗与草木之子，形同而义殊。地支之巳寓意大地生命需要清除它者。

午（）《说文》释为“啎也。五月阴气午逆扬，冒地而出”，附会阴阳家语。午字初文源于测日架在大地上的午时错影（见“第3.5节”释午）。林义光认为午象木杵形，杨树达认为午即杵的初文，因偏重于字形而错失初义。笔者认为向下或旁生的枝条叫“午”，需要剪除，也即去午。苗木由顺势生长到或逆或横生出旁枝，可理解为午和忤。地支之午寓意大地生命需要整理自身。

未（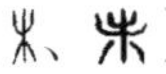）林义光认为“木重枝叶”，非许慎所说“滋味”义。笔者认为未初义就是林木剪掉“午枝”后的外形，也即理想的锥体树冠状。枝条全部顺势向上，树冠上细下粗，疏密合理有致，如同未字形。未字形树冠最好能一直保持下去，未因此获得未来义。地支之未寓意大地生命已获得理想形态，可孕育出美好未来。

申（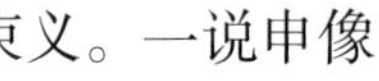）《说文》释为“体自申束”。申有伸长义，束有集为一束义。一说申像雷电状，或像彩虹状，隐藏有华夏先民视雷电和彩虹为帝神神力的原始宗教意识，申神一字。一说申通伸，义为伸长身体。更多的异体申或象瓜藤向前伸长形，或象两手持杵形，或象双手结绳形。播种技术之申表征林木进入快速生长期。地支之申寓意大地生命的高速成长状态。

酉（）《说文》释为“就也。……卯为春门，万物已出。酉为西

门，万物已入。一，闭门象也”。虽附会阴阳家说，却也表明酉与林果成熟有关。一说酉字象酒器形，笔者认为象形果实储藏器，在酒字中才转身为酿酒之器（见“第4.6节”释酒）。播种技术之酉会意万物已进入成熟期，即孕育花果期，或表征开花坐果这一特殊农事。许慎所言“一，闭门象也”，当与压冠措施有关，剪除枝条上的新芽，控制树冠疯长，将林木营养引向花果。地支之酉寓意大地生命等待结果。

戌（、）《说文》释为“灭也。九月阳气微，万物毕成”。古文成戌二字可通，如“成周”通“戌周”。笔者认为戌初义象形收割林果的简易农具，借用长木杆绑上勾绞物，收取树上果实，即为戌。戌有灭义、成义、戌守义。成是戌的美好结果，戌则是实现成的必要动作，成戌实为一字。地支之戌寓意大地生命获得圆满。

亥（、、、）《说文》释为“荄也”，义为植物草根。林义光认为其字形或“象根荄在地下形”，或“象根自种而出”。亥有“二首六身”之说。笔者认为“二首”是说亥字从二，蕴含有升华为“先”为“上”、成为植物的灵魂即种子义，类似于古希腊哲学家观察种子时命名的“同一物”和“持存物”。同一物（亥）遇到六种不同的载体，会呈现出相应的身形来。例如遇木为核，遇草为荄（草根）等，此为“六身”。播种技术之亥表征收藏林木的种子，以备明年播种之用。地支之亥意味着大地生命孕育出新一代精灵，天地交感圆满完成了一个轮回。

干支纪年的解释权后来被阴阳学家所垄断，受到大面积污染。对二十二个干支名称的溯义，更是充斥着臆说、矛盾、玄秘和荒诞。进入到华夏先民的生活河流中追寻干支名称的来源，有助于今天的我们重新认知干支学说乃至中华文化的干净源头。

2.7. 生活世界整体的样子
——“宇、宙、阴、阳、五行、八卦”及其他

华夏先民不关心纯粹客体世界的样子，如果有一个世界整体的话，也一定是人在其中劳作的生活世界。先民们对生活世界的整体思考，以今人的视角看，首当其冲的是世界宇宙诸字；如从先民角度看，或许是阴阳八卦五行等。近代汉语始有“世界”二字连用，时间在前，空间在后，受西方哲学影响。近代以前的国人喜欢说宇宙，天地四方曰宇，古往今来曰宙，空间在前，时间在后，这才符合中华哲学传统。

宇（）《说文》释为“屋边也。从宀，于声”。义即屋边为宇。马叙伦认为屋边即屋的东西两序，房屋建筑呈南北向。一说“屋垂四方曰宇”，宇指称房屋所垂空间。笔者认为解宇不可就屋论屋。宇从于声，于有在此义。在此的既是房屋主人，也是那个吹于（竽）人，吹于人在此（见“第 1.2 节”释于余）。吹于人（也即房主人）在宀下，当是宇字的初义。宇所表征的是人所在的空间，而非一个纯粹客体的空间。后人将屋宇扩充为天地四方之宇，所表征的也不再是纯粹由屋宇连续起来的对象物整体，而是由全体（吹于）人连续起来的生活世界整体。

宙（、）《说文》释为“舟舆所极覆也”，舆即车。笔者的理解是：舟船和车子所“覆”的绝不仅仅是舟车自身所在的船舱和车厢，当包括蜿蜒不绝的河道与车道；宙通过对生活行程的覆盖指向时间，并与指称空间的宇相区别；也只有在理论上实现了对河道及车道的整体覆盖，才称得上是“极覆”，宙因此可描述为生活世界在时间上的整体连续。

华夏先民眼中的宇宙，因“我中”得以开显。首先呈现的是吹于

（竽）人所在的空间之宇。屋宇后化身为舟车（殷商人以车为居，车居音同），通过对河道车道的覆盖演绎出时间之宙。时间和空间藏身于华夏先民的生活河流中，且融为一体。这样的宇宙图景，与“在天之下”的劳作之“人”图景，指向同一个生活世界。倘若将宇简单对应于物理空间，将宙简单对应于物理时间，无疑是对中华哲学的严重误解。

在生活世界时空舞台上首先登场的是“阴阳”二极，其最初的来源则是天地间的交感。阳（昜、陽）《说文》释为“高明也”，义即高处为日光所照为明、为阳。阴阳家以山南水北为阳，来源于先民偏爱坐北朝南、背山面水而居的生活习惯。阴（侌、阴、陰）象形云蔽日状，即阴晴之阴；一说指称水南山北，即阴阳之阴。理解阴阳的关键，在于空间的时间化：源于空间上的天地交感而生阴阳两极，阴阳交互而生养万物，万物负阴而抱阳，时间在万物负阴抱阳的过程中得以现身。上述过程与乚可通，乚所从丨表征天地交感的过程，所从一表征万物负阴抱阳的过程。对于任一当下时刻而言，指向未来的都是阳，正是存在者所要抱取的；指向过去的都是阴，即存在者所背负、所依托的；当下时刻则都是阴阳结合的，最好还是实现了阴阳均衡的。

与之对应的西方哲学注重时间，实体（本体）源于时间上的持存物。后演绎为始基、原子这类空间上的基本砖块，哲学上叫“同一物”。实体（本体）经由时间上的“持存物”转向空间上的“同一物”，意味着西方哲学所关注的时间已经被空间化了。中西哲学在时空话题上呈现出来的这一特殊景观（中华哲学的空间时间化，西方哲学的时间空间化），充分表明时空原本是一体的。需要特别指出的是，在西方哲学中有一个纯粹的客体时空，而中华哲学从来就没有纯粹客体和纯粹时空。

将中华哲学空间时间化历程持续下去，就有了五行和八卦思想。五行相生的顺序为“土—金—水—木—火—土”的循环往复，该顺序最初为空间顺序也即五位（中—西—北—东—南—中），后转化为时间顺序即五行。想象华夏先民面南背北，以右手指向西方处开始，按四方方位朝身后画圆圈至南方，最后又收手于己身，即可获得上述时空复合于一体的五行序列。表面上看，土成为五行顺序的起点和终点，实则是人的生活成为五行的起点和终点：起点于“我中”，回归于沉寂。理解五行的关键一是“人”，也即前述的“我中”思想；二是“行”，即在天地交感中阴阳和万物的运行。五行的五个名称所表征的则是事物运行的五个阶段，甚至可以说是五种关系模式。如将其理解为五种物质，则是对华夏先民智慧的曲解和诬蔑。

土（、）《说文》释为“地之吐生物者也。二象地之下地之中，丨，物出形也”。笔者认为土字从一，非许慎所言的从二，所从一为土（即地表），一之上为土所“吐生”之物。含义有三：第一，土不指称纯粹的客体物，没有一个名为土的神秘自在物，只有那个从中能吐生出万物的土，土字所表征的是地表和万物之间的“吐生”关系，土在万物生长的背景关系中得以现身；第二，土和吐的读音相同意义相通（音同义通），背后的含义是万物是土吐生出来的，没有涉及万物是不是土所孕育出来的话题；第三，土因而不呈现土地的厚度，华夏先民与土的最初相遇止步于土的表相，没有进入土的内部。一旦进入土的内部，则发现了土的另一个面相——地。土和地一体两相，对应着殷周两个不同的先族，有着不同的哲学和文化内涵（另见“第 4.5 节”释地）。

土之所以成为五行时间链条的起点，要结合人于中宇舍等字去解读。在大地上的劳作之人，也是吹于（竽）者、屋宇和房舍的建设者、与万物（首先是与大地）相中的人。人在大地上的劳作之所以可能，是因为大地承接上天交感而吐生万物。时间连同空间因人的劳作（我中）而开显。五行之土，首先是吐生万物的平台，接着成为劳作之人的场所，同时成为生活时间的舟车，最终成为华夏先民生活河流的载体。

金《说文》释为“五色金也，黄为之长”。五色金即金属，非金字初义。初义指称黄金。五行之金的关键是时间之流得以成型且可持续。如时间之流总局限于土，形同一盘散沙，既不可见也不可说。所幸土中生金，使得时间从一盘散沙中离散出来而有型，且可持续，因此可见可说。就五行而言，与其说金从土中成像，不如说时间因金而成像。《文字考古》认为，金今禁三字音同义通，同源于殷人巫术活动现场（见“第4.7节”释金今）。或意味着金，时间有形；今，时间即出；禁，时间得以隔断。金今禁三字联手，从各自不同的角度为时间塑型。

水《说文》认为“象众水并流”。《洪范》：“水者，地之气血如筋脉之流者也。”五行之水使得因金成型的时间之流开始有序流动。时间在整体连续中得以浇灌万物、得以接续万物。五行之水也因此兼有吐物之土和成型之金的特性，成为五行之土和五行之金的复合态。

木《说文》释为“冒也，冒地而生”，即林木之木。木与冒音同义通，木进而获得冒生义。甲文生摹拟草木而得字形。或在殷商人看来，土吐生草木如同人母生子。五行之木因冒生获得生长义，既是时间自身的生长，也言说出万物在时间河流中的生长——如同草木冒出大地一般。万物也因五行之木获得自己的时间。殷人祭礼中的木祭之木，有燃木焚烧牲品以祭神祖义，并因此与五行之火相联系。

火（、）《说文》释为“炎而上，象形”。义为燃烧之火。许慎所言上既指火苗向上，也蕴含有与上（神祖）沟通义，因而与殷人的木祭相通。五行之火因能焚木成土，时间链条得以首尾连接（接合于土），且可周而复始。回归五行之土中的时间之流再次不为人所见，等待着也酝酿着下一轮循环。又因火能“炎而上”，使得时间之流可上同于光，同于上天及神祖。天地阴阳交感中的神秘和玄虚，因火的参与增添了一

份真真切切的现实感，火也因此成为先民与上天与先祖对话的媒介。天地、人物、时间、空间，至此连续为一个整体。

如果说五行发源于“我中”生活，时间之流环绕“我中”空间方位依次呈现出五个阶段和五种关系模式来，那么八卦则源于干支思想，时间之流在干支作用过程中先后呈现出八个面相来。八卦的最初画法，或与气字初文（字形如三）有关（见“第 4.3 节”释力气）。华夏先民借云气为笔墨，以天地为背景，以天干地支为原因为动力，从干支作用的时间序列中选择八个关键阶段（呈现为八个代表物），暗合八个空间方位（“我中”之人貌似隐退，实则融于其中），依次刻画出八个时间面相。

乾（）《说文》释为“上出也，从乙。乙，物之达也。倝（gan 音）声”。马叙伦认为“水涸为榦”，释乾为干（繁体写作幹）湿之干。王国维认为乾从乙倝声。笔者认为天和乾一体两相，静态表述为天，重点是人在天之下；天出（即发生天干作用时）则相变为乾，重点是天干作用。乾所从倝声之倝，初义表征日初出时分地平线上的物象光影因水蒸气上升呈现为旗帜飘扬状（见“第 5.1 节”释倝）。乾所从乙，此时正融入在倝的光影中，如旗帜飘扬而至，进而被先民视为天干作用的具体视象，与许慎所言的“物之达”可通，天干作用在乙字中到达地面。又因为倝这一特殊景观发生在早上日出时分，因而被理解为天干作用的开始。八卦之乾可理解为时间的初始面相，关键词是“出”。既是天干作用的出，也是时间之流的出。出的推动者只能是上天，上天因出、因天干作用于大地而相变为乾。

兑（、）《说文》释为“说也。从儿，台声”。析形不确。甲文兑初义表征殷王在巫祝（兄）之词上有所增加，形同今天的圈阅，兑和阅悦说音义可通。《释名·释天》载“兑，说也。物得备足皆喜悦也”。兑字读音又或从堆垖（dui 音，古文堆）而来，王曰之词堆在巫祝之词

之上即为兑（见“第 5.3 节”释说兑）。

笔者认为“物得备足”义适用于八卦之兑，义即干支作用首次呈现，天干作用堆于大地即为兑，物因得天干作用而备足。“承兑”一词或蕴含有初义。八卦中的兑卦也称泽卦，寓意乾卦中的日月运行之乙转化为大地上的泽流之乙；乾卦中如旗帜飘扬的光影转化为兑卦中的泽气流动，山川云气或在其中。《说文》释泽为“光润”，义即光亮而有润泽，蕴含有承接乾卦作用而泽被万物义。八卦中的泽（兑）卦表征天干作用后大地上的泽（兑）之流的连续与通透之相，对应于时间在大地上的流动面相，关键词为“流”。

离《说文》释为“山神兽也。从禽头”。离表征先民对山中神兽出动时的想象，鸟飞叶闪而知神兽在走动即离（见“第 5.7 节”释魑离）。虽然神兽隐身茂密森林中不为人所见，但已通过鸟飞叶闪显示出自身存在，离因此获得明丽义和离开义。

八卦中的离当借此两义而生火相，离卦也称火卦。火有明丽义且能离地而通神祖。需指出的是，在离卦中得以明丽的首先是存在者，存在者因“离开”连续的泽兑之流得以明丽自身，得以被识别出来；连续混沌的泽兑之流则因为存在者的明丽而明丽。如将森林比喻为泽兑之流，森林及河流本不可见。神兽离因出动而呈现出自身，如同万事万物在华夏先民的生活世界“说”出自己一样。神兽离活动于其中的森林河流同时被点亮。存在者乃至人类生活整体的时间面相在离卦中被点亮，关键词为“亮”。

震（震）《说文》释为“霹历（雳）震物者。从雨，辰声”。义为雷震。一说震为大雷，《左传》疏称“雷之甚者为震”，甚即大。陈邦怀以参释震，认为震表征天有雷电雨，地失其“与天相参共成化育”之职。引《礼记·中庸》疏句“可以赞天地之华育，则可与天地参也”，结合

《荀子·王政》注语“参谓与之相参共成化育也”为佐证。笔者认为当结合雷字释震，则陈说可商榷。《说文》释雷为“阴阳薄动雷雨生物者也。从雨，畾（lei 音）象回转形”。天地间的阴阳交感在前三卦（乾兑离）中一直都存在，但尚未“薄动”，只是在离卦中开始孕育有薄动先机。正因为有离，不同存在者间的阴阳对冲即薄动才有可能被引发。雷电雨正是天地之间阴阳薄动共成化育万物的具体形式和路径，非陈邦怀所言的地失其职。被不同存在者点亮的时间之流在雷电雨中呈现出震动面相，并在震动中生发出多种可能，关键词为“动”。

巽《说文》释为“具也。从丌，弜（jiang 音）声”。唐桂馨认为弜从二人（卩），巽象二人顺位并立于丌上形（丌象荐物之具）。罗振玉认为巽象二人跽（跪坐）而相从。饶宗颐认为巽有选具义，马叙伦认为馔有具食义，笔者按两说可通。一说巽为逊的古字，义为谦逊。一说巽卦之巽有伏义、顺义。

巽卦又称风卦。风（）借凤为音，一说“凤飞成风”。林义光认为风的字形“象风出穴”形。笔者认为或象风出入万物形，既不能只限于出，更不能受限于穴。卜辞“帝令其风（凤？）”语，或意味着风出入万物来自殷人意识中的帝令。时间之流在巽卦中已呈现为备选之相，蕴含多种可能，人唯有“逊”（谦逊）才能找到适合自己的面相。关键词为“选”，繁体写作選。

坎《说文》释为“陷也。从土，欠声”。凵读为坎音，杨树达释为坎字初文（凵坎为古今字）。甲文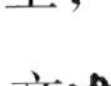义为“坎犬”，字读音如霾，关押女俘义。坎卦为水，有沉一凵以待蓄水义。坎卦中的时间之流选定凵相，且蓄水于凵中，等待事物于凵水中落定成型。八卦之坎与干支中的丁卯可通，关键词为“定”。

艮《说文》释为“很也，从匕目。匕目犹目相匕不相下也”。释义不清。唐兰认为艮为见（繁体写作見）的变体，見为前视，艮为回顾。后世假借艮为很、为限，初义淹没。一说艮有限义和止义。一说匕目为艮，匕目合体可得真字，艮当从真的字形释义。一说艮疑为山根，医书对两眼间（匕目）鼻梁称为山根，匕目为艮，艮卦即山卦。《说文》释很为“不听从”。马叙伦认为许慎所言非初义，初义已失传。笔者推测从彳艮声的很当是艮根的行走即生发，非人力可以左右，故许慎释为“不听从”；且是如同双目一样在水平方向上行走。双目虽互倒为匕，但处在同一个水平线上，故许慎释为“不相下”。艮卦之艮表征艮根在水平方向上的生长。进入坎凵中的时间之流，眼下在艮卦中生长出根相，寓意事物已生发根柢，关键词为“根”。至于先民视山为艮，或寓意山脉为天干作用生发在大地上的艮根。其中当蕴含有华夏先民关于山的原始意识。

坤（、）《说文》释为“地也。易之卦也。从土，从申。土位在申”。王筠认为坤从土，申声。坤为卦名，非地的别名。笔者认为坤用于卦名，关键不在许慎所言地字而在申字。申，伸也，有生长义。地与坤一体两相，地生发出承接天干作用的行为，即为坤卦之坤。从土从也的地则是在农耕意识中说出自身。坤卦寓意时间根相在大地上呈垂直向生长（申），事物进入自身发展期，关键词为“生”。

相传源于伏羲氏的上述先天八卦顺序，可分解出宏观和微观两个层次。在宏观层次上，表征的是天干作用所呈现出来的八个面相。在微观层次上，则表征具体事物在乾卦中出、在兑卦中流、在离卦中亮、在震卦中动、在巽卦中选、在坎卦中定、在艮卦中扎根、在坤卦中生长共八个阶段（及相应面相）。五行所描述的是生活世界整体的五个时间面相，人居“我中”之位；八卦所描述的则是或天干作用或任一事件所必须经过的八个时间面相。五行、八卦、干支均以宇宙间的阴阳交替为背景，进而勾勒出华夏先民眼中的生活世界舞台。

刘明武认为阴阳、太极、八卦或来源于历法。《周髀（bi 音）算经》中所言的“日出巽而入坤，日出艮而入乾”，记载的就是地平大圆日影观测法。其中巽表东南，坤表西南，艮表东北，乾表西北，四卦表征空间中的四个方位。李维宝、李海樱在《云南少数民族天文历法研究》中记载有彝族先民立十竿测日影法（即地平大圆观测法）。竿为圆心，绳为半径，大而宽阔的平地上画出一个大圆。其他九根竿分布在大圆内外。冬至和夏至为两个最重要的日影长短转换点。日影由冬至点到夏至点的为阳半年，由夏至点到冬至点的为阴半年。

以上只是对华夏先民所构建的生活世界整体样子的简单复述，所复述的也只能是一鳞半爪，远没有触及全貌。需再次强调的是，华夏先民不过分关注生活世界整体连续这一话题，更多关注个体层次上的抱一、守一、得一话题。如每一个体都能守一、得一，则华夏先民的生活世界就能实现“自然”，整体连续的意义或许蕴含于其中。

2.8. 文字深处的自然细节
——“木、草、鸟、鱼、虫、水、犬”等部首中的现象学

华夏先民对自然界的观察和刻画极其精细。木草虫鱼等部首的古汉字，像化石一样保留了先民们的最初成果。推开这些古汉字的一扇扇石门，大自然便次第呈现出风味上远古质朴、情感上似曾相识、技巧上令人惊羡的细节来。今天的我们只能是为之着迷，甚至认为不可思议。

《古文字诂林》木及其关联部首中共收录 450 多个古汉字。水及相关部首的古汉字收录更多，总数接近 600 个。如加上异体字，上述数字会

成倍放大。透过它们，能隐约窥视到远古自然的万千林木风采，领略大江大海的汪洋恣肆与小泉小溪的千姿百态。艹部首中，无数奇花异草或尊贵或诡异地摇弋着身姿。进入鱼部首中，或有甲或有鳞的水族们纷纷跃出水面，或友好或猜疑或凶恶地同我们打着招呼。不远处的林地里，从犬部首中走出来的动物们，或围观或奔跑或相互撕咬或对天咆哮。天空中遮云蔽日而来的，是无数的飞鸟和昆虫……这里选择约40个较常见的古汉字，一探隐藏于其中的有关远古自然的迷人细节。

桑、李、松、柏、杨、柳、槐、杏等表征不同树木，根、枝、叶、果等表征树木的不同部分。难得的是，它们间的细微差异竟在具体的汉字中表露无遗。

桑（、、）《说文》释为“蚕所食叶木。从叒（ruo 音）木”。意即桑叶之桑。罗振玉认为甲文桑象桑木之形。李孝定认为甲文丧从吅（song 音）桑声，卜辞中的桑为地名。商承祚认为桑与叒为一字，一画其根，一省其根，根即部首木。马叙伦认为桑为叒的后起字，字音对转而来。闻一多认为桑有五义：桑木、桑林、桑田（卜辞中地名）、采桑、与丧同义。金文丧从桑从亡，为桑的孳乳字，读音如桑同，古礼以桑象征丧事。于省吾称（繁体异构）桑在卜辞中二百余见，或用于人名如“壶子曰桑”，或用于地名（与盂地相近），或用于丧亡之丧。温少峰、袁庭栋认为甲文桑繁体从桑从又，象以手采摘桑叶形。所记“氏桑”即致送采摘来的桑叶以供养蚕之事，“营桑”即营造桑林之事。

《说文》释叒（、、）为“日初出东方汤谷，所等榑（bo 音）桑。叒木也。象形”。戴侗认为叒象木而有三其枝，讹变为三又。徐灏认为叒即桑字省体。乔云栋引《说文》称“暘，日出也。榑桑神木日所出也”，引《淮南子》称“日出于汤谷，浴于咸池，拂于扶桑，是谓神明”，日出之地有桑木。章炳麟怀疑扶桑为墨西哥。一说扶桑为檀香山，

叒叶即檀香。马叙伦认为檀香不产于中土（中原），没理由用来象形造字，叒非檀香。叒初文象桑木拳曲之形。众人以叒为若（有从口的异体叒），不悟叒为桑字初文。

《文字考古》认为需要依据扶桑十日神话理解桑丧。遵此说，则于省吾所言繁体异构桑或表征空桑木母聚集十日之象，李孝定称甲文丧所从吅与叒同，为十日的象征形式（以桑叶象征命灵）和讹变形式（由甲文日讹变为口）。空桑十日即十天干，为第一代命灵，殷商族人皆从十天干转世而生。人死为归，命灵归于空桑木母为丧，等待下一次转世。桑丧因而在于省吾所言的桑中同音同体。借叒为桑，或表明桑义不在木所指桑树，而在叒所象征的命灵。

李《说文》释为“果也。从木，子声”。马叙伦认为甲文中有异文的李字（从木从巳子）。甚至在陶文中也出现李字。可推测作为植物和果实的李较早进入华夏先民生活。据卜辞记载，李字在武丁时借为妇人之姓。倘若是果之子启发了人之子，启发的灵感极有可能来源于李子。笔者推测或因为李子果实形如鸟蛋一般大小，而独享这一殊荣，背后隐含有简狄吞玄鸟卵而生商人始祖契的神话。另有左木右子的甲文字不是李而是杍。《尚书·大传》载：“南山之阳有木焉，名曰桥。桥者，父道也。南山之阴有木焉，名曰杍。杍者，子道也。”其中的差别是，子挂在树上是李，子和木并列则为杍。杍已脱离了母体之木。

松（、、）《说文》释为“木也。从木，公声”，又或“从容”。《文字考古》认为公象形年长者嘴上的“锁口纹”，两道锁口纹为谷（jue 音），包谷于宀之下即为面容之容。公谷容三字同源，均借以指称年长者。甲文“三公”和“多公”当指殷商社会中女性长老，她们备受族人尊敬。从公的瓮是瓦器中的公，从木的松为林木中的公，即“于木为松柏，于人为公白”。殷人神主牌最初是用桑木做的，又称“桑主”。

进入游牧期后，以祭神架（示）代替扶桑神木，移入宀（室）内即为“宗”为“宋”。另据宗、宋、松三字同音，可推测祭神架的材质为松木。此祭神架也即“土上之木”（社稷之社）的前身。

柏《说文》释为“鞠也。从木，白声”。段玉裁认为椈为鞠的俗称。椈即柏，“畅臼以椈”，柏树因树体顺畅光滑而名椈。《说文》无椈，段说为后来义。鞠由身勹米合体成字。笔者推测或因柏树干枝皆光滑挺直，树冠所勹包针叶（如同米）整齐外露直白易见，很像是具有王身边大臣白的素质，柏所以白声。柏所勹包针叶，或可隐喻为大臣白所记王令。柏树因其特殊品质得以与白为伍。也可将鞠理解为身匊合体字。《说文》“在手曰匊”，会意以手捧米。鞠有以身为勹义。另有上白下木的异体柏。

杨《说文》释为“木也。从木，昜（yang 音）声”。杨树之妙关键在于“昜声”。《说文》释昜为“开也。从日一勿。一曰飞扬，一曰长也，一曰彊（强）者众皃（貌）”。昜当为陽（阳）暘二字的初文。笔者认为昜所从一勿为图腾旗，昜所从日为太阳，太阳在图腾旗上即为昜。昜可视为华夏先民太阳崇拜的文字遗存。杨所从“昜声”其妙有四：一、喜阳，杨树爱日照；二、知阳，诸木中最先发芽；三、善阳，能枝插成木；四、飞扬，如昜所从一勿飘然若舞。民间误昜为易，便有了“木易杨”俗语。一说杨即蒲柳。

柳树因根系发达、易卯实于地面而从卯，如“第 2.6 节”释卯时所言。

槐《说文》释为“木也。从木，鬼声”。马叙伦认为槐“木名守宫也，花黄可染”，意即槐树也名守宫，槐树花呈黄色，成花可做染料。守宫即守护大地，宫即大地。守宫也用作虫名，秦晋之地称蜥蜴类为守宫，视其为大地守护者。黄为周人崇拜的主神（黄帝）之色，也是大地之色。鬼有归义，人死则魂归天、尸归土，为鬼为归。笔者认为槐树

"鬼声"或有以下原因：其一，槐树树冠庞大且枝繁叶茂，众人可归于树下休息，如同槐树拥多人入怀，徊槐怀三字音同义通；其二，槐树花呈黄色，落入黄色大地之中，如归其家；其三，槐树花或用于先民祭祀时的染料，送先人归土。二十世纪后叶的中国北方农村，依旧保留有在村头大槐树下纳凉、议事的民俗传统。此情景或为华夏先民"守宫"往事遗失在现代社会里的残留。

杏《说文》释为"果也。从木，可省声"。释义不详。学者多按形声字理解许说，一说"哽省声"，一说"向省声"，一说为果字古文。笔者认为当按会意字理解"可省声"句。殷卜辞中有"帚杏"及"丁丑卜其又杏于父甲"语，杏当为一种特殊的祭祀活动。杏所从"可省声"之可，或意味着就某件活动的结果咨询于（杏于）受祭者（如父甲）的行为，以请示可否。"帚杏"就是为杏这一祭祀活动提供清洁场地服务的专职女礼（帚）。杏能获得这一殊荣，当归功于杏果而非杏树，故《说文》强调杏为果而非木。至于进一步的原因不得而知。或与杏仁有关？或与杏果的颜色（如后来道士们爱用的杏黄旗）有关？另有从木从丁的异体杏，暗示杏树或为嫁接新苗用的砧木（丁），并因此可托付某种使命。杏字在卜辞中被"用于神名"，可为之旁证。

再来看树的根、枝、叶、果。

根《说文》释为"木株也。从木，艮声"。《说文系传》释株为"木根也"。戴侗称"凡木，命根为柢，旁根为根"。古文艮（比目为艮）原本就有根和真义（见"第 2.7 节"释艮）。八卦借艮为山。根字指称树木延伸到土壤中的根须，既有扎根土壤的意思，也有像山脉一样蔓延的意思。

枝《说文》释为"木别生条也"。也即树木的旁枝。

叶繁体写作枼（、、），《说文》释为"薄也。从木，世声"。

草木一秋枼落，人生一世故去，枼所以“世声”。另有从艹的葉，《说文》释为“草木之叶也。从艹，叶声”。枼葉为古今字，简体均写作叶。

果（、、）《说文》释为“木实也。从木，像果形”。义即象形果在草木之上。一说果是对果实的指事。

华夏先民是一个与木为伍的民族，先民们所面对的东、南、西三个方位词都与木有关（见“第2.3节”释东南西），其背靠的北方在五行中属水，恰恰是诸木的生命之源（水生木）。

演《说文》释为“水脉行地中演演也。从水，寅声”。通过新引入之水的流动，赋予演以变化义。其变化不是无规则的，而是在水渠乃至人的导引下发生、发展。既是水的随物赋形与浑然天成，也是管道有约加上人的引导。初文寅即有引苗离土义，源于对播种技术中移苗流程的刻画（见“第2.6节”释寅）。

混《说文》释为“丰水也。从水，昆声”。学者多理解为阴阳混沌之混，附会阴阳学说，属以后释先。笔者认为初义表征混杂之混，依据即是混所从昆声之昆。多虫为昆，多水为混，其多为杂多。许慎释混用的“丰水”也非简单之多，而是杂多，诸水相杂为混。

另有音近义别的洪《说文》释为“洚水也。从水，共声”。洪所从共声之共，《说文》释为“同”。《文字考古》认为初文共（廾）表征两手相合之状，从廾持斤为兵，持戈为戒，持玉为弄，共贝为具。共恭供为一体三相，其中共为本相，恭为情相，供为作相。本相、情相、作相为周清泉先生所创，大致对应于名词、形容词、动词。洚《说文》释为“水不遵道”。结合共和洚两字字义，可将洪理解为：水不受河渠约束多方同出，即成洪水之洪。

与混相对应的是清，《说文》释为“朗也。澄水之皃（古文貌）。从水，青声”。水呈青色，即为清为朗为澄。

此外，水皮为“波”，水如种粒（啇）而下为“滴”，水少见“沙”，树木淋雨成“沐”，山谷积水成“浴”，水流如肙（小虫，yuan 音）成“涓”，等等。

最后来看一下江、河、湖、海。

江（、）初义专指长江，《说文》释江的关键词有：出蜀、入海，从水工声等，其中最关键的是“工声”二字。本书“第 2.3 节”释空时提及工，空所从工有支撑和拓展空间义。江所从工，或寓意长江有劈山改道之力，义同长江拓展空间。《文字考古》认为江初读 gong 即“工声”。周人占领黄河流域后，驱赶殷商后人一部至长江流域，殷裔便以长江为疆，江读音转为 jiang 疆。商裔另一部迁至东北及朝鲜半岛。商裔所居两地（长江流域及以南、东北及朝鲜半岛）均有江无河。商裔从此呼水为江。缸杠等字则相应转为 gang 音。笔者按广东江门方言读江如缸。

周人发源于黄河河套地区，呼水为河。河（、、）初义专指黄河。《说文》释河为“水。出敦煌塞外昆仑山。发原，注海，从水，可声”。另有从水从丂的古体河（），陈梦家认为丂“像柯枝形”，可字“从口从丂，丂亦声”。郭沫若认为丂即古柯字，河所从丂象形黄河水系如同柯枝般繁杂。《文字考古》认为黄河水流声如人负重时发出的呵喝声（可），便“其名自呼”为河。

湖《说文》释为“大陂（pi 音）也。从水，胡声”。杨树达认为“大陂”即大池。一说从古从叚的古体胡（嘏）有“大远”义，“胡声”之湖因此获得大义。马叙伦认同杨树达的“借陂为池”说，认为陂一曰沱，沱当为池。由此可推定湖的初义就是很大很大的水池。

海《说文》释为“天池也。以纳百川者。从水，每声”。意即海属百川所归之处，非人工所能为。海所从每有“艹盛上出”（《说文》）义，寓意大海所纳水系如同大地所载草木，同样是旺盛无边。

依木临水的是草（艹、中、艸）。进入游牧时代的殷人走出桑林，开始了“择水草而居”的生活。在玄鸟（燕雁）的指引下，他们春天北上秋日南回，游弋于江淮至华北的广袤大地上，放牧、祭祀、采摘、捕捞，兼有行商交易。其情景很像是游弋在爱琴海上的古希腊商渔船，极有规律地列队而来、列队而远。诸草则以各自的姿态，陆续进入古老的汉字中，奇香异色，万紫千红，或渐渐隐身于历史隧道，或一直摇曳至今。

屯（、、、）《说文》释为“难也。像艹木之初生，屯然而难”。虽然是根据《易经》屯卦释屯，但“像艹木之初生”句应接近屯字初义。殷卜辞中有假屯为萅（春）的例句，寓意艹木初生之时为萅。唐兰认为，此萅非后世的四时之春，而是有年义。殷人所言“今屯”“来屯”，犹如今年、来年。对此，《文字考古》给出的解释是，殷商只有春秋两季，没有夏冬，夏冬属于周人农耕文明高度发达的产物。另有或释屯为纯、或释屯为沌者，当属于依“艹木初生”语衍生出来的新义，远非屯字的初义。

新生草木始见初芽，《说文》释为“芽萌（原文‘萌芽’，此处从段玉裁所说——引者注）也。从艹，牙声”。借牙在人口欲露未露之状，刻画草芽在土壤中欲萌未萌之时，芽所以“牙声”。

芽出成苗，《说文》释苗为“艹生于田者。从艹，从田”。芽对应于萌，苗对应于生。萌在前，生在后；芽在前，苗在后。《谷梁传》载“春曰田，夏曰苗”。说的是周人狩猎活动服务于耕作农业的关系，即春天狩猎为播种（田），夏天狩猎为护苗。《尔雅》称“夏猎为苗”。《仓颉篇》称“禾之未秀者曰苗”。可证苗在田（播种）之后，在禾（成型）之前。

最为荣耀的艹族应是蔬菜。《说文》释菜为“艹之可食者也。从艹，采声”。因“可食”而“采”，可食的艹族都是菜。《尔雅》释菜为“蔬”，今人合称蔬菜。古文有从竹的菜字，竹艹亲如一家。

害人之艹为毒,《说文》释毒为“厚也。害人之艹。往往而生。从中，从毒”。其义不解，其因成谜。一说马王堆汉墓帛书毒写作竺。

被误解的艹中有苦,《说文》释为“大苦苓也。从艹，古声”。一说苦为“苦菜之苦”，和许说类同。叶玉森认为苦所从古应为舌字之误，因味苦而吐舌，和甘字形口中含物相反。笔者改进叶说做如下推测，人误用味苦之物后不是吐舌，而是急于从口腔深处运气送出苦味，苦味味蕾不在舌尖而在舌根。此时会发出舌根破裂音如 ku。先民便借音于古借形于艹，新造出苦字来。也可理解为苦味味蕾在说出“苦”字，形同“其名自呼”。

草有香味即芬芳。《说文》释芬为“艹初生其香分布”，因而从分；释芳为“香艹”。马叙伦认为芳为香臭之香本字，香为甘苦之甘本字。

有颜色的蓝从草,《说文》释蓝为“染青草也。从艹，监声”。监初义表征女子用皿器盛水自照容颜。监声之蓝，寓意草（艹）于水中自显（监）。草于水中自显颜色，即为蓝色。

在殷人眼中，凡动物皆为“虫”，区别只在于或有介、鳞、毛、足、翼或倮（裸）而已。人为倮虫，女娲、大禹、蚩尤均以虫名。甲文有从一虫、二虫、三虫三个不同的“虫”字（二虫为昆，三虫有足），可见诸“虫”数量之多以及华夏先民观察自然之细。

虽繁体写作雖。《说文》释雖为“似蜥蜴而大。从虫，唯声”。雖所从虽即为虽虫，所从“唯声”之唯当是隹之变，隹即鸟，或为虽虫的猎食者。隹与虽相持，虽曲立其身子，鸣叫着与隹抗争，隹进虽退，一退一鸣。雖然之雖的“退一步说”义孕育于其中。

蜀（）《说文》释为“葵中蚕也。从虫，上目像蜀头形”。陈独秀认为蜀即今日江浙吴语区所称“豆蜀”。一说蜀即孑孓，也即蜎蜎（yuan音，诗曰“蜎蜎者蜀”）。《文字考古》认为，殷时有鲁地之蜀，其族人多为殷商侦察兵。为游牧族群先行探路时，需离开群体为独（獨），秉炬为烛（燭），因其探路行走之形或如蜀虫而得名为蜀。殷卜辞中有“或不从虫”的蜀，当为蜀字初文；且记有“在蜀”和“至蜀”语，从中可判定其地离殷都不远，应在山东境内。周灭殷商后，将强悍的蜀族赶往四川，即有了四川之蜀。制烛炬的原料最初是苣，产于鲁地。后改用川地产的蜡白虫，便有了蜡烛。

强和蠢也都从虫。蠢《说文》释为“虫动也。从虫，春声”。即成语蠢蠢欲动之蠢。虫因春而动，本属天然。或因为是以虫喻人，便衍生出愚蠢之蠢。强，诸学者语焉不详。笔者猜测或象形虽虫面对天敌隹鸟时，“弓”身而起相搏，先民许以“强”字。虽虫力量终究过于弱小，勉强之强义隐身其中。

虫子的故事还有很多。“从虫有声”的蛕（音hui）和“从虫尧声”的蛲（音nao），都是寄生在人腹中的虫子，且一长一短。或疑是蛔虫，甚或疑其长者与蚩尤有关（有音同尤，蛕音同蚘，尤蚘均指向蚩尤）。另有“从虫鬼声”的螝（gui音）义为虫蛹——虫子所归即为蛹。传说中可还钱的虫子叫“青蚨”。

鱼（、）《说文》释为“水虫也。象形”。又称“鱼尾与燕尾相似”，透露出殷商人对余鱼燕三者的认知关系。渔女和鱼对语，自称为余为女，甚至“假鱼为吾”，或因为鱼尾相似燕尾。燕即玄鸟，入海化蜃化鱼，入桑木则先化十日继而化人，殷人以玄鸟为命灵，以空桑为木母，氏族成员皆扶桑十日所化生。

大鱼除了鲧，还有鰈和鲲。鰈从鱼众声，借众（眾）而大。鲲从鱼昆声，虫因二（二虫为昆）而大而昆。或因鰈太巨大了，没有伙伴，“其性独行”，便衍生出“老而无妻”义，即鳏寡之鳏。鲲则化身为鹏鸟，在庄子的寓言中飞走了。玄鸟（雉）化蜃化鱼，鱼化为鲲，鲲化为鹏鸟。庄子寓言承接殷商鸟鱼神话，以逍遥游的形式，完成了一次伟大的化生循环。另有昆虫之昆，由大义反训为小。

鲜字的初义是一种鱼类，《说文》释鲜为“鱼名。出貉国”。《周礼》有“鲜薨之物”句，郑众注：“生肉为鲜，干肉为薨。”

鲂《说文》释为“赤尾鱼也。从鱼，方声”。鲂鱼也称鳊鱼。方声之方当指鱼体形状，或有扁义。一说鱼扁而阔者为鲂。

既有从鱼的鰕，也有从虫的虾，简体均作虾。同为“叚声”，同指一物。先民们误将虾归为鱼类。幸亏还有一个从虫的虾，否则要劳动今人造字了。

来看几种奇怪的鱼。鲋鱼，“出薉邪头国”，其地不详。一说即班鱼，班鱼皮价值不菲。鰸鱼，《说文》述其“状似虾。无足，长寸，大如叉股。出辽东”。鯜鱼，“出乐浪潘国”，妾声。其义不解，其地不详。

金文中还有不少从鱼的贝类，多隐身在字典深处。

犬是华夏先民最忠实的朋友，更是狩猎时的帮手。但站立在犬旁汉字背后的动物，却极有可能是令先民们头痛不已的狡猾对手。还有一些可能是人类不光彩行为的写照，令先民赞美的品德很少与它们有关。

犬（、、）是对犬的象形，孔子曰“视犬之字如画狗也”。卜辞中有“犬方”（即犬国，方即国）和司犬之官（官名“多犬”等），他们是训养猎犬的专职官员。犮（bo 音）字或源于当年的训养猎犬行为，刻画出狗前人后、人体后倾的走犬（即遛狗）貌。一说小犬为狗。《说文》：“孔子曰‘狗，叩也’。叩气，吠以狩。从犬，句声。”据此可推测狗字从犬叩气时的体形如勾句得音。至于犬字的读音，或从叩气时发出的声响而来，如同犬“其名自呼”。《文字考古》根据《尔雅》中的“熊虎醜，

其子狗”句，考证出狗非小犬，而是被周人敬为神兽的熊和虎的幼崽。醜有类义，义通畴，指向熊虎这类神兽。

献（、）繁体写作獻，从犬从虍（hu 音）从鬲（li 音）。《说文》称“宗庙犬名羹獻。犬肥者以獻之”。笔者推测熊虎为周人神兽，不可宰杀，只得以狗的名义宰杀其幼崽，以祭祀重要神祖。獻所从虍（即鬲上之虍虎）很可能是熊虎幼崽（名为羹獻）。虍鬲合体即为獻字的初文，没有犬旁。犬旁或为后加，目的也只是做个伪装，便于“挂狗头，牲虎肉”罢了。

年少力壮的犬名为狡，《说文》释为“少狗也。从犬，交声”。一说交象形人“交胫”状，胫即腿，交胫如交足而坐。一说交量即校（较）量，交义为射为矢为校。从犬交声的“狡”有行为快捷义。

默《说文》释为“犬暂逐人也，从犬，黑声”。一说犬潜逐人为默，暂为潜之误。黑初义表征猎人自黑其脸，以避野兽侵害，有隐蔽和潜义。犬隐藏自身（黑）等待突袭他人即为默。如犬从草中“暴突逐人”则为猝（猝），以至于人猝不及防。倘若犬曲身于户下，则为戾。家门口的犬表面上叫得很凶，实际上又很胆小，后便衍生出乖戾和暴戾义。

犯《说文》释为“侵也”，《尔雅》释为“突也”。犬如果像潜伏中的蛇巳一样发起突袭，即为犯。

猜《说文》释为“恨贼也。从犬，青声”。或表征所猜对象为贼，即猜忌义。但为何“青声”，不解。犬见林（青）动而吠为猜？林子（青）大了什么野兽都有可能来袭，犬守以备不测为猜？

狂《说文》释为“（狾 xi 音）犬”，狾犬即狂犬，俗称疯狗。郭沫若认为狂可“假为往”，笔者认为是因为狂字“往声”，狂往因声同而相假借。此处往有亡义，折有物死义，故狂犬、狾犬可通，且必被人所杀所亡。狂妄之狂义与狂字初义当相距不远。

形状之状《说文》释为“犬形”，马叙伦认为非本训即不是初义。一说状读如戕（qiang 音），有伤害义。爿为半木，加犬为状。笔者推测状初义或表征人受到伤害后的变形，即失去其本形。人（犬）与半木（爿）相混，各失其本形即为状——人形如犬形。状所从犬，或表征因过度痛苦、打击、扭曲等，致使人失其本形，其形如犬。状，因而也非正常之形。状狱哭三字所从犬造字意图相同（见“第 3.3 节”释狱），可相佐证。今文形状二字连用，状初义淹没，形状两字间的根本差异随之消解。

第三章 社会的长成

严格地说，古老中国没有近现代意义上的社会，只有结社和集会。将结社和集会合称为“社会”一词，借以指称公共空间（及其组织形式），是西方近代学术借道日本传入中国的产物。从另外一个意义上说，古老中国是有社会的，因为古老中国也是有公共空间的，结社和集会是其中的主要形式。但结社和集会又显然不是西方话语中的社会公共空间，两者相差很远。

讨论这个话题，不是本书的目的，也非本书所能胜任。我们大致可以将近现代话语中的公共空间追溯至古希腊时期的广场和长老院、港口和市场，它们都是以个体的人作为伦理学的基本单元。大致可以将古老中国的结社描述为：不同的家和家族结合成一个更大的家，又或者是那些无家可归的流民结合成一个临时性的家（如逃亡中的刘邦们，近代码头上的帮会组织）；将集会描述为：不同的家和家族间的节日性聚会。也就是说，古老中国的结社和集会，都是以大小不同的家作为伦理学的基本单元。对于殷商人而言，只有氏族之家。周及以后，则进入男权血缘之家。虽说家外也可以说成是公共空间，但无非是两种可能：1. 家外依旧是家，只是规模更大而已；2. 不同的家挤占了全部公共空间，义即没有个人的公共空间，只有家的公共空间。

有幸的是，现代意义上的公共空间正在华夏这片古老的土地上生成，中国的社会转型注定会成为人类进步史上的一个重大事件。在这样一个背景下考察古汉字中关于“社会”话题的思想遗存，将是一件非常有意义的工作。本章文字所能呈现的，也仅仅是这项工作中一个小小的考古“挖掘坑”。

3.1. 成员：由族群走向家国
——“王、君、宰、祝、官、臣、士、农、奴”及其他

由族群走向家国，大致可对应于朱大可在《华夏上古神系》所言的从酋邦走向王国的历程。族群大致对应于酋邦，家国大致对应于王国。之所以选择族群和家国话语，是因为在笔者看来，它更精准地表达出华夏先民生活的特征。以周灭殷商事件为界限，大致可以将殷商及以前描述为族群社会，将西周及以后描述为家国社会，今天的华人依旧处在家国社会的后果中。殷人都是神灵的族人，玄鸟和空桑木母等神灵将殷人的生活连续为一个整体。周人都是周天子的家人，周天子作为国家最高权力者，其实质乃是全体周人的大家长。周王改称天子，既是一个重大的政治事件，也是一个重大的文化事件——华夏先民的社会生活乃至精神生活由族群模式进入家国模式。

本节文字不去讨论这一历史事件本身，只是在相关古文字中寻找这一事件划过语言领地时的痕迹。需提请注意的是，同一个族字，对于商人和周人的意义大不相同：殷人视同一个神灵集团转世的人为同族人，没有血缘和家族概念；周人关于族的概念则建立在血缘和男权之家的基础上，因为家国同构，族不过是家的放大而已，且退居到家

国概念的后面。

华夏先民中最伟大的领导者被尊称为圣人，其地位近乎神灵一般崇高。但在殷商时代，圣人不过是一位善听者。圣繁体写作聖，《说文》释聖为“通也。从耳，呈声”。圣人首先是个善听的人，依听施政简称听政。“呈声”之呈，笔者将其理解为先后两个内容：一是言说者所呈，也即听的内容；二是圣人所呈，也即圣人发布的政令内容。两“呈”相“通”方为圣人。甲文圣，当源于对那位善听者的象形。《白虎通》所言通有“闻声知情通于天地”义，属于后人对最高权力者的吹捧之词。

郭沫若认为古文圣即声，《左传》“圣姜”与《谷梁传》“声姜”同义。李孝定认为圣声听三字同源，“其始当本一字”。管仲为相时齐国设有“司声”（或“司圣”）官职，当属于圣人耳目，圣人之耳所听的来源。如圣声听三字同源，最初的司声者也有可能是圣人自己；她们或许不是个体而是群体——如同最初期的族长群体。后来从她们当中产生了王，圣人专指善听的王。再后来，她们被男权所替代，圣人成为男人的专享，与女人无缘。另见“第 1.4 节”释圣听。

王（、、）《说文》释为“天下所归往也”，当属于后来义。归往二字暗含有王字的初义。按《文字考古》的说法，王、往、亡音同义通。脚步行走在草木妄生之地为往，有至某地的意思。人走远看不见了为亡，亡有远去义（《说文》释亡为“逃”，非初义）。甲文王（）当属于对领路者的刻画，站立在地面上的她或他，正手指着前方——新的栖息地或游牧区就在手所指的方向上。华夏族群中最早的王，就是那位带领族群前往下一个栖息地或游牧区的人。

至于董仲舒所言“三画而连其中者谓之王。三者，天地人也。而参通之者王也”，属于对最高权力者的美化之辞，兼有恐吓作用。或许有人反驳说，董仲舒的话是有考据来源的。即便如此，参通天地说的初义当指向巫术礼仪活动，而非最高权力者（王）的能力。《文字考古》认为殷王原本也是巫王。倘若殷王不能将游牧途中的族群带离出困境，就有可能被认为丧失神灵的信任和委托，其巫术失灵，巫王失位。不仅会被新王所取代，还很有可能被杀死（杀王）甚至被车裂（且刑），其尸体被作为一种特殊牺牲品用于告慰神灵。殷王“王亥”就是其中的例子。可见当时的王是一个风险很高的职业。弗雷泽所著《金枝》一书中，也有“弑王”风俗的记载。

王在后来有了一个新称呼，叫“君”（、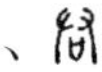）。《说文》释君为“尊也。从尹，发号，故从口”，当属后来义。一说君和尹同义。王国维认为甲文尹“从又持丨（shu 音），像笔形”。孙海波认同王说，并补充说“周制内史之职而尹氏为其长，其职在书王命与制禄命官”。甲文中有“多君”官名。笔者认为尹既可能是白的升级版，也可能是白的下一道工序：白默记王言，尹书记王令。君或是尹的下一道工序，尹所书王令的宣读者为君。君通过宣布王令而治，并因此获得了《说文》所说的治义。尹和君之间的关系，类同白和司（后）之间的关系。差别或只是尹君使用书面文字，白和司最初使用口语。周天子代殷王而立，位于诸侯国君之上，后来的国君（秦王）又取代周天子，君便上升为与王同义。此时的王不再是殷商队伍中的领路人，国君也不再是最初的尹和周初的诸侯，此时的王和国君已经成为同一个最高统治者——皇帝。

甲文无皇，皇当为后造字，《说文》释皇为“大也。从自。自，始也。始皇者，三皇大君也”。非本义，受三皇说误导所致。金文皇（㞷）皆不从自，可为旁证。刘心源认为皇为暀的异体字。皇暀（左日右往）或表征伟大的王带领我们双脚踩过妄长的草丛，赶往太阳所指引的前方，有皇和大义，且与（从日在土上的）金文㞷相吻合。一说皇与冕有关，源于“皇舞”（执皇而舞），皇最初表征孔雀翎，后作为权力象征物插到王冕上。一说皇即孔雀，衍生出凤凰一词。《文字考古》认为“皇舞”当为祈雨解困的巫术之舞，有凄惶和彷徨义，皇惶徨诸字音同义同。倘若皇舞仍然不能祈雨解困，王就有可能被杀。

紧跟在最大家长后面的有两种人——巫祝和臣工。前者传递最大家长与上天和先祖的沟通，后者具体落实最大家长对族群（含奴隶）的治理意图。

巫（）《说文》释为“祝也。女能事无形以舞神降神者也”。罗振玉认为甲文巫象形巫在神帷中“两手奉玉以事神”。一说巫从工，存疑。巫与工因皆有加义可通。一说巫通医，可采信。殷卜辞中的“巫咸”或为国族名，“东巫”或归属于四方之巫。按《文字考古》殷王即巫王说，巫王两字应有某种联系或相通之处：族群所往王的方向需要巫，通过巫术得以确定。

祝（）《说文》释为“祭主赞词者。从示，从人（儿）口。一曰从兑省。易曰‘兑为口为巫’”。意即祝的身份是在祭祀中向所祭神祖（祭主）宣讲赞词的人。祝所从示为祭神架及神主，祝所从人（儿）口即为兄，兄为巫祝之祝的初文。兑初义表征在巫祝（兄）之词上有所增加（丷八），来源于王对赞词的圈阅（见“第 5.3 节”释说兑）。当先有兄而后有兑，祝不从兑省。

将巫和祝做个比较，大致可区分如下：一、巫为主，祝为辅；二、巫为法术礼仪，祝为语词配合；三、巫通过人神交感起作用，祝通过人神对话起作用。如转换成西方哲学话语，则巫与神同在奴斯（nous）和心灵中，祝与神则同在逻各斯（logos）和语言中。

臣（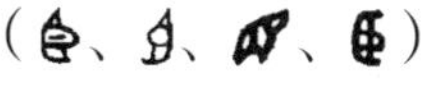）《说文》释为“牵也。事君也。象屈服之形”。郭沫若认为臣像“竖目之形”，人因首俯而目竖。但也有横目的甲文臣。于省吾认为竖目为臣，横目为目。章炳麟认为臣即牵字的初文，杨树

达认为以牵训臣属于“以声为训，明其语源”。孙海波认为臣像人“举目相望”，望的是君王。殷卜辞中的臣其身份原为俘虏和奴隶，后出的“老臣”“小臣”和“旧臣”及“多臣”等成了官职名。周人有“锡贝十朋，臣十家”的记载，臣是主人家的奴隶（源于“本俘虏及诸罪人给事为奴”），可作为物件赏赐或赠送。其中的“王臣”原是被征服部落的贵族，现在成为王的家臣；“人鬲”则是被征服部落的奴隶，更像是普通的物件。两者之间的区分，标志着王臣更像是纯粹的官名了。

笔者推测臣字或源于用绳索牵绑俘虏行为，初读牵音。俘虏中的原贵族进入了征服者的权力体系（或新权贵们的家中），成为最早的臣（或家臣）。臣后来与君相对，合称君臣，意味着你得先自缚自己，然后才可能成为官员。进入到庄子时代，以臣为人，以人为臣，表明权力崇拜已开始侵蚀社会肌体。

彝族创世史诗《尼苏夺节》中另有“竖眼人”的记载，他们自私、贪婪甚至邪恶，不祭祀先祖和神灵，在一次洪水中被淹没。笔者按，其中或隐藏有对“竖眼人”族群一次成功征服的历史记忆，“竖眼人”因此而成为臣。

臣进入到房子中为宦（、），《说文》释宦为“仕也”，非初义。陶文中即有宦字，宦因此不能被理解为后来才有的家臣。笔者推测挑选少数臣（俘虏中的贵族）进入到房子中“执事”即干活，或许就是最初的一批宦。后来的朝臣和宫宦之分，延续了最初的外臣和内宦之别。宦或许比臣更早地接触权力者，成为王的执事班子（最初或在外围）。

宰（、）许慎认为与宦相同，也是“屋下执事”的罪人。吴其昌认为宰所从辛是兵器而非罪人，宰有宰杀和宰割义，后指称王的厨子。笔者认为吴说可采信。甲文宰当为殷人所造，自然与罪人无关。辛初义表征嫁接中的辛木，后衍生出兵器义（见“第 2.6 节”释辛）。辛鼻（穿鼻附上饰物）和黥额（在额头上刻痕并填充殷红色）本是殷人用于自我认同的巫术刻符，后被周人用于刑名（刑名从商），出于对殷商文化的污名化心理。宰最初或是那些既黥额又辛鼻的技术人才，很早就来到王廷之下，在厨房里精心制作祭祀神祖的牲品，兼职服侍好王的舌头和胃，等待时机执掌朝政大权（太宰）。

将臣、宦、宰同前述的白、公、司（后）进行比较，大致可认定，华夏先民已完成从族群走向家国的历程。虽然下文提及的仆、史等，会贯穿族群和家国两个阶段。但在白、公、司（后）同臣、宦、宰之间，则有明显的时代界限。

再后来有了官府衙门。官《说文》释为"吏事君也"。当属衍生义。官初义为陈放弓（也即驻扎兵士）的营房，后衍生出官员、官衙和馆驿义。府《说文》释为"文书藏也。从广，付声"，即储藏文书之所。官府二字一武一文，成为权力的两翼，二字连用可泛指皇家权力机构。伟大帝王们的文治武功，也都以官府（及文武）为基础。

官府的作用是管民，《说文》释管为"如篪，六孔，十二月之音。物开地牙，故谓之管。从竹，官声"。义为竹管乐器。何为"物开地牙"？马叙伦认为"言草本贯地而出"，开字当为贯字。笔者推测地牙之竹最初或被用于兵器弓的材料进入到营房（官）中，管所以"从竹，官声"。于省吾认为初文管从柬从间从官，或是最初的管理之管（"柬，理也"）。后人借乐器之管为管理之管，其原因不得而知。如做大胆推测，或与周人的礼乐制度有关：竹简可书礼制，竹管可成乐器。管，又恰恰是周人所造的字。

官吏之吏是听命于官经办差事的职员。《说文》释吏为"治人者也。从一，从史。史亦声"。孙诒让认为吏字同使。刘心源认为吏使事史四字同源，有职事义。商周官职有从史字出（如太史、内史），不从吏字出。后官吏二字连用，吏因有使义而成为公务当差者（如皂吏）。吏不仅职位比官低，甚至分属两个阶层，吏也永无可能为官。如称呼某官员为吏，很有可能是蔑称（如能吏或酷吏）。吏治之吏虽可泛指官吏，其中也含有苛责义。

与官吏对应的还有士和仕。《说文》释士为“事也。数始于一，终于十。从一，从十。孔子曰‘推十合一为士’”。义即士为技术人员，且与数（即计算）有关。士所从十为先民测量工具，孔子所言“推十合一”说的是测量和计算有了最终结果（合一）。徐中舒认为士王皇三字同形，象人端拱而坐之形。笔者认为象人行走之形，有所不同的是：王、皇为领路人，士或许是拿着十字尺帮助王皇测量路况和方向的技术人员。士字所表征的不是士人在行走，而是测量工具十在行走。后虽衍生出兵（军）士义，士仍有高于普通士兵义，可证当初的士具有一定的技术含量。《说文》释仕（）为“学也。从人，从士”。或许因袭士的初义（技术人员）而来。士和仕初为技术人员，后成为技术官僚，再后来衍生出士人、兵士、士大夫、仕途等义。

与统治者对应的是被统治者，即民（、、），《说文》释为“众萌也。从古文之象”。遍地草木萌动像芸芸众生，古文民或是对这一形象的刻画。最初读音或为萌，后假萌为氓，与民同义。郭沫若认为民字为周人新造，义为刺伤一目的奴隶，同盲（见“第 5.1 节”释盲）。一说甲文有民字。笔者推测或许周人改造了甲文民，改众萌之象为刺目盲人之象，用来指称被征服的奴隶（极有可能是殷商族人）。民又音通于冥，借冥字指向那个被灭掉的王朝，是周人摧毁殷商文化记忆的一项国策。

民分为士农工商，这里的士为普通读书人。这里的农已站立在周人农耕文明队伍中，依井田而居，相互结成邻里。其字形也从殷商“像耕于林野中”的林田能手，转型为从田从辰的农，指向以黍稷稻麦为主的种植农业。

工初文源于对房屋营造行为及工具的刻画，上下房屋（或洞穴）空间，以获得人居空间即为工，并因此成为空字初文（见“第 2.3 节”释空工）。士农工商中的工，为各类手工业者的统称，俗称工匠。匠字象形持斤（斧）在土木石中开挖出匚来。匠和工原本是同一个劳动工序中的两个环节：一边开挖空间，一边撑开空间。《说文》释匠为“木工”，当属于衍生义。

士农工商中的商，源于殷人在春天北上秋日南归的游牧途中，和沿途居民易货贸易行为。外来的殷人属于行商，当地人成为坐贾，行商坐贾当源于此。贸易行为之得名为商，或因殷人发明有商和量，起初用于计时，后发展为多用途的度量衡器，且用到贸易中，便有了“商量”一词（见“第 2.5 节”释商量）。殷人之所以也称为商人，当与发明“商”这一器物有关。商之所以位在士农工商序列之末，既与农耕文明和游牧（兼有贸易）文明的冲突有关，也与周人对殷商文化的刻意打压有关。

比民地位更低下的是奴和仆。《说文》释奴（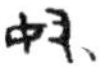、）为“奴婢。皆古之罪人也”。叶玉森认为奴“取女持耒之谊。古代役女人为农奴，于兹可信”。一说“俘囚为奴”，奴字像从手执人状。笔者推测当时或为母系社会，战败氏族的男人入奴为兵士，女人入奴为农桑。婢即“女之卑者”。一说婢初文“从妾从卑”，见于殷卜辞中。于省吾认为当时的妾与婢都是“家内奴隶”。卜辞中姬婢并称。笔者推测姬和婢都是外族女性，受殷商人驱使，形同奴隶。姬和婢或许都在室内从事劳役，因此和室外从事农桑的奴有所不同。周人以姬为姓，或是当初受殷人奴役的外族之一。黄帝因居姬水而姓姬，属于周人的伪造之辞。婢如从妾，则很有可能是外族中的女巫师（见“第 3.7 节”释妾）。

仆（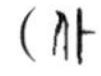）《说文》释为“顿”，从人卜声。义为颠仆之仆，仆地者为

人。仆之所以卜声，是因为仆者将自己视为卜具扔在地上为“仆”。马叙伦称之为“倾覆于地”。一说仆为“前偃覆”，义为身体向前仆倒在地。问题的关键是仆者为何要仆倒？又向谁仆倒？笔者依卜字初义（见“第 3.4 节”释卜）推测，仆者在占卜活动中向神仆倒，仆者最初的身份为神职人员——后从中演化出太仆和仆射这样的高官。最初的仆，非僕人之僕（简体作仆）。王身边的僕人从菐。《说文》释僕为“给事者”，释菐为“渎菐也”。注水掩埋生有邪草土块的行为，使之重归于土即为菐（见“第 3.7 节”释由菐）。僕有地位低下和卑微义。殷人眼中的僕人之僕如同周人之萌，数量众多而未教化者，他们无法和仆比肩。后仆僕混用，神圣的太仆、仆射让位于世俗的大僕、大宰，表明神的地位下降而王的权力上升。再后来是主仆连用，表明神已让位，仆听命于不同层次上的主人。

《说文》释主（、）为“镫（灯）中火主也”。主所从丶（zhu 音）像灯上火苗形。商承祚认为主“象燔木为火”。祭祀燔木火中之丶当为神主。结合前述日字（见“第 2.4 节”释日）可推测，日中一点（后为横）当为日中之丶也即神主，并同光下之人因交感而相通。日中之主在人间的祭祀燔火中，再次现身为火主，进而与光下之人得以相通。日中之主、燔火之主和光下之人，因玄鸟传播命灵得以连为一体，在祭祀中可通。宗法皇权下的主仆关系，将原来的人神关系降低为人人关系，属于精神世界里的一次堕落事件；同时又将其从族群中移植到大小不同的家里（家长成为主人），则加重了这一堕落事件的后果。

最后来看一下宫和妃。宫（）《说文》释为“室也。从宀，躳声省”。罗振玉认为宫象形有数室之状，当与普通的余舍有别。高田忠周认为秦汉以前贫贱都可以叫宫（关键要看是不是数室相连），秦汉以后王室才可以叫宫，宫成为帝王之家的专用词。

妃（）《说文》释为“匹也。从女，己声”。金文中妃和改都是女姓，也即己姓（妲己之己）。妃和改音义可通，为一字。《说文》所谓“匹”，义为妃子为帝王的匹配和附属，当属于周以后的社会意识。

3.2. 结构：由氏族而至天下
——“氏、姓、里、闾、街、市、州、郡、邦、国”及其他

以周灭殷商为界限，对应于社会成员由族群走向家国的，是其社会结构由氏族而至天下的历程。其变化有以下三个方面：一是从生产和技术角度讲，由殷商游牧文明转向周人的农耕文明；二是从宗教信仰上讲，由殷商的神鬼崇拜转向周人的祖先崇拜；三是从社会结构上讲，由殷商氏族母系社会转向周人的宗法男权社会。本章各小节内容将尽量涉及这些变化。本节文字的聚焦点，是商周时期社会结构变化遗存在古汉字中的痕迹。

相比较周人的农耕社会而言，殷商人的社会结构是比较简单的。刻画和指称复杂社会结构的古汉字也多由周人所造，如里闾街巷乡郡等。另有大量殷商文字被周人加以改造或赋予新义，如姓族宗师县国等。这一过程的起点处，则是殷商人的氏族社会。

氏（、、）《说文》释为“巴蜀山名”，依《扬雄传》释义，非初义。《扬雄传》：“氏作阺。”注：阺音氐（di 音），巴蜀人名山旁堆欲堕落者为阺。可见许说将阺误解为山，或受艮山同卦影响所致，根柢同义。林义光认为氏的初义象根柢，氏由氐转化而来。郭沫若认为氏像匙字初文。《说文》释匙为“匕也。从匕，是声”。匙即“古人取饭载牲之具”，今人汤匙调羹的前身。《文字考古》认为匕即匕母，也即持匕（匙）

喂食人子的司母食母。笔者认为匕初义表征人子和生母，倒人为匕，生母与人子互为倒人。持匕喂食者方为食母。先民或许借根柢（氏）为义，借食匙（匕）为意，借矢是为声，而造氏字。氏，初义为草木所出之根。后衍生出所在（低、底）、所靠（阺、柢）及所持（抵）义。氏族之氏显然是借用了氏字初义，氏也因此成为殷人出生之后在漫长生活中的所在、所靠和所持，并与精神依赖（空桑木母）连接为整体。

殷人有氏无姓。《文字考古》认为至周人进入父系社会后，才改为以姓来表象男性个体成员与其父亲、家庭、宗族的从属与人身依附关系。姓字也是周人因于殷礼，有损益后新创的字。初以生为姓（、），生姓为一字（“百生”即百姓）。后借用生字的生长、生育义，寓意为女所生者为子、为姓，所以有“姓谓子”一说，连言为“子姓”或“子生”。其“子”非殷人话语中的人子，而专指男子。《说文》释姓为“感天而生子，故称天子。从女，从生，生亦声。《春秋传》曰，天子因生以赐姓”。其“《春秋传》曰”句，属后世儒者的附会之说。许言“感天而生子，故称天子”句，或表明殷商人子全是天子，天生之子，且不分男女。天子一词后为周朝最高统治者所垄断，有集男权和神权于一身义。

族（、、）在商周两代意义不同。族原本是箭簇之簇的初文，有束为一簇义，即《说文》所言“束之族族”。一说族为“栖矢之器”，即盛放箭簇的器物，借以指称所栖之箭簇，后衍生出氏族民族之族义。在扶桑十日传说中，空桑木母如同“栖矢之器”，集于其上的十日如同十只箭矢，十日集于一处即成空桑木母之族（簇）。十日即十天干，也是空桑木母孕育的第一代神灵（女娲肠化十日）。从第一代殷王到神判后属于同族的人子，同系十日中的某神灵转世而来，也都以十天干中的某日给自己命名（如帝乙、武丁等）。对于殷商人而言，殷族成为其最基本的社会结构。“怀氏九宗”属于殷族下的分支，姜族或为较远的旁

支。殷族之外有外族（及臣服之族），周族或在其中。周当时名为虞族，也即传说中的有虞氏（见《文字考古》）。或称姬族，又或许是姬族中的一支。殷卜辞中姬和婢连用并称（见“第 3.1 节”释婢），表明其族群在殷商社会中地位低下。周灭商获得政权后以姬为姓，伟大的黄帝因此姓姬，有虞氏有了无比荣耀的家族史。

族从此被赋予男性为主导的血缘含义，遭遇同一命运的还有宗和家。详见本书“第 1.7 节”的有关文字，这里不再赘述。

再去看看乡村（邨）。邨《说文》释为“地名。从邑，屯声”。地名非邨字初义。如前述，屯字有草木初生义，有春义（一说屯或为春字初文）。草木丛生之地上集中有人居之邑，即为邨。殷商人于春天北上游牧途中，逐水草之地而居，所居之地便为邨。

邑（、、）《说文》释为“国也”。义即城，非初义。罗振玉认为邑字从口（guo 音）像人跽坐（股压腿根而坐）之形，人在邑中坐了下来，进而推断“邑为人所居”。城中有人方为邑。

另，古有“白狺（yin 音）井人姬姓”和“姬姜盖白狺井人”之说，或意味着周人很早就有了依井而居传统。白狺即白虎，为周人图腾神兽。狺音和殷人之殷同，或表明周人原为殷商臣属部族。《周官・小司徒》载：“乃经土地，而井牧其田野。九夫为井，四井为邑，四邑为丘，四丘为甸，四甸为县，四县为都，以任地事而令贡赋。”于此可推：一、周时井田农业和野外游牧并存，所谓“井牧其田野”可分为井田和牧野；二、邨或依旧为游牧时的临时居地，故不在司徒的区划之中。

作为行政区划的丘和甸已隐身于历史，略去不论。依今人行政话语，在县之下和村之上，当有乡一级区划。乡繁体作鄉（、、），《说文》释鄉为“国离邑，民所封鄉也。啬夫别治”。意指诸侯国君在都城外面的封地叫鄉，把稼穑之夫放在国都之外的鄉里接受国君的统治（六

鄉治之），即为鄉村之鄉。依周制释鄉，非初义。一说鄉字初文源于宾主相向进食时的刻画。一说鄉与向（嚮）飨卿等原为一字。古人“以襄助祭祷者为卿，而以祭祷之处为鄉”。

笔者推测“六鄉”或许就是在城外八方中的六个方向上各设一鄉；八方中的另外两方，或许因国道（如周朝各地通往洛阳的“大道”）通过，或许因其他原因（社稷或祭祀所在？）而没有设鄉。鄉有向（嚮）义，故依向设鄉。鄉以宾主之间的相向关系，转用为都城与鄉村之间的相向关系，既蕴含有都城对鄉村的治理义，也蕴含有两者间的相互依存、共食于一国义。

县《说文》释为“繫也。从系”。义即悬挂之悬的初文。古籍中县与枭同用，枭首义为悬挂首级。一说县本作寰，且通还。笔者推测县最初当有环（环绕）义，指称环绕国都四周的广大从属地。李家浩认为区划之县最早可追溯至西周时期，义为“县鄙”之县，指称王畿以内、国都以外的地区，也可以说是城邑四周的地区。春秋战国时，县演变为郡县之县，专指隶属于国都、大城或郡的一种邑，此即县城的前身。

国都最早的名称叫国，繁体写作國（、）。马叙伦认为國古文写作囗（guo 音），國为或的后起字，國在古书中经常写作或。一说“囗为垣字初文，筑囗以守，保其族属资财，实古代地主之庄院”。后由庄院延伸至政治实体，进而获得邦國义，邦國初义均为國都。《说文》释或为“邦也。从口从戈又从一。一，地也。域，或又从土”；释邦（、、）为“國也”。王国维认为古文邦和封为一字，封土即建邦，邦土即邦社也即國社。戴家祥认为封字从寸，寸通手，表示动词封建之义；邦字从邑，表示封建的结果。

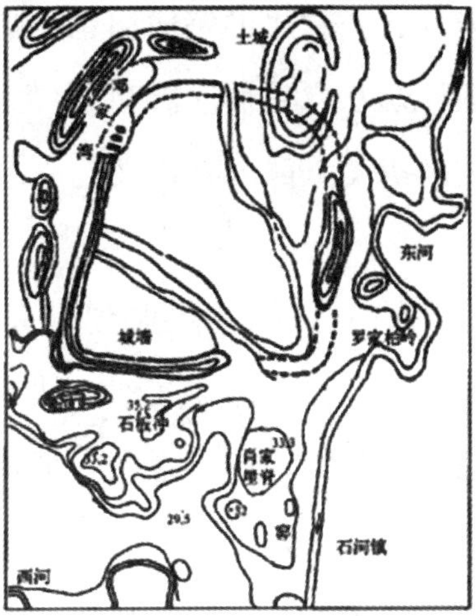

石家河古城平面图（源于《考古》1994 年第 7 期，转引自《夏商周：从神话到史实》第 44 页图一七），聚落面积有 500 到 800 公顷，城内面积 120 公顷，护城河内面积 180 公顷，一直使用到西周时期。笔者按其中或蕴含有国（或）、邑、周、城诸字的文化密码。

笔者认为当结合考古成果来理解國字初义，國口初义极有可能是城邦，也即最早的城市（国都）。据郭静云和宫本一夫介绍，新石器时代的湖北石家河遗址城垣单边长度达 1000 米以上。新石器后期的山西陶寺遗址仅在前期建有南北长 1000 米、东西宽 560 米的小城。中期则扩张为东西宽 1800 米、南北长 1500 米的大城，大城外还另建有小城。宫本一夫认为商朝已形成了“邑制国家”，由面积数百公顷的大邑（王城）—数十公顷的大族邑—数公顷的小族邑—属邑共四个等级阶层构造而成。

按秦以后的国家规制看，国与县之间的区划还有郡、州、省等。

郡《说文》释为“周制。天子地方千里，分为百县，县有四郡。至秦初置三十六郡，以监其县”。郡与县的区划序列在周和秦之间正好颠倒过来。此说显然非郡字的初义。马叙伦认为“郡，群也。人所群居也”，郡都同义。或可采信。

都《说文》释为“有先君之旧宗庙曰都。从邑，者声。周制，距国五百里为都”。非都字初义。《广雅·释诂》“都，聚也”，《谷梁传》“民所聚曰都”，比较接近初义。都今有皆义，或由当初的聚义而来，因聚而言皆。

州《说文》释为“水中可居曰州。周绕其旁。从重川。昔尧遭洪水，民居水中高土，或曰九州”。义即今文洲。其字形像“川中有地”的样子，寓意高地四周有水流。另，州舟音同。笔者推测州或借用了舟字的读音，或寓意州如同水中不动不沉之舟，或因为州与外界的交通要靠舟。

省《说文》释为“视也。从眉省，从屮”。闻一多认为“巡视、田猎、征伐三者皆谓之省”。笔者认为古人或依眉毛（屮）有动而见省者有识，恰如俗语“眉毛一动，计上心来”所刻画。视者能于视中有所识方谓省（见“第 5.1 节”释省）。三省六部制发端于西汉，至唐朝成熟完善，元朝设行省制，标志着统治者的国家治理手段渐趋成熟。国郡州县等字源于自然形成的地域划分，省字则来源于统治者有意识的统治行为（视）。这样的一个转变，意义非凡。

现在去看看华夏先民对人群的组织与命名，它们有伍什佰师等字。其中伍什佰为“计口之专字”（马叙伦语），也即专用于统计人口数量。

伍《说文》释为“相参伍也。从人，从五”。义为队伍之伍，将不同来源的人参混到队伍中去即为伍。非初义。马叙伦甚至认为“相参伍”句“非许文”，不是许慎的原文。唐兰认为五人为伍，或接近初义。笔者认为人口之伍由数五而来，当毫无悬念。关键是以什么作为计数单位：个人？家庭？宗族？还是其他？比如军队编制中的伍，是五个士兵？还是来自五个家族的士兵？怕是难以索解。最初的士兵编制，往往将同族的兄弟编在一起。

什《说文》释为“相什保也。从人十”。佰《说文》释为“相什佰也。从人百”。表明什和佰都是用来统计人口数量的。《老子》一书中有“小国寡民，使有什佰之器而不用”的说法，可证伍什佰当时已发展成为统计人口的常用工具，与其对应的人口数量估计也非五人、十人、百人这样简单。

师（𠂤帀）《说文》释为“二千五百人为师”，说的是军旅编制单位师。《文字考古》认为师的初文为𠂤（𠂤、[illegible]），读 dui 音，初文堆，小阜为垖。殷人游牧途中择水草之地而居，各氏族分居于阜垖。居时为垖，行时为队（隊），垖队音同义通。后周人改垖为师，殷人南回过冬的暂居之地“匽垖”改名为偃师。

华夏先民的活动场所则有：里、闾、街、巷、市、城、郊、野等。

金文才有里字，《说文》释里为“居也。从田，从土”，从田从土的农耕者居住之地即为里，可证里字为周人所造。一说“二十五家为里”，一说“三百步为里”，一说里是田地面积单位（长宽三百步，可居二十五户田家）。马叙伦认为里为野字的初文，古语称“邑外谓之郊，郊外谓之野。郊邑之外，其地皆为耕田，而田者居之”。郊邑之外、田耕者所居之地为里。里后衍生出乡里、邻里之里及官名“司里”。

按《文字考古》的说法，殷商人初期居于桑林中，人居之林的外边曰野。甲文野（埜）（[illegible]）从林从土。秦陶文中的野（[illegible]）字从田邑从土，即邑外畋猎之地为野，和殷人话语中的野比较接近。却被一些学者误认为该字从里（将田土合为里），显然受周人从里从予（一说从矛）之野所误。周人之“野”，或为农田外延伸（从予）之地，或为农田外用矛狩猎（从矛）之地。总之是田外为野，农田自身为里，里外之里由此生。又因周人之田为井田，田界道路井然有序，形同玉石纹理，道理之理于是出。

郊《说文》释为“距国百里为郊”，从邑交声。交字初义为两腿相交

（交胫）和两脚交替（交足）而行。在先民意识中，国都如人首，近郊如臂膀，远郊如脚足，甚至有可能与他国（邦城）相“交足”，郊所以“交声”。按周制，“天子畿内千里，远郊百里”。古有“五十里为近郊，百里为远郊”一说。有学者进而推测，远郊上公五十里，侯伯三十里，子男十里。近郊各半之（意即公侯伯子男五爵的近郊领地半径，都是其远郊领地半径的一半）。

闾《说文》释为“里门也。从门，吕声”。初义为农居之里的大门，犹如今天北方村庄的庄门。吕初义为人的肋骨，闾所从吕取肋骨次第相连义，借指比邻而居的农耕人家。《周礼》称“五家为比，五比为闾。闾，侣也。二十五家相群，侣也”。闾后来指称从一个里门出入的邻居，即闾里之闾。金文另有“里中门”的阎和“市外门”的阛字。从中可见华夏先民对群居地大门的重视。

跨进先民闾里的大门，就可进入他们的街和巷中。街《说文》释为“四通道也。从行，圭声”。一说街为四出之路，一说为四达之路，两释义相近可通。马叙伦认为街从行从四止，相背而向外，是对四通道的象形。

巷《说文》释为“里中道。从邑，从共。皆在邑中所共也”。巷路和街道都在群居之里中。不同的只是，巷路连接的只是群居之里（所共），街道则成为群居之里同外界连接的通道（四出）。今文犹有大街小巷一说。

闾里也有可能发展为城、为市，大城为京。

城（[illegible]）《说文》释为“以盛民也。从土，从成，成亦声”。义为安置人民的处所。成《说文》释为“就也。从戊，丁声”，义为事有所成、所就。所成何事？笔者依据嫁接技术中的戊和丁两字推测，接穗被“丁实”在砧木上，且勾绞固定（戊）方为成（见“第 2.6 节”释戊）。成，并非嫁接中的某个环节，而是其关键阶段的结果，所以不在十天干中。又有“从午”的古文成，笔者依午字初义（见“第2.4节”释午）推测，当是测日影之事有成，或测日之具有成。日影显示时已过午（从午），当为事成的标志。甲文无城字，金文和古币文中有城字，可见城与市（古币流通的场所）密不可分。

市（）《说文》释为“买卖之所也”。从冂（tong音），从古文及。市所从冂有“两方之界，交易之所”义，所从及有“(货）物相及”义。市字初义或表征买卖双方在一个共同场所（冂）中以货易货（及）。陶文中即有市字，可证市的出现远比城要早得多。

京（、）《说文》释为“人所谓绝高丘也。从高省，丨象高形”。从宽泛意义上讲，高字可理解为楼上有楼（楼上亭），京字可理解为高上有高，京初义为大城。至春秋时，京师获得了国都的含义。

天下和邦国需要统治，以牧人民之群，以守邦国之疆；衙门需要署理。最终的目的是为了一个“安”字，即王家天下的安宁。

甲文和金文无统字，《说文》释统为“纪也。从糸，充声”。义即纲纪之统。糸即丝。充（、）《说文》释为“长也。高也。从儿，育声省”。马叙伦认为充会意“育子长大成人”。笔者认为马说当属后来义，甲文充象人借外物而高形，如同今人踩高跷。充有借外物而高而长义，故可引申出冒充之充。统的初文象形将丝延伸至很高很长，后引申出将高处和远方事物统为一体义。或因受儒家宗法意识影响，许慎和马叙伦都用“从儿”义来释充，以至于竟然忽略了统所从糸和孙（孫）所从系两字间的不同。

通过上述分析可以确认，由殷商人的神性氏族转入周人的血缘家庭，经由伍什佰、闾里、邨乡、县郡州，发展至都城（京）、邦国、天下，周天子的天下治理之糸确实够长，也够高。

纪《说文》释为“糸别也。从糸，己声”。天干之己，表征给戊后接穗绑上植物之丝（见“第2.6节”释巳）。纪的初义当是丝（己）上加丝，将不同的己连接在一起。许慎以纪释统，依据的是纲纪之纪（见“第3.3节”释纪），属后来义。

治（）《说文》释为“水。出东莱曲城阳丘山，南入海。从水，台声”。义为某条河流的私名（名为治水）。台（、）《说文》释为“说”，从口，以声。一说台有我义，一说古文台以为一字。金文台即以字，有学者考证出至东周时以增口为台。《说文》释以为“用也。从反巳”。巳即它者，“反巳”或表征它者已为人所反、所用。今文以做动词或介词用，均有凭借所用物义。笔者认为台所从口当为“反巳”者之口，虽然依旧是它者巳说出自己，但言说者（即它者）已为人所用。河流治水之所以名为治，或许就因为它无需人为调教驯服，能天然为人所用。该河流一直是自己在言说自己，但从不为害。治理之治的初义，当是让万民和万物自己说出自己，又能守一、得一，与世无害。这与“第1.6节”所谈论的“道”及“德政”理想完全符合。

后来的统治者日渐偏离了这一要求。“牧”和“群”字用于社会治理，可视为统治者偏离正确轨道的古文字化石。

牧《说文》释为“养牛人也。从攴（pu音），从牛”。义即牧牛者。《说文》释攴（）为“小击也。从又，卜声”。攴初义为叩问对象物之手（见“第4.1节”释攴）。牧所从攴有与牛对话的意思，蕴含有对牛的爱护。攴并非象形手持卜具，而是表征手有卜义或手如卜具义。牧初义也并非随意驱赶和役使，牧音同木母，有母和育义，牧因而有养育义。其间流露出华夏先民对物的尊重。

群《说文》释为“辈也。从羊，君声”。义为与君王相对、被君王所统治的群体，辈即人群。鱼被植物枝条串成两排，呈非字状，此即非字初文。非在罒（网）下得罪字，表征被绳索串缚起来的罪人。非在车上得辈字，或指称分列车厢两边的人子，以排列整齐的群体面目得以呈现，故许慎以辈释群。徐铉认为羊畜好群，故群字从羊。笔者推测群字初义或指称羊群，群所从“君声”之君有放牧义。群后借用于人群。

牧群两字能进入政治话语，表明统治者已视民为牛、为羊。与前述借草萌表征民（氓），本质上如出一辙。时间上当前后相随，空间上当遥相呼应。

守（、、）《说文》释为“守官也。从宀，从寸”。释义不清。林义光认为古文守“从寸持丨在宀下。寸持丨与尹同义，握事也”。戴家祥认为守或“借用寸口在人体之要于国家治理。守，为政事要害之所”。笔者认为守字初义或象形弓肘持物（丨）护身状。守从宀，有守住身体门户（宀）义。

疆《说文》释为“弓有力也。从弓，畺声”，义同强。马叙伦认为许慎所释非本义。罗振玉认为古文畺“象二田相比界画”形。古人以弓纪步，以畺为界，弯弓所守之土、之界即为疆。笔者认为罗说可采信，义即疆界之疆。

衙《说文》释为“行。从行，吾声”。彳亍为行，衙所从行或读为行列之行。吾即言说者自己。衙初义或表征言说者或在行走或列队成行，并因此说出自己的主张。衙读音一为qu，同衢；一为ya，同牙。衙门之衙从ya音而来。后官衙连用，表明能够说出自己主张的只能是皇权了。其他人都得为皇权的言说让道回避。

署《说文》释为“部署有所。网属。从网，者声”。马叙伦认为许慎所言“以后世官署之义为说”，非初义，其初义为网罗。此说可采信。者《说文》释为“别事词也”，从白，𠂹（古文旅）声。古文者从口，至两周时改为从日。古文旅初有陈义，义同陈列、现身。笔者认为从口之者，或表征在言说中陈列自身的对象物；从白之者与之同义，白和口此处均有言说义；从日之者，或是对象物借日光说出自身，又或所从日原为曰的讹变。当我们言说某者时，意味着对象物开始陈列自身，通过言说或在日光下呈现的形式。例句“x 者，y 也”意味着 x 正向我们走来，我们也因此言说出对象物的某个属性 y 来，并因此呈现出 x 的某个面相（y）。者字很巧妙地说出了华夏先民的语言智慧：让万物在言说中自己呈现出自己来。者又因指向万物获得诸义，古文中的“者侯”即诸侯。如因此就认定者为诸字初文，或许会失之以偏概全。从者之署，有网罗诸物义。条分缕析且不可遗漏等引申义，已藏身于其中。部有分判义，后衍生出部署、部门和部分等新义，用于行政区划。

安（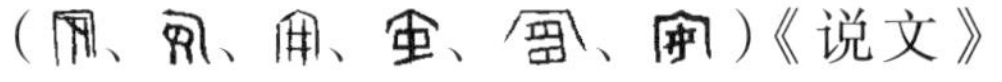）《说文》释为“静也。从女在宀下”。卜辞中的安有安宁、无恙义。马叙伦认为安与定寔同义。陶文中的安和先秦古币文中的安从宀不从女，象在屋内安置物件形。甲文和金文中的安字从女，象女在宀下席地跪坐形。按《文字考古》所说，殷商为母系氏族游牧部落，周人强抢殷商旁支姜族女人（姜嫄）到自家屋中（《诗·周南》、《诗·召南》中留有痕迹），并因此确立了男权宗法社会。

笔者认为安从女在宀下，有女在宀下安置诸多物事义。安字初义当为安放和安置。甲文有很多从宀不从女的异体安，宀下诸文或源于所安置的物和事。安从女当属于后出字，以安置之人（女）统称被安置各物。物事如安置妥当了，既有宁有静，也有了平安。语句“安在”和“安得”之安，均有空间何处义。背后或蕴含有安置、安放义，且因安置、安放而获得位置（何处）义。对于最高统治者来说，如能将天下的人和事都安置好，就能实现永久太平。

3.3. 律法：由神判而至典章

——“射、矢、判、律、令、制、狱、刑、法、典、章”及其他

和西方话语中的法来自于logos、来源于上神的意趣不同，华夏先民话语中的法来源于游牧途中的寻找，根植于生活本身。而在未确立人间法之前，他们将审判的决定权交给了神，但需要人通过射礼来理解神的决定。人原本由神灵转世而来，因而可接受神灵委托。神判巫术或成为华夏先民生活中最早的律法。

射（、、）《说文》释为“弓弩发于身而中于远也。从矢，从身”。甲文射字象张弓射箭形；篆体射从身从寸，许慎释寸为法度、为手；从矢从身的射当在甲文和篆体之间。射所从身初义为身孕之身，身娠生音同义通（见“第5.8节”释身）。身之所以能与神相联系，是因为殷人意识中的所孕之身由神灵转世而来。身和乀最初同为yi音，同仆射（yi）之射。乀及其反文厂《说文》释为明和流，有抴曳义（见“第1.3节”释乀）。乀初义表征天干作用在大地上的流变之形。身从乀得音义，寓意身孕为神灵转世引起的流变作用。

射所从矢（、、）即箭矢也称箭头。刘心源认为矢有符合义。《文字考古》认为，矢是氏音同义通。笔者推测：一、矢读音同是，有射其所是义，意味着将射箭人同被射中的目标物连接为一体。二、射从身从矢，所从矢连接的是人子同神灵间的关系，所孕之身有可能是空桑十日中的某个神灵转世而来，并因此需要在射礼中予以确认，即交由神判。如十射不中，则意味着神已判决新生儿非神灵转世，只能遗弃于世（弃子）。三、从身从寸的篆体射，是周人因于殷礼加以改造的结果，

将殷人的神判仪式改造为一种技术活动，骑射成为六艺之一。箭矢作为人同世界相连结的中介意义，得以留存下来。也正是那些在历史中一直飞行的箭矢，向世人揭示出中华哲学关于“是其所是”的独特含义：从来没有孤立的物是，只有人同物相符合的“我在”之是。世间万物连同人类自身，也只能是在生活河流中说出自己的“所是”来。

与神判同行的，还有神示和神启，它们共同在巫术礼仪中现身，并因此构成华夏先民最初的至上法。巫术礼仪本身则有着一套日趋烦琐的程序规定，集神秘和神圣于一体。按《文字考古》的说法，殷王也是巫王。巫祝群体当然地成为神的代言人和至上法的宣读者。日常的律法及执行，从巫王及身边的巫祝们的口中被宣读出来。在氏族陷入困境的特殊情况下，可能要举行神判仪式，以决定殷王的去留和生死。殷王亥或许是在这样的仪式中被逐下王位车裂而死的。

宣（、、）《说文》释为“天子宣室也。从宀，亘声”，义即大汉天子发布政令的地方。按汉制释宣，非初义。《说文》释亘（、）为“求亘也。从二，从回。回，古文回，象亘回之形。上下，所求物也”。一说回字圆形，义为回水即旋涡。亘字所从二，犹如河水之两岸。一说亘字象云气舒卷自如之象。笔者认为亘字所从二，乃许慎所言“上下”之二即天地。云气回旋于天地之间，上及日月星空，下及草木虫鱼，而无论遇见何物，其回转之象则亘古未变。亘遇土成垣，墙垣回旋成院墙；遇水成洹，水呈回流状；遇木成桓，围绕林木盘桓；遇心成恒，此心亘古不变。宣初义为天地云气回旋于宀下，云气得以成型而显，宣有显义。宣室之宣蕴含有以所宀之身（口、室），拟天地万物之回言、发亘古不变之声义。如此意义上的宣，和“第 1.6 节”所谈论的道和德政基本一致。周及汉朝天子将发布朝令的宫殿名为宣室，用意只是在给皇家圣旨贴上标签。

判从刀半声，义为等分或中分。判断之判源于半。华夏先民借用自己同牛、同合作者之间的关系，说出半字的不同面相（绊伴叛判）来，判断之判隐身其中（见“第 2.2 节”释半）。法律审判之判，当从判断之判而来。

示初义指上神对人间的下示，或通过祭祀中的光影，或通过占卜问蓍中的卦象得以呈现。后借用于人与人（上对下）之间的话语关系，标志着等级鸿沟日渐扩大。

神启之启属于今人所造字，将描述人动作的从户从手（又、攴）的户攵（初义为开门）和后来加口的啓（初义为教育）转赠给神了，是人神关系同人人关系相互混杂的后果之一。启后来衍生出在前和开始等新义。

宣判之后的成文，便是令和命。令初义表征神（借助林光、灵光）“集众人而令之”。周人在令字旁加口新造命字，命所从口既是上天之口，也是周天子之口，周天子成为上天的唯一代言人（见“第 5.3 节”释命令）。令和命逐渐成为王权专享的事情。后命令二字连读连用，意味着言说者的口中之词（命）源自于王令（令），颇有高举王旗为传令者助威之义。

宣判之前尚有决和断。《说文》释决为“行流也。从水，从夬（guai 音）”。隶书改从水之决为决。夬为抉字古文。决字初义是为河水抉出新道并予以疏通。断《说文》释为“截也”。从斤，从古文绝。义为截断之断。后出的决断之断，有“了绝所断之事”义，从截断之断衍生而来。选择一个好的方案以结束某件事情，为决断一词的应有之义。

决断的依据一是案卷，背后是事实；二是条律，背后是法理。相关的文字有罪案刑罚律法典章等。之前还要经过讼和诤，最后的审判结果不外乎是或诛、或狱、或黍。如嫌犯尚未收监，则需要或缉或讨，以正纲纪。

案《说文》释为“几属。从木，安声”，义为案几之案用于就食，一人一案。一说“有足为案”，便于古人席地而坐取食；且围有栏护，防止盛有食物的器皿滑出。安初义为安置物件于室内。陶文中的安和先秦古币文中的安，从宀不从女，宀下文象在屋内安置物件形。甲文和金文中的安从女，象女在宀下席地跪坐形，表征物已妥置人得静安（见“第3.2节”释安）。从木安声的案，既安置了食物，也安置了用餐人。所安之人和物必占有空间位置，“安在”之安因此获得何处义。案卷乃至案件之案，都发生在用餐之后。撤走餐具，将新造的案搬运到书房或公务处理之所，便有了伏案之案，便有了公务案卷，其中有案卷或关涉到某个案件。

罪《说文》释为“捕鱼竹网。从网非”。又补充说“秦以罪为辠（zui音）字”。辠从自从辛。自即鼻子。十天干之辛源于嫁接技术，义为在接穗新出枝条旁立一辛木，防护且约束其走向（见“第2.6节”释辛）。辠初义表征殷商人穿鼻附物习俗，有宗教含义，形同非洲人的穿鼻环。周灭殷商后，将这一习俗改为辛刑。秦先人从黄河流域迁至周人故地，代周人牧马，文字承周统，一直以辠为罪。鉴于罪与辠可通，笔者推测非与辛也当可通：鱼穿腮形同人穿鼻，用树枝将捕获的鱼串成两排即为非。罪人之罪当有捕获且在押义，形同鱼被穿腮成非字状。非也因此与否字音同义通，均获得否定义。一说罪字象形捕鸟之网，非与飞音同义通（意即借非指飞，以飞指鸟）。此说因与辠辛无关涉，当属于后人依据古语“天网恢恢，疏而不漏”而生的附会义。

刑《说文》释为“刭也。从刀，幵（ji音）声”，马叙伦认为刑从刀井声。一说幵即枅（ji音），徐铉称为“斗上横木承栋者”，承受房屋栋梁的横木为幵枅。《说文》释幵为“平也。象二干对构上平也”。笔者认为徐铉所言可采信，承接栋梁和顶架的横木应是《尔雅》所说的“柱上方木”，许慎所言“二干”当是支撑方木的两根立柱；为保证栋梁平直，立柱上的方木可调高度；幵枡初义当是立柱和方木的结合体。《说文》所言“八家一井”当源于井田制。八家田亩和屋宅围绕公田而设，呈井字形。故井有形和型义。从井从刀之刑，初义或是使用利器让井口成形、成型。至周时刑用于表征处罚时，或意味着罚没罪人田宅以销其户册，令其变身为奴。从幵从刀之刑，初义当承销户行为而来，义为在皇权暴力（刀）的护卫下，揭掉罪人住宅屋顶，此习俗一直流传至民国；后衍生出割颈杀头之到义，杀头之平形同揭掉屋顶之平，许慎所以释幵为平；再后来衍生出刑罚之刑。

罚繁体写作罰，《说文》释为“辠之小者。从刀，从詈（li 音）。未以刀有所贼。但持刀骂詈则应罚”。将从言从刀谩骂（虽未抢劫、伤人）者入罪处理（网）即为罚，义同罚罪之罚。马叙伦认为罚本义是“因辠而定其刑”，即今人所言判词，《墨子・经》有言“罚，上报下之罪”可为旁证。马说当属引申义。后刑罚连用，或表明刑为名词，罚为动词，罚乃是对刑的执行即处罚——从其初义罚罪而来。

律《说文》释为“均布也。从彳，聿声”。彳即行走。《说文》释聿为“聿，所以书也。楚人谓之聿，吴人谓之不律，燕谓之弗。从聿，从一”。杨树达认为聿和笔（筆）本为一字，源于竹管。以竹管束毫书事谓之聿筆，以竹管候气定声谓之律。杨说可采信，但非初义。最初的笔也未必就是竹管，楚人的聿或是树木枝条，燕人的弗或是藤蔓之筋，吴人的不律或许才是竹管。不律意味着一根竹管不是做成聿和笔，就是做成管乐器。律字初义表征聿（筆）和管乐器在行走（书写和吹奏）中呈现出节奏来，也即许慎所说的“均布”。

法《说文》释为“刑也。平之如水，从水”。非初义。谷衍奎认为法初文会“人收起帐篷，带着牛羊，逐水草而居”意。篆文法从去。笔者推测法字初文当有顺水流而逐水草之地义，水道成为游牧生活的指引——律法之法义隐含于其中。《说文》释去（厺）为“人相违也。从大、凵（qu）声”，义为相向而去。谁与谁相向而去？释义不清。凵《说文》释为“庐也。饭器，以柳为之，象形”。笔者认为去所从凵为食器，读音同取，人离食器而远（也即人与食器“相违”），并获得相向而去义。杨树达认为凵即坎字初文，读为 kan 音。凵一字两音（坎和取音），象房坑之形：挖地数尺，以立房柱，即为房坑（坎）。笔者认为坎音之凵与去字无关。华夏先民以食为天，人与食器原本趋近。反其意而造去字，以逼迫生活自身呈现出去义来。法字所从去，或有逆河流而上义，如顺瓜摸藤至根，兼有效法和推理义。沿河流之法的目的为寻找新的水草之地，如同当年殷人春天里逆黄淮支流北上游牧那样。从中衍生出的社会治理之法，当蕴含有顺道而为、还原事实真相等含义。

典（、、）《说文》释为“五帝之书也。从册在丌（ji 音）上。尊阁之也”。非初义。郭沫若认为典有“稽考”义，如数典不忘祖。商承祚认为“以手捧读其文曰典”，可采信。甲文有从手的典字，从丌或为从手之误。古有“典为大册”一说，也非初义。笔者认为册典同源，册初义为书简为文本，名词；典初义为以手捧读，动词，且于捧读中衍生出稽考和依据义——法典之典当为执法的依据。

章《说文》释为“乐竟为一章。从音，从十。十，数之终也”。义即乐章之章，非初义。林义光认为章字从辛，辛有罪义，章为约束辛罪之法。附会周人话语释辛，以证章法之章。高田忠周认为章字从畢（毕），有曲竟为一章义。牵强于许说。高鸿缙、朱芳圃均认为章有光明义，或源于日光，或源于燃薪，义同彰显之彰。夏渌、于进海认为章为暲字初文，从日从辛，日光照耀新生枝叶，尽显生气勃勃的景象即为章。后衍生出文章、乐章义，新造暲字以表征其本义。笔者认为章从日从辛或从日从立从干省文，所从日指向日神；所从辛或从䇂来，为祭祀日神的神器，祭祀日神为章，目的或为求得光明，章有光明义；所从立从干省为神祖同祭的祭神架，其中立为先祖神位，干为对话上天日神的神器，祭祀的目的则是帮助先祖与日神沟通，章有彰显义。典章之章可从上述初义中得以引申。

讼《说文》释为“争也。从言，公声”。义为涉案人同办案的公人相争辩，以洗脱罪名。另有从言从谷（jue 音）的古文讼，所从谷即容字省文（笔者按或为公之变）。按《文字考古》的说法，公和谷都是对老人嘴角上方锁口文的象形，义指长者。讼字所从公，表明最初的办案人为年长者（即公）。

诤《说文》释为“止也。从言，争声”。双手引导新发植物枝条的生长方向即为争，争初义表征的是人力对物力的争（见“第 5.2 节”释争）。诤意即通过言说引导庭争结果向有利于自己的方向发展，属于人与人之间的争。

诛《说文》释为“讨也。从言，朱声”。以讨释诛。一说朱声从戈的诛为刑诛，朱声从言的诛为口诛。《说文》释讨为“治也。从言，从寸”。义为讨伐之讨，治即治罪。《说文》释朱为“赤心木。松柏属。从木，一在其中”。商承祚认为一在木下为本，一在木上为末，一在木中为朱。笔者认为朱字所从一，表征的是殷人在赤心木上掏取一块树心作为颜料，一为所掏取之物。浅红为赤，深红为朱。赤心木存放越久，其色泽越浓越接近赭红（殷红）色，也即殷商人所崇拜的桑葚之色和玄鸟（燕雁）羽毛之色。该颜料或用于涂抹面孔，或用于黥额（在额头上刻痕并涂抹成殷红色），或用于制作旗帜图腾，或用于祭祀，以表征所在族群属于玄鸟之后、由空桑木母转灵而来。动作之朱与锯音同义通。名词之朱有树木、赤色和小块（树心）义。从木之株（幼株）、从玉之珠、从金之铢（锱铢）、从虫之蛛（蜘蛛）、从水之洙、从人之侏（侏儒）等均有小义；从糸之絑和从石之硃等均有赤色义；从言之诛则有锯取和诛杀义。周灭商后，为摧毁殷商人的文化记忆，黥额、黥面和辛鼻被用于刑名，赭色则成为囚衣专色。诛杀、诛心连同朱批，成为王权治下令人不寒而栗的专制符号。它们竟然与我们非常熟悉的桑葚有关！从阝之邾（今属山东济宁）当为殷商故地，赤心木或生长于此。从邾地走出去的朱姓子孙，当为殷商族后裔。

狱（、、）《说文》释为“确也。从犾（读 yin 音），从言。二犬所以守也”。释义不清。马叙伦认为狱从二犬取伺察义，意即察狱，确案情真伪。杨树达认为狱字所从言，实假言为辛，辛为罪人，二犬看守罪人为狱。杨说与“争罪曰狱”古语不符。

笔者认为狱字本义为罪人相互争辩。许慎所言“守”非杨树达所言看守，而是罪人自守，且互以对方为狩。守与狩的工具就是辩言，故狱字从言。确案、察案之人则身在狱字外面，狱字里面只有争罪，没有察罪。狱所从二犬（犾），表征辩狱双方均失其人形如同犬形，与状哭所从犬用意同（见“第 2.8 节”释状）。争讼者中未必有罪人，而辩狱者中一定有罪人。争罪结果至少有一人入狱入圉，狱圄圉音同义通。

争讼后无罪释放即为泰（、、）。《说文》释泰为“滑也。从廾（古文共），从水。大声”。学者多认为泰象人两足陷于泥中而有滑义，一说为淘汰之汰初文。古文太泰一字，泰为大字重文。伍仕谦认为泰象“妇女生子”之形，上面大为产妇，下面大为新生儿。篆文泰所从水为羊水，滑义是指产子滑利。笔者认为可采信。需补充的是，泰所从廾为产婆双手。产妇荣升人母者为大为太。泰因顺滑而有利义。殷妇产子实为人生大难，婴儿能否保住更是人生关口，产妇大难不死、婴儿降临人世即为泰。历争讼而能安然回家，又何尝不是再生之泰。

缉《说文》释为“绩也。从糸，咠（读 qi 音）声”。糸即今文丝。《说文》释咠为“聂语也。从口，从耳”。附耳小声私语为聂。林义光认为咠象口附耳形。用绳丝拴住他人口耳（连同身体）即为缉。《说文》释绩为“缉也。从糸，责声”。绩因责声之责获得贡赋和称臣义。虽然在《说文》中缉与绩可互释，但两者终归有别：绩所从糸连接来的是对方的物质贡赋，缉所从糸连接来的是对方的口耳之身。前者因物质贡赋引申出政绩成绩义，后者因口耳之身引申出缉拿通缉义。

纲（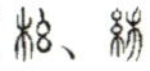）《说文》释为“维紘绳也。从糸，冈声”。紘即织网用的一根主绳，纲即围绕渔网主绳周边的大绳。《说文》释冈为“山骨也。从山，网声”，意即山冈。虽然渔网的大绳和山的主干在纲与冈两字中互释对方，但从造字原理可推测，应是山冈在前、网纲在后。后来的统治者欲网尽天下，便借纲纪说统治（见“第 3.2 节”释统），借网绳立纲常，以方便皇权能收放自如至千秋万代。

纪（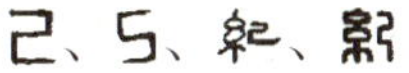）《说文》释为“丝别也。从糸，己声”。义即理丝。名词之纪，义为端绪；动词之纪，义为分丝别缕，理清端绪。纪后引申出人伦纲纪之纪，作为人生进退依据。进退失据则为乱纪。一说己为纪字初文。天干之己有别丝义。后引申出自己之己，有自我别丝即自己理清自己义。这与“守一”之义相吻合，也恰恰是华夏先民话语中那个最初的“自己”义。如最高统治者都能按这一本初的“自己”义定纲立纪，则孔子何须奔波如丧家之犬，老子又何须留五千言后不知所踪。孔子之仁义，老子之道德，都蕴含有自己理清自己义。

3.4. 王权：由卜祭而至礼乐
——“卜、祭、礼、乐、专、御、封、诏、诰、崩”及其他

周清泉先生在《文字考古》中说，王权就是任性。用今人的话说，王权不可能被关进笼子里。尤其是秦以后的皇权，总想着把天下所有的一切都网罗到自己的渔网中，唯独自己要成为那个持网的人。这样的一种政治制度叫专制，和周以来的宗法文明相结合，则成为宗法专制。

但最初的王却不是这样的，他们既没有可能也没有胆大到乾纲独断，他们需要问卜于神。如结合“非洲起源”说，华夏先民的问卜习俗或许是在非洲大迁徙的路途中逐渐形成的。后随着时空距离加大，面向帝神的情结日趋淡化。传说中的说法是，因蚩尤作乱，导致人神之间的秩序日趋混乱，黄帝的继任者颛顼开始整顿天地间的秩序，此即著名的“绝地天通”事件，垄断了上神的解释权。秦皇汉武封禅泰山，表明王权开始支配神权；再到王莽授意刘向父子伪造三皇五帝谱系时，王权可以篡改和伪造神权系统。外来的佛教也未能幸免，宋朝徽宗皇帝用自己爱妃的肖像替外来的观音菩萨换上女装。对任性的皇权来说，只有想不到的事情，没有不敢做的事情了。

卜（）《说文》释为“灼剥龟也。象灸龟之形。一曰象龟兆之纵横也”。诸家多从许说，独唐兰认为龟甲裂纹多呈十字交叉纹状，很少有呈卜字形的。卜象形卜具如筹策之类，而与兆纹无关。唐兰的质疑有道理。另，《白虎通》言“卜，赴也。爆见兆也”。这里的奔赴之赴有何意？抑或谁的赴？《说文》释兆（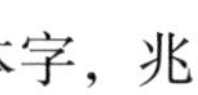）为“灼龟坼也。从卜兆。象形”。于省吾认为，兆为洮和逃的本字，兆字中间从水，左右从

人，“象两人背水外向”。

笔者认为于省吾所言兆从人说可采信。遵此说，卜字也当从人而造，《白虎通》所言“赴”当是人之赴。笔者进而推测卜字初文或指示着殷商游牧队伍所要前往的方向。但没有人知道何方有肥美的水草之地，也不知道哪个方向上可能隐藏着巨大危险，只得祈求上神明示。卜者便以自己的身体作为最初的卜具，面向四方先后仆射而去。如果在某个方向上感觉得到了神的默许，或者在某个方向上受到神的警示，便可根据问卜结果选择未来的路途。如什么结果都没有，或许就要停留下来。甲文中卜字的不同字形，当是对卜者身体语言的刻画。后来的龟卜和蓍卜，不过是以龟甲和蓍草代替了卜者的人体而已。最早的卜行为，或许就是人对上神的仆地而拜行为，卜字读音正是身体仆地之声——如同其名自呼。卜行为当起源于非洲家园，“伏羲”二字蕴含有华夏先民伏地而拜上神的记忆（见“第 1.7 节”释伏羲）。从非洲家园前往世界各地的不同民族，则在各自的路途上寻找到了不同的卜具（如动物肝肠及角骨、植物枝条及果核、贝壳等），替代了各自族群卜者的身体。对华夏先民来说，卜人尸三字虽指向同一个物质肉身，但只有那个在大地上辛勤劳作的肉身才叫“人”，在迷茫的路途中求神给以指引的则叫“卜”，凭几休息的叫“尸”——人的肉身因此呈现出不同的面相来。需要明确的事实是，卜一开始就是华夏先民队伍领头人（也即家长们）的权力，殷王同时也是巫王。职业化的巫、祝、仆射、太仆们，也只是家长们的技术帮手。这些帮手在殷商时尚有较大权力，比如能决定王的去留生死。但在周代以后都逐一被边缘化，王权最终成为绝对任性的权力。原本在世的中华哲学，先是蜕变成“在家的哲学”，后又退化为“在家长的哲学”。

由卜而生的字还有占卟贞卦等。卦即卜卦之象，从卜圭声。圭有累土为封（封邦建国之封）义，最初或与测量太阳等天体运行有关。一卜为纹，累积一组卜纹即成卦象。一说占和叶一字异体，笔者认为实则不然。占所从口为人之口，表征占卜人对卜纹的言说，卜纹此时已呈现出意义；叶所从口非人之口，而是卜具之口也即卜的言说，人能听见的只有卜声，但不解其义，卜纹尚未呈现出意义来——《说文》因此说要疑之要问之。贞则出现在占之后，象形卜的结果已通过审核，其意义已经过人神拷问，最终被记录在或贝壳、或甲骨、或大鼎上，成为卜辞中的正和真（贞有正和真义）。生活的意义、上神的启示、未来的路途和希望，也因此得以明朗，且已通过王的言说被记录在华夏先民的历史中。王望往亡忘诸字音同义通。“王”通过问卜而“望”清了前路，将领着族人前“往”，消失在历史通道中而“亡”，其最初的样子也渐渐被后人遗“忘”。

卜问连着祭祀，祭和祀及卜一道成为王的特权。例如只有殷王才可以举行郊祭和年祀，只有周天子才可祭天与社稷。诸侯、大夫、士及百姓所祭对象也各有规定。《说文》释祭为“祭祀也。从示。以手持肉”。祭所从手在右，或执酒器；所从肉在左，或为左手所持。郭沫若认为祭所从示，多用于指称男性神灵即牡神，也表征女性神灵即牝神，女神当在男神之前。甲文有从匕的祭，或表明最早主持祭礼的为女性首领（王或巫王）。杨树达认为有从血从示的祭，“荐血于神前”也即血祭。一说从肉之祭为告杀之祭，即兽祭或祭兽，受祭的对象是那些已被宰杀的动物。笔者认为从肉之祭与享牲有关，适用于众神和先人之祭，但不适合最高神天帝之祭。据闻，殷卜辞中没有祭上帝的记载。甲文赤或表征一种特殊祭祀，所祭对象或为天帝，以求赐予光明（见“第4.6节”释赤）。殷人有氏族之祭，无家族之祭。周人均有家祭，或每食必祭、以告先人。

在祭神中形成的一套事神规则，即为礼，繁体写作禮（、）。《说文》释禮为“所以事神致福也。从示，从豊（li音），豊亦声”。豊为

行禮之器，从豆象形，豊所从豆为祭祀用的器皿。一说豊象形两玉在凵（kan 音）中，玉为奉神之器。马叙伦释禮为“人神交际之道”，当为禮字的初义。后周公制禮，用于人神关系的禮降格为人人关系，标志着神权向王权大幅度让步。

乐繁体写作樂（、），《说文》释樂为“五声八音总名”，义即音樂，字形象鼓鞞（pi 音）。罗振玉认为樂字形从丝附木上，“琴瑟之象也”。王献唐认为樂字从丝木会意，与线锤、线穗等纺织工具有关。笔者认为王说可采信，音樂之樂或起源于纺织劳动中的织机声。樂读音同曰，或意味樂器自己在说话，如同人在振铎发音（曰）。人因振铎发音而曰（见“第 1.1 节”释曰），纺织机因丝木缠绕之音而樂，曰和樂音同义通。织机上的劳作之人也因此而愉悦而欢樂。

宗法专制之王们喜欢称寡称孤。《荀子》给出的解释是，“天子无妻，告人无匹也”，所以称寡，无妻曰寡。尽管天子坐拥三宫六院，上百佳丽，但她们都不是皇帝之妻。妻有齐义，义即男女齐体。她们谁敢与皇帝齐？皇帝龙床上的规矩一点也不比朝廷上的规矩松弛。说皇帝无妻，是因为皇权至高无上，没有人可与之匹、与之齐。再来看皇帝何以称孤。孤（、）《说文》释为“无父也。从子，瓜声”。关键是孤从“瓜声”。蒂虽然是瓜的原因，但瓜蒂与瓜不在同一个生活世界里（瓜熟蒂落），瓜因而无父（见“第 1.6 节”释帝）。虽父为子纲，但君为臣纲。为维护至高无上的皇权，在位皇帝只能无父，因而自称为孤。如父皇已驾崩，则尊其为先帝。倘若皇父尚在，要么不是皇帝，如汉高祖之父刘太公；要么被赶下皇位，如唐太宗之父李渊；刘太公和李渊都被尊称为太上皇。在位的皇帝依旧无父，相互间也不以父子相称。如若有人误认为皇上自称孤家寡人是在装可怜，那实在是太傻了。

自秦始皇之后，皇帝开始自称为朕，别人全都尊其为圣上和陛下。

朕，初义为船主人、乘船人、送行人的自称（见“第 1.2 节”释朕）。无人知道秦始皇为何看上了朕这个称呼。是因为他将秦帝国看成是一艘万年不沉的船（按五行相克说，周为火德，代周之秦为水德）？还是因为他名为嬴政，朕与政读音相近却又避讳，借朕字让万代子孙永远记住自己？后人不得而知。最终的结果是，朕字成为历代皇帝专用的第一人称，后来者好像都中了秦始皇的圈套。

皇帝的另一称呼叫陛下。《说文》释陛为“升高阶也”，义为台阶。“升高”二字或为后人所加。一说陛的初文为坒（bi 音），《说文》释坒为“地相次比也”，从土比声。坒和陛的差别是，陛有高低“相次比”义，陛所从阝有升高义，并因此获得台阶义；坒只有“相次比”义，并未规定“相次比”的垂直方向。陛下之陛，原义指帝王宫殿的台阶。大臣呈奏于皇帝时，只能自呼为“在陛下者”而告之，意即在皇上您宫殿的台阶下那个人要呈奏于您。“陛下”一词于是逐渐成为对皇帝的专用尊称。

从极端的意义上说，宗法专制即意味着天下为皇家所专有，权柄则为皇帝所专享。朕、陛下等皇帝专用字眼，只是其天下专有、权柄专享的副产品而已。《说文》释专（、）为“六寸簿也。从寸，叀（zhuan 音）声”。六寸簿即长约六寸的手版，用于记事备忘，或因要事集于一簿而得专义。李孝定认为专“象纺专之形”，初义当为纺专（纺轮的前身），后引申为圜转义及专一专谨之义。笔者推测纺专之专或因纱线缠绕于一轮之上而得专义，圜转义当从纺轮旋转动作中引申出来的。由专一引申出一人独专，即专制之专。

专制之专有一个特殊领域，即皇帝的名讳——是不可以被称呼，甚至不可以被书写的。讳有避讳和忌讳义，从言韦声。为避帝王名讳，每逢改朝换代或新皇登基，如需要修订史籍，都必须选用同义字代替原史籍中出现的帝王名讳。仅仅因为刘邦名邦，两汉所有的文献书籍中都不能有邦字，代替以国字。这种因帝王名讳造成的语言伤疤，倒是给中国的古史研究留下了特殊的年代痕迹。

皇帝的另一个专用字叫禦，简体写作御。皇帝看书叫禦览，印章叫禦玺，行走叫禦驾，用餐去禦膳房，赏花去禦花园，身边总有一批禦用文人。禦（）《说文》释为“祀也。从示，御声”。初义为殷人的一种祭祀活动，或要驾着马车完成。《说文》释御（、、）为“使马也。从彳，从卸”，义通驾驭之驭。一说驭为古文御。或因为当初御祭为殷商故王所专享（御祭有迎殷王尸之说），御字便为后来的帝王们所专有。在一片禦（御、驭）声中，臣民连同万物时刻表达着甘被圣上驾驭的心愿。

夜幕降临了，三宫六院的嫔妃们都翘首以盼着能爬到皇帝的龙床上，被圣上所幸。《说文》释幸为“吉而免凶也。从屰（ni 音），从夭。夭，死之事。故死谓之不幸”。义为幸运之幸。马叙伦认为夭象形头倾，屰为倒大，从夭到屰，看不出来有许慎所说的“吉而免凶”义。进而推测幸字从夭辛声省，辛因与罪刑有关而获得凶义。《说文》释夭（）为“屈也。从大，象形”。一说夭为头倾，一说头歪，一说死亡等。一说夭有二体，夭字头或向左倾或向右倾。

笔者认为夭字初文或源于对新生苗的刻画，苗因新生而有大形、而头倾（或向左或向右）、而象屈形，且有可能早早枯萎而夭亡。幸字当从夭辛声省，而非许说的从屰。辛初义为支撑接穗的辛木，或取材于植物枝条（见“第 2.6 节”释辛）。辛上有“夭”即长出新苗，当为幸事。许慎（基于篆体幸）以死训夭，取新苗（夭）夭折之义，将活苗误认为死苗；后又以屰替辛，屰倒大为根，和辛在字形上有相像之处；幸只得训为不死，免死为幸。许说欲于误识中得正解，弄得曲折晦涩且矛盾重重。金文幸以屰替辛，是因为辛在周时已成为刑名即辛刑。皇帝幸女之幸，反倒隐藏有幸字初义：皇上如接穗，是人是神；嫔妃如辛木，是木是物；嫔妃因承接皇上之幸而发新苗，即为幸，其新苗被称之为龙种。

帝王所专的大事还有伐（、、）和盟（、），关乎战争与和平。《说文》释伐为“击也。从人持戈”。义为攻伐之伐。方国瑜认为从人从戈的伐和戍为一字，“自卫为戍，征人为伐”。一说伐义为舞（九伐），一说伐义为祭（杀人以祭）。伐之舞或再现征伐之事，伐之祭中的所杀者或为征伐中俘获的敌人。《说文》释盟称“周礼曰：‘国有疑则盟。诸侯再相与会，十二岁一盟，北面诏天之司慎、司命。盟，杀牲歃血，珠盘玉墩，以立牛耳。’从囧从血”。义为诸侯盟誓之盟。囧为房顶亮瓦，一说是窗牖，有明亮义，古文盟从明。盟之法：凿地为坎，杀牲于坎上，用牲血书写盟约，牛耳盛于玉盘，各方共同盟誓于神（司慎、司命）前。前有武王伐纣时盟诸侯于孟津，后有春秋五霸轮番会盟。

和平时期，天子巡于四海狩于王田。《说文》释巡为“延行”，从辵（chu 音）川声。马叙伦：“延为长行，实长道也。”一说巡有视察义。笔者认为帝王出巡，如同在自家院子里散步，以张扬皇权，富有天下；百姓广被圣泽，皇恩浩荡。《说文》释狩为“犬田也。从犬，守声”。意即带着猎犬打猎为狩，狩猎之狩。周礼记载有“獸人”即狩官一职，其职所掌“皆王田之事”，专管周王打猎的事。獸为狩字初文，犬逐野兽助先民猎获猎物为獸。狩则属于周人后造字，有守义及获义。本是养在王田里或王土上的生物，通过狩的形式，守住且获取而已。

皇帝出巡或狩猎，少不了要给臣民封点什么。《说文》释封为“爵诸侯之土也。从之，从土。从寸，守其制度也。公侯百里，伯七十里，子男五十里”。封初义为封土建国，合称封建。王国维认为封即封土为界，《周礼·地官》有封人。笔者按“封人”或为专事封建的技术官员。另有一封二封三封之说。李学勤认为“封是高四尺的土台，联接两封的埒（lie 音）高一尺，底基厚二尺”。阡陌则起着内部地界的作用，在同一地主的内部，可能只有阡陌而不设封埒。杨树达释封为“封树”，源于《周礼》中的“为畿封而树之”句。封初义为“植树封疆”，许慎所言“草盛丰”之丰当为封字初文（与今文丰收之丰繁体作豐，非一字）。《周礼》称“二十五家为社，各树其土所宜之木”。古文社，上为木下为土，从木从土。笔者认为封树建社四字应为同一个封邦建国过程的不同侧面，缺一不可。

王权的供养来源主要是臣民们的贡赋。《说文》释贡为“献功也。从贝，工声”。释赋为“敛也。从贝，武声”。段玉裁引鲁地方言称“社而赋事，烝而献功”，意即春分祭社时（社）上缴农桑产品（事）名为赋；冬日祭祀时（烝）上缴布帛五谷产品（功）为献为贡。赋之所以“武声”，或意味着要靠武力强征强敛，或意味着武力保你平安（赋如同保护费）。在皇权看来，贡赋连同税捐等都属于“土地所生以供天子”之财物。

帝王的封建、巡狩、贡赋，都需要通过诏和诰以广布天下。《说文》释诏为“告也。从言，从召，召亦声”；释诰为“告也。从言，告声”。单从表面上看，两字义同而声不同。如进入字源深处，则两者之间的差异不小。

《说文》释召（、、）为“呼也。从口，刀声”。关键是“刀声”之刀何解？古文召上从刀像反匕，徐中舒认为是“匕柶之匕”即匙，下从口或酉。杨树达释召为酌，“召声勺声古同豪韵，声亦相近”。笔者认为刀同匕说可采信。召字初文或源于殷商食母（饲母、司母）喂食人子之形，其刀原为盛有食物的勺匙（匕），其口为食母之口，发喂食之音，以呼人子进食，即为召。“刀声”之刀表征食匙，刀、匕（匙）

原为一体，均为取食之器。古币选择刀形，或寓意有食匙义，刀形币可喂食持有者（见“第3.4节”释力刀）。召字读音或源于食母招呼人子之音。旁证有二。一是叱咤之叱，从口从匕，所从口与匕相背并列，或是食母呵斥人子之形，义为呵。二是周召二公依郏分治，召公何以名为召？周公何以名为周？笔者认为周字取形于井田制，有田地及贡赋义。周公治域位于东南，属殷商旧土，职责主要为安抚、收取贡赋——恰如井田之周。召公治域位于西北，周人根基所在，将收取上来的贡赋合理地分配给周室王族，或是召公职责——恰如食母之召。由周公到召公，形同贡赋由王土到天子国库、再到王室之口，完成了周天子所设计的王室供养流程。于此可见周武王的良苦用心。后来的皇帝诏曰，有将皇帝喻为食母义。或因周人男权使然，食母之喻不能呈现出来，诏书之诏的初义逐渐被遮蔽。

再来看诰字所从告（、、），《说文》释为“牛触人，角箸横木，所以告人也。从口，从牛。易曰‘僮牛之告’”。一说告象荐牛于器（凵）以祭形，初义为告祭之告。诸家多从此说。吴其昌认为告初义为斧，引申为刑具。

笔者认为告可能是一种巫具。许言牛“角箸横木”触人且由僮牛执行，或为该巫具的使用情形。僮牛即幼小的牛，或因幼小难以伤人而当选。旧式巫术活动中的“讨告子”，其巫具是一副木质告子，两片告子合起来形同一只牛角。每片告子内面掏空为阴，外面呈弧形牛角状为阳。经约定的祭拜仪式后，求告人合并告子掷地，若一阴一阳为顺告，意味着出筒之签获得神灵首肯，即有效。如同阴或同阳，则意味着出筒之签神灵不予认可，求告人需再拜并重新摇动签筒。参照上述情形回看许说，或因牛作为祭祀大牢而有神性，便让牛“角箸横木”触人，接着要根据牛触人结果（横木之纹？触及部位？）来分析神灵所告意义，即被触者想要获得的神示。虽然具体情形不得而知，但可据此推断，告这一动作的发出者为神灵无疑，人只能是神灵所告内容的解读者（即许说“所以告人”）。帝王之诰，蕴含有神化王权义。诰也成为王权侵占神权的古文字痕迹之一。

帝王也难逃一死，其死亡的专名叫崩或驾崩。《说文》释崩为“山坏也。从山，朋声”。只是所崩的不是帝王，而是御驾——帝王的座驾。驾崩即意味着皇帝再也不能御驾亲征了，再也不能“圣上驾到”了。帝王本人作为天之子是不死的；作为帝则是永生的，帝字本身就有永生义。山呼“万岁”也全因帝字而来。“朋声”之朋初文象形细贝壳连成两串。山崩，意味着朋字所表征的两串贝壳形也彻底散了——如同皇帝的座驾一样。

3.5. 交往：由巫舞而至社会

——“巫、武、舞、肆、庠、祠、堂、社、会”及其他

追寻“交往”二字的初义，原是两腿交替而行前往某个地方。“交”有交胫义，象人两腿交叉或立或坐形。“往”即前往。两字合并起来，则有两腿交替前行走向前方义。如此之交之往，当然是徒步，其背后的含义是不假外物。如果像帝王一般御驾什么的，那就不是交往，而是巡狩和巡视。所假借的不仅有帝王的座驾，更有皇权的威仪。在一个物质至上的时代，重提不假外物、徒步而行式的人际交往，或是当代人的必修功课，以回归中华文化原初的淳朴与活力。

有往就有来，合称来往，也称往来，义为你来我往。但来往的初义则是人往物来：殷人在王的带领下前往新的水草之地，迎面而来的是麦

子——麦与来本为一字。按《文字考古》的说法，殷商人呼麦为来。近年来有考古学家在山东日照等地发掘出碳化小麦。宫本一夫认为小麦于新石器时代初期在西亚开始栽培，而后在欧亚大陆广泛扩散，龙山文化时期华北即种植有小麦。笔者认为此证或表明麦子当经周人祖先传入中原，在周人先祖有邰氏手上获大面积种植。周清泉认为麦字读音与其产地——有邰氏家室即周人先祖的斄（tai 音）地——有关，古文邰斄字通音同，斄义为其地产麦。麦本为当地斄牛所食，故称为“来牟”。牟既是牛的叫声也是牛字古音。“来牟”今义为牛麦。笔者推测“来牟”即牛麦义或意味着是牛将麦子推荐给了华夏先民，由牛的食料转化为人的食粮。麦字如何获得来义？一说与麦子的生长周期有关。今秋播种，来年入夏前收获，麦因此获得来年、来岁义。殷人春天北上游牧时，及时收到土著贡献来的麦子，麦因此获得行来之来义。但来不可能在时空中自来。物能自来属于西方形而上学思维。来与麦两字间的细微区别，或向我们透露出麦获得来义的真正原委。

麦（）《说文》释为“有穗者，从来，从夊（zhi 音）”。夊即相遇之足（见“第 4.2 节”释夊）。谁的足？笔者认为是谷物“来”的足即根，给来添加根足就是麦字。来，初义指麦穗，也即无足无根的麦。来的只是麦穗而非连根拔起的麦子！斄牛的草料、华夏先民的食物、土著的贡物，都只能是无根的来而非有根的麦。来，也只能是物去根而来。麦有根，来无足，人通过收割帮助来去掉麦根。有根的麦只能生长在地里，不可以来；唯有去掉根和足的麦穗之来才可以来。来因而并非物自来，也非人之来（因而无足），而是通过人的劳作而来。准确地说，是因为人的往（和劳作），而有物走进人的生活（从人的生活中来）。殷卜辞中有大量行来之来的来，足以表明来（和麦）已深度进入殷人生活。周灭殷商后，这段历史被改写、被遮蔽。以至于《说文》释麦为“周所受瑞麦”，并称其为“天所来也，故为行来之来”。其神话色彩明显与生活内容脱节，大约是想给来字画上神足——从天所来。

真正的人的交往开始于“集”，行走中的集叫游，后来发展为游历；非行走的集有巫武舞；聚集在一起用餐叫宴；更多的集是为了生产，其中有一种生产形式后来发展为交往，此即艺。华夏先民的其他交往形式，也都与集有关。

集（）《说文》释为“群鸟在木上”，从雥（za 音）从木。义为集聚之集。三鸟为雥，雥有多和杂义。一说雥为古文集，一说为古文杂，一说集与杂同体同源。笔者认为形容词雥以三鸟合体之形言说鸟的群杂形态。动词集以三鸟聚于木上为形言说众鸟动作。殷商有“集尹”官职主掌膳食，说明进食在当时属于群体行为，大家集中统一进食。另有众多“集”某的官职，说明需要集中的事情有很多，人本是群居动物。一说集与合同义，合字从亼（ji 音），三木为亼，亼有集义。笔者认为合初义为合祭，享祭者被动地合在一起；集则是当下生活者的行为，是人的自动聚集。两者很不相同。

对于从非洲草原走来，又一直处在游牧中的华夏先民来说，集更多的是为了游。《说文》释游（）为“旌旗之流也”，高举氏族旌旗组队游牧或迁徙，为游字初义。游初文作斿，罗振玉认为斿“从子执旗，全为象形。从水者（游）后来所加”。一说举一旗为斿，举两旗为旅。旅为斿的扩大版，气势和力量或许壮色不少。另有从方从人的㫃，初义为旗，读 yan 音，同燕和雁，或表明举着旗帜的是玄鸟（燕雁）氏族，即殷商人。方字有国义，合称方国。人古音同殷（如今天山东方言，读人 yin 音）。方人即人（殷）方（国），义同殷国殷族。可推㫃字当为殷商人所造，以玄鸟燕雁为旗行走于天下即为㫃。郭静云称“游牧”一词源于希腊语中的“游民”，当为游猎、游牧、游商、游战的统一。

笔者按希腊语中的“游民（游牧）”一词与甲文㫃可谓异曲同工。

双手高举氏族大旗前行，既指示着方向又标示着身份，为游。身体和脚穿越过树木与禾苗则为历，繁体写作歷。《说文》释歷为“过”，不够准确。罗振玉认为歷初文或从林，足所经皆木；或从厤（li 音），足所过皆禾；初义均为经歷之歷。叶玉森认为歷象形“足迹在禾旁林下”，即知有人过。笔者更乐意将其理解为林木与禾苗在华夏先民的游歷中纷纷现身，它们歷歷在目，且歷歷可数。后游歷连用，或寓意林木与禾苗进入华夏先民的生活整体中。将先民生活连续为一个整体的，最初的形式是集，如同三鸟聚集于木，于是有了民族共同体的雏形；紧接着是斿（古文游），有方向、有目标，也有身份认同，先民的生活河流开始流动；再后来是歷，随着身体和脚步面向林地深处的进入，对象物（禾、林等）开始呈现出它们的样子，生活世界于是歷歷在目。

人与世界相统一的诸多方式中，最直接也最重要的方式之一就是进食。华夏先民于日落时分集中进食并休息即为宴。《说文》释宴（、）为“安也。从宀，妟（yan 音）声”。释妟为“安也。从女日。诗曰‘以妟父母’”。笔者认为妟为宴字初文，会在日落时分安置用餐休息意，如同燕雁归林。至于妟的具体时间、地点，则由女性首领根据日影和地形（或许还要通过问卜）来确定，因此妟“从女日”。妟加宀为宴，人们进入房内用餐休息。妟加匚为匽，有隐身休息义。其休息的地方名为郾和堰，有便于藏身以防止野兽和外族攻击义。郾又同燕，指称燕族，当从妟宴郾雁燕音同义通而来。一切都安静下来且呈现出平安景象，则为晏。诗曰“以妟父母”当为周人所增改的新义。如只是一个人在用餐，就不再是妟和宴而只是喫，今文写作吃。人之口同食物相契，即为吃饭之吃，描述的是人的一个动作，而非人的生活。喫吃与妟晏的细微区分中，蕴含有华夏先民对生活的深刻理解。

通过对以上汉字初义的追问，呈现出华夏先民最初的公共生活景象：私人生活同公共生活、氏族生活连接为一个整体。甚至也可以说，只有氏族生活空间而没有私人生活空间。另一个事实是，对每一位华夏先民来说，其公共生活空间都是在手的。《说文》释共（、、）为“同也。从廿廾（gong 音）”。廾字象拱手之形。廿非数字二十之廿，而是和廾一起，象四手相交之形，寓意众手相拱即为共。公则指称嘴角有锁口文的女性长老，她们（和王，连同巫祝们）共同过问并决策氏族内的公共事务。最终的结果是，众公所共，决定了全氏族所共。值得信赖的是，最初的公、巫祝和王们都处于自然状态，没有带入私心杂念，只是听从神意和众意的指引。王和众公所共，基本符合最初的德政理想。保证每一位氏族成员都拱手参与了氏族之“共”的构建，氏族的公共生活空间也因此“在”每一位氏族成员的“手”上也即在手的。

华夏先民拱手构建的公共生活在巫武艺戏诸字中实现了华丽转身，继而达成了对生活河流的模仿、再现和干预，在生活中创新生活：在歌舞唱和中升华为艺术生活；在市与肆中拓宽并丰富了生活河流的内容；在教与学中实现了生活的代际接续与传承。

在以十字尺为主体的测日架下，华夏先民虔诚地等待着十字尺原本向西的投影慢慢缩短至一点，然后在与原来相反（即向东）的方向上，慢慢生长出新的投影来。这一时刻即为午时。午兼有错落、交叉、相反义。正是测日投影的这一错落行为，说出了时间之午，蕴含有忤逆之忤。中国古小说中的法医叫仵作，义为通过尸检逆向（仵）寻找出案情发生在过去时刻里的真相。

等候多时的先民们开始了盛大的祭日典礼，他们（和她们）的脚步模拟着午日投影的错落，跳起了舞步。舞所从舛源于对两舞者舞步的刻画：每个舞者的舞步都模拟着午字形，舞者身体之间也模拟着午义背向而舞；两个对舞者用他们的舞步共同说出舛字（两午交错成舛）。舞者身上披戴有头饰等舞具，它们或是玄鸟之类的羽毛，或为日神所钟爱的其他圣物，在表达着对日神虔诚的同时，也呈现出舞者的舞姿。夜晚篝火升了起来，舞者们的舞步淹没在熊熊火光中。只能看见飞舞着的头饰，而看不见舞者。淹没在火光中和头饰下的舞者成为無，今文写作无。中华哲学中的無因而不是虚无，也非不存在，只是不为人所见（被他物遮蔽即为無）而已。倒和没有（有因沉没而不显）很相像。对中华哲学而言，虚无和不存在这样的话题是无法谈论的。

午和舞的读音，或来源于舞者们口中“wuwuwu”的号子声。用力抒气且整齐划一，以配合舞步的节奏，或许还以手捶胸，抑或拍打着头部和身体，如同今日非洲部落的舞者。高大的十字尺渐渐在地面上投影出一个五（）字形，五字投影下的舞者用号子声（口）喊出自己的身份即为吾。又或因为舞者脸上画有五字形的图案，甚或是佩戴有五字形的面具，在整齐的舞蹈号子声中喊出吾。吾所从之五有返指自身义，吾所从口有言说义，返指言说者自身即为吾，吾即那个说话人自己（见“第1.2节”释吾）。

后来的舞者在舞蹈中加入了戈，以戈顿地，戈在足（止）前，即为武。读音从午舞而来。戈《说文》释为“平头戟”，形制为木棒前端装有横向刃具。最初或用于割断林木高处枝桠，兼用于狩猎，后用作兵器。执戈之武舞，由当初的劳作之舞演变为武力之舞，在周武王的宫廷“大武”中重现舞姿，成为后代帝王文治武功的两极之一。

上述活动中的领头者就是巫，其初形（）当来源于十字尺的投影。其最初的身份或许就是那位树起十字尺的人，是他（或她）呈现出了日光投影下的巫字形，且因此得名为巫，读音从午和舞而来。巫在舞和武

中又成为领舞者，成为整个仪式的主持者，成为巫舞武现场之王。一说巫字从王。周清泉认为殷王同时也是巫王，且为女性。巫也天然地获得了与神祖的对话权以及对神祖所示的解释权，并从中发展出日益精细的原始巫术礼仪。巫舞武原本就是生活本身，后来逐渐演变为对生活的模拟与再现，且通过与神祖的对话，获得了预测及干预生活的能力。

与戈戊同源的是艺（[illegible]、[illegible]、埶），与戈武同源的是戏（[illegible]、[illegible]、戲），与巫舞同源的是歌（[illegible]、[illegible]、[illegible]）。

《说文》释艺（埶）为“种也。从坴（lu 音）丮（ji 音）”，初文象“两手持木”形。坴为土块，音义同今文碌。《说文》释丮（[illegible]、[illegible]、[illegible]）为“持也。象手有所丮据也”。读音如乁。一说丮为执字的初文。艺（埶）字象形手持种苗在土地上种植。戊源于苗木嫁接，戈用于苗木长成后割下并折断旁支。艺与戊与戈三字同源，种植、嫁接、整枝三位一体。后来衍生出艺术之艺，是因为华夏先民有了纯粹的艺术生活。

《说文》释戏（戲）为“三军之偏也。一曰兵也。从戈”。马叙伦认为戲本义为角力，引申义为戲弄。笔者补充两点：一、马说的角力者为士兵，所以许慎释为“三军之偏”。所谓偏，义为训练营地。二、角力也非初义，其初义源于武，戲属于武的普及版和民间版，武则属于戲的贵族版和王室版。后衍生出游戲之戲。

《说文》释歌为“咏也。从欠，哥声”。释哥为“声也。从二可，古文以为謌字”。謌同歌。二可，即可字重文。《说文》释可为“肯”。笔者认为丂下有口成可，事在上口在下，表征人之口对事物的应承，而有可肯义；丂上有口为号，事在下口在上，表征发声者的主张，而有号称义。从可之歌（哥謌）有应事而歌、随物赋音义，意味着生活在前在上，歌声在后在下。歌咏因此成为对生活的模拟与歌唱，而非对生活的干预和自行主张，此即歌不同于巫舞的地方。也很好地解释了为何卜辞中有舞字却无歌字。巫和舞就在生活之中，与生活河流同体；歌则在生活河流的后面，对生活河流而歌。正是这一特征使得歌一开始就成为相对纯粹的艺术，华夏先民因此有了艺术生活。歌后来从欠，《说文》释欠（、）为“张口气悟也。象气从人上出之形”。其中的“上”字意味着人在彡之下，气流朝上出、眼光朝上看。歌所从欠“说”出了歌（哥）者在生活之后之下的位置。歌曲歌词及相应的唱与和，不仅丰富了艺术门类和艺术生活，更使得华夏先民的公共生活里洋溢着艺术品位。

市为“买卖之所”（见“第3.2节”释市），也是钱币流通之所。《说文》释币（幣）为“帛也。从巾，敝声”，以布帛为币。马叙伦认为古人先以玉贝为货币，“璧为币的先造字，后用布帛，则有币字”。唯有刀币出现之后，才有了与商品相分离的也即真正意义上的货币。《说文》释肆为“极陈也。从长，隶声”。“极陈”义即肆意陈列。林义光称古人以矢为肆，矢肆同音，矢有陈列义和是义。笔者认为矢肆音同义通，或寓意买卖成交：因买卖而肆（卖家陈列为肆）而矢（买家前往为矢），因成交而是（买卖双方共同达成所是）。

《说文》释教（、）为“上所施下所效也。从攴（pu音），从孝”。长者身行为教，垂范而教，上即长者，下即年少，少者模仿学习。一说攴为教鞭，一说善事父母者为孝，均属后来义。笔者更乐意将孝理解为长（耂，读lao音）幼（子）之间的传承关系和良善关系。教所从攴表征长者的示范和教学动作，攴有卜问和对话及试探义（见“第4.1节”释攴）。最初的教与学应是一体两相，在生活中学习生活，也即自然状态下的教与学，远没有后来的家长意志和外在的教育目的。反之，如果将孝理解为宗法文明传统中的孝，则教与学就已简化为宗法文化的传承渠道。这一变化自周以后才有可能发生，远非教字初义。另有从爻从攴的古文教，或专指占卜技艺类的教学。《说文》释学（）

为“觉悟也。从教，从冂（tong 音）。冂，尚蒙也”。义即冂下之子跟着长者所教的示范体悟而学，忽然开朗，便去冂去蒙而至觉悟。

学与习今文连读为学习，习繁体作習（、習），《说文》释为“数飞也。从羽，从白”。初义为鸟多次重复飞翔（即数飞）。習所从羽有飞翔义，所从白有重复义。白的初义可以看成是对王曰的重复（见“第 1.4 节”释曰白）。殷卜辞中的“习卜”当是温习之卜，重复（或接续）上次或上年之卜。因为同一事件只能连卜三次，俗称“卜不过三”。如需要卜第四次，则为“习卜”，意即是对上次占卜（共三卜）结果的重复占卜，属于第二次占卜行为。如上次（年）卜吉，今次（年）卜又吉，则为“习吉”。因卜辞有“习吉”一词就推断出习有吉义，则失之迂腐。

教与学从生活中独立出来之前，先是寄身养老院中，其名为庠，也叫序，孔子后来开办了私塾。《说文》释庠为“礼官养老。夏曰校，殷曰庠，周曰序。从广，羊声”。马叙伦认为“夏曰以下九字为校语”，笔者认为可采信。校字初义是一种木制刑具，数木相交成枷即为校。后因用于军队校场之校而有训练教学义，进而引申出学校之校。笔者推测庠初义或为老人和少年一起喂羊的羊场。一说庠有少牢义，相对于牛为大牢而言，羊为少牢。相对于捕猎征伐而言，老人喂羊是在养老；少年从中协助学习，是在教学。《说文》释序为“东西墙也。从广，予声”。予有伸展义（见“1.2 节”释舒予），序或是四合院结构中位于东西两列的房子，即厢房，窗户朝东西向，仅对四合院内开门。因相对安静，适合用于养老和教学。徐铉《说文解字卷十三新附》释塾为“门侧堂也。从土，孰声”。义即位置靠近前述的序房，或比序更靠近中堂，塾间主人当比住在序屋里的主人受到了更多关照和尊重。

周灭殷商，华夏先民的公共生活被导入血缘之家和祠堂。

《说文》释祠（、）为“春祭曰祠，品物少，多言词也。从示，

司声。仲春之月，祠不用牺牲，用圭璧及皮币”。或许因为春天粮食珍贵，祭祀活动也不适宜铺张，所以多用言词，不用食物（牺牲）。后引申出的祠堂之祠，也主要是议事的地方，形同“多言词”的场所。能在祠堂里说上话的，也主要是男性族长和家长们。

《说文》释堂（、、）为“殿也。从土，尚声”。马叙伦认为“周末以来以殿为堂。堂为广之转注字”。意即堂从广字声转而来。尚有上义，堂从尚得声而获得上义。笔者按广初义就是大屋。另有“从土向声省”的陶文堂，向和尚音同义通。堂字初义就是大屋和正屋。自周以后，演变为一个家庭乃至一个家族的公共场所。

《说文》释社（、）为“地主也，从示土”。当属于金文社，也即周人农耕意识中的社，非殷人意识中的社字初义。甲文社从木从土，上木下土。按《文字考古》的说法，游牧及行商途中的殷人，植木于小土堆（界碑）之上，即为上木下土之社。木为桑木，土为桑土（笔者推测，或是殷人取自桑林），古文社读为土声，音同杜。将古文社字上部的木，移到土字左旁即为杜。故社杜为殷商游牧途中氏族所驻之地的地界标志。后封土为祭坛，坛上植木为祭神架（即示）。祭神架移至室内（宀）即为宗和宋。周灭殷商后，在古文社旁加“示”，新造出左为礻右为上木下土的金文社。后又去掉殷人扶桑神木，以强调农耕土地意识，便有了左礻右土的社字，一直延续至今。武王灭殷后，对殷人之社木既奄上栈下又“四墙其社”，断绝其上下左右前后一切生路，戒之为亡国之社。社转为 she 音，同堵塞之塞音。杜字则被周人赋予牝木义，意即能开花结果的所谓“母木”。木分公母属周人意识，和天父地母意识一脉相承。

后来的社与稷连读为社稷，稷即周人神话中的始祖后稷。社稷一词的表面义为江山，实质上就是“家天下”。周人话语中的社稷，指向周天子作为最大家长的宗法之家。社作为动词，初义为社祭和祭社，即祭祀社神（他们先是殷人原始宗教意识中的扶桑之神，后为周人意识中的土地神）；后引申出结社义，成立某个组织如清末的南社。宗法专制社会中的结社，可视为在天然之家外结合成一个新家。

会繁体写作會，《说文》释會（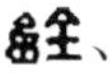、）为“合也。从亼（ji 音）从曾省。曾，益也”。参与方合在一起且有所增益即为會。一说會为脍（膾）字古文，存疑。若说借會表达将肉合在一起烹饪为膾，或许更接近事实。《说文》释曾（、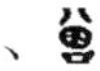）为“词之舒也。从八，从曰”。读音或源于古文囱。另有姬姓鄫国。笔者认为许说（词之舒）非曾字初义。曾或与曰白有关，但又不同于白。白是对王曰的直接且完整复制，既不增加，也不减少，还无分割。于曾而言，对王曰进行增减也是不妥当的和不被许可的。或因为王曰所要传播到的对象有所不同，对王曰分门别类、以方便分类传达则是容许的。曾就是对王曰进行分门别类的专业人员，故曾字从八，八有分别义。曾字所从的古文囱则是分别的通道，有囱才能分别，没有囱就不能随意分别。王曰因为分门别类而有了增义。相对于分类过的王曰新版本而言，分类前的王曰旧版本有了曾经之曾义。會字所从曾，义为增益之增。

殷商人之会，多为游牧途中部落和氏族之会，兼有与沿途土著所会，会因而有了会合义和交易义，歌会与庙会隐身于其中。周以后之会，则是不同形式、不同规模的家与家的联欢、聚会及贸易而已。

在宗法专制制度下，人与人交往的目的最终归向一个“家”字。只和男人有关的叫结拜和结盟，人与人（家长与家长）结拜为异性兄弟，团伙与团伙结盟为兄弟家族。女人参与其中的叫谈婚论嫁，相关的家族结为亲家和姻家。最上端也是规模最大的邦交为“盟”，即诸侯间的歃血为盟，如前所述；最低端也是最个人化的私交为“投”，其极端形式就是立下投名状。限于篇幅恕不赘言。

3.6. 男变：去母系而尊男权

——“夫、男、力、弟、丈、舅、侄、甥、仲、叔”及其他

华夏先民如何从母系社会转入男权社会，既是重大历史事件，也属重大学术话题。可惜史料中的记载很少。在我们的神话传说和历史意识中，好像自从盘古开天地时就是男权社会，母系社会全都出现在别人家里。只是在《西游记》这类志怪小说中，女儿国之类的母系社会作为一种异类现象被呈现，被围观。

毫无疑问，这只是历史书籍呈现出来的假象。实际情况则是，华夏先民母系社会的历史早已被男权社会或篡改、或遮蔽，且这一过程持续数千年之久，以至于近乎忘却。所幸的是，古文字不会说谎。在《古文字诂林》中，男部的字仅收录孤零零的 3 个（男舅甥），而女部的字则收录有阵容浩大的 245 个，是男部所收录字数的 81 倍多。想象一下 3 个男人站在 245 个女人堆里，会是一个什么样的场景？这一场景正是华夏母系社会留在古文字里的生动写照，但它不主张女性先民的人数远多于男性伙伴，只是主张女性先民在母系社会中的主导地位。可以毫不夸张地说，女性先民对古汉字的原初贡献远远大于她们的男性伙伴。

正是依据华夏母系社会遗存在古汉字（和《诗经》）中的痕迹，周清泉先生在《文字考古》里复原了一段周人先祖（以古公亶父为代表）强抢姜族女子（以姜嫄为代表）为妻的历史。笔者将这一段历史称之为“男变”，作为本节文字的标题。并挑选了一批与之有关的古汉字，从中一探这一事件的文化原貌。

另据宫本一夫介绍，新石器中期渭河流域至黄河中游及淮河上游地

区，出现有男根偶像（陶祖）崇拜。笔者按，虽然这并不足以支持该地区已同期进入父系血缘社会的观点，倒是可以说明该区域进入父系社会的时间早于长江流域及华夏其他地区。至于殷商一代，早期当属于母系社会，晚期或有男性王出现，但女性依旧是大权在握。《尚书·牧誓》声讨纣王“惟妇言是用”，或许是这一特殊现象的曲折反映。并因此与周人的男性宗法文明产生了严重冲突。

夫（夫、夫、夫）《说文》释为“丈夫也。从大，一以象簪也”。义为成年男性，从周人习俗中得义，非初义。周谷城认为夫初义就是“大块头”。笔者认为周说或不无道理。陶文、甲骨文和金文均有上从大下从人的夫字。笔者进而推测夫字初义或许就是指成人中的大块头，不分男女。初文夫与大同体。大和小相对成形得义：大初义指成人，字形源于从幼儿（小）角度仰视成人形体的象形；小初义指幼儿，字形源于成人（大）俯视小孩形体的象形。夫与大音义两分，或与“率斧开路”的父（见“第1.6节”释父）有关。夫或从父得音并与父比肩，夫与父音同义通（都是大块头）。父是成人男性中的大块头，率斧开路需要强大的体力。倘若需要指称和“父”身份不同的成人大块头，就需要另造一个字，上大下人合体的夫字于是出现了。夫或泛指所有成人中的大个子，或专指成年女性中的大个子。后演变为从一从大的夫。古有官名为大夫，匈奴乌桓称之为大人，该称呼中或许保留有夫字的初义。按《文字考古》的说法，匈奴等四夷均属于殷商旁支。笔者认为他们（四夷）至少受到殷商文化的影响。大夫这一官职如诞生于殷商，也极有可能是女性。语气词夫或许流露出人们对大夫们的赞叹与艳羡。大与人合体成夫，大字重文为泰，产妇顺产为泰（见“第3.3节”释泰）。夫泰间的联系（均有一“大”字）与区别（夫大下为一人、泰大下还有一大），或再次表明夫与泰均为女性：高挑女为夫，产子者为泰。夫字后来专指丈夫，义为夫妻之夫，正是周灭商后男变的结果。俗语“天字出头夫做主”则形象表露出男权的肆意膨胀，淹没了夫字初义。

田力合字成男，男人当初未必就是田力，田力也未必就是男人。《说文》释男（、）为“丈夫也。从田，从力。言男用力于田也”。义为在田里出力干活者为男。问题是，男最初在田里干什么？马叙伦认为“田猎”，正确；高田忠周认为“专任耕耘”，错。夏渌认为甲骨文中从女从力（左女右力）的男才是性别男女之男的初文，代表母亲生下掌力（犁）的小子（笔者按，力应是狩猎之力而非农耕之犁）。也写作或从子从力或从妾从力的异体字。换句话说，在田里出力干活的男未必就是后来的男人。

一说男从南得音。《文字考古》认为男音同南任（妊）拦（阑）。殷人冬天畋猎时，北方火攻，东西为当（挡），男守于南方为拦（阑）。可采信。至于《文字考古》依据男南任（妊）音同，认为男或为妊娠女，存疑。男手上所持的力，笔者认为是狩猎工具，也即裘锡圭所说的“木棒式”工具，上面安装有刀刃，且具有很好的柔韧性（象人筋之形）。男的任务就是利用力构筑起一层层障碍，拦住惊慌逃窜的猎物，或将它们驱赶到陷阱中，或直接捕杀它们。

力部的众多汉字，生动再现了当年的这一场景。一是现场使用的“力”种类繁多。有大河蚌（萬）为刃的力（**勱**），众多合并在一起的力（劦），裹着烟熏的力（勳），捆绑在器物（工）上的力（功），隐藏在荧火后面的力（劳）以及邀祖灵帮忙（且）的力（助）等。二是男的人数众多且分工明确。手持力直接围猎（用）的叫“勇”，飞快挥舞着力的叫“勮”，用手中力控制住猎物之口防止其咬人伤人的叫“加”，少年（少）手中的力叫“劣”（音同猎）。最终结果就是许慎所说的“能圉大灾”——把体积庞大或危险性高的猎物（大灾）逼进陷阱（圉）里

（见“第 4.3 节”释力）。上述场景中肯定少不了男人，但也少不了女人。确定男性身份的男字，却不在这个场景里，提前出现在女人生产男孩的产房里（即前述从女从力男）。畋猎之男后来变身男女之男，成为商周之际男变的又一证据：男人独霸了当年的畋猎之功，独享了男的称号和荣誉。

为上述诸“力”作为旁证的是敌。古文敌从啻（音义同褅商）从攴（pu 音），后演变为敵，从商从攴。帝氏商三字音同义通，都有根本、来源和目标义。敵的初义就是在手（攴）的目标物（商），多为猎物。如在远处，它们就是箭矢所指向的目标物；如在近处，它们就是先民手中力所指向的目标物。力或从敵得音，由敵音转而来。今文“力敌”连读连用，虽词义有变，仍保留有古老的生活痕迹。有趣的是，简体敌有手（攴）持物到舌意，虽然从手到舌显得着急了点，但和古文敵还是有着某种巧合。

男人获得权力成为家长之后，便急于将原本“率斧开路”的父这一称号揽到自己的名下，并和篡夺来的另一个称号君对应成“父君同构”。以此为基础，建立了周人的宗法封建社会。原本指称人子（不分男女）的子现在成了男孩子的专称，女孩子随同女人整体退居内室，“子女”和“男女”开始用于性别之分。似乎还嫌不够，一家之长的男人在家里还自封为大（、）。《说文》释大为“天大地大人亦大，故大象人形”。非初义。林义光认为人象侧立，大象正立，大又象躯体硕大形。当接近初义。笔者认为大和小（、、）相对成文、相对获义。《说文》释小为“物之微也。从八丨（shu 音），见而分之”。义即物因分而小而微。此说或依篆书释小，而非依据初文。古文小，三点成字。马叙伦认为小即沙字初文，沙字从水从少，少小原为一字。《说文》释少（、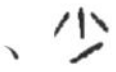）为“不多也。从小，丿（pie 音）声”。《说文》释丿为“右戾

也。象左引之形”。学者多认为丿字其义不解，初义失传。笔者认为丿表征丨有变化义（见“第 1.3 节”释丨丿）。甲文大如同从幼儿角度仰视大人形体，小则如同大人俯视儿童形体，其初义分别是成人和幼儿。后因人在远处而小、在近处而大，大引申出達（简体写作达）义，小引申出消义。大与达、小与消，均音同义通。少，从小得音义，从丿得形义。少所从小，为小字初义即幼儿。少所从丿，有被遗弃义或走失义。少字初义或为弃子，或为夭子，人子因弃夭而丿、而少。少字因而有“无”义。后因为少义转为多少之少，进而引申出年少之少义，与其初义严重冲突，初义便遭埋没。杨树达所言“少声之字皆含小义”，当从多少之少义中引申而来。

同辈男人之间，年长为兄（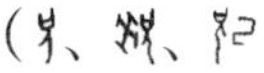）年少为弟（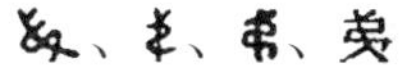），连称兄弟。兄为巫祝之祝的初文，周人用于兄弟之兄，寓意兄是协助父祭祀的人，如同当年的巫祝协助巫王祭祀一样。高田忠周认为弟字“从弋弓”，象次第之形。马叙伦认为“弟夷一字”。《说文》释弟为“苇束之次第也。从古字之象”。一说弟与弗字形相同相通。笔者认为弟从镝得音，与弓弗有关，指向远处（夷），其初文当是对“正弓之器”的刻画，或由坚硬的藤蔓弗（见“第 1.6 节”释义羲）制成。弗为“正弓之器”，弟则是基于正弓之器的功用，义为递镝。弟的功能是为了更有效地递镝（箭矢）至前方之商敌。弟镝递商敌音同义通。《说文》误认弟为“苇束”，与弟形式相近而质料及功能殊异。弟相对于弓而言，有次要和辅助义，后引申出次第义。兄弟之弟，借用弟的引申义如辅助、次要和次第诸义。或许还寓意兄弟之兄在家地位如公，进而借弓寓公，以指称兄弟之兄，兄或从弓公得音。借弓之上的弟用于指称兄弟之弟，则顺理成章。后父兄二字连用，进一步表明兄的家庭地位不低。商周之际男变后，协助父的兄在家庭里夺得了类似当年祝和公的地位。

兄弟生子后，兄弟之父为祖、兄弟之子为孙，祖孙相对得义，不仅实现了血缘关系的跨代接续，更凸显了家长的权威地位——由过去的父升级为祖。代际新成员（孙）也与在位的家长（即活着的祖）建立了直接联系。祖初义为祭祖礼器，形制同案几，用于呈放肉牲为且，后借祭器指称受祭者祖（见“第 1.7 节”释且祖）。孙初义指称比子晚一辈的人子，不分男女。至周代以后，专指孙辈中的男性，也即孙子。后衍生出孙可以“为王父尸”习俗，代故去的祖接受尸祝之礼。

对子而言，生孙的配偶来自儿子的丈人家，是儿子岳丈的女儿、孩子舅舅的姊妹。《说文》释丈（、）为“十尺也。从又持十”。义即十尺为一丈。非初义。林义光认为“持十无十尺之意。当即杖之古文”。笔者按林说所疑有理，但丈非杖字初文。一说丈象手持木杖之形，义为丈量长度。笔者认为丈所从十为十字尺，和士、巫所使用的十字尺同属一类。测日架上用于测日时错影成午（见“第 3.5 节”释午），专业用于协助王探路时变身为士（见“第 3.1 节”释士）。丈表征十不离手，即丈量之丈，动词。十字尺变身木杆用于丈量即为杖，名词。至于十尺之丈当属于后来义，或许还与身高有关，丈引申出高义。岳丈之丈，由高义引申而来。如果用丈指称持十之人，则丈、父、士都在殷商游牧队伍中，他们地位相当，各尽其责。进入男权社会后，唯父独尊。对于君父而言，丈属外戚，士成了朝官。岳丈回到他自己的家里，也是家长。

由子的配偶决定地位的还有舅，《说文》释舅为“母之兄弟为舅，妻之父为外舅。从男，臼声”。《文字考古》称周人抢婚过程中，因为有舅充当人媒和内应才得以成功，最终促成周人与姜族兄妹换婚的两合婚制度。姜族成为周人的舅族，周人成为姜族的夫族，奠定了周朝宗法制的两合婚基础。臼与旧（舊）音同义通，鸟媒为旧，人媒为舅。蔡哲茂根据殷卜辞“伊尹龟示”句，推定伊尹族为成汤舅族。可证舅族在殷商母系社会中就已存在。笔者从周清泉先生观点，认为舅从臼旧得音，旧有留巢义，旧鸟因留巢而称旧、而为鸟媒。臼声男（舅）或为母系社会中男子的真实身份，男人全都留在母亲及姊妹家里而为舅如旧。换句话说，前述田力男未必全是男子，而臼声男（舅）则一定是男子。在周灭殷商的男变过程中，处在胁从地位的舅没有任何可能做成男权社会的大家长，此地位为周天子所独享，倒是在自己的小家中做成了家长（比如姜太公在齐国）。

与舅对应得义的是甥，今人称外甥。《说文》释甥为“称我舅者，吾谓之甥也。从男，生声”。男性姊妹之子为甥。商周男变之前，舅和姊妹之子同在一个家内。舅为母亲之兄弟，甥为姊妹之子。如母为祖，舅及其姊妹全为子，甥即姊妹之子全为孙，舅自己所生的人子则在家外为姪。男变之后，舅的姊妹连同姊妹之子都在家外。于舅而言，姊妹之子俗称外甥，兄弟之子则称侄。

（一说舅与甥起始时曾为通称，“凡父以外同于父而异姓者谓之舅，舅犹旧也。凡子以外同于子而异姓者谓之甥，甥犹新也”。旧男为舅，新男为甥，舅甥为父子之外两代男人的通称。笔者按，此说当属于周人意识。）

侄最初身份为姪（、），《说文》释姪为“兄之女也，从女，至声”。非初义。一说“谓吾姑者，吾谓之姪”。初义指女人（姑）兄弟（舅）的孩子，不分男女，非许慎所言的侄女。甲文姪象女人亲近孩子形。姪或产生于殷商母系社会，兄弟子女姪当来自于外面的通婚族。姪产生于通婚族间的走亲戚行为，姪所以“至声”。

《说文》释至为“鸟飞从高下至地也。从一。一犹地也，象形。不上去而至下来也”（笔者按，此处不和至均为名词）。林义光认为至不像鸟下飞形，而像箭矢形。商承祚从林说，并补充解释说箭矢射中鹄为至。

诸家多从此说。一说箭矢倒插地上为至。殷商卜辞中有大量关于“册至”和“至日”的记载，另有“太甲名至”句，不和至常连用为“不至”。可见至在殷人生活中很重要。

笔者认为至当从一，一的上面或为向下的飞鸟，或为倒插的箭矢，或为倒写的不，意义都是相通的：命灵归来。在“至”字中，发生了一系列重大事件：飞走了的神鸟（即玄鸟，背后是命灵）又飞回来了，曾翻转过去的花萼即不（见“第 2.1 节”释不）再次翻转过来，神判的箭矢倒插着射中那个承载着神鸟和重新盛开花萼的一（见“第 3.3 节”释射矢）。至的初义就是表征人子的到来和命灵的归来，是两者的合二为一。至所从一为接收神灵的载体，即某个具体的人子，因而在生活世界里。殷卜辞中的“册至”和“名至”，就是对新生人子的接受和命名行为，或在神判仪式之后。而“至日”则是新人子到来的日子，义同生日。按《文字考古》的说法，殷人每年春二月北上游牧之前，通婚族男女有一次集体相会和野合。遵此说，则人子到来会集中在某个时间段里，该时间段或许被认定为“至日”，义为人子到来的日子。倘若不是“至日”到来的人子，或许要受到严厉的身份审查，通过繁杂的神判活动。殷人之姪，因是族中男人与外婚族女子所生的子女，或许被氏族内的女人们认为是某个先人的归来，所以格外亲切。

侄的初义为“牢也，坚也”，相互关系比较坚牢、可靠的人互为侄。根据至义可进一步判断，侄有牢靠如同一人义。魏晋以后，人们用侄指称兄弟之子，意思是和自家的儿子一样可靠。而此前从周开始，兄弟之子叫从子，意即跟随在自家儿子后面的小子。魏晋后改称为侄。姪则退出日常生活，进入历史。

宗法文明社会中的男权继续着文字霸权事业，将原本可能是由女人担任的公和伯（见“第 2.8 节”释松公，“第 1.4 节”释白伯）收归男人独享。后又按年龄给男人排出伯仲叔季次序。

《说文》释仲（、、）为“中也。从人，从中，中亦声”。罗振玉认为古语伯仲写作白中，但与中正之中非一字。后加亻以示分别。马叙伦认为中或为兄的本字，理由是甲文和金文仲只写作中，借中为兄弟之兄。徐中舒认为卜辞中也有从人从中的仲。笔者依古语“白中”二字推测，白中之中或为“王中”事件里树旗建鼓的责任人，王决定招集族众会盟，白转述王令，中执行王令并亲自负责树旗建鼓。中后来加亻为仲，位置在白伯之后。

《说文》释叔（、）为“拾也。从又，尗（shu 音）声。汝南名收芌为叔”。叔字或从寸。芌，一写作芋。意即收成为叔。非初义。罗振玉认为叔本义为雉（yi 音）射之雉，或为雉的本字，借为伯叔之叔。吴其昌认为叔“象矰缴卷施于矢蒿”，箭矢拖着矰缴射在箭靶蒿上。因箭矢为主、矰缴为辅（吴认为叔弟一字），而借为伯叔之叔，后引申出少男、美男义。与汝南所名收芋之叔完全是两个字。一说尗即豆，少年拾豆即为叔，借叔指称少年。夏渌认为叔象形蛇缠人身，民间若有争讼则共“探青龙”，与蛇（青龙）相处，被蛇咬者有罪，不被蛇咬则无罪——义即蛇判此人为“善”读为“淑”。另有弔（吊）字当是对这一习俗的刻画，《金文编》载“弔，善也。引申为有凶丧而问其善否曰弔……后假弔善之弔为伯弔之弔，又孳乳为淑、娽”。而“伯弔之弔”义同伯叔之叔，金文中多借弔为叔。至于拾豆之叔，与尗、菽同源。

笔者认为叔字初文当和神判射礼有关，或由人子之判演变为争讼之判，以射矢结果判有罪无罪，无罪即为叔为淑。夏渌所言蛇判，或为射判的变种。至于吴其昌所言叔与弟字形相同，是因为两字初文均源于对弓和箭的刻画：弟来源于弓之用，叔来源于射之用。弓若能弟（递镝至商）则为良弓，射若能判叔（淑）与不淑则为善射。借神判之叔为伯叔之叔，同借王廷里的白为伯叔之伯出于相同的道理。这里的叔或许就是当初善射的人，也是能判善淑的人，自然是淑人，正如伯就是当年王身边可信的人一样。今文尗由金文而来，上与小合体成字。或寓意由上（神灵）至小（人子）为尗，神灵（上）转世为人子（下）为尗。但结果究竟如何尚需神判，便加又（射礼之手）为叔。神判人子的射礼当先于争讼之判的射礼，射礼的执行者都是叔。结合尗叔回看中仲，中的树旗建鼓行为当与审判射礼有关，叔的顺序因而在伯仲之后。

兄弟排行第四的季从禾从子，初义为幼苗。《说文》释季为“少称也，从子，从稚省，稚亦声”。笔者依据季从稚声省推测，季字初文很有可能源于对幼鸟（隹）的刻画，而非源于幼苗。稚和季的读音均像幼鸟之声。从禾从子之季或为后出字。兄弟之季因幼小而得义。

特别需要指出的是，伯仲叔季都是相对于嫡子而言的。对于周人建立的宗法文明而言，嫡庶之分关乎正统。如是庶子，则统一称为众子、诸子和余子，或被打包成一类（众和诸），或被视为嫡子的剩余（余子之余）。

3.7. 她们：由庙堂退居内室
——“女、匕、乳、妇、姨、嫂、姊、妹、妻、妾、好”及其他

被男权驱赶出社稷和庙堂的女人，被迫退居内室。她们曾经的辉煌和荣耀开始被洗刷、被遮蔽，骄傲的“女”字首先被曲解为下跪者。尽管她们娇妍妩媚甚至姣好，但妄嫌妒也都从女得义。更糟糕的是，如果她们出了内室，就有可能堕落为娼妓。那些混进庙堂里的坏男人，也从女而谓之奸佞。在武王伐纣的诸多理由中，纣王“惟妇言是用”（《尚

书·牧誓》）竟赫然列于其中。

所幸的是，古汉字还是留下了华夏女性难以磨灭的光辉痕迹。在嫡姓如娄威始妊娠等字中，我们依旧可以窥见她们昔日的辉煌与荣耀。

女人天生是人子的母亲，《说文》释母（）为“牧也。从女”。义即喂养。母字或象“怀子”即怀抱人子形，或象“乳子”即母乳喂食人子形。诸家多认为母字中间两点像人乳。一说古文模（）通母。郭沫若认为古文模为母字异文，字形从大，左右所夹者为母乳，曾被罗振玉误认为“奭”字。陈梦家认为该字是保母之母，也即《文字考古》所言“食母”司母伺母。杨树达认为母古音在模部，母模妈音同，初义非父母之母而是与女同义。一说母女非一字，哪怕字形相同时，用法也不同。笔者认为母的初义为食母司母，而非生母。进而推测生母为匕。本书“第 1.7 节”曾提及母和匕。《说文》释匕（）为“相与比叙也。从反人。匕亦所以用比取饭，一名柶”。非初义。匕所从反人既指倒着出生的人，也指生产中的人即产妇，产妇与人子互为“反人”。她（他）们不是“相与比叙”，而是为迎接新生命合唱。匕也借称女阴，如老字所从匕（见“第 1.7 节”释老考）。取食之匕或源于蜃壳，蜃与女阴外形相似，且两者都有生产能力，神话“玄鸟入海化蜃”与女阴产子有关。一种扁长的河贝在安徽安庆俗语中称“银调子”，义即银色调羹，或可成为蜃贝与女阴匕、与汤匙相联系的古老语言化石。按《文字考古》称，殷商产妇死亡率极高，故有子生母死一说。能存活下来的产妇（匕）当会享受到崇高礼遇。在今天的一些地方方言中，匕成为女人对骂中使用频率最高的脏词之一，借女阴匕污名化对方。这一巨大的词义逆转发生在何时，估计是无解的历史之谜。笔者猜测或与周人对殷商文化采取的一系列诋毁政策有关。

母字的读音或从木字读音而来，因而在模部。殷人视空桑为木母、视玄鸟为命灵，女人“感天而生子”，木母模音同义通。一说母从牛叫的哞声中得音，母与牧牛之“牧”音同义通（《说文》释母为牧）。妈则是养马的周人新造的字。《说文》无妈字。《文字考古》认为周族前身（即驺虞族）的牧马女（女群中的诸女诸母）以马奶饲喂人子，故人子呼其为妈。《庄子·至乐》所言“马生人”义即妈生人。妈字读音或为母与马的混音。母或为殷商各地通行的标准音，妈或为驺虞族的方言。

与母妈同义的娘从女，从良。《说文》释良（）为“善也。从畗（fu 音）省，亡声”。所言不详。畗也写作畐。殷卜辞中有“良羊”和“良牛”等语。周有良氏为姬姓。一说良即食字。一说良为烹饪之善，象容器豆中盛有食物之形。一说良同量，字形像量器。一说良象形年长者人头，有善义和甚义。《说文》释畐（）为“满也。从高省，象高厚之形”。一说畐象烹饪之器，一说象酒器。畐加宀成富，意为室内满满；加礻为福，意即精神满满。良所从“亡声”义同于王声。笔者推测良初义指向分食行为，兼表分食之人，字形像煮食之器和量器，音同度量之量，殷卜辞语“良羊”和“良牛”义即分食羊牛之人。良的社会地位非凡，良所以“亡声”王声，良氏所以在周代为姬姓；人品可靠，良有善义和甚义；能带给族人希望和幸福，良所以从畗省。其身份或为女性管理者，异体良从女写作娘。后借娘指称爷娘之娘时或发生音转，声母转从牛如母，进而与母同义。

《说文》释女（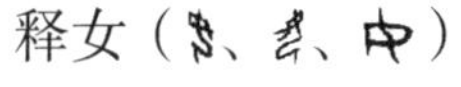）为“妇人也。象形”。女字所象形的妇人在干什么？许慎所言不详。一说妇女跽坐因为“无所事事”，造字之初，古老中国已进入男权社会。一说女为奴字初文，象手绑缚在前形。一说象形跪坐伺候丈夫状。一说女为汝字省文，指汝水。《文字考古》认为女从乳得音，与母相通，其初文当是对妇女跽坐喂食人子的刻画。笔者认为可采信。对于殷人而言，在大地上劳作的叫“人”，凭几休息的叫

“尸”，游牧路上用身体作为卜具问神的叫“卜”，在畋猎现场出力的叫“男”。先民们或根据个人所在的氏族，区分出舅和姪：舅为本族之男性，姪为舅的子女但身在婚族。或根据男根与女阴的不同，分别出考（男性长者）和老（女性长者）。而当她们跽坐喂养人子时，便是女。虽然乳子行为或许全为女性所承担，但先民们互称对方为汝（女）时，不仅不分男女，或许还带有一种敬意（见“第 2.2 节”释尔汝）。

乳（）《说文》释为“人及鸟生子曰乳。獸曰产。从孚，从乙。乙者，玄鸟也。明堂月令：玄鸟至之日，祠于高禖以请子。故乳从乙。请子必以乙至之日者。乙春风来，秋风去，开生之候鸟。帝少昊司分之官也”。林义光认为乳本义为人乳，象爫抚子就乳形。马叙伦认为乳为鸟生子之名，不得及人。乳所从乙为鸟的异文，非玄鸟。李孝定认为乳象人怀子哺乳形。徐中舒认为乳字初文象母报人子哺乳形。

笔者认为理解乳字初义的关键是“人及鸟”之及有何义：如释及为和，许慎所言可翻译为“人和鸟生子称为乳”；如释及为请或等待义，则许慎所言可理解为“人因为玄鸟生子名为乳”，玄鸟成为人子的原因。笔者倾向于后者。乳所从爫为人手无疑，但非诸家所言的抚子、抱子或怀子之手，而是从玄鸟那里接过人子的交接之手。乳表征的是人之手（爫）同玄鸟（乙）之间的交接关系，所交接的正是乳所从子即人子。乳的初义当表征“祠于高禖以请子”行为，人请子如同鸟孵蛋，人子孕育于母体如同幼鸟孕育于鸟蛋。

妇繁体写作婦，当源于帚。《说文》释婦为“服也。从女持帚，洒扫也”。《文字考古》认为婦当是周人从帚女得字形、从伏与服得字音新造的字，以突出女人“服于家事”的身份。《说文》释帚为“粪也。从又持巾埽（古文扫）门内”。义为打扫卫生。由帚引申出埽和扫当无异议，但为什么扫或者扫的目的是什么，才是关系到帚的初义的关键。高田忠周怀疑除秽不用布巾，推测帚不指称工具，而是表征扫的动作。郭沫若认为帚为妇省，殷卜辞中“帚好”意即“妇好”，名为好的女性。《文字考古》从殷人原始意识出发，结合帚与歸与埽在字形上的联系，推定帚为女巫师，为游牧归来的祭祀大典做清洁工作，扫除凶邪不祥之物。笔者认为此说可采信。

妇在周人家中名为妻媳。《文字考古》称周女“对夫为妻，对姑为妇，对公婆为媳”，其中姑妇关系义同后来的婆媳关系。《说文》释姑为“夫母也”，义为婆媳之婆。夫母当是姑在宗法社会中的新身份，姑的最初身份是母系社会的管理者和执法者（见“第 1.7 节”释姑）。媳妇之媳从息得义，有生殖繁衍义。退居内室的女性，再无可能成为当年的男公伯夫。作为女性，她们成为男权之家的繁衍工具（媳）；作为臣民，也只能是“服于家事”相夫教子（妇）。

女性第三人称代词她原是姐字异文。姐在母系社会地位很高，或许是接替祖管理母系氏族的大小首领（见“第 1.7 节”释祖姐）。《说文》称蜀地人呼母为姐，淮南人呼姐为社，当是其最初身份的历史遗迹：母为当年的家长，社指向当年的祭祀活动。从也之她作为姐的异文，或隐含有对姐既恨又怕的情绪：姐太凶狠了，又太有权势了，像猛蛇一般。也即它即蛇。引进西方语法后，汉语也需要相对应的第三人称代词，便从口语中找到了他和她。

姐也称姊，《说文》释姊为“女兄”，即同辈女性中的年长者。杨树达认为“姊受声义于次，犹兄弟之弟女娣之娣受声义于次第之第”。笔者推测姊最初的身份当是排在姐之后的年长者，“次第”于姐，但在妹之前。

《说文》释妹为“女弟也。从女，未声”。妹的初义或是未成年少女。源于播种育林技术的“未”，蕴含有林木已具理想之型却未成材（见

“第 2.6 节”释未）义。妹初具女人之形却未成年，所以未声。一说妹有勉义，一说妹为昧字初文。笔者认为上述两义或从“未声”未来义而出：未来需要勉，未来因远而昧。

姐姊妹出嫁以后互称姨，《说文》释姨为“妻之女弟。同出为姨，从女，夷声”。马叙伦认为夷弟一字。笔者按不够精确。夷与弟同源于弓矢之用，不同的是弓箭使用之后，弟和弓在手上（见“第 3.5 节”释弟），夷和矢在远处。故夷有远义，如华夷之夷。《老子》有言“视之不见，名曰夷”，也是说物因远而视之不见。在男权宗法社会，弟在家如在弓，姨出嫁如远矢。不同的名称背后，蕴含有同一父母子女成人后的不同去向。

今文与姑对称的是嫂，俗称小姑子与大嫂。《说文》释嫂为“兄妻也。从女，叜（sou 音）声”。一说嫂从叟得音，叜同叟。叟有年长义。按《文字考古》的说法，叜最初的身份是殷人畋猎中手持火把进行火攻的猎手，读音同狩猎之狩。叜与帚音同义通，是因为二者职位相通。在族群归来的祭祀现场，帚持帚清洁场地，叜持火把（即烛燭）照明。叜需要有经验者担任，故在殷商女群中为年长者。周灭殷商后，叜分为男女：男为叟即年长者，女为嫂即兄妻。

妻当是周人所造的字。《说文》释妻为“妇与夫齐者也。从女，从屮，从又，又持事。妻职也”。义为戴着头饰（屮）持家的主妇。徐中舒认为许慎说形不确，妻字象掳掠妇女之形。《文字考古》从“娶妻”一词说妻：取下加女为娶，取象手取左耳形，源于战场上割取敌尸左耳行为，从取之娶当为周人掳掠姜女为妻的文字化石；妻所从又，也不是许慎所言“持事”的妻子之手，而是捕取、逮及者之手，捕取对象正是“未婚妻”；至于许慎所言“与夫齐”，更不是指妻与夫之间身份和地位平等，而是说“未婚妻”被捕捉到夫家后要被迫与夫合床齐体，男女齐体才是齐字本义。笔者认为可采信。姜族为周天子婚族，也即与周天子齐体之族，所封之国名为齐。

与妻同侍一夫，名分在妻下的为妾（），《说文》释妾为“有辠（zui 音）女子给事之得接于君者。从䇂（qian 音），从女。《春秋》云：女为人妾，妾不娉也”。妻妾之妾，非妾字初义。叶玉森认为“似殷礼也颇尊妾”。赵锡元认为妾是殷代先王先公的正式配偶，且多为一配，因而与辠女无关。进而推定妾是女人的泛称。饶宗颐认为妻妾都指配偶。笔者认为诸说未触及妾字初义且差之甚远，仅妾在殷商很受尊重一说可采信。䇂初义为与上神对话的法器，方便巫师能上前和神对话，并将神启下迁于人世（见“第 1.1 节”释音䇂）。龙凤之所以从䇂，是因为它们通达神意。䇂加女即为妾，初义是与上神对话的女巫师，极其受人尊重。卜辞中的“妾于妣巳”义即与先妣巳对话，对话人是妾，她的工作也是妾。“王亥妾”则表明殷王亥为女性，殷王也是巫王，常与上神对话。妾的工作内容就是“接”，妾应为接字初文。《说文》释接为“交也。从手，妾声”。尽管释义不确，但“妾声”一语隐含有接的初义来源。接的初义也并非许慎所言的手与手交接，而是女巫（妾）对神祖旨意的承接和接引。至于妾的地位在妻之下，既是周人诋毁殷商文化的政策使然，也与妾的初义有关：抢来的妻尚能与夫有齐体之齐，妾只能事夫如上神——原本事神的妾被贬为事夫的妾。在妻和妾面前，夫权开始极度膨胀：面对妻，夫权已是主人身份；面对妾，夫权已是至高无上的神。妾从此黯然失色，其初义被深深淹没在历史深处。

兄弟配偶如今互称妯娌。《说文》释妯为“动也。从女，由声”。释义不详。颜师古认为“古谓之娣姒，今关中俗呼为先后，吴楚俗呼之为妯娌”。妯所从由声之由（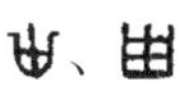）《说文》释为“东楚名缶曰由”，写作甾。王国维认为由甴（you 音）一字，与卣（you 音）音同义通，有用、庐诸义。于省吾认为由有载义，与甾同字。

《说文》释甴为“墣也。从土一屈，象形”。又称“塊，甴或从鬼”。塊今文写作块。鬼有归义，土归为塊为墣。一说甴即缶。缶为丧用乐器，形状如鼓。

《说文》释菐为“渎菐（pu 音）也。从丵（zuo 音），从廾，廾亦声”。一说丵象辛木（薪）燃烧发光形。笔者认为初文丵表征辛木发出多头新芽状，被误认为燃烧发光形。辛木如发一枝新芽且是正芽，则为幸；发出多头新芽和旁芽，则为丵。幸表征的是发出新芽的辛木“得一”状，辛木成为自己且获得新生；丵表征的是辛木发狂状，辛木失去自己，堕落为杂乱之草。在原始巫术意识中，幸当承神灵转世而来，丵或因邪灵附体。俗语称某个人很丵，意思是说这个人很狂妄。丵后来也写作作，即“自作自受”一语中的作。

丵加凵（kan 音）为凿，义即将丵连凵挖出，呈凿字形，目的是要将丵连根拔起除尽。被连根挖出的丵凿，如注水淹没即为菐（渎菐）。菐字读音或源于丵凿入水声。

《说文》释渎为“沟也。从水，卖声。一曰邑中沟”。渎菐，就是将丵凿填埋到水沟里注水淹没，目的是要让生长有丵的土块（凿）归为土墣。菐所从廾为双手，义即上述过程中要用双手。其毕恭毕敬的神态或源于原始巫术意识。需要说明的是，菐之敬源于畏惧，因畏而敬，丵为邪灵附体，人敬而远之；敬畏的目的是要灭掉丵凿，回归土块之墣。

由和甴所表征的就是重新归来的土块。甲文由甴中的刻痕或为丵遗留在土中的根茎痕迹，丵的根茎因被灭杀而成由甴状，且给人一种阴幽的感觉，由甴幽音同义通。由甴因而有“鬼头”一说。由因此获得由来义，后衍生出理由之由。玉石中的痕迹为理，与土块中的痕迹（由甴）相通，两字结合而有“理由”。

回头来看《说文》释妯时所用的动，繁体写作動，《说文》释动为

“作也。从力，重声”。义为動作之動。笔者认为動初义表征种（種、重）在土里的力，力为长木杆前端安有刃口的狩猎工具（见“第3.6节”释力）。将狩猎工具力刃口朝上放置在捕猎的陷阱里，或为動字的初义。力显然是不動的，能動的反而是落入陷阱中的猎物。動后来反向引申出動作之動义。陷阱中的“動”与凵凿中的“由”因外形相近而相通，从由的妯因此获得動义。妯的最初身份或许是持刃具（力）挖凵掩埋粪挲的女巫师，捕猎时兼职成为安放“動”的专业猎手。妯娌之妯有出入义，且同妯娌之娌同出入。妯的出入义或从凵来，如同猎物从安放有“動”的凵中出入。《说文》无娌字。娌所从里为周人新造字，初义为耕田中的农家，后引申出闾里之里和邻里之里（见“第3.2节”释里）。从里之娌表明女人已退居内室，并通过妯娌连用将在殷商时的巫师兼猎手妯也拉回邻里。

最后来看如、好、始三字。从中依旧可以窥见殷商母系社会中华夏女性的辉煌与荣耀。

如（、）《说文》释为“从随也。从女，从口”，义为跟随男人后面。非初义。林义光给出的解释是“（男人）按口出令，女从之”。马叙伦认为如当为茹字初文，从女得声，有往义。杨树达认为如表征女子“言语善顺随人”义。可理解为女人之口符合他人心意即为如。殷卜辞中如为妇人姓氏，一说如氏是殷人的附庸族。按《文字考古》的说法，人子出生后，先喂食人牛羊乳，后喂食羹汤或米汤，羹即动物骨肉熬制的汤，米汤则由桑葚碎粒（米字初义）熬制而成。笔者认为喂食人子乳汁和汤食或由不同的女群分工负责，一群人负责采集牛羊奶，另一群人负责熬制汤食。前者为乳母，后者为如母，她们统称为司母食母。如初义是如母，熬制如同奶乳一样的羹汤喂食人子。如所从女即喂食人子之女，所从口为人子之口。如和乳音同义通，是因为两者责任相通：喂食人子。

如母所喂汤食不是人牛羊乳却如同乳汁，如因此引申出如同之如。殷卜辞“如戊”一词，或义为如母名戊，或义为所熬制的汤食喂食名为戊（即戊日出生）的人子。如母当为诸母之一，在殷商氏族社会中的地位自然不低。

好（、、、）《说文》释为“美也。从女子会意”。义即美丽。非初义。一说古有从女从巳的好字，义同姒（因巳同以）。唐兰认为好为女姓，也即商人子姓的本字。一说殷商人始祖契受赐好姓，显然是受周人按宗法意识杜撰神系的误导。一说好既非女子合文成字，也非女子会意成字，而是通过母子亲近关系来表现词义的。好字有亲爱和互爱义，因爱而好。笔者认为此说可采信。好字初义当是表征母子关系的亲密之美，甲文好所表征的正是母的亲子行为。好后来引申为人际关系之好，再后来表征一切美好事物之好。考察好字初义，可看出女性先民对华夏子孙精神生活的巨大贡献。

台湾舞台剧《殷商王·后》剧照（来源：人民网），隐约可见华夏女性先民的神采。

始（、、）《说文》释为“女之初也。从女，台声”。一说同姒，以台古为一字。一说始为“妇之长者”，女子同出谓先生者为姒为始。杨树达认为许慎所言“女之初”当为妇之初，女人开始变为妇人。此说与以台的初义（用）相吻合，女子因“用（以、台）”而为妇。女成为用（台）的宾语而非主语。一说台字同胎，女子有胎方为始，义即人子之始。笔者认为始妫姒所从台为以三字均有用义，始妫姒所从女当为用的主语而非宾语，女为施动者而非受动者。始姒事史音同义通，始也当与事有关，其初义当为用事之初始。启动某件事的人当为女性首领，她因此被称为始，始也因而获得初始义。至于从女的姚姒妫，或与始在同一个事件中，各自的职责和身份有所不同，但同样获得族人尊重，她们也为自己所担当的职责而骄傲。姚妫成为部落的姓氏，姒常用于人名。

第四章　虔诚的劳作

华夏先民眼中的人，被“人在天地之间劳作”这样一幅图景所定义，只有当我们的身体在天地间劳作时才可以称之为人。至于人为什么要劳作以及如何劳作等话题，也可从古文字中寻找到解释。殷人以玄鸟为命灵，以空桑为木母，人和草木同为神灵转世而生。人的手和足，如同草木的枝叶和根系。草木在天地间的生长，如同人在天地间的劳作——包含手的动作和足的行走。

人的劳作之所以可能，可从以下四个方面获得解释。首先是因为人有力（一种狩猎工具）在手，背后则因为有刀，刀力同源。刀从匕出，匕与人一体，刀与人因而一体，刀是人走进对象世界的另一个自己。刀和力加于外物之上，则意味着人将自己（的要求）加于外物，劳作之人与劳动对象的统一因而获得了理论上的可能。其次是因为草木竹从天地间获得了生长之源，人的生产节蓄行为在草木竹中得以成为现实，人在天地间的生存获得了最基本的保障。再次是因为通过土与石的垒砌、水与火的洗炼、金与刃的锻刻、丝网布的编织等，不同的劳动对象和劳动方式涌现出来，劳作内容得以持续丰富。最后是因为人的劳作终究会落实到器与利的用养上，劳作之人从劳动中获得器物之用，获得利益之养。

最为难得的是，华夏先民对其中的任何一项劳作都是极度虔诚的，怀有对自然万物、对上天神灵、对氏族先祖的敬畏和感激之心。

4.1. 说“手”：世界在手
——“手、寸、又、爪、攴、为、事、史、反、承”及其他

对华夏先民而言，说“事”一定要提及手（事字从手），所言事一定是手上之事，说“物”未必要提及手，物字初文象牵牛“刺田取土”形，手在物字中退而不显（见“第 2.1 节”释事物），但这不意味着物可离手而在，物字中的手隐身在劳动对象和劳作过程（牵牛）中。于中华哲学而言，对象物总是在手的指称中得以呈现，事和物原本一体。完全独立于人之外的纯客观世界，原本就是一个没有任何意义的话题。人面对不同的劳作对象或劳作内容时，手便呈现出不同的面相来。

手（、）用作部首时写作扌（shou 音），《说文》释为“拳也。象形”。以拳释手，有学者讥其“浑言”，毕竟手与拳不同。甲文无手字。林义光认为金文手像掌及五指之形，容易与毛相混，又像覆手之形。《说文》释拳为“手也。龹（tuan 音）声”。龹从米从廾（古文共），会意双手抟饭。义同抟。手龹抟起来即为拳。笔者推测应有甲文手，目前尚未发现。金文手当承甲文手而来。金文手字形既像树木枝桠，又像飞鸟羽毛。殷人以玄鸟为命灵，以空桑为木母，手从树木和飞鸟得字形，并因此和玄鸟、空桑木母连接为一体。在殷人看来，人之所以能在天地间劳作（见“第 1.5 节”释人），是因为人手本来就和神灵及万物相通。鸟通过翅膀进入天空，树木通过枝桠（和根系）进入天空和大地，人通过手（连同下文的足）进入天地之间。对华夏先民而言，人的手先天地与生活世界连接为一体，世界因而总是“在手”。

从手的指（、）《说文》释为“手指也。从手，旨声”。此“手指”之指学者多误认为名词，义即手有五指。笔者认为指当为动词，“手指”初义为手指向外物的动作，且意味着唯有手可以指，足或者别的器官都不可以指，故指字“从手”。指所从旨《说文》释为“美也。从甘，匕声”。非初义。段玉裁从许说且误认匕为千，释旨为从千甘，义为甘多（甘即美味，依脂释旨）。刘心源认为旨当是诣字省文。罗振玉认为古有“从匕从口”的旨字，林义光认为该字象以匕入口（喂食）形。笔者认为林义光所解释的这个字应是召字的异文（见“第3.4节”释诏召）而非旨。杨树达根据旨与耆同音，认为旨即耆，进而认为旨是黎字。其字形特征是以匕为老。马叙伦认为旨从口不从甘，为嗜字初文。一说旨上不从匕，从人。旨在金文中用于人名，被认为有美义。金文中“王亲旨”义即王亲到，旨训为至。陈雄根认为旨有至义，为了和至及各等区别开来，旨训为“候至”较为稳妥。

笔者推测初文旨当从匕从口，后来或从匕从曰而非从甘，甘为曰之误。存活下来的产妇即匕社会地位极高（见“第3.7节”释匕），匕所从口当为言说，且是匕的言说。因匕的社会地位崇高，旨所从口后改为曰，曰有令义。旨的初文应是匕在言说或在曰，也即在下令，其初义应是“令往”而非“候至”。旨后来加讠为诣，旨成为诣的初文，诣有前往义。指所从“旨声”之旨有往义，义为顺着手所往的方向看过去。人的手得以和外物相连接，从而达成指的动作，并赋予指以意义；进而再通过诣，将意义（即手所指旨的物事）言说出来。人类语言由旨指诣而生出，世界中的物事在人的所指中，也在言说中获得具体面相——呈现在手所指的方向上。特别有趣的是，手最先指出来的恰是手自身即左右手，左右二字都从手。前后（後）不是手指出来的，而是脚走出来的，前从止，後从彳，止彳都是脚（见“第2.3节”释前后左右）。

手的第二个面相叫又（、），《说文》释为“手也。象形。三指者”。义即字形呈现出三个手指的手。罗振玉称卜辞中左右之右、福佑之佑、有亡之有皆同为一字（同为又）。林义光认为人手虽有五指，“略视之不过三也”，所以手又象三指（与止象三趾同理）。一说古人以三指多，三与多同义。笔者认为当结合左右来理解“又”字。左初文写作𠂇（zuo 音），象指向右边的左手形。𠂇反向成文即为右和又。其中蕴含的逻辑是，当先造𠂇，后造右又。世界先在左手，左手从工，言说此时尚未开始。言说不仅需要人之口发音言，还需要右手相助，右所从又因此成为助口言说之手（见“第 2.3 节”释左右），而不再只是最初的那个与左手相对而垂的右手。右手佐助言说的方式或为手势语。作为总相的手先后发出四个动作：出左手为一，出右手为二，左手从工为三——世界因此在手，出又为四。世界在语言中也在右手的指物动作中，三指字形又既为手的略相，也呈现出言语所指之向。正因为又右，事物在语言中现身为有（通过在又右而有），福佑之佑在语言和神示中得以呈现。站立在从工之左背后的或为劳作之人，站立在助口之又背后的则是可以与神对话的人。又右因此高于左。

手的第三个面相叫寸（、、），《说文》释为“寸口”，从又从一。马叙伦认为寸为九的后起异体字，“九为肘之初文”，意即寸义为肘，寸九同字。寸所从一徐锴认为“记手腕下一寸”，指事寸口。一说寸字来源于“布指知寸”这一古老的测量方法，撑开手指为尺，以量度物体长宽。后因发现人手脉搏在距离手腕一指宽的位置上，便将此处命名为“寸口”。寸口义与肘义因而相通。笔者认为当结合守字释寸，不仅因为守从寸，更因为守与手音同义通。守，从寸持丨在宀下，象形弓肘持物护身状（见“第 3.2 节”释守）。寸意味着世界在寸，且因为世界在寸而有了量度，进而有了法度。与更大的空间尺度相比，寸或许还意味着世界在手的起点，也是华夏先民把握世界的起点，人手同生活世界的连接因为寸而有了具体的接点。寸所从一或指向人与世界接点处，或指向寸所及物。从寸的寺成为持的初文，人与世界相连接的接点得以在时间上持续。从寸的寻和导（導）意味着人与世界的接点开始在空间中行走。从寸的专（專）意味着人与世界的接点在同一个时空中持续，为持有者所专。从寸的将意味着人与世界的接点向着未来生成。

华夏先民之所以选择从又的寸而不是左手作为人与生活世界的接点，不仅与人的劳作习惯有关，更与先民重视语言有关，又右指向语言。有了语言，祭祀才有了可能，人与上天与先祖与帝神的联系得以接通。

手的第四个面相为攴（、），读 pu 音，《说文》释为“小击也。从又，卜声”。理解攴字的关键有三：一是“从又”，攴与言说有关；二是“卜声”，有卜问和试探义；三是“小击”，既不是用拳头擂物，也不是用力推物，只可能是手指敲物——所以敲字从攴。攴有用手与物对话、对物进行试探义。学者多将攴的字形理解为手持卜具形。笔者认为还应加上手如卜具义。攴的字形应兼有“手持卜具”和“手如卜具”两义。

从攴的启（啟）、彻（徹）、肇、敏、改、变（變）、救、赦、攻、整、数等字，都内含有对话、试探和卜问义。通过敌和友两字，可见攴与又的区别：敌从攴，初义是用长杆刃具（力）捕获大的猎物（见“第3.6节”释力敌），不可能是手到擒来，因而需要试探；友从又，寓意朋友之间需要沟通，因沟通和理解而结下友情。如没有共同理解，不可能成为朋友。

手的第五个面相为爪（、、、），《说文》释为“丮（ji 音）也。覆手曰爪。象形”。义即覆手去抓取某物。段玉裁称“仰手为掌，覆手为爪”。丮为执字初文，象持物在手（见“第3.5节”释艺丮）。《说文》又称“丮亦爪也，从反爪”，以爪释丮，或表明丮为爪的结果，爪

为乣的原因。字形上乣与爪反向成文，或表明在空间上乣是对爪的一次否定，蕴含有很深的哲学意味：覆手抓物是为了正手执（乣）物。名词爪当读为爪牙之爪（zhao）音；动词爪当读为抓取之抓音，声调由第二声转为第三声。乳所从爪不再是抓取之手，而是从玄鸟乙处迎接人子的手（见“第 3.7 节”释乳）并保护起来。孚所从爪如同鸟之翼。

现将手的五个面相概述如下。手（扌）作为总相，可称之为万能的手；又作为与口最近的手，可称之为言说的手；寸因为从又故和言说有关，因为从一故有物在手，呈现出人和世界的接点且催生出法度，可称之为最实在的手；攴因为卜问义成为最有想法的手；爪因为覆手动作可称之为完成之手。人（和手）在生活世界中大有可“为”，世界也呈现出相应的物“象”来。

从爪的為（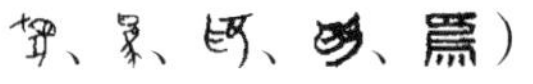）字当象形人爪牵大象，非《说文》所说的象形爪牵母猴。為简体作为。为初义即人为之为，准确地说是围（围护）人、卫（卫护）人的卫围为。围护的人、卫护的人是同一群人，即人爪牵象的人。一说殷人役象先于役牛，可采信。古有“舜葬苍梧，象为之耕”说可作为旁证。有必要指出的是，殷人役象或许不是用于农田耕作，而是用于游牧途中族群安全的围护和卫护。象军当是殷商人的战略部队，所向无敌。或因为干冷期到来，大象的生态圈南迁，导致象军难以为继。

围繁体写作圍，《说文》释为“守也。从囗（wei 音），韦声”。韦繁体写作韋，《说文》释为“相背也。从舛，囗声。兽皮之革可以束，枉戾相韋背，故借以为皮韋”。有学者据此释韋为皮韋之韋，错将借用义当成初义。韋初义的关键在“囗声”。囗读如国音时，义即国（城），读如圍音时义即对城对国的合圍。韋所从舛呈脚步相悖相反形，方向相反的脚步沿城墙而行，表征有队伍在相向巡逻，目的是为了圍和衛。

卫繁体写作衛，《说文》释衛（、、）为“宿衛也”，从韋从行。行由彳亍合体成字，有小步走的意思。衛初义就是晚间守衛（宿衛）。一说有从方从彳亍的异体衛。笔者认为其所从方通囗、所从彳亍通舛，从方从彳亍的衛义同从囗从舛的韋。卜辞韋衛一字。韋外加囗成圍，马叙伦认为圍有包圍义。笔者认为可采信，并因此和韋衛区别开来。牵象之為读音同韋衛圍，或表明所牵之象用于韋圍衛。既是人为的为，也是为人的为。为读音的原始来源或与位喂有关。位也是令人敬畏的，或从对远方的呼喊之喂声中得音。当初的喂声或许正是现已归灵至神位中的先人所发出，位音因而相当于其名自呼。韋衛所保护的对象不仅包括全体族人，还包括位（氏族先人的神位），韋衛或从位喂得音。

从女从为的妫（gui 音），《说文》释为虞舜所居住的妫地（即传说中的妫墟），进而以妫作为氏名（有妫氏）。再结合舜有“象为之耕”说，可推测舜族善于用象。传说中舜的弟弟名为象，对舜极为不友好，多次谋害未果，后被舜封于有庳（bei 音）。庳有低洼义。据《吕氏春秋》记载，“殷人服象，为虐于东夷”，或表明舜及象氏当属于殷族。笔者甚至推测舜与其弟象的故事或为周人灭商（含象氏）历史的曲折投影：象对舜的多次谋害，或指向“殷人服象，为虐于东夷”；舜封象于有庳，或寓意大象被迫迁移至南方低洼之地；象为舜耕符合周人农耕文明，表明帝舜历史或为周人所杜撰，其原形为殷商人。妫字从女或表明最初役象的未必是男人而是女人，妫指向殷商象军团体（有妫氏），他们应是殷商王族的中坚力量。

来看象（、）字，《说文》释为“长鼻牙，南越大兽”。字象大象形。丁山认为商有象氏，汉有象氏县，古称“舜弟所居”，在今河北隆平县内，不如称之为“商代象氏遗址”。豫字或能为笔者“象用于韦卫”说提供有力证据。《说文》释豫为“象之大者。贾侍中说‘不害于

物’。从象，予声”。徐中舒认为《禹贡》所载豫州之豫为象邑二字的合文，豫所从予“为邑字所伪”。笔者按，象邑为豫，或为殷商象军的居住地。马叙伦认为“序，本作象。明象序之音同。故借序为象”，古“读豫如序”音。笔者按，邑为人所居之城（见“第3.2节”释邑），予为伸开屋（舍）形的结构物（见“第1.2节”释舒予），从邑之豫和予声之豫可通，造字意图有所不同：从邑之豫或表明大象的位置在邑；从予之豫或表明很多大象已列队排开——如同当初的予撑开屋舍之形一般，马叙伦所言的象豫序三字音同义通当由此而来。围绕城邑列队且井然有序的象和豫，其目的自然是为了防卫外敌和野兽侵扰。为了氏族的需要，它们也可能或去围攻敌人，或去围猎猛兽。人为之为和为人之为，正是在手（爪）与象的一次次合作中“说”出自己。至于后出的卦象之象、物象之象、想象之象以及相像之像，或表明当初使用象豫进行卫韦的阵型相当复杂，变化无穷而有序。

对华夏先民来说，抓在手上的可以是象但未必是事，事和言说有关，也只有在言说中才能完成。《说文》释事（、）为“职也。从史，之省声”。有履职为事（即从事之事）义。“之声”表明事有前往、履行义。追寻事字初义的关键之处也是难解之处，是事“从史”出，不妨先搁置起来。吴其昌认为事初文象手执旗形，引申为有所执事义。马叙伦认为职为记识（識）之识的本字，事与史字同源。一说事“从中带斿（you音，游）”，有聚集众人之意，与征战事有关，其本义是“戎事”，如殷卜辞中的“我有事”和“叶王事”及“立事”等语句中的事。一说“在君为政，在臣为事”。《汉书》载“东方人以物插地中为事”。夏渌认为将农作物种下地里就是莳和事的本字，莳有“殖立”义，“事之圣人”语中的事有“立置于位”义。

《说文》释史（、、）为“记事者也。从又，持中。中，正

也”。一说象手持书简立于旗下形，非持中。一说“持中”之中为射礼中的箭矢或算策，诸如“虎中”和“鹿中”之中。

古文事史吏使同源同体，且都与“中”有关。当王立起自己的图腾旗，号召四方会盟即为“中”（见“第1.5节”释中）。从又的“史”手指王旗（中）向四方言说（其语义为王“中”的意义），后将言说用文字记载下来即为“史”，将言说的意义落实下去即为“吏”，带着言说的意义前往他邦即为“使”。四方部落听到史的言说后，前来应征会盟履职即为“事”，事因而“从史”出“之声”。至于夏渌所言的与农莳同义的事，当属于王“中”之事在农田里的复写与拷贝。对华夏先民而言，事史吏使最初都是在王“中”的过程中得以现身，在“我中”的生活河流中说出自己。

最后看一下从手的反（、）承失将四字。它们的词义今天看来都比较抽象，看看它们是如何通过“手”而说出自己的。

《说文》释反为“覆也。从又，厂反形”。义即反覆之反。一说古有倒足迹形的反字。商承祚认为反即扳的初字，反字象“手引门而掩”形。《说文》释厂为“山石之厓巖（yan音），人可居。象形”。高田忠周认为厂厈岸三字音同义近，厈（an音）籀文从干。一说厂广同体，人皆可居。一说广象屋形，从宀字而来；厂象石岸；两者原不同字。笔者认为厂为天然石厓，外伸成屋，人可居于其下。厂下为山体，没有洞穴，因此不同于穴居。穴居或许要加“工”以撑开空间（见“第2.3节”释空工）。厂下则需要立“干”成厈，厂厈同源，同为人居之地。岸则因厈而造，指向厈上的“山”体，而非厈下的“厂”屋。故岸高而厂厈低，后引申出堤岸之岸。先民如由外岸进入厂屋或从厂屋前往外岸，均需要反手攀岩。反因而有返和扳义。其哲学意味是，人因反手而返回厂屋，回归到物（厂）的保护之下；再反手出厂屋回到岸上，回归到人对世界的劳作中。正是通过从又之手反之又反的过程，言说出华夏先民在生活世界里出入的过程。比较正反两字，我们会发现特别有趣：正字从止，从脚得义，脚可以前后，但只能是正不可以反；反字从又，与言说的手有关，手不仅可变通，还需要常变通；假设手（攴）尝试着与正结合，则为政。“政者，正也”，此时的手要听从脚的。道理很简单，因为道字从足，首足并用行走于生活世界即为道（见“第 1.6 节”释道政）。德政只能由道而来，由手而施。中国人一直都在说，脚要站得正。

《说文》释承为“奉也。受也。从手，从卩（jie 音），从収（shou 音）”。奉受一体为承，与前述出入一体为反同理。高田忠周认为承字从手从廾从卩。笔者认为从廾或为奉受一体之象，奉之手与受之手合作成廾，如同四手联弹。古文字学者多将承义限定在上下人际关系，笔者认为应扩张至人神关系、人与生活世界的关系。因为有承，人与人之间建立了奉与受的通道，生活世界在奉与受的通道中得以连续。比较一下反与承的异同，会得到另一番启示。反字所依托的背景是我在生活世界之中，出入其中（即反）的是在天地间的劳作之人；承字所依托的背景是一个在手的世界，所奉所受的都是在手的具体物事。

《说文》释失为“纵也。从手，乙声”。义为失手之失，意即有物从手上飞走了。失所从乙有飞义。马叙伦认为纵有松义，因手松动而失。失所失去的只是具体的事和物，而非世界。对华夏先民而言，世界总是在手。如何理解世界在手与“失”之间的关系，是个复杂的哲学话题，这里不去讨论它。

《说文》释将为“帅也。从寸”，义为将帅之将。笔者更关注的是如何引申出将来之将义。一说古文将或从爿（pan 音）从又，或从爿从攴。爿为反片，一说片爿一字。《说文》释片为“判木也。从半木”。笔者认为木从年轮中间被锯成两半，则各为爿片。爿片合则成木，分则成板版，用于墙体版筑。于省吾认为将字初文从爿从肉，象祭祀时陈列肉类于几案形。夏渌认为古字将“从寸持肉，爿声”，初文表征双手奉子以献，用于祭祀。将兼有奉和煮两义。军队出征前需要祭祷，主持祭祷的人就是将。部落成员献子以祭的场面很壮烈，也是庄严，后从将中分化出庄（繁体作莊）字。先前在甲文中名为将的人，其后代子孙可能以庄为姓，一说姓蒋。至于将为何“爿声”，估计和判木之判有关。将所主持的祭祷或有神判环节，借以提振士气。将帅之将后引申出将来之将，或与将所主持的神判有关，或与将率领军队走向战场的前途有关。将所从寸，可视为出征者通向未来的接点，且怀有这样一个必胜的信念：决定将来的权力一定会握在本族群人的手里，因为已经得到神的帮助。将因而可指向未来（将来之将）。

4.2. 说“足”：道在行中
——“止、足、正、是、走、步、行、癶、脚、廴”及其他

于华夏先民而言，手在“物”中可退而不显，脚则必须一直在“道路”上言说自身。道字古文从足、今文从辶，路字从足，道路都离不开脚。另一个有趣的事实是，去和来却不从足（见“第 3.3 节”释法去，“第 3.5 节”释麦来）。背后的哲学意味是，道路都是脚足走出来的，且总是在人的行走中得以呈现。从来就没有一条纯客体的道路摆在某个地方，等待着我们去行走。如我们从此地去往某地或从别处来到某处，关乎行走的目标，行走的脚足是可以忽略不见的。在笔者看来，如此透彻、自由、豁达、自信满满的哲学态度和人生态度，才是中华文化的价值和灵魂所在。

脚足的第一个面相为止（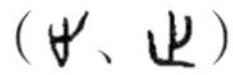），其意义不是为了行走，而是为了站立于先民的氏族队伍中。《说文》释止为“下基也。象草木出有址，故以止为足”，义为人的下基即脚足。一说止即趾，为趾的初文。一说古文有从水的止，或与上古洪水有关。马叙伦认为止为足字异文，义同乍。笔者认为止字的奥妙之处在于，它不仅是对人脚足的象形，更是对“草木出有址”的象形。背后的原因则是殷商人的空桑木母意识，人子均从空桑十日转灵而来（金文有象形人足的止，或为周人所造）。止因而有氏祇秖义即“出有址”义，你的止所在的地方就是你的氏族所在的地方，也是氏族神祇所在的地方，如同“草木出有址”。止氏祇秖音同义通。

为上说提供旁证的是脚足的第二个面相足（），《说文》释为“人之足也。在下，从止口”。义为脚足之足。林义光认为“从口止”没有人足义，应为蹷足之足，有停止义。郭沫若称殷卜辞中“足某人嗣某事”之例常见。一说足有续义，义同继续之续。马叙伦怀疑足为“乍字异文”，与金文乍字形相近。杨树达认为足与疋（pi 音）义同形近，止上不是口而是“股胫”即腿脖形，疋有辅佐义。笔者认为足初文象形先民站立于氏族队形中，字形从口止，读音同族。足所从口有面向神祖表明心迹义，足所从止有不再往别处义。足初义表征先民用行动和语言表明自己站立于氏族队伍中。于先民来说，进入氏族和族群，是行走于世界的第一步。未来的生活世界从氏族中起步。于人子来说，足所从口未必是己口，极有可能是氏族首领之口，或为氏族先人之口，甚或是射礼神判结果之口。足部收录的古汉字，都可以看成是华夏先民在迁徙和游牧队伍中行走的不同姿态——它们都没有走出氏族之外。从箭镞而来的族簇，只是对氏族之族的比喻和暗示；氏族的成形与壮大，最终是靠足得以实现的。上述诸家所释的词义，均可以从足的初文中寻找到根源。

脚足的第三个面相是正（），《说文》释正为“是

也。从止，一以止”，释义不详。有从二的古文正，二为上。高田忠周认为正“从上止而会意”，有正于上义。另有从一足的古文正。一说正同征同行。一说正象人立正之形。杨树达认为正字初文“从囗止”，有向国邑（囗）行进（止）义。一说“从囗止”的不是足而是正，所从口源于一。殷卜辞中的“五正”或为官名。一说正从丁止，止上为古文丁，有位置义，止于丁位为正。朱岐祥从卜辞中考证出“正否是由先公先王所赐”，与王受佑有关，可以通过不同的祭仪和牲品问正。正与祯音同义通，有去疾降祥义。

笔者认为当结合止乏是释正。《说文》释乏（、）为“春秋传曰‘反正为乏’”。一说正“以射鹄为本义”，受矢为正，拒矢为乏（正和乏在箭靶上融为一体）。射礼中的乏为皮革制成，箭矢遇乏不飞，可防止伤人。马叙伦认为正与乏原本一字。《说文》释是（、）为“直也。从日正”。非初义。《说文》释正为是，释直为正见，正是直三字义皆相近。古文是从止，一说是所从止为正字的变体。一说是字初文源于古人“正日景（影）求地中”行为，是字从日正，有明是非之义。郭沫若认为是与匙为古今字，氏也即匙，古文是氏常通用。马叙伦认为是正一字，是质实三字可通用。一说是从手遮日光形，义为行走。戴家祥认为是“象射鹄之形”，不从日。射中者为是，不中者则失其是。

诸家所说均未触及正和是字的初义。正最初当从中从止，所从中即王树立图腾旗征四方部落会盟之“中”（古文正从口从止，其所从口为中字省形，也即省去旗杆的图腾旗）；所从止即各部落向王“中”行进之脚足；止抵达王“中”之下即为正。正入室内（宀）即为定，定有“丁实”于室内义，定从丁得音。正读音或源于中，或从止中得音。正因而有征义。其异文从二从止，二或为上神或为先人，正于上神和先人，即为同氏族人，因而与氏是同义。正的字形后简化为从一从止，正所从一或为王“中”及上（二）的简化形，或为对象事物连同正者自己的抽象符号。正于一便有了《老子》所言的抱一、守一和得一义。是字初文当从止从日，或兼有箭矢之形（被误读为从一）。是所从止，乃是先民所在氏族之止址，即根基；是所从日，乃是空桑十日和女娲“肠化十日”之日，即赖以转世的神祇；是字中的箭矢则源于神判中的射礼，如箭矢射中十日中的某一日，即意味着人子为该神祇（以对应的天干日命名）转世而来，判该人子为是（为殷商氏族中人），并拥有了在氏族中的止址和根基。是氏矢祇止诸字音同义通，是足两字初义也极为相近，是与足或为同一个过程中的两个环节。

所谓“反正为乏”，并不是说乏与正在意义上相对立，而只是意味着两者在时间上呈逆向。从“王中”的角度看去，前来而尚未到来的部落为乏，乏因而内含有匮乏义，射礼中“拒矢”的皮革因此得名为乏；从部落自己的角度看，他们前往“王中”的行为叫发（發），如张弓瞄向目标（乏与发音义可通）；乏最终会实现为正，所以正与乏同源。乏发后来沿着各自的语境演化，渐渐隐去了当初的语义联络。

对于人子来说，正的重要性在于，它既是人生第一阶段的圆满结束，更是未来漫长人生的新开始。其内涵的人生准则是，人的一生都要行得正。其抱一、守一和得一义不仅和德政相连通，也将全体华夏先民的生活接续为一个整体，并与是字相联手，接续上神和先人。如再考虑到“非洲起源”说，意味着“正”或以华夏先民的独特方式，尝试着将人类生活连接为整体。只是在后来的故事中，我们逐渐忘却了正字的这一初义和先民们的初衷。

脚足的第四个面相是走（、、），《说文》释为“趋也。从夭止。夭止者，屈也”。人屈体前趋即为走。林义光认为走象人行走摇两手形，从止，止象其足。高田忠周认为“凡趋则趾多屈”，释夭为趾屈。

一说走同彳（chi 音）亍（chu 音）。一说走和辵（chu 音）本为一字。一说走有仆人之仆义，用于谦称（牛马走）。杨树达认为走与奔同义，疾趋为走，奔和走都没有屈足的道理。夭象人形即屈身之人，屈身而走。姚孝遂认为走从止从古文走，而不从夭。古文走象人手摇摆行走形，易与矢夭相混，进而讹变为夭。

笔者认为诸说非是，远未触及“从夭止”的造字意图所在。走所从止，既是人的止即脚足，也是草木之址即根基；走所从夭，既是人手摇摆行走形，也是植物新芽形——因而呈屈体之形（见“第 3.4 节”释幸夭）；走义“趋”既是人的前趋，也是植物上趋，人前趋之形如同植物新芽上趋之形。走的初义或专指小孩前趋而走的样子，尚未学会稳步前行，而是屈体跌跌撞撞前趋。“走马”或为训马的官职，“太史公牛马走”意味着给对方牵牛牵马。“走卒”意味着年轻的小兵小卒。仆义谦称当由此而来。成人快走为奔，奔因而“贲声省”，成熟的贲形被后人误解为新芽的夭形，同时将走所从夭误认为象手臂摇曳形。象手臂摇曳形的既非夭也非古文走，而是古文奔。奔既然“贲声”，当无理由从夭，虎贲青壮年也不再是夭苗。一说奔从三止，有健而快义，可为旁证。夭字后来演化为“桃之夭夭”之夭，则接近贲的意象了。

脚足的第五个面相是辵（、），以及行彳步之亍等。辵用于部首或变为彳或变为辶（zou 音）。《说文》释辵为“乍行乍止也。从彳，从止”。王国维认为辵当训为行，从止在道中。一说辵为迹字初文，行走的足迹。《说文》释彳为“小步也。象人胫三属相连也”。借用人腿（胫）的连续动作（三属相连）状，表征小步快走义。笔者认为彳从甲文行（、、、、）而来，一说彳为行字省文可为旁证。甲文行象道路通达之形，表征人对外界的自由行走。《说文》释行为“人之步趋也。从彳，从亍（chu 音）”。行与彳亍二字当同源。彳或由彡演变而来，连

彡而成彳，以表行义。彡有纹饰连续义，此处当借指街道的通达，兼指行走中脚足的连续性。亍《说文》释为“步止也。从反彳”。亍即行走中后脚停顿于原位的状态，与之对应的彳则是行走中前脚向前迈进的状态，因而被许慎称之为“小步”，意味着完整的一步还没有呈现出来。行彳亍三字均表征行走者可通达外界之足，与之对应的则是道路通达之行。单个的彳和亍，都不能算是完整的一步，只能算是两个半步。一彳一亍合成一步，方能成行。

《说文》释走为趋；释行为步趋，关键词是步（）。《说文》释步为“行也”，从两止。止即脚足。甲文步象两止行于道路形，后简化为两止一前一后形。稳健有序，落地有声，步或从行走之足的落地声中得音。步所从两止在行字中化身为前彳后亍。步和行的区别在于，步表征脚步的稳健有力，行表征行走（及道路）的通达。

现将脚足的前五个面相概述如下。人类还在学走的时候，生活世界已呈现出通达的道路来，为辵为彳为行。其哲学意义在于召唤着学走者勇敢地走向外面的世界，走进共同的人类生活世界中。但对于学走者而言，他还需要在一彳一亍中学会一前一后的步，稳健有序，落地有声。走字中那个从夭的屈形不见了，人类逐渐呈现出行走于世界的形来，呈现出将在大地上“劳作之人”的形来。行从形得音，形行音同义通，生活世界对学会行走者发出了赞许声——你能行。行因而演化出“可行”义，步则演化出“辇行曰步”义。人在世界中的行走不再像当初那样仅仅依赖自己的双足，从车辇到飞机；甚至也不再局限于有形，计划可行意味着可顺利抵达未来。

脚足的第六个面相是癶（bo 音）（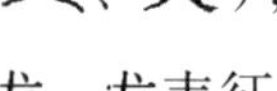），字呈正反两止相靠形。一说像走犬貌，从犬而丿之，音义同犮。犮表征走犬即遛狗形，犬在前人在后，犬拽绳而走，人牵绳紧随犬后，犬前倾而人后仰，形态如犮。

马叙伦认为癶义同江浙方言跁（pa 音），人从坐或卧中而起，足先落地而后行，有起步和开步义。杨树达认为癶象左右两足分张形，人两足分张而行为剌癶，犬曳足而行为剌犮，都是行走不正的样子。后演化出开拨之拨（撥發），从發的“张弓貌”得义。笔者按，癶的初义并非行走不正，而是告别过去和现在以起步向前。如起步行走的方向由向前改为向上，则为登，登字从癶。正意味着一种持续状态：或正立于某处，或在应征途中持续而前；癶则意味着一种改变，原来的持续状态因癶而被打破，并因此给人留下了“行走不正”的观感。

脚足的第七个面相是足与足的相遇及后退相，即夂（zhi 音）（[illegible]、[illegible]）和夊（sui 音）（[illegible]、[illegible]）。《说文》释夂为“从后至也。象人两胫后有致之者”。马叙伦认为夂既是致字初文，也是追字初文。杨树达认为夂从人形造字，右下捺画像人被外物所致。一说夂从倒止，与止本是一字。笔者认为夂象此人足与他人足相遇形，此人足被他人足“从后至”即为夂，舛夅皆从夂。《说文》释夊为“行迟曳夊夊也”，释义不明。甲文夂与夊反向成文，合并成舛字。马叙伦认为夊即退之初文。笔者认为可采信。夊与夂一退一致，合并成舞字所从舛。夊与鸣叫一声后退一步的虽（雖）读音相同，虽或从夊得音。后出的脚字源于退却之却（卻），加肉（月）成脚。卻字所从谷为锁口纹，读 jue 音。卻字所从卩，有节和约束义。却（卻）疑为脚（腳）字初文。生活世界因人足的相遇而丰富，因人足的适时后退而携手共进，乃至演绎出华美舞步（舛）。

脚足的第八个面相是廴（yin 音），《说文》释廴为“长行也。从彳引之”。义即长行。马叙伦认为廴象横道多、纵道长形（纵横绵延而长）。王廷之廷、封建之建、延绵之延等字，在人的长行中纷纷现身。华夏先民的生活世界也因脚足的长行而延续到今天，且指向未来。

回顾一下脚步的八个面相，有助于理解华夏先民“在的哲学”态度。每个人的“止”都象草木之止址杫氏一样，不仅先天性地立于大地之上，也立于所在氏族之中，立足于神祖的连续性中；每个人的“足”经过神判（口）许可后，得以站立于氏族队列中，从非洲故园来到华夏大地进入到殷商游牧族群中；在是于射礼及正于“王中”的活动中，每个人都要按照神判和先人的指引，恪守自己及事物之正、之一，实现自己及万物的是其所是；在跌跌撞撞中学会了“走”，夭屈前趋，迈出了人生第一步；在彳和亍中学会了“步”，稳健有序，落地有声，开始听从生活世界的召唤，迈入通达外界的道路出“行”；面对新的征途需要再次出发（發），面对新的高度需要向上攀登，因而有了一次次的癶和拨（撥）；遇到同类的足迹时，需要退让（文却），甚或携手共舞，并重新定义了“脚”；华夏先民从此开始了长行（廴），建设生活世界并延绵至今直至永远。生活世界里原本没有抽象的道路，只有坚实的行走。此即“在世界之中”的生活态度，可描述为中华“在的哲学”。

遗憾的是，路在后来的历史中渐渐偏离了道。首足合字的“道”原本是人作为人的行走，是生活世界整体连续的时间形式（见“第 1.6 节”释道），人如能像《老子》所主张的那样得一、自然，方为守道。后出的路则与之不同，虽然《说文》释路为道，但路字从足从各，义为“各有所适”各走各路，为后来的自私义埋下了伏笔。《说文》释各（、、）为“异辞也。从口夂。夂者，有行而止之，不相听也”。释义不详。罗振玉认为各上“象足形”，从外至，下“从口，自名也”。义即从外面来个人，自己称说自己为各。笔者认为各所从夂初文象众人脚足相遇形。夂下加口为各，各所从口有言说义。各初义或为相遇的人对自己做个定义和介绍，即罗振玉所言“自名”，兼有正格、恪守及至（到来）义。如此初义的各本没有问题，个体人本来就各不相同。问题出在人因各而自私。倘若人都只以自己所在的氏族利益为出发点，各则被赋予了自私

义。周灭殷商后建立的男权宗法社会，各同男权之家联手进而与家同义。北京郊区孙各庄、郑各庄、庞各庄等大量类似的地名中，各与家音同义通（见“第 1.7 节”释家）。各归各家的结果是，华夏先民原本在世的哲学堕落为在家的哲学，继而堕落为在家长的哲学。从各的路逐渐偏离了道，通向各自的家族中。各色各样的家长们带领各家的兄弟开始了“打天下，坐江山”的历史，“一家杀着一家来”的改朝换代大戏在华夏大地上轮番上演。

4.3. 说“力”：因力化物
——“力、劲、务、胜、劳、功、胁、肋、气、刀、刚”及其他

今天的我们从初中课堂上获知，肌肉的运动产生力。于华夏先民来说，力则是他们握在手中带刃的长木杆，随时准备着刺进凶猛猎物的身上。

《说文》释力（、）为“筋也。象人筋之形。治功曰力。能圉大灾”。释力为筋，其义难解。林义光认为力象奋臂（运动手臂）之形，释力为气力。徐中舒认为力是单齿耒，李孝定从此说。裘锡圭认为力是不同于耒的发土工具，与耜臿属于一系，由木棒式原始农具发展而来。马叙伦认为力为筋字初文，借用为力气之力。笔者认为诸家错将力用于耕耘，所释非初义。力原是狩猎工具，如同裘锡圭所说的木棒式工具，前端装有刀刃（如同甲文力的字形），柔韧性很好（象人筋之形）。男字从力，表明男最初是用捕猎工具力打猎的人。男所从田，指向男畋猎的猎场。至于男当时的任务和打猎的方法，在拦和壬两字中被说出，男拦任三字古音相同。壬表征工的重复（见“第 2.6 节”释壬），于男而

言，重复的对象是力，在畋猎现场布置好众多的力。拦即阻拦，男所阻拦的是猎物。利用一层层由力围成的障碍，拦住猎物，或驱赶它们到陷阱中，或直接捕杀它们，即为男的工作，也称任。围猎现场的男未必都是今天所说的男人，但他（她）们确实有重任在身（见“第 3.6 节”释男）。

有力俗称有劲，繁体作勁，《说文》释勁为“强也。从力，巠声”。丁佛言认为古陶文勁字或为弓（劲从弓得音义）。笔者认为劲关键在“巠声”。《说文》释巠为“水脉也。从川在一下。一，地也。壬声省。一曰水冥巠也”。义为水源源不断地生成（壬）并流淌出来的源泉之地。一说巠从二，非从一。一说巠下为土（今文写作工），土即壬声省，为壬字省形。一说巠为经（經）字古文。一说巠“画纵丝形”，从纵丝物形中生出字意。笔者结合殷人围猎现场推测，巠初义或为一排纵向绳索，用于吊取井凵中或低洼之处的物（工），或从井得音。后纵丝演化为川水，巠引申出“水脉”义，新造經字以表征本义，巠则成为經字的初文。勁字初义应是吊取陷阱中猎物的特殊工具，猎物身上已插满了力（带刃的长木杆），勁所以“从力，巠声”。当巠引申出“水脉”义后，勁则引申出强劲义，也即许慎所言的“强”义，或寓意体力像水脉一样从身体里生长并流淌出来。

务繁体作務，《说文》释为“趣也。从力，敄（wu 音）声”，释义不详。《说文》释敄为“强也。从攴，矛（wu 音）声”。一说敄义同侮，外御其敄同外御其侮。笔者认为侮当属于敄的引申义，可从引申义侮辱之侮中，逆推出《说文》所说的敄有“强”义应是强迫之强。从力“敄声”（有强迫对象义）的務，其初义即许慎所言“趣”应是强迫猎物驱向某处。在殷人围猎现场，先民们一边挥动着手中的力和矛，在空中 wuwu 作响（矛声），一边大声发出 wuwu 声（敄声），逼迫猎物驱向先民们设计好的陷阱路线。今文“務必”之務和“劳務”之務，均保留有驱向目标义。

胜繁体写作勝，《说文》释为“任也。从力，朕声”，义为勝任之勝。马叙伦认为任为声训，凡是力部所属的字都有加力于某物义。朕的初义为撑船、乘船和送行人的自称，义同今文第一人称我（见“第1.2节”释朕）。从力朕声的胜，大意是说“我的力（带刃的长木杆）能行”也即可以勝任围猎。

今人话语中的劳动两字都从力。《说文》释勞为“剧也。从荧省。荧火烧冂（tong音），用力者勞”。一说古文勞从火从衣，一说勞从縈省，取经营之意。王国维认为勞象两手奉爵形，奉爵以劳之，慰劳之劳。林义光认为勞象两手持衣向火中，勤勞之勞为借义。马叙伦认为“荧即燎字”。一说勞有忧义。勞简体写作劳。《说文》释劇（剧）为“尤甚也。从刀，未详”。以劇释劳，旨在强调特别辛苦、特别辛勞义。笔者认为勞字本义是围猎现场中的“火守者”。在猎物逃跑的下风口设门，堵死猎物退路，门前燎火，勞者躲在门后。与在上风头火攻的妄不同，勞者处在火烟的下风头接受熏烤。不仅责任重大，失责就意味着前功尽弃；而且困兽犹斗，所以特别危险；在围猎现场他们忧虑感最强，既担心猎物跑掉，又担心自己和同伴们的安危。勞者因而也是用心尽责的群体。林义光所言“双手持衣向火状”，或是门后勞者的主动出击之形，所持的未必是衣，极有可能是火把。另见“第3.7节”释动。

与劳和动同在殷人围猎现场的还有功和勋。《说文》释功为“以劳定国也。从力，从工，工亦声”。非初义。居延简中功劳二字用于戍边，戍卒满四岁之劳递进为“一功”——属于功劳的引申义。《说文》释勳（勋）为“能成王功也。从力，熏声”。义即奇功为勋，也非初义。功勋所从力，均来源于殷人围猎现场。依据功有“以劳定国”引申义，可逆推出围猎现场之功的初义：在猎物“大灾”与围猎的族群之间构筑工事，辅助以力，化解猎物可能发起的对族群的报复性进攻。后引申出守城守国即“以劳定国”之功。功所从工，或为围猎现场的工事。释勋的关键在于“熏声”。另有从员从力的古文勋，关键要理解员字的含义。《说文》释熏为“火烟上出也。从屮，从黑。屮黑熏黑也”。马叙伦认为熏为薰字初文，古文作燻。杨树达认为熏当从炎，火光穿烟而出为熏。《说文》释员为“物数也。从贝，口声”。甲文籀文员从鼎。一说员上囗为鼎口，笔者推测当是食母分食时标记的刻度，刻度成圈为 O 为圆。员所从贝，原型为鼎，且标记有分食的刻度。后引申出钱币的计量单位圆元、方圆之圆、成员之员等义。笔者推测“熏声”之勋和“从员”之勋应为同一群人，她（他）们在鼎前分食，之前或许还要煮食，在围猎现场则运用煮食时习得的生火技术，攻击猎物，保护氏族成员，其中或有现场学习围猎技术的少年。或许在生火技术外，她（他）们还习得了焚烧特定植物的熏烟技术，以对付不同的猎物。熏因而通薰和燻。

人因劳成倦，倦初文写作券。《说文》释券为“劳也。从力，卷声省”。初义是先民手中的力刃口卷起，不再锋利。后引申出疲倦义。债券之券从刀。券券两字在日常运用中易混淆。

加（、）《说文》释为“语相增加也。从力口”。一说加通嘉。一说加有上义。高田忠周认为加有“力言”义。笔者认为加初义为先民手持狩猎工具力加于猎物之口，防止困兽伤人（见“第 1.7 节”释家加）。正因为手中力可加于猎物身上，以力化物成为可能。加后引申出强加之加等新义。

勇（、、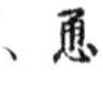）《说文》释为“气也。从力，甬声。勇，或从戈用。古文恿从心”。许慎以气释勇，所释应是怂恿之恿，义即勇气之勇。一说勇所从甬与用相通，所从戈与力同类，故“从戈用”之勇与“从力甬

声”之勇音同义同。勇初义表征殷商先民在围猎现场使用力（戈）的情景，义即用力用戈为勇。手持戈与力的围猎者们一边刺向猎物，一边相互激励，便有了从心之恿和勇气之勇。和前述的加遥相呼应，蔚成大观。

协繁体写作劦（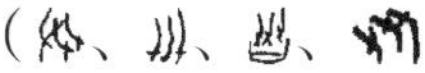），《说文》释劦为“同力也。从三力”。其初文象形三力并进，初义应为众多力一同刺向猎物。后从中引申出协同义。一说“偶耕”为劦，当属于引申义。卜辞中的“劦口”疑为祫（qia音）礼，即“大祭先祖亲疏远近”的一种合祭。“劦日”之劦有协同与合并义。

杨树达认为劦是胁字初文。笔者按当存疑。《说文》释胁为“两膀也。从肉，劦声”。两膀即两腋，腋下谓之胁。胁之所以“劦声”，或在先民看来，腋下之胁当是协调身体发力的中枢部位。

胁不离肋，《说文》释肋为“胁骨也，从肉，力声”。义即肋骨。胁为腋下肌肉组织，肋为胁骨。马叙伦认为胁脟（lie音）肋为转注字，胁肋为异体字。

胁肋表明，人力离不开肉。甲文肉（）象“已切之肉”，义即作为食物的肉。先民直接用“已切之肉”来指称人体之肉，肉部字多数指称人体。林义光认为生人之肉曰肌，可俗称为肉。笔者认为肉或从仌（古文冰）。旧说仌象水凝之形，笔者按水之所以能凝是因为气出，水因气出而成仌。肉所从仌，寓意肉内含有命氣和山川云气。昔所从双仌，当来源于肉牲所蕴含的云气和命氣，因日晒而挥发。肉牲仌出即为昔（见“第2.4节”释昔）。

力后来专指气力，也称力气，进入人体。力气之气繁体写作氣，和古文气本不同字。氣《说文》释为“馈客刍米也。从米，气声”。古文氣或从既，或从食。有气有米方为人之氣，此米非今天的稻米，也非周人小米（稷），而是殷商人的桑葚碎粒。殷女因接触桑木枝条感应高禖而受孕。人子因食用桑葚碎粒熬制的羹获取命氣，得以长大成人。人因空桑木母而得命氣，再因命氣得力氣，人的氣力与外界的互动及循环得以启动，人的生命因氣盈而生动而氣象万千。人的言说如曰音语云等字，也都与人的氣出有关（见《说文》），言说则因为氣出而成为生命的一部分。中华美学的重要成果“氣韵生动”之氣，最初来源于桑葚碎粒。今日华人膳食中，依旧关注那些补氣的食物如山药等。

气（三、气）《说文》释为“云气也。象形”，义即山川云气。高田忠周认为气隶楷省作乞。于省吾认为气有乞（乞求）迄（迄今）讫（终止）三义。笔者认为气有乞迄讫义，蕴含有自然力化物的过程，进而与丌其可通。

丌（八、亓）《说文》释为“下基也。荐物之丌，象形”。自然之物的承载者为丌。刘心源认为王莽时数七记为丌，上从一记为五,一下两丨记为二，合为数七。李孝定认为金文小篆已有丌字，远在王莽时代前，刘说不可信。徐灏认为丌与几形音义皆近，或为一字。马叙伦从此说。笔者认为几为人造荐物之器，后仿几新造丌字，用以泛指非人造的荐物之丌。其中蕴含有华夏先民的哲学思维：凡物皆有所依所荐，方得以呈现——如同人用之物呈于案几。丌本无形，因人造丌字得以言说。

如丌上有气、气化为物即为其。其初义为萁箕，安置人子的器具，如同今天的婴儿卧具。其后用来借指萁箕中的人子而有代词功能，义同第三方，进而兼指万物，其最终虚化为指人指物的代词。基从土从其，所从其指代土上之物，所从土则成为土上物（其）的依托，基因而获得基础义。丌上物其因为泛指而成为物的共相，非具体物，但有实义（即丌上有物义）。倘若丌上无物，或意味着丌上没有云气可集，或意味着丌上云气尚未成型为物。气相对于丌而获得乞义（设丌乞物）、迄义（丌为基点）和讫义（物成型于丌，丌为终点）。正是因为云气之气可自化万物，笔者甚至猜想八卦的最初画法或从气初文而来，只需要导入阴阳爻的概念，气字初文（）即可画成初卦。

回到人的话题上来。人的肉身何以有力量？除命氣外，还因为有筋，《说文》释筋为“肉之力也。从力，从肉，从竹。竹，物之多筋者”。杨树达认为人的力肌多筋，如同竹子多筋，所以筋从竹从力。段玉裁认为筋力同物，气力不可象形造字，只能以力（即筋）代替。筋为力的转注字。马叙伦认为力象人筋，力释为气力。笔者认为将筋与气力联系起来，蕴含有对肌肉运动产生力的朴素认知；再借用竹子纤维纹理之筋相比拟，当源于万物有灵、人与草木竹同源的原始意识。

有纤维纹理的还有从木的朸，《说文》释为“木之理也。从木，力声。平原有朸县”。朸所从木有筋骨之筋义，因筋获得理义。郭沫若称朸县在今山东商河县境内。朸字或表明木因有理有筋而用为狩猎工具力，进而寓意万物皆然。人体的筋与理通向经络，从而与命气相贯通。

活动一下手筋似乎可从中焕发出一种精神力量来。扐《说文》释为“易筮再扐而后卦。从手，力声”。一释扐为“指间”。存疑。笔者推测扐有搓手以活动手筋义。目的在于顺筋顺气以增精神，扐手以利。此习俗在今日民间问卜、求签乃至桌牌游戏中可常见，与许慎所言“再扐而后卦”也相符合。

为更透彻地理解“力”，还需要理解“刀”，《说文》刀部在筋部之后，或寓意刀与筋与力之间存有某种内在联系。甲文刀（、）从反匕即人形而来。《说文》释刀为“兵也。象形”，义为兵器之刀。非初义。吴其昌认为刀除了用于兵器、刑杀、宰牲、钱币外，还可用于“削治简牍”，因刀可以“削书”而有刀笔吏之称。吴振武认为刀既是货币名称，也是货币单位。

但诸家之说都没有触及刀字初义，更未触及背后的哲学意味。刀从反匕，刀到倒蹈诸字音同义通。《说文》释到（、）为“至也。从至，刀声”。到不在刀部而在至部，说的是人而非刀，人至为到。郭沫若等认为古文到从人，又因为人形与刀形相近，“故后世误从刀作而以为声”。笔者认为其中的原因是人刀同源同体，容易误人为刀。到从刀得音义，从至得形义。到所从至初义为玄鸟送回转世命灵（连同箭矢中鹄、不再次翻转）而为人子（见“第 3.6 节”释侄至）。到所从刀原本从人（反匕）而来，在到字中回归人义。古文刀，可借用马克思的术语表述为人的“内在尺度”（《1844 年哲学经济学手稿》）。人先化身为匕匙，再由匕匙化身为到所从刀，意味所到者为人。当刀加于外物时，恰如食匙加于食物，背后是人加于外物。古钱币取形布刀，寓意布刀有食匙功用，可喂食给拥有者。

周金文拓本，人右手持刀图案（引自《古文字诂林》第四册第 518 页图丙），或蕴含有刀与人之间的内在联系。

今人赋予气力以很多指标，下面讨论一下力的刚、柔、韧，三个字的部首中也都有“力”隐身于其中。

刚繁体写作剛，《说文》释剛为“强断也。从刀，冈声”。林义光认为有从刀断网的古文刚。冈即山脊，从山网声。孙海波认为刚象以刀断网，网也用作表声。古文“断之以刚”之刚，当训为芒刃尖利义，引申为强。马叙伦认为许言“强断也”当为强也断也（两义），断或非本义，古书或以侃为刚。朱德熙认为侃为刚的古文，释侃为冶（刚有冶义）。饶宗颐认为刚有割断义。笔者认为饶说可采信，所割断者为网纲。刚所从冈，初义为山脊，此处指网纲，刀断网纲为刚。许慎所言“强断”之强有强行和勉强义。刀断网纲的原因，笔者推测或因遭遇犯禁（网有水中神兽误入）、危险（因鱼过大而呈险象）之事。刚强之刚（宁折不弯）和刚才之刚（危险已过）义，可从刀断网纲中引申出来。刚所从刀与狩猎工具的力可通，在刚字中呈现出决断之力。

柔《说文》释为“木曲直也。从木，矛声”。徐灏认为柔或为揉字的初文，柔专指刚柔之柔后，增手为揉以表征初义。马叙伦认为桢为坚木，柔次于桢，柔当为木中柔软者。揉鞣蹂皆从柔得声。面目和善曰腼（字从月肉），或因为肉有柔义（今文说一个人很肉，与此意可通）。柔从矛声之矛，《说文》释为“酋矛也。建于兵车，长二丈，象形”，古文矛从戈。义即兵器矛。徐灏认为矛刀形制曲折，故称蛇矛。许慎所言“酋矛”之酋，郑玄认为义同遒，可释为长；马叙伦认为义同丩（古文纠），矛刀上缠绕有丩物。戴家祥认为矛上装有钮环，可系红缨，矛为古代主要刺兵器。笔者认为矛和柔同声同源，矛所用的木杆当取自于柔性极好的木材，制成兵器即为矛，制矛的木杆即为柔。柔或从肉得音义，表征其柔软特性；从矛得形义，表征其独特用途。其哲学意味是，柔软的力量既来自于筋朸中的植物纹理，也蕴含在包裹纹理的肉中。

徐铉释韧为“柔而固也，从韦，刃声”。柔软中见坚硬即为韧。韧所从韦（繁体作韋）表征皮革，韋初义表征有相悖相反形的脚步（韋所从舛）沿城墙（韋所从囗）行走，寓意有队伍相向绕城巡逻，形式上如围城，目的是保卫。韋有围义和卫义（见“第4.1节”释为韋围）。韋后从围义中引申出兽皮和皮革义，兽皮的功能就是围住其肉体。韧所从刃读音同人，是刀的最初形式。甲文刃由刀前有点会意成字，刀如人形或为匕匙，刃上之丶则是和人最亲近的工具和食物。韧初义或表征先民持刃制革，后引申出坚韧之韧。

如将氣力刀筋刚韧柔肉诸字放在一起考察，大致可描述出华夏先民对体力来源的独特理解。命氣既来源于桑葚碎粒之米，也来源于山川云气，与空桑木母及万物可通。人因命气而有肉体，有筋有力。狩猎工具力所用的长木杆，来源于植物的纹理之筋，木杆前端的刃具来源于刀，刀则来源于刃、来源于匕匙，最终来源于人。肉体之所以有力，除命气、肉、筋之外，还得韦围成一体。在利锋对网纲的快速决断中说出力的刚性，既有刀刃的锋利，更有人的果敢。在制作长矛的木杆中说出力的柔性，既蕴含有柔木的肌理，也展示出刺矛的尖锐。在刃对皮革的削制中说出力的韧性，既有对象物皮韦（兽皮）的坚守，也有持刃之人的坚持。

4.4. 物之一：木草竹的生产
——“艹、生、产、木、林、坴、筑、格、节、蓄”及其他

劳动也叫生产，合称生产劳动。劳动两字构型于捕猎现场（如前述），生产两字则源于对草木世界的描摹。于华夏先民而言，人子虽然因玄鸟得命灵而成为倮（luo 音）虫，但终因木母得肉身而有手有足且有生有产。因为草木，生活世界有了陆地（坴）和村庄（莊），人的生活有花果可折、有蔬荤可蒸、有甘甜可以收藏，兼有药漆（桼）蓍符筑节简篇，种族和文化得以世代繁衍。如果说前述手和足间接联系于草木，生产坴庄花果蔬荤甘甜藏药桼蓍符筑节简篇等字，与草木世界的联系，则更为密切也更为直接。

中（、）《说文》释为“艹木初生也。象丨出形，有枝茎也。古文或以为艹字”。丨（shu 音）有上下通义。一说古钱币中的中，寓意生意兴隆如艹生一般茂盛。一说中艹一字。可采信。《说文》释艹（、）为“百草也”。马叙伦认为艹为中形中的茂密者。中艹草如独立成字，今文均写作草。《说文》释草为“草斗。栎（li 音）实也。一曰象斗子。从艹，早声”。马叙伦认为“草斗”为校对者所加的俗名，一曰“象斗”，即样子义。笔者认为草中艹所共有的关键字是“生”字。

《说文》释生（、、）为“进也。象草木生出土上”。义即草木生出土上为生为进。马叙伦认为生初义即草生，草出于地则生，未出则不知其生。如同人出于母体为生。生即性命之性的初文。一说生为姓，百生即百姓。高鸿缙认为生字原像草生地上，周人在丨下加一点，后变为横，成土成地。

同在生部的有丰（、）和产。笔者按古文丰非繁体豐，豐简体写如丰，两字易混。《说文》释丰为“艹盛丰丰也。从生，上下达也”。草木茂盛为丰，“上下达”义同根深叶茂。马叙伦认为丰和耒均为中木二字的异文。李孝定认为丰同封建之封，象手植中木形。产繁体作產，《说文》释产为“生也。从生，彦声省”。产为何“彦声”？《说文》释彦为“美士有文，人所言也。从彣（wen 音），厂声”。多文为彣。《文字考古》认为彦字所从“厂声”之厂为眉棱骨，彦字下部所从彡为图纹画饰，彦为颜的本字，纹饰彡所画的颜色或为燕色即殷色，黑中带赤如同燕子羽毛。产字因为“彦声省”当指称人的生产，即产妇产子之产。产字读音或从蝉嬗而来，寓意人之产子有如蝉之嬗变，嬗变的依据则是玄鸟和空桑十日。笔者按此说可采信，补充一点，彦或表征女子改变头饰或面饰，如同今天的成人仪式。今后可参与春二月里的“合男女”活动，接受灵媒交感而受孕。许慎所引用的古语“美士有文，人所言也”，义即美士给她画上彦文了，人们都说她可以接受灵媒了。美有媒某义（见“第5.4节”释美），美士应是为殷女画彦的专职巫师，通过画彦使得成年殷女获得接受灵媒的能力。如此规定的产，自然是殷商氏族的人子生产。若非人的生产，则不得称之为产，只能谓之以生。

中之生对应于木之冒。《说文》释木为“冒也。冒地而生。东方之行。从中。下象其根”。所谓“东方之行”，义即五行中东方为木。一说殷卜辞中的“木祭”即柴祭，焚柴木而祭。《文字考古》认为元木音同义通，从空桑木母意识而来。元即人首，与元义通的木指向神主牌位。古文社上木下土，所从木表征人工置（植）立于土上的木主，也即祭神架（示）。笔者进而推测木祭或为祭祀木母（即祭神架上的木主），或为置立祭神架仪式本身而设祭。人所设立的祭神架为木为母，母与木音同义通。《说文》释木以冒，冒木音同义通，其因为诸家所忽略。《说文》释冒（、）为“蒙而前”，又或解为“冢而前”。一说冒有覆盖之覆义，为帽字古文。一说冒与冑同源（帽义）。一说冒有犯义。戴家祥认为冒上象蒙首之帽，下从目代表人头。笔者认为许慎以冒释木，是因为冒木目音义可通，冒兼有许慎所言的蒙和前义，所蒙所覆盖的是人首，所前所出的是目光。于木而言，所蒙所覆盖的是大地，所前所出的是艹木。目光于冒帽的覆盖下所出，如同草木破地面而出。《说文》借草木比喻眉眼目（见“第1.5节”释眉眼目）的依据，当源于此。

《说文》释林（、）为“平土有丛木曰林。从二木”。马叙伦认为平土二字为校语。《文字考古》认为殷人居桑林时，以林光为灵光为命灵之光。林从灵得音，林灵音同义通。

笔者认为木林的读音起初当与桑木桑林有关。桑木如母，木读如母音。桑林之光为林光如灵光，林读如灵音。桑木桑林或源于育林嫁接技术，因嫁接而成木而成林，简狄、契及商诸字与嫁接技术有关。商星

（辰星）主农历二月至七月春季嫁接林事，参（shen 音）星主八月至来年一月秋季播种林事，殷商只有春秋两季而无冬夏。森读音如参星之参，蕴含有森林之森与参星之间的关系，背后则与参星及契的弟弟实沈有关，来源于育林播种技术（见“第 2.6 节”释简狄契实沈）。参星主秋天播种林事。契与实沈继“旷林之争”后，或演变为嫁接之林与播种之森两条技术路线间的竞争。就殷文化传统而言，木和林与人更亲近，森则相对较远。契尊为殷人始祖，实沈藏身其后。

《说文》释竹（、）为“冬生艹也。象形。下垂者，箁箬也”。箁箬即冬生青竹皮。马叙伦认为竹叶异于他物，其形左右分披，故以个字写之。竹非木质，经冬犹绿，所以称之为冬生草。竹所从古文个，象箭矢之形，有逐义。竹弯成矩，曲乐成筑。笔者认为竹或从逐矩筑得音。另，竹制成的箭矢经由桑弧之弓射出，可视为桑木之弧的延伸物，因而与草木同类，进而与人关联。竹与草木的区别是，草木可直接表述人自身及动作（与母生足止之出诸字有关联），竹则成为人及其动作的伴随者，成为人捕捉世界（箭矢）、分装世界（笼篓）及刻画世界（简策）的工具。

宫本一夫称新石器时代前期陕西临潼县白家村遗址发现有中华竹鼠，可证当时渭河流域有竹林。到了新石器时代后期，中华竹鼠从此地彻底消失。始于公元前 3000 年的干冷化现象，是这一变化的主因。也正因为这一气候变化，催生了猪的家畜化饲养（意即由猎狩采集社会，转入畜牧型农业社会）。

之（、）《说文》释为“出也。像艹过中，枝茎渐益大，有所之也。一者地也”。从草的蔓生中得字形，义为前往之往，会意艹前往蔓生之地。马叙伦认为像艹过中当作“像艹过一”，疑耑（端）屯出之长五字“一文而异形”，屯字一在中上，属未出之中；之字一在中下，属

已出之中。杨树达认为之所从一“为欲去之地”，一在止下；正所从一“为欲往之地”，一在止上；足趾谓之止，“足他向谓之之”。与马说相近。笔者认为可采信。一说之义同此同是，“之夕”义为“是夕”，之当从止得此和是义。饶宗颐认为祭名“之”义通侑，也通右，之为“劝尸之事”。黄锡全认为之初文来源于牛头，初义为有无之有，执牛头为有。有和又同属之的同音假借字，牛与之有又三字古韵同属之部，音同义通。陈邦怀认为春秋战国兵器中的“之造”当训为“所造”。

在《说文》字序中，紧跟在“之”字后面的是“从止在土上”的古文往，再后面的是“不”字。结合“之”、古文“往”、“不”三字在《说文》中的先后序列，笔者认为“之”字往为草根不离地而往，许慎因而训为“出”；“止在土上”的古文往则为草根离地而往，因而有亡义；不字接续往亡义而来，其字形源于对花萼的折断与翻转，达成对生命过程的否定（见“第 2.1 节”释在不）。三字在《说文》中的先后序列不仅蕴含有词义递进关系，还透露出华夏先民对生活世界的深刻理解：万物经人手的干预而之、而往、而不，而生生死死和死死生生，人对世界的劳作因此成为可能，生活世界因此得以连续。

初民劳作的主要舞台是陆地，古文陆写作坴（𡵒），从中六声，《说文》释为“丛生田中”。郭沫若认为坴字形象鱼脊。唐兰认为坴字“象两蜥蜴在阜侧，为高平地”，与鼋蠵并蟾蜍类相似。笔者认为唐说可采信，其中当寓意有华夏先民对陆地及万物生成的前理解。玄鸟入海化蜃化鱼，蜃和鱼中又有一部分继续化生为蠵屓、龟鼋、蜥蜴、蟾蜍，进而化生出陆地及丛生之草，禹父鲧则成为它们的代表（见“第 1.8 节”释鲧）。在庄子寓言中，鱼鲲化生鹏鸟，化生神话实现完美循环（始于玄鸟，终于鹏鸟）。坴（陆）上之中艹化生为木，草木同体。玄鸟再次或入海，女娲“肠化十日”；或入桑木，化生“扶桑十日”。以十天干表征的“十日”为第一代命灵，倮虫之人连同动物之虫皆由其化生（见“第2.8节”释虫）。大地上的劳作之人，不仅从化生神话中脱颖而出，而且一直就在这条化生河流之中——人对大地及万物的劳作不过是继承了上神的化生事业而已。

因为人的存在，草木之陆有了莊。东汉孝明帝名莊，《说文》因避讳无释。林义光认为莊为藏的本字，义为“艹所以包藏”。一说草壮为莊，义为草木茂盛。一说葬莊可通。笔者认为莊初文意味人在莊中，也即人在茂盛的草木中，为草木所藏、所庇护。莊与藏可通。劳作之人离去（即人之死）后依旧归于草木为葬（见“第5.7节”释葬），也为藏。莊葬藏音同义通。人因模拟草木有了生产，且是在草木的庇护下生产。华夏先民在草木中，如同偃鱼在河流中。莊简体写作庄。

简单介绍了人的劳作同草木间的渊源关系后，我们再来看一组与人的劳作有关的文字（全从草木竹而来），它们中有植、筑、格、节、蓄、机。

植《说文》释为“户植也。从木，直声”。从《仓颉篇》“户旁柱曰植”释义。马叙伦依此推定植为柱的转注字，义为直。当存疑。另有从木的异体植，黄锡全认为右旁直上为“网形省从冈”，与置类同。置（）《说文》释为“赦也。从网直”，非初义。马叙伦认为赦为声训，疑置为网类。唐健垣认为甲文植以止作为“声符”，像两手置柱于架上，疑为“建鼓”。殷卜辞及有关古籍中有“建鼓”一说。笔者依“户旁柱曰植”推测，殷商人游牧途中常依大树结网筑居，所居者为“直”，就是拿着十字尺探路的人，或是“士”的帮手（见“第3.1节”释士）。居于植上的“直”，职责就是在族人居住地的要道处当值，意同放风瞭望。进入庄子里后，直值结网所依的大树移为“户旁柱”成植。因户旁柱需要挖坑埋入地中，如同狩猎者挖坑种（重）力为“動”（见“第3.6节”释男力动），后引申出种植之植义。唐健垣所言“建鼓”当属于引申义，且与当值之值可通。

华夏先民首先筑的不是房屋，而是竹子。《说文》释筑为“以竹曲五弦之乐也”。马叙伦认为许慎所言为声训。陈汉平认为“字象人以手持竹制乐器状”，以丮（ji 音，义为手持）为形符，以竹为声符。筑从竹从工从丮，丮今文中变形如凡。一说“筑，以竹鼓之也”。一说“筑，似筝，五弦之乐也”。《古文字诂林》收录的竹部诸字中，仅箕与筑从丮。《文字考古》认为箕所从丮为扬弃之手，箕用于置放弃子，如同后出的簸箕扬弃米糠、撮箕丢弃生活垃圾。

笔者认为筑所从丮应和工有关，且与艺（艺埶）所从丮相同或相近（因为竹与艹同类、且筑与艺两字构型相同）。工初义为房子空间形状的支撑物，房子因工获得空间（见“第 2.3 节”释工）。筑初义应为人工植竹，以宣布对附近领地的占领（即获得空间）。竹可制箭矢而有逐义，箭矢抵达之处可驱逐他人以维护自己领地，竹筑逐音同义通。筑竹之后，先民或吹出乐音筑和筝以告知周边人群余身在此。与先民早前吹出乐音于宣布余已在此（见“第 1.1 节”释言音，“第 1.2 节”释余于）道理相通。后出的“以竹鼓之”和“五弦之乐”的乐器之筑当源于此场景。建筑之筑得以与筑初义贯通，通过建筑而获得空间。动词艺，音同所艺之人殷燕；动词种，音同种子之种；动词筑，音同所筑之竹——三组音同义通关系可相互为证。另，筝和筑古文可通，筝和筑“古音皆归于端”。一说筝为“五弦筑身”，一说筝为“鼓弦竹身”。筝所从争初义为双手引导植物生长，争因而获得引义（见“第 5.2 节”释竫争）。风筝之筝有风引而上义，乐器之筝有气引发声义。争后来引申出争斗义。与筑乐相通的筝乐有与他族争夺空间义，此即筝乐的“筑身”与“竹身”之用。筑身（竹身）义为宣布余身在此。筑（竹）于一端，也争（筝）于一端，筑筝端音同义通。先民通过筑获得空间，再通过器乐筑和筝宣布空间。面对先民的筑和筝，今人不能只闻乐声，还要看到乐之用。

工丮合体为巩（𢀜），后孳乳出繁体鞏（简体作巩）。《说文》释巩为褱（bao 音，义同抱），从丮，工声。一说巩如执玉如捧盈，恐字从此出。高田忠周认为字形像双手对举，从扛转义，借为扛。郭沫若认为同攻治之攻，有经营义。一说训巩为拥有之拥，一说训为褱（怀抱之怀），一说为双手执杵筑墙。笔者认为巩筑同源，修建工事圈地为巩，巩从工得音；植竹圈地为筑，筑从竹得音。巩所褱抱、所褱怀、所拥有者为领地，与筑所圈的属于同一片领地。

与巩筑争筝可关联的有格，《说文》释格为“木长貌”，从木，各声。释义不明。笔者按脚足相遇（夂）者相互言说（口）定义自己为各（见“第 4.2 节”释夂各）。格所从各，意味着众木枝条因长而相遇，也即许慎所言“木长貌”。格字初义表征树木枝条间的相遇关系：因相遇而击，则有了格斗之格；因相遇而守，则有了正格之格；出了正格，即为出格，也称格外。后出的“格物致知”语，义即厘清物与物之间的相遇关系以达成认知。如由筑竹而至争筝，义同有了领地之格（或划界、或为划界而争）。氏族间的领地之格，当从枝条因长而格衍生而来。

化解纷争的办法为节，繁体写作節。《说文》释節为“竹约也。从竹，即声”。约有约定、约束义，即有至和来义，竹约即筑约。大家已经筑竹到一起了，为避免因纷争而起冲突，需要相互约定，需要節，需要退让，如同竹子有卪（節）一样。一说節有巳和止义，一说節有戒义，与上说均可通。一说古文節从艹。笔者认为此说析形不确，应是从之或从止，之和止被误认为艹。古文節所从之止有至来止诸义，义同节所从“即声”之即。

节也非一味退让，同时可以蓄，《说文》释蓄为“积也。从艹，畜声”。积和蓄的对象是什么？许慎未予说明。蓄初义是以艹养畜，义同积，所积蓄的是艹的命气和价值。艹因喂养牲畜得以积得以蓄。这才是蓄的本义。既反映出华夏先民对自然资源相互转化关系的认知，更蕴含有对草木之灵的重视。所喂养的牲畜只是草木价值得以积蓄的载体。倘若只知筑竹圈地，只能算是生活之一途。如何提高所筑领地的生产价值，或许才是生活内容得以丰富的要义。

和蓄同样重要的是机，繁体写作機，《说文》释機为“主发谓之機。从木，幾声”。义为木质机械，如弩机、织布机等。幾简体写作几。马叙伦认为许说为声训，幾機声同。如从木质機械说，则機所从木义同案几之几，機械的奥妙之处因有木质设备得以呈现。機所从“幾声”之幾初义为林木果实的将收未收状态（见“第4.8节”释幾），此处借以表征木质機械的欲发未发状态。一说機为“主发之器”，機有射发义。笔者认为機所从“幾声”之幾，同于蓄所从畜（牲畜），两者（幾和畜）均为物物关系相互转化的载体。不同的只是一为无生命的木器，一为有生命的动物。或在华夏先民看来，这样的区别并不特别重要，木不仅有命灵，且与元音同义通。正是依托蓄和機，华夏先民获得了新的劳作空间和劳作方式，草木竹的生产也开始向自然深处挺进。

4.5. 物之二：土与石的垒砌
——“地、也、田、山、石、基、圭、井、界、当、畜、陶”及其他

人劳作于其上的大地也叫土地。土和地，是大地的两个不同面相。土，因吐生万物而成就自己（见“第2.7节”释土）；地，以土的变化者（也）的身份被言说。

《说文》释地（）为“元气初分，轻清阳为天，重浊阴为地。万物所陈列也。从土，也声”，从阴阳家说，非初义。另有古文地（墬，di音）。邓尔雅疑立为古文地，从大从一。一在人（大）上者为天，一在人下者为地。高田忠周认为汉以前无也字，写作它，古文地或从土从它，古文池写作沱可为旁证。马叙伦认为地应为二的后起字，也是氏的转注字。

地所从也（、）《说文》释为“女阴也。象形”。林义光认为非女阴，当为首施之施的本字。鲁公子名尾、字施父，施有尾义。郭沫若认为也当是初文匜（yi音），古语“也也熙熙”中的“也也”义同扁扁，有喜悦之貌。王筠认为也在乀部，当从乀得义，乀有流和变义。马叙伦从许慎女阴说，认为也后来变为匜，也匜非一字。

笔者认为也当从乀得音义，从它（蛇）得形义。乀既表征流变的过程，也表征流变的结果。相对于前一个而言，流变出的另一个为也，也有另一个义。也也和扁扁皆呈鱼贯之形，如同一个接着另一个。尾义和匜义，皆从也所蕴含的另一个义而来。土从也，是因为土中有另一个它，即守宫（蜥蜴）、蚯蚓类——形如它而非它。守宫即守卫大地义，宫即大地。它们既是此前流变的结果，更是未来新流变的原因。土中因为有蚯蚓有守宫，生成新的流变，即为地字的初义。比较土和地两字的造字意图，大致可以将土对应于早期的游牧生活，土吐草木，人畜得以有食物；将地对应于后来的农耕生活，地既承接了天干作用的流变，又借助守宫类动物催生新的流变，农作物耕种成为可能。对应于游牧业的土所呈现的只是大地的地表，地则呈现出大地应有的厚度来。或因为大地的生产功能，许慎误认地所从也为女阴。

甲文土只是静态表征“吐生万物”。土加也成地，不仅给出了大地吐生万物的原因，还刻画出万物在吐生中鱼贯而出之貌，也也熙熙，扁扁不息。大地连同万物因此呈现出不同的面相来。三个最为典型的大地面相是田（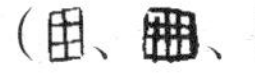）山（）石（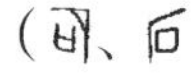）。于华夏先民而言，汪洋大海与土地山石似乎分属于两个完全不同的世界。

田和地合称田地。《说文》释田为“陈也。树谷曰田。象四口。十，阡陌之制也”，从周人农耕文明释田。古文田与陈阵音同义通，《文字考古》认为田当源于狩猎之田，源于殷商人的畋猎队阵。队阵之阵原写作陈，繁体写作陳，后因右旁讹东为车致使讹陈为阵。许慎所言“陈”义当从畋猎队阵而来，“树谷”义从周人农耕之田而来，“十”则从行字（）中空心十字而来。殷人有焚田而狩的习俗，田字初文或源于对焚田过火痕迹（及围猎排阵）的象形。田呈现出人对大地的劳作之形，先为猎田，后为农田。

《说文》释山为“宣也。宣气散生万物。有石而高，象形”。孙海波认为甲文山火一字，一象峰峦伏起，一象火光上炎，“二形取相则一”。马叙伦认为宣读音源自于山，故以宣训山，宣气句六字为校语。笔者认为宣读音源于山，或因宣“亘声”之亘（即舒卷的云气）源于山，望山中云气回旋而得亘字。山因宣气而有石，又因石而高，万物散生于石外。或许在华夏先民看来，干支作用入水则集中于海，如玄鸟入海化蜃化鱼，生物因玄鸟得命灵；入地则集中于山，山外宣云气以散生万物，生物因地气而成形。灵魂与肉体，天干与地支得以完美结合。

《说文》释石（）为“山石也。在厂之下”。就石的字形而言，厂下的那个石块才叫石。厂初义为天然石厓，向外延伸而成屋，人可居其下，但不同于穴居，人出入其厂下之居需要反（见“第4.1节”释反厂）。于山石而言，厂下石块和厂外山土的区别在于能否吐生出植物来。山土之所以演变成山石，是因为山宣气散生万物。山土因地气外宣而成石，石再也不能吐生万物了。土可与劳作之人相通，石则如劳作之人离去之后的尸。石从尸得音义。

人对山石的劳作，或开始于出入厂下之居的“反”。从逻辑上看，反当先于破和碎，更先于石之用。《说文》释破为“石碎也。从石，皮声”。马叙伦称破古音读如披，披有折义，石因折而破碎。将破持续下去，就能得到如谷粒一般的碎石，碎从石卒声。碎所从卒有终义，表征破石至碎的结果。碎石的动作为研。切石垒阶为砌。柱下之石为础。发金属之声用于乐器之石为磬。铜铁朴石为磺，一说为古文矿。磨出锋刃用作矢镞之石为磻。特立之石为碣。大石激水为矶。众石成磊。石滑为砚，后跻身于文房四宝。

就殷商游牧文明和周人农耕文明而言，面向土和田的劳作才是重点。它们中有基、圭、垒、型、井、界、略、当、畜等。

基（、）《说文》释为“墙始也。从土，其声”。徐同柏认为基和疆声近义同，无基犹如无疆。马叙伦认为基原训为始，基和始同源同声。丁山认为基氏在河南殷墟西南，登封县东南有箕山，上有许由冢，许由或为基氏先祖。徐中舒认为初文基从土在箕上，会意“以箕盛土”。一说基上起屋为京。一说基从其丌得义。可采信。丌本是仿几字而造的新字，表征万物皆有所依之丌几。丌上为事物之始，为现在和未来；丌下犹如过去和历史，不可见也不可知。丌上加虚像之气则为共相之其（见“第 4.3 节”释气其丌）。丌上加实物竹则成箕，加土则成基，箕和基均有几义：不仅自身为人造之物，还可盛放或呈现他物。基所从土不再是吐生万物之土，而变身为人造之丌几。土和石的堆垒因而有了开端——以丌基为开端。

圭（）《说文》释为“瑞玉也。上圜下方……以封诸侯，从重土”。笔者按，非初义。高鸿缙认为圭为卦字初文，从二士，士即筮。卦所从卜为后人所加。冯振心认为圭为土之突起者，略高于地，故从重土。鲍

鼎认为伏羲垒土为圭，根据圭在日光下投影的长短正斜以定四方之向。圭壁上或有画文，继而成卦。此即传说中的伏羲画四象、奠八方。圭从光得音义。一说周有土圭之法，圭为度量土地工具。《文字考古》认为圭源于殷人之垍（古文堆），游牧途中相邻氏族垒土为垍为地界，此即封和圭字的最初来源。周人以堆形之土为度量土地的标志，故读土如度，《周礼·大司徒》所言“土其地”即度其地。周人土圭之法中的测量工具圭，长约三十厘米。笔者认为先民垒土为圭划分边界、兼定方位之说可采信。圭若从光得音，或意味着先民视圭如人：日照圭得影与日照人得光（见“第 2.4 节”释日光）可相通，光下有人与日下有圭可相通。圭成为人的替代者，在与日光的交流中说出日影，并进而说出方向，说出各氏族及各分支的界域。圭也非简单的实心土堆，或有上圜下方的实用造型，周天子及诸侯们所奉瑞玉的造型或来源于最初的圭。

垒（𡒄）《说文》释为“军壁也。从土，畾声”。义即防御工事，如堡垒之垒（繁体写作壘），当由人工堆垒而成。马叙伦认为垒为畾的后起字。《说文》无畾字，但在释雷时称“畾象回转形”。《文字考古》认为畾的回转形源于娲螺壳上的图纹，所从三“田”实为三回转纹也即雷文。《山海经》中的雷神（声如雷，形如鼓）与嫘祖、雷祖、嫫母、女娲一体诸相，皆从娲螺而来。笔者认为壘字所含堆壘义当从雷文回转之形和鼓形而来，如模拟雷文和鼓形向外回转即为壘。壘因而也就不再是简单的堆，极有可能是模拟雷文的堆。娲螺壳上的雷文与漩涡之间的图形相似关系，或许诱导先民想象出两者间的相关关系甚至因果关系，进而赋予雷文以非凡神力，并同天上的雷声相联系，女娲等神祖诸相从中而生。湍急水流中向前滚动的漩涡，头顶上翻滚而来的雷雨之云，都在模拟着雷文的图案与华夏先民相遇。先民们获得朴素认知的同时，也习得了建设生活世界的堆壘之术。

先民对土的堆垒劳作因基而开始，因圭垒而有型。《说文》释型为“铸器之法也。从土，刑声”。陶文型（垐，读 xing 或 jing 音）从井从土。马叙伦认为“铸器之法”非本训，范与型同音同源（意即型有范义）。戴家祥认为古人铸器用的模具，如是土质的称为型（因土为型），如是木质的称为模（因木为模），如是金属的称为范（因金为范）。刑或从刀从幵得字形，幵即枅，即房屋立柱，房屋因枅而见形；或从刀从井得字形，用刃具（刀）挖掘并修整井口即为刑（见“第 3.3 节”释刑）。笔者认为型所从刑声之刑当由从井之刑而来。其井不限于水井，而是井的虚像或共相，甚至有可能是烧制陶器的窑井。

有堆垒就有坎井，取坎井之土用于堆垒。八卦之坎有“定”义（见“第 2.7 节”释坎）。《说文》释井（、）为“八家一井，象构韩形”。以木四交而当井口即为韩形。八户农耕之家围绕中间公田分布在四方而居，便呈现出井口之形也即韩形。相传周人先祖伯益最初作井。徐同柏认为在井中间加点（丼），有汲取井水义。徐中舒认为加点之丼或为汲水之井，以有别于捕猎用的陷阱。徐说可采信。吴式芬称《穆天子传》有井利，秦有井伯，古有井氏。井幵可假借。高田忠周称古有“改邑不改井”之说，意即户邑可迁移，但井田制不可改。明义士认为井与姘应为一字，“帚井”与“帚姘”卜辞中可通。笔者认为此处井姘皆为人名无疑，但未必是同一人。马叙伦认为初作井者止于掘地为坑即可，初文井或象井口四周有土。井古音读如硜（keng 音），音义或源于凵（坎），今杭县读坎如硜，可证井坎音同义通。后出的耕从井硜得音。脉络十分清晰，笔者认为可采信。郭沫若从卜辞“井侯服”推测井或为殷商古国名，“乙亥父丁鼎”或为周灭殷后征伐井方时铸造的铜器，井方即井国，其位置或在岐山之南，渭水南岸。

综述基—圭—垒—型—井关系如下：面对大地的华夏先民开始于丌

基，定位于土圭之法，因垒而有建筑，因型而有铸器之法，依坎井而定而居而耕。

界《说文》释为“境也。从田，介声”。丁佛言认为界有竟义，竟有止义，界有限止义，故从止。马叙伦认为境本作竟，竟也声训。《说文》释介（𣎼、介）为“画也。从八，从人。人各有介”。罗振玉认为象人着介形，介联皮革为之，象联革形。笔者按罗所言介可理解为皮衣。王国维称介与甲同。有介之虫即有甲之虫。陈独秀认为介就是动物学中的硬壳物，古披甲之人称为介人，介胄也称甲胄。从石之砎有以介刮石义。介即纵列硬鳞相比次，故用为疆界、界画字，后加田作界。相比次必有间，故又用为间介、媒介、绍介字。介属于板硬之物，故又用为狷介、耿介字。一说许慎所言“画”为分画之误，介义为分也、画也。一说个即介字。杨树达认为当以介在介间为义，从人在八之间。

笔者认为甲文介象形人介于两主（丶）之间，也即介于两物之间，介所从八应为两丶合体字（见“第1.3节”释丶丷）。人因介于物间而得人形和物形，且有分别两物义。故许慎释介为画，画当有划义，因画划而见人形和物形。又因人和物于介字中各得其形，介进而获得个义。人介于物的动作，恰如契刻行为中的甲（+），介与甲因此可通。人对物介之又介，物因而小之又小，末芥之芥由此而出。《说文》字序中，紧接介后面的是重八的古文别，可理解为别之又别，其造字意图与介可通。其哲学意味是，万物因人的介入而有外形有个体有边界，且无限可介。人和物虽因介而有界，但无论界内还是界外，均无限可介。

略《说文》释为“经略土地也。从田，各声”。非初义。胡渭认为经略犹言经界，古语“天子经略”和“侵败王略”之略均训为界。王筠认为略有动静之别，“略地”和“以略狄土”之略为动字。“天子经略”之略为静字。章炳麟认为略与畺（古文疆）为双声，略从畕畺演变而来。

马叙伦认为各为往来之来的初文，各略来古音相同。经略土地非略字本义，经略即经界。略有界义，略各与畺界为双声。笔者认为人足相遇为各，木枝相遇为格，田田相遇为略。各格略音同义通，均有自我定义且相互划界之义。

当繁体写作當（、），《说文》释當为“田相值也。从田，尚声”。释义不详。马叙伦认为“田相值”即畕字的比田之义，比田与田相值所表征的都是田界相连义，也即畕字的引申义。刘雨认为出土的吴王光剑上的“从尚从戈”铭文应读为“當”，有抵敌之义。《说文》释尚为“曾也。庶几也。从八，向声”。一说铭文中尚作常，尚常可通。林义光认为尚有赏赐之赏义，以自有之物增加于他人所有之物，故曾尚皆可训为加。商本义也为赏，与尚同字。马叙伦认为尚字貌似从八实则从气，曾与尚为近音转注字。杨树达认为气体散越到窗牖外面即为尚，尚从八从向，《说文》释向为“北出牖也”。曾尚均引申出高义。《说文》释曾为“词之舒也。从八从曰”。曰即王曰，八有分别义，曾就是对王曰进行分门别类、分类传达的专业人员，其地位或与白司相当，且因对王曰分类而引申出增益义（见“第 3.5 节”释会曾）。《文字考古》认为“田相值”之田义为畋猎，值义同当值。當字初义表征畋猎场东西两侧的當挡者，阻挡猎物从东西侧逃逸。當所从“尚声”之尚为商字的省形，意指东西当挡者为从商之女即姑。笔者认为此说可采信，需商榷的地方唯尚声之尚。尚有高义（另见“第 4.8 节”释裳尚），猎场东西侧猎人居高临下以阻挡猎物逃逸或更接近“尚声”本义，或许还伴随有曾尚初文所表征的高处燃烟以吓阻猎物。东西两侧的當挡者，也未必限于商女之姑。

畜（、）《说文》释为“田畜也。《淮南子》曰玄田为畜”。段玉裁认为田畜义为力田之积蓄，寓意将狩猎成果养起来即为畜。畜和蓄字

义略同，畜从田从兹（滋养义）省，不从玄。俞樾认为畜蓄为一字。马叙伦认为畜从丝得音，非从兹会意，玄与丝糸实为一字。《字林》畜作兽，通狩。戴家祥认为畜有将物置于容器中束缚以存的意思，玄田之玄象（束物）绳索形。动物在野曰兽，在家曰畜。笔者认为家有加枷义（见“第 1.7 节”释家），动物在家，义同被玄绳所加所缚而成为畜。畜所从田应为畋猎之田，用绳子将畋猎成果绑缚回家即为畜。字林因此释畜为兽为狩。由兽到畜意义重大，畋猎成果可在家持续生产，畜因此成为草木价值得以积蓄的载体（见“第 4.4 节”释蓄），农牧业文明因而能够将游牧文明中的狩猎成果包含在自己的系统之中。

最后来看一下宜、实、陶三字，它们在《说文》中的部首宀、阝和缶，也都与土石有关。

宜（、）《说文》释为“宜所安也。从宀之上一之下，多声省”。林义光认为宜与多不同音，古文宜从二夕，夕即物。物在屋之下地之上，得所安也。郭沫若认为宜有妥适义、肴义、祭社义。肴义当由用牲之法而来。商承祚认为宜与俎为一字，皆训肴。马叙伦认为宜为安的转注字。唐桂馨认为宜从夕，夕为人，人居于宀之下一之上，即为安，也为宜。徐中舒认为且宜俎三字同源。严一萍认为宜为祭名，军队出征和凯旋都要举行宜祭。

笔者认为不妨结合移和多字来理解宜，移和宜同音且都“多声”。《说文》释移为“禾相倚移也。从禾，多声”。王筠认为禾相倚移当作禾之倚移。马叙伦认为禾移为近音转注字。《说文》释多（、）为“重也。从重夕。夕者相绎，故为多。重夕为多，重日为叠”。王国维认为多字从二肉（月），会意。林义光多字认为象形物之多，与品字的造字意图相同，夕为物。叶玉森认为殷人谓群为多，多君、多尹、多父、多臣等为卜辞中的习惯用语。马叙伦认为多为闰月之闰的本字，夕为月之

省，闰月为重出之月，故为多。

笔者认为多非从重夕（也非重月省），而是从重夂（zhi 音）省。夂有“从后至”义（见“第 4.2 节”释夂）。甲文多象形两人之足同向而行，对前者而言有“从后至”者，因有“从后至”者而言多。重中为出，重夂为多，出多造字意图相同。多有出义，因重复而有出，所出者为多。多君、多尹、多父、多臣皆意味从所管理对象中脱颖而出，且以重复者的面相得以呈现，而非以对立者的面相而多出。管理目的是防止人多为侈，失去约束。多遇禾为移，且是因多而移。多入宀为宜，宜有移入义，因多而移入，因移入而适而安。宜从宀从一多声省，从移得音。多所从“果声”为夥伴之夥，“从后至”者越来越多便纠集成夥。夥是多的必然结果，多所以果声。

实《说文》释为“富也。从宀，从贯。贯，货贝也”。繁体写作實。高田忠周认为实有满和塞义。郭沫若认为实是果实之实的象形字。钱大昕认为实从贯声，毌（古文贯）古音读如满，后转为神质切（实音读神质切）。马叙伦称贯音如满，满富皆唇音，故富转注为实。高鸿缙认为实本义为殷实，取“家中有贝密藏”会意。

笔者认为从贯之实指向殷实、富实、充实、果实之实，从“是声”之寔指向实际、实事、实情、真实之实。實寔简体均写为实。《说文》释寔为“止也。从宀，是声”。吴颖芳认为寔无止义，疑寔为是之伪。马叙伦认为是正一字，寔为定字异文。商承祚认为实是寔三字古时可通。笔者认为许慎释寔为止，其止当为止字初义，即站立于氏族之中的止址根基，止因而与是同义（见“第 4.2 节”释止是）。是进入室内即为寔，正进入室内即为定，定寔可通，以至于马叙伦认为寔定为异体字。

陶（）《说文》释为“再成丘也。在济阴。从𨸏，匋（tao 音）声。《夏书》曰东至于陶丘，陶丘有尧城。尧尝所居。故尧号陶唐氏”。义即

地名陶丘。高田忠周称殷氏七族中有陶氏和陶叔。古文陶从革从匋或从宀，包和匋同义。马叙伦认为“丘再成”有垚（古文尧）义，垚声转为陶，陶唐音同，尧又称陶唐氏。古籍称“陶作瓦家，舜始为陶”。作瓦乃陶字本义。牛济普称河南新乡丁固城战国墓葬印陶“其陶”中的古文陶，字上部为房屋（作坊），中部为作陶工具，工具下面为陶器皿。黄锡全认为匋即陶的正字。何琳仪认为“陶其”或为陶丘，陶文中的陶从宀从缶，陶文中的其从一在丌上。其，常见于东夷文化圈的地名后缀，或为丘的方言。《说文》释匋（、）为“瓦器也。从缶，包声省”。王国维称史篇匋读与缶同，古包声和缶声同在一部，炮或从包或从缶。林义光认为匋包不同音，古文匋象人持缶形。高田忠周认为匋从勹缶会意，勹缶兼表声。一说匋为古文陶。马叙伦认为匋从宀缶声，勹为宀字所误。杨树达认为匋从勹声，读音与缶相同，勹缶同音字。宝（繁体写作寶）也从缶声，故铭文假匋为寶。《说文》释缶（、）为“瓦器也。所以盛酒浆。秦人鼓之以节歌。象形”。义即陶制的酒器和乐器。高田忠周引《礼记·礼器》称“五献之尊，门外缶，门内壶”，所用缶即缶的本义（意即酒樽之类的礼器）。郭沫若认为寶从缶得声，故缶可假借为寶。陈梦家认为殷卜辞“帝弗缶于王”之缶，义为对王善意的保护，句中缶音义同保。饶宗颐认为缶可能是陶唐氏之陶，臣服于殷后复为陶唐氏。其地或在晋南永济。朱芳圃认为瓦器未烧之前谓之坏，成器谓之缶，缶为瓦器的共名，后转为缶器的专名。

笔者认为陶匋窑缶同源于烧陶之缶，见物不见人，人在物后。缶加人屈身形勹变为匋（或加人居屋宀为异体匋），物人同见。从宀缶之异体匋后又变为从穴缶的窑，宀穴原为一字。后诸义分流，烧制之工为匋陶，烧制之穴为匋窑，烧成之器为匋缶。

4.6. 物之三：水与火的洗炼

——“水、准、洗、洒、酒、火、赤、炼、照、票”及其他

如果说草木生产与先民劳作同源，土石垒砌为先民劳作提供场所，那么水火洗炼则为先民的劳作提供了两件最基本的工具。所谓“最基本”，一是指草木借助水泽和光照得以生长，先民得以生存；二是因为水火特性皆流，将世界万物接续为整体。水火皆有流义，火且有亮义（见“第2.7节”释离坎水火）。

《说文》释水（、、、、）为“准也。北方之行。象众水并流。中有微阳之气也”。义即平准之准，兼从阴阳家释义，五行北方属水。林义光认为甲文水象水流潴之形，非众水并流。高田忠周认为准有“准平物”义。饶宗颐引《周礼》“匠人建国，水地以县（悬）”说，称其为以水平之法，悬绳度地。《周礼》所言“水寝”或为建造寝宫，以水平度地。《说文》释准（繁体作準）为“平也。从水，隼声”。桂馥称宋顺帝名準，沈约《宋书》省作准。马叙伦认为准古音读为之垒切（读如嘴音），故《考工记》书准作水。準或为水的平舌前音转注字，平也属于水的引申义，非本训。《说文》释隼为“祝鸠也。从鸟，隹声。隼鶽或从隹一”。金文隼或写作鶽。古文隼象从鸟从十形。篆书从古文隼而作。一说鸠为雕，一说为鸷鸟，猛禽。一说古籍称“祝鸠氏司徒也”。杜预认为祝鸠因为知孝，所以设为司徒，主教民。鸷鸟不得称孝，不可教民。一说祝鸠为鶽的俗名。马叙伦认为隼为鸷的转注字。庄淑慧引《周礼》称周人车队行进时在旌旗上绘有各种鸟类，前面遇到什么情况，即举相应旗帜告知众人，隼鸟跻身其中。一说隼为猎鹰。

笔者认为古文隼当来源于殷商游牧队伍，从鸟从十,十即十字尺。隹鸟挺立于高举的十字尺上即为隼，隼鸟的作用犹如十字尺的眼睛。其职责或是观察道路情况；倘若有走散的牛羊豕，隼可帮助寻找；或许还兼职寻找猎物或猛兽。隼加水成準，意味着隼鸟负有寻找水源地之责，或是沿水流寻找新的水草之地，故声读近于水音。準或许是隼鸟中的优秀者，比普通的隼站得更高看得更远，也更忠于职守，有可能行进在队伍的最前列，甚或同领路人在一起，后从中衍生出标准义。周人车队旌旗上的鸟绘图案，或为殷商游牧队伍中诸多恪尽职守的鸟类在另一个时代里的再生。训练隼準的人后来成为祝鸠氏，担任司徒一职，其新职位或是当年旧职责的自然延伸。许慎释水为准（今连读水准）有两层含义：初义当以水草之地为准，哪里有肥美的水草之地，准就将队伍带向哪里；后引申出水平之法中的平准之准，今日建筑工地上的平水尺中依旧闪动着先民们的智慧，今文标准之准的字义中或飞跃着隼準当年的身影。隼準或来源于野生的鸷鸟，经先民驯化而成。隼準的别名祝鸠之祝，或意味它们获准参与祭祀占卜，成为当年巫祝们的好助手。殷卜辞所记载的隹祭中，也一定会有祝鸠的身影。至于准的读音最初为之水切，或因训练人的“之水”需求，并将该发音教给了隼準。当它们在路上发现新的水源时，甚或能发出“之水、之水”的鸣叫声来。先民便将“之水”称呼给了隼準，如同它们其名自呼。

水源找到了，隼準隐退了，华夏先民开始新的劳作。面对水也因为水而诞生的劳作，从平水之準处开始，它们中有洗洒浆染酒冲等字。

洗《说文》释为“洒足也。从水，先声”。另有洗身为浴，洒手为澡，洗浴澡各不相同。罗振玉称甲文洗象置足于水中，下或有盘，从止从水。古人沐盥以皿，洗足以盘。马叙伦认为洗初文从止在水中会意。杨树达认为罗振玉所言甲文洗，乃古礼经洗的本字，古礼“淳尸盥，执槃西南，执匜东南，执巾在其北，东面，宗人授其巾，南面”。槃为盛水之器。《吕氏春秋》载：有姺（xian 音）氏女采桑，得子于空桑之中，长而贤。有姺氏即有莘（xin 音）氏，为殷商氏族。古音洗姺莘音同或音近。一说洗通洒，有泼水于地义，古语“洗田”和“洒田”有负水浇稼义。

笔者认为理解洗义的关键是“先声”二字。甲文先从人在止下，止为先人之止趾，在今人之上的止趾即为先人（见“第1.7节”释先）。“先声”之洗所洗之足，或为先人足，洗初文或来源于先人的葬礼；或为今人足，以表征今人归于氏族之止趾的决心，只有干净无污的足才可以跻身于氏族队伍中。姺或为洗足之礼的专业女巫，地位崇高，殷商人以姺为氏。水之所以可洗足，是因为人足与中止可通。草木因水而生长。将草木与水之间的关系移植为人足与水的关系，即为洗足之洗。“洗田”之洗，则借用人足之洗而喻庄稼灌溉。在华夏先民眼中，人与草木原本同源。透过洗字初义的考察，可见华夏先民对先祖、对氏族、对水草及大自然充满感激，对自己的洗足行为怀有敬畏之心。在先民的感激和敬畏中，古文洗得以恢复它与生俱来却被淹没已久的神性。

洒（、）《说文》释为“涤也。从水，西声。古文为洒埽（古文扫，sao 音）字”。王筠释洒为洗濯之濯。《说文》释涤为“洒也。从水，条声”。马叙伦认为涤从条得声，条从攸得声，涤洒为转注字。黄锡全认为涤条古音相同。《说文》释條为“小枝也。从木，攸声”。于省吾认为凡卜辞言今条来条义即今秋来，卜辞先以条为秋，渐演变为条秋互作，后又以龟龝为秋。《说文》释攸为“行水也。从攴，从人，水声”。吴大澂认为古文攸从人行水中会意而兼象形。攸义同游。林义光认为攸即古文修，修或攸之伪，义即人所饰者。王襄认为古文攸即条字的省文。叶玉森认为攸即鸣条。马叙伦认为古语凡相逐不绝渐行渐远者曰攸。陈梦家认为攸属于攸侯封地，攸属殷商七族，在今安徽宿县西北，萧是其子姓。周武王曾东伐有攸。戴家祥认为经传中攸多用作语气助词，《释言》称“攸，所也”，字也通悠。

笔者认为洒从“西声”得音义，西有栖义，既指向人栖之所，也指向栖息时分。洒初义或表征栖息前洒水清扫居住地行为。古语“洒扫庭除”表明洒和扫皆与人居之所有关，进而也与祭祀之所有关，施水挥帚清洁栖息之所为洒。洒的具体方式为涤，涤从“条声”得音义，条有小枝义，意即水只能是小小地洒，且像攸字所表征的那样连绵不绝，由近及远，直至完成。套用《文字考古》的说法，可称洒为本相字，涤为作相字，攸为情相字。

浆《说文》释为“酢浆也。从水，将声省”。马叙伦认为浆字应从水爿声，爿为床字初文，浆酢疑为酢浆。一说酢即醋，一说可借酢为作。高田忠周认为经传多借酢为酬醋，凡酸味谓之酢。戴家祥认为古礼主人酌酒曰献，宾客答主人曰酢，主人再次酌宾曰酬。《说文》释将为帅，非初义。马叙伦认为将从肘爿声，有扶将义，以手扶人曰将。笔者认为将所从“爿声”之爿或意味扶人之肘如同受扶者的另一半，即爿。半木为爿，此处借木喻人。浆字“将声省”，或意味浆字所从水为所浆之物的另一半。乍为作字初文，继止而起曰乍，乍有新开始义（见“第 2.4 节”释昨乍）。酢所从酉象酒器形，同卣。以卣酉为器，以水为爿，所浆之物在水的“扶将”下继止而乍作，即为酢，也为浆。浆与酢同，是因为两者均以水为媒；浆与酢异，关键在发酵与否。醋为酢之果，发酵而成。糊为浆之果，未及发酵。

与浆有关的是染。《说文》释染为“以缯染为色。从水，杂声”。林义光认为杂字无考，染应是从木在水中，木所以染。九有揉曲义。马叙伦认为染应从水朵声，杂或为朵之伪。汉铜印文染从朵。染音读若荏。

朶从乃得音。《说文》释朶为“树木垂朵朵也。从木，象形”。一说与秀同义。马叙伦认为朵从木，而几不能象垂形，朵从木乃声为朶。朵义为花之未发，即菡萏。杭州人俗称花乳头。乳作母，朶母同为边音。许慎所言垂，或为萼之误。从林说和马说，则意味着最初的染以花朵为颜料，花朵颜色入水后染缯布成色即为染。笔者认为可采信。另有繁体雜在衣部，但和染所从杂原本不是一个字。《说文》释雜为“五彩相会。从衣，集声”。雜有给衣服配色义。雜简体写成杂，很容易让人误会染所从杂为雜的简体。这是需特别小心的地方。至于两字原本有没有联系，现已无考。

与酢有关的是酒（、），《说文》释酒为“就也，所以从人性之善恶。从水，从酉，酉亦声。一曰造也，吉凶所造也。古者仪狄作酒醪，禹尝之而美，遂民疏仪狄。杜康做秫酒”。释义不详。孙诒让称古人有聚众饮酒的月礼，也叫“众酉”，行于正月就叫“正酉”。金文凡是酒都写作酉。罗振玉认为有从酉从彡的异体酒，象酒由尊中挹出状。卜辞酒为祭名，古人酒熟以荐祖庙，然后天子和众臣饮于朝。酒酉原本一字。吴其昌认为酉象酒尊，酒兼象醪糟流淌形，酉酒原本一字，可同声相训。《说文》释就为“就高也。从京，从尤。尤，异于凡也”。马叙伦认为就为成的转注字，成与就古音同，故《尔雅》以成训就。就或是亭的转注字，亭有异于凡义。高田忠周认为“就为作京丘，一成二成三成，益加益高，以高成功之义”。王人听认为就初义为殷人的“重屋”，屋上加屋为就。李零认为古书中的就有成就、趋就义。《文字考古》认为酎读音同周，是周人酿造的粮食酒，酎酒即周酒。黕音同殷，是殷人酿造的桑葚酒，黕酒即殷酒。

笔者认为酒所从酉当从林果成熟之酉而来，播种技术中的酉有开花坐果和谷物成熟义，酉首先是储存林果之器（见“第2.6节”释酉），后在酒字中转身为酿酒之器，而非旧说所言的盛酒之樽。酿酒的谷物在酉中因“就”而成酒，从成熟中持续走向更深的成熟为酿酒之“就”。异体酒所从彡，非酒醪沥出形，而寓有酒醪持续变化义，丿有变化义，彡有持续变化义，酒醪持续变化而成酒。从水的酒才会有酒醪沥出，酒所从酉才有可能是盛酒之器。

从水之冲（、）《说文》释为“涌摇也。从水中，读若动”。一说冲从中得声。王襄认为古文冲从沝（二水，zi 音）。马叙伦称今俗谓水涌出曰冲，冲涌为转注字。据笔者所知，广东地名“某冲”可写作“某涌”，涌读音如冲，义也相同。孙海波认为冲后引申出衝动之衝。衝和冲在简体中同写作冲。萧璋认为冲本义为泉水上涌，《诗经》“冲冲”连文表征凿冰，与泉水刺冒之状相同。至《小雅》中又引申出垂饰之义。笔者认为萧说可采信，冲初义为泉水自身的摇动，后演化为人对水压的利用，引申出冲洗之冲。冲原本是水流自身的相续，人手介入之后则成为生活内容的新旧更迭，被冲之物沉于水中为“没”，成为无。

火的话题比水更为重要。《说文》释火（、）为“燬（hui 音）也。南方之行。炎而上，象形”。从五行释义。罗振玉认为甲文火象火形。商承祚认为像火势熊熊蔓延状。孙诒让所列初文火，笔者认为像先民挖凵置灶中有柴火。马叙伦认为燬为火字方言，齐人言火曰燬。疑山丁爵为火丁爵，或丁日举火，又或丁为发明用火者之族，火丁爵或为其族徽。杨树达认为火毁尾古音同在微部，毁尾加火旁与火同音义。严一萍称火星当是经传所记大火，东方七宿中的心宿，有三颗星。《左传》载：“陶唐氏火正阏伯居商丘，祀大火而火纪时也。”阏伯即殷商人始祖契，火星即商星，也名辰星（大辰）。相传“商王大火”。燬从毁得声，有毁坏义。《文字考古》认为齐人视天火为灾，读火为燬。笔者认为殷人或有火神崇拜传统。证据一，火在人上为光，光从日而来（见“第 2.4

节”释日光）；证据二，殷始祖契为陶唐氏火正；证据三，火星又名心星和商星，可证火与太阳与始祖与人心与氏族相贯通；证据四，商人之辰同蜃，玄鸟入海化为蜃，火星又名为辰星，或表征火为日光在大地上的再生，天上日如玄鸟，地上火为蜃辰。华夏先民面对火的劳作，因而可被视为天干作用在人手上的继续。齐人读火为燬，寓有毁坏义，或与周人诋毁殷商文化的政策有关。齐人姜族本为殷商旁支，后成为周天子的姻族，从姜原迁徙至殷商文化腹地，代周天子征伐。

火色为赤（、、），《说文》释赤为“南方色也。从大，从火”。古文烾（chi 音）从炎土。火重文为炎，有火烈义。孙海波认为赤所从大借为天，大邑商也称天邑商，汤名天乙，卜辞作大乙，天大可互用。异体赤从天。马叙伦认为南方色非本训。赤从大得声。从炎土的古文烾，所从土或为大之伪。李孝定认为卜辞赤为颜色名，当指用牲之色。王辉认为赤本义是焚人，所从大为人，人在火上为赤。卜辞语“勿赤”之赤为动词，表征焚人以祭，“赤马”即焚马以祭。白玉峥认为赤象以火烧人之形，或为刑罚。金祥恒认为大火之色为赤，赤为朱色之深者。朱岐祥认为甲文烄从大置于火上，隶书作赤。卜辞“烄中友三烄”，前烄为动字，即焚人以祭，后烄为名字，即三人为牲品。黄锡全认为“从炎土”的古文烾，所从土为火之变，所从炎为人火之变。

笔者推测赤初义或为祭名，为求天光增亮之祭，因而与光相对成文，火在人上为光，人在火上为赤。卜辞有“帝黑我”的记载，或因天色久暗无光，疑为帝神加罚我族。赤也可视为先民对帝神赐予大地光芒的反馈之祭。为表先民对帝神的忠心，赤所用的人牲应为同氏族中人，甚至有可能是与王亲近的人，奴隶不可能享受这一殊荣。所赤之人写作大，既有表彰人牲的精神崇高义，更有求上天大放光亮义。赤或与侈奓啻音同义通，多出来的人归于帝神身旁为赤，朱色加深为赤。啻也读如帝音，与嫡商祇氐帝音同义通。奓音之啻或有表征先民（及所赤之人）为帝神之嫡商义。对殷商先民而言，火与人原本一体。人或从玄鸟及火光得命灵，从空桑及云气得肉体，人火木在赤祭中再次融合为一体，命灵归于帝神身边，肉体则归于云气之间。另需要说明的是，卜辞中不见祭上帝的记载，是因为从肉的祭不用于帝神，并不意味着殷商人不祭祀上帝。

同为燔柴以祭的还有尞（古文燎）和烄等，一说烄即后来的郊祭。我们来看炼字。《说文》释炼（繁体写作煉）为“铄治金也。从火，柬声”。王筠认为治应为冶字所误。笔者认为关键在“柬声”。《说文》释柬（𣒼）为“分别简之也。从束，从八”。八有分别义。林义光认为古文柬从二点，不从八。柬本义为束，柬和束义同而音异。马叙伦认为柬所从二点有分别于束之义，柬束不同义。柬象有耳目可单人击打的小鼓，和东（東）所表征的鼓同类。笔者按，林说不知八的分别义正是从二点（丷）而来（见“第 1.3 节”释丶丷），马说则受柬与束字形相近所误导。柬加手（扌）为挑拣之揀，分别义自在其中。从一束对象物中挑选出所要的物品来，即为柬，也为揀。柬从火即为煉，煉有挑揀义，义即从矿物中挑揀出金属来。其途径则是利用火来融化矿石，达成分揀便利。

火的两大生活功用是加热和照明。

《说文》释热为“温也。从火，埶（yi 音）声”。埶象形手持苗木在土地上种植（见“第 3.5 节”释艺埶），“埶声”难有温义。马叙伦认为温也非本训。今本《老子》四十五章“静胜热”，马王堆帛书《老子》作“靓胜炅”。炅字在《素问》和居延简中多次释为热。可知炅即热字，从日从火会意。炅和热可能并用过很长一段时间，至东汉时两字音义分离。热字初义成谜。

《说文》释照为“明也。从火，昭声”。明从月囧得形义，非照字初义。于豪亮认为古文照从手持火炬形，右旁召声。笔者认为此古文照或表征食母持火炬喂食人子图景。食母持匙匕（刀）喂食人子即为召（见“第 3.4 节”释诏召）。照当从召得音义。《说文》释昭为“日明”，非初义。昭初文或表征食母日光下喂食人子，明当为昭字的后起义。戴家祥认为昭照炤三字同声同韵同义，原为一字。笔者认为三字或表征在光亮下喂食人子这同一件事，不同的或是光源。

有趣的是，票（[illegible]、㶡）也从火。《说文》释票为“火飞也。从火”。意即飘字初文。戴侗认为票从火，要声。马叙伦从戴说。金祥恒认为湖北江陵望山楚墓简中的牛票、羊票等语，票义同膘。《说文》释要（[illegible]）为“身中也。象人要自臼之形”。要为腰的初文。林义光认为古文要象女自约两手于腰。李孝定称女子好细腰，自古已然。郭沫若认为要假借为郊祭之郊。一说要字交声省。笔者推测票飘之所以“要声”，是借人约手于腰或行或舞之姿，以表征火苗飘（票）飞舞之象。也正因为火与人同，票与约腰之形同，从人匕而来的钱币之刀后来可转身为票，票据之票由此而生。

4.7. 物之四：金与刃的锻刻
——“金、今、锡、易、锻、刃、办、削、割、害、刻”及其他

在华夏先民看来，水与火可在干支作用中得以循环，土承接天干作用而生草木及诸虫，生物命灵可归于上天，肉体可归于云气。因而都在干支作用的循环之中。金属似乎在干支循环过程之外。金虽然和草木诸虫一样生于土，但金属自身非生命，没有或者说不需要在天干作用中获得命灵。金属更像是一个禁止凡人入内的世界，是天干作用的一个神秘禁苑。金有禁义。为解决这样一个困境，先民们的策略是先将自己变身

为刃、匕和刀，成为最初使用的一批食具，可能由贝木石制成，后将刃匕刀改为金属打造。原本禁闭的金属世界成为人的新伙伴，流动在华夏先民的生活河流中。

金（）《说文》释为“五色金也。黄为之长。久埋不生衣，百炼不轻，从革不违。西方之行，生于土。从土，左右注象金在土中形。今声”。义为金属之金。林义光称古文金象金在土中形，今声省。叶玉森推测金当从初文（象田中有金粒）变化而来，其田或为盛放金粒之器。卜辞中有国名为金，或因其地多产金之故。劳干认为金今古音相同，今为熔金的坩埚，呈反扣形。金指事铜液从坩埚中流出之形。金上部为反扣过来的坩埚形状（今），下部为器物（范）中通道，其旁两点表示流出的铜液。金初文表征铸铜之事。李孝定认为坩埚难有今金义。马叙伦认为金上部不是亼，而像土堆，下为地层，左右二注或三注或四注象金粒在土中形。陈公柔认为南方古代多产锡金，周代早期金文中多俘金、南金记载，“金道锡行”指铜锡入贡和贸易的干道。夏渌认为金字另一来源是“从火炼金”，甲文金下部从王表征熔炼金属的旺火，旁为铜饼，上部三角形为铸造的兵端，尖形锐利。

《说文》释今（）为“是时也”，从亼从古文及（乛）。笔者按释义不清，形音意义的关系未能明晰。林义光释今为含字古文，今所从亼为倒口，象口含物形。含从今得音，含今古音同。含有不吐不茹，稽留不进之象。止为禁、不言为噤、咏叹为吟、常思为念等，均有稽留象。今为是时，从稽留不进义引申而来。柯昌济认为今象屋下日影形，当为阴字的本字。后转为今字，另造阴字以表本义。叶玉森认为今象一物下覆形，一为所覆物的符号。物在覆下，有在义，引申出今义。今与合（像一大物下覆一小物）造字意图相近。高田忠周认为今所从亼有会合义，今下部厂乁有拽（ye 音）引流移义。拽引流移均有下及义，由以会合，即此时也。马叙伦认为古今二字时间义皆假借而来，今“象屋覆栋”，不从古文及。高鸿缙认为今从一，非一二之一，为此时之意象。亼声。李孝定认为今为借字，假亼为今，今下可不从一。裘锡圭认为今所从亼为倒口，今从倒曰得字形，有闭口不出气义，与曰所从口的气出义正相反。徐中舒认为今所从亼象木铎形，商周时用木铎发号施令，发令之时即为今。甲文告舌言曰等字均象仰置的木铎之铃形，当与今同源。《文字考古》认为今禁同源于殷商人的祭祀活动，且与林和灵字有关。在林光（也即灵光）有所“示”的此地此时，参与祭祀者要诸事皆“禁”，甚至“闭气不出”，以聆听（通过巫祝之口发出的）神示——巫祝通过观察林光而说神示。从此地此时义中演绎出今义。《说文》释及（、）为“逮也。从又，从人。乁，古文及”。罗振玉认为古文及像人前行而又及之，又即人手。林义光认为及从又持人，义为追及所持之人。马叙伦认为古文借乙为及，又疑古文经传借己为及，己及双声转注。一说及或读为急音，临沂银雀山竹简中急写作及。郭沫若认为及初义为逮捕之逮，戴家祥从郭说。

笔者认为金今所从亼有会合义。今所从及当为乁，或从乙来，呈现为《文字考古》所言的林光和神示。林光和神示合亼于桑林之上，即为禁也为今。古文乁初义非手（又）及人，而是流移的乁触及他物。当流变的乁为玄鸟为乙时，所触及的就是殷商氏族中人。此时此地的殷人“闭不出气”以聆听神示，并因此获得今昔之今义。林光原本属于自然景观，被先民神话为灵光，其移动的光芒被记录为乁、被神话为乙。金所从乁则与厂同源，可表述为大地上的灵气，如宣散地气于山外即得厂下之山石（见“第 4.5 节”释山石），如合集地气于亼下即得金属之金。金与石既相通——皆因地气流移而生，更相异——土失散地气得石、土亼合地气得金。

金从今得音，还与黄金外形有关。黄金金粒像树木子籽，金麸像树叶，树叶和子籽都在林木上部。金与今同在林木之上，因而音同。由此可证金初义指黄金而非金属。与金连文的银因色白而像树根，银所以艮声。《说文》释银为“白金也。从金，艮声”。艮为根字的古文。金银二字皆与树木有关，都从树木中得形音义，既透露出草木在华夏先民生活中的重要性，也互证出金银二字的初义内涵。

锡（、）《说文》释为“银铅之间也。从金，易声”。刘心源称易或用于锡或用于赐。锡赐音义相通，古刻中皆写作易。一说易字重文为锡。徐中舒认为金文锡皆写作易。马叙伦认为许慎所言银铅之间，是因为铅银皆训为青金。按此说，则意味着锡的颜色在白和青之间。劳干认为从金之锡始于西东周之间，此前但作易不作锡。今金为坩埚，覆倾铜液；易锡为平浅之釜，斜倾锡液。锡因为熔点很低，平浅之釜可熔。《说文》释易（、）为蜥蜴，象形，一说从勿。孙诒让认为借易为锡，易日即更改日期。饶宗颐认为易日即锡日，遇雨求天赐日。高田忠周认为蜥为蜴的本名，伏羲作易，取易名于蜴虫。周人曰龙不曰易，龙实则源于易虫。陈独秀认为古人取易得易冶的锡与铜（笔者按还要加上铝）熔合变易为青铜。《说文》释勿（、）为“州里所建旗。象其柄有三游，杂帛幅半异，所以趣民。故遽称勿勿”。三游即彡所表征的毛饰图画之形，趣民义即趋民。王国维认为古人以杂帛为勿，物义即杂色牛。高鸿缙认为勿仅象旗有三游（彡）从风之形，未有其柄。一说勿勿即匆匆。

笔者认为易当有不同来源，一来源于蜥蜴（彡寓意蜥蜴变化），二来源于图腾旗勿（彡表征旗之三游），三来源于熔锡的平浅之釜（彡刻画锡的熔液）。三个来源均可在甲文易的字形中获得解释。三来源间或有先后关系，蜥蜴、图腾旗当先于平浅之釜。当华夏先民（传说中的伏羲氏）最初同蜥蜴相遇时，根据其身形和叫声刻画并命名了易。后因慢慢建立起事物变化（比如阴晴）同蜥蜴变色之间的巫术联想，此即原始巫术礼仪中的相似即相同原理，赋予易以变易之义，加虫旁新造蜴字以表征本义，后蜥蜴连用。勿旗当源于殷商游牧队伍，读音或从神鸟乌而来，神鸟乌或为太阳鸟。甲文勿字上方或加日或加鸟头，即为甲文易。从勿的易，其读音当来源于殷乙，易乙殷音同义通，意即勿旗下的这支游牧队伍属于殷商氏族，以玄鸟乙为图腾。神鸟乌同玄鸟乙（燕雁），原本一体殊相。锡因为易得易冶易变形，其溶液滴入土中凝固后状如蜥蜴（青色），而从易得声；锡因同勿乌乙易相联接，而被认为是玄鸟所赐，锡易因而获得赐义。

古人所称“五金”指金银铜铁锡。铜《说文》释为“赤金也。从金，同声”。义即红色金属为铜。需要说明的是，古人所称铜非今人所谈论的铜元素，而是指添加有锡和铝的青铜。许慎所言赤金，意即一种红色的金属。铜因为先能与锡铅诸金同（而成为合金之铜），后能与万器之形同（易于铸造且使用广泛），所以“同声”。另据郭静云研究，华夏先民初步发现铜料的时期，可溯源至距今五千年的屈家岭时代。该时期石家河遗址中发现的铜料和以青铜铸造的器物，足以说明石家河人对铸铜技术的掌握已有一定的历史。石家河发现的最早的铅铜合金，年代是在公元前二十四世纪。铁《说文》释为“黑金”。一说铁写作銕，从夷。意即东夷人使用的黑色金属。东夷人即殷商人。

接下来我们看一组面对金属的劳作，它们有铸锻错锯等。

铸（、）《说文》释为“销金也。从金，寿声”。吴大澂认为古文铸象手铸器形，下有炉火，中有金属，以火销金曰铸。王国维称武王克殷，封黄帝之后为祝，郑玄注“祝或为铸”。古文铸祝同字，祝与州同音，铸公即祝公，也即州公，《左传》写作淳于公。高田忠周认为铸鼋从衅血，有衅义。《孟子》所言“衅钟”即新铸钟，因“杀牲以血涂其衅”

得名。马叙伦认为铸与销两义不同，销冶而成者谓之铸。《周礼·考工记》载：凡铸金之状，金与锡黑浊之气竭，黄白次之；黄白之气竭，青白次之；青白之气竭，青气次之；然后可铸。李孝定认为甲文铸上从手持倒皿，下从土即土范（木曰模，土曰范）。徐中舒称另有“以手持金汁”的异体铸。张亚初称武丁时期铸造铜器前不仅占卜，还要占筮，选定吉日方可铸。

笔者认为铸或从铸造过程（炉、皿、范、火、人手、金属等）得形义，从铸造之人（即巫祝之祝）得音义。最初的铸造或由巫祝集团所掌握，他们既是铸造技术方面的专家，也是铸造活动中与神鬼沟通的权威，并为铸造活动制定了一系列巫术礼仪。铸造因此成为天干地支和人神鬼牲共同参与的活动，铸器作为上述活动的最终成果被赋予神圣化，成为华夏先民生活河流中的重要伙伴。铸所从“寿声”之寿，或象耕田屈曲之形，或象波浪由近及远之形，或象植物根系、藤蔓及长者发丝之形，寓意长久，此处借以表征铸造活动中的形制乃至铸造物可永久存留之义。

锻《说文》释为“小冶也。从金，段声”。马叙伦认为锻不是冶，一说锻为治也不达意。以金入火焠而椎（捶）之为锻，所以段声。《说文》释段为“椎（zhui 音）物也。从殳（shu 音），耑（duan 音）声省”。殳有投掷义，椎同捶，耑为端字的古文。捶物为段。朱芳圃认为金文段象“手持椎于厂中捶石”形。一说段可用作断。马叙伦认为段为捶的转注字，捶金为锻。《说文》释冶为“销也。从仌（bing 音），台声”。义即熔化。笔者认为《说文》释锻为“小冶”，有熔而不化义。金属在熔而不化时可锻，金属熔化之后可铸。冶从仌台声，寓有矿液中出金（金属）如同水中结坚仌（古文冰）义。冶所从台有以、用、成诸义，所从仌表征类似于水气出而成冰义。

错《说文》释为“金涂也。从金，昔声”。朱骏声释错为镀，马叙伦推测借错为镀，涂有镀义。桂馥引用《汉书·食货志》称“错刀，以黄金错其文（纹）”。《说文》释昔为“干肉也。从残肉”。昔上从双仌，下从日，祭台上的肉牲因日光久晒仌（水汽）出而成干肉（见“第2.4节”释昔仌）即为昔。错所从“昔声”之昔，寓意所涂之金如同水面薄冰（源于昔所从仌气），错初义当是许慎所言“金涂”义。错后来从错刀的“双钩文”中演绎出交错之错义，再引申出错过之错、错误之错诸义。

锯《说文》释为“枪唐也。从金，居声”。段玉裁称“枪唐”为汉人语。马叙伦推测枪唐为锯子的俗名。居初义指古人的一种坐姿，即臀部着席上两腿伸开，其形如簸箕，也叫箕踞。衣裙褶皱随之铺展在席上成裙裾。古老的锯条当模仿席上裙裾的弧形，锯齿当模仿裙裾的褶皱（一说如燕尾之起伏），锯所以“居声”。后来才改进为直锯条。

金属普及之后，原本从人、从反匕而来的刀（见“第4.3节”释力刀）全都改由金属打制而成，此前的木、竹、布刀隐身于历史中。而刀的最初身份则极有可能是刃，刃当先于刀。刀反而是后出字。

刃（、）《说文》释为“刀坚也。象刀有刃之形”。徐锴认为刃或为象形字，象刃在刀前；或为指事字，以一示其处。王筠认为刃不能离刀而成体。马叙伦认为刀字或本是刃字之误。笔者认为当先有刃，而后有刀字。反人为匕，反匕为刀。反匕可视为反人之反，反反得正，刀得人之正形。人与刃不仅形同音同且同源同根，可推最初的刀或为刃，从人得音义。甲文刃一边如人形表征刀，另一边加一点、表征刀的所及物（很可能是食物）。后出的刀字也非马叙伦所说的刃字之误，而是从刀得形义、从到得音义的新字。人至为到（见“第3.6节”释至到），刃到为刀。刃为名词，刃加于物为刀，刀为动词。今文中与刃有关的字多归入刀部。

刀字左右各加一点为刅（初文创，读chuang音），《说文》释刅（、

）为“伤也。从刃从一。创或从刀，仓声”。笔者按析形错误，从刃从一无解。伤非办字初义。王筠认为办左右两一为伤痕，从许慎所言释义。马叙伦认为办创为伤害之伤的本字。朱芳圃认为办象割草形，后孳乳为戕。戴家祥认为办、创、刱诸字属同声通假，用为创业之创。谷衍奎认为办象用刀劈物之形。笔者认为谷说可采信，办字所从两点为刀所劈开之物。如考虑刃刀最初的食具功能，则办字两点很有可能源于被分开的食物。故后出的创字“仓声”，仓与食物有关。

《说文》无创字，创所从仓繁体写作倉，释倉（、、）为“谷藏也。倉黄取而藏之，故谓之倉。从食省，口象倉形。仺，奇字倉”。一说倉下口如同舍下口，与亼相对，为土筑物。高田忠周认为倉从亼，有收藏积蓄义，亼下为建筑物象形，非从食省。倉与食字形上全异。商承祚认为割字从仺，与倉无异，当是借创为割。陈独秀认为古有车兵祭乐宴五库，倉为兵库，不从食，枪戗创玱等字从倉。陈梦家认为倉从合从户，甲文从合爿（pan 音）声。笔者结合后出的创字从刀倉声推测，初文办所分割的食物用于收藏。办有劈取食物用于收藏义，后从中引申出草创之创义。

接下来去看一组基于刃刀之上的劳作，它们有削、切、割、刻。

削（）《说文》释为“鞞（bei 音）也。一曰析也。从刀，肖声”。许敬参认为削本为刀的一种，之所以肖声，是因为有鞘。削初用于制皮革，也称鞞。削用于平迹（抹平痕迹），后引申出删义，例如以刀削简牍。马叙伦认为削为鞞的转注字，同为摩擦次清音。《说文》释肖（）为“骨肉相似也。从肉，小声。不似其先故曰不肖也”。笔者按许慎所释为引申义，肖初义为细小。《说文》释鞞为“刀室也。从刀，卑声”。马叙伦认为刀室非本义。桂馥称刀室一说是剑室。唐兰认为鞞就是刀鞘。戴家祥引《方言》称“剑削，自河而北、燕赵之间谓之室，自关而东谓之削，自关而西谓之鞞”，一物而异名。卑《说文》释为“贱也。执事也。从（左）甲”。林义光认为古文卑不从甲，从由缶，手持之。高田忠周认为金文卑从由缶，从反支，表征贱者执事之义。唐桂馨认为卑字象左手扶刀室形，尊字象双手举西进贡形，两字造字意图相近。

笔者认为鞞所从卑义同肖，有小义。鞞与鞘初义均为磨制皮革的动作，所磨去的东西很卑很小。若以革磨革则为鞞和鞘，若以刀刮革则为削。鞞鞘后引申出刀室义，鞞初义转为捭所拥有。鞘初义转为削所拥有。

切《说文》释为“刌（cun 音）也。从刀，七声”。马叙伦认为刌切为双声转注字。古本或释切为割，或释切为折。丁山认为十（jia 音，古文甲）为切字的初文，其中—为物之通象，丨为切之动作。后借用为天干甲和数字七（见“第 2.5 节”释七）。七加刀成切，以表征初义。高鸿缙从此说，并补充说：殷商人嫌天干十与七切无分别，在十外加义符囗写作田（古文甲），后写作甲。《说文》释刌（）为“切也。从刀，寸声”。马叙伦认为七寸原本一字，故刌切实则一字。孟祥鲁称甲文中有“从又从刀”的异体刌。笔者认为切或从古文甲演化而来，恰如丁山所言。初义表征切划动作，后引申出切割之切义。寸初义为人的寸腕，寸腕按住所切之物以刀切之，方为刌。如今人的切菜动作。刌与切两字有细微的区别。

割（）《说文》释为“剥也。从刀，害声”。义即剥离。刘心源认为割即害即介，割害介可通。高田忠周认为“肆解肉”为割字本义。许进雄认为浇铸后的铸型只有被破坏才能把里面的铸器取出来，用刀剔剥套合的铸模，就是割字的来源，害就是被刀剔割出来的模型，因而有伤害义。《说文》释害（、）为“伤也。从宀，从口。宀口言从家起也。丯（jie 音）声”。释义不详。林义光认为害从宀由声，宀下为由之变。强开运认为诗书多假害为曷，义为何。王筠认为生当写作丯。马叙

伦认为害或是咳的转注字（如胡亥可写作胡害），或是舍的异文（害舍形义可通），不从宀口，也非丯声。杨树达认为丰与介古音同，古文可假害为介。李孝定认为害或为合的异体。《说文》释丯为“艹蔡也。象艹生之散乱也”。吴大澂认为丯象三玉相连形。郭沫若认为金文从玉的字很多，均和丯无关。殷契中的“帝五丯臣”之丯，义同一介之介，今文写作个。马叙伦认为丯象木刻成齿形，刻于契券之版上即为契，此即《列子》所记载“宋人游于道，得人遗契者”之契。高鸿缙认为甲文丯金文中多用于陈蔡之蔡，象艹散乱形。《孟子》言“君之视臣如草芥”和古语“一介不取，一介不兴”均以介代丯。蔡介芥丯可通。

笔者认为丯初文象艹散乱形，故王筠释丯为生；后引申为契券之契，是殷商人向大自然学习的成果，借艹形表征物事。再从物事中引申出契栔义，从艹形中引申出介芥蔡义。害所从“丯声”之丯为艹形，用于搭建余舍即茅草房的立柱发出新枝，破坏了余和舍的结构，即为害。许慎释害所言“宀口言从家起”，表明害和余舍同源，都因茅草房得字形。茅草房余舍最初来源于吹于（言）之人（见“第 1.1 节”释言于、“第 1.2 节”释余舍）。害字读音或从亥来，立柱新发的芽枝来源于草木根亥。胡亥与胡害因此可通。用刀修除房屋立柱上的新发芽枝，即为割。这些被割去的新发芽枝，原本不是人所需要的，极有可能被视为甴（见“第 3.7 节”释妯由），以至林义光误认为害宀下从甴。割当从各从家得音，各家音同义通。割是为了保护房子，去害保家、保各。许进雄从浇铸模型释割害，或为误释，或为后来义。

刻（）《说文》释为“镂也。从刀，亥声”。马叙伦认为刻为栔的近音转注字。夏渌认为殷商卜辞中有三横画成“三”字，既非数三，也非于省吾所说的古文气，有“即刻”和“立刻”的意思，卜辞文中应读作“刻”，进而推知它是刻和契的初文。《说文》释镂为“刚铁，可以刻

镂。从金，娄声”。马叙伦认为镂即钢，古文无钢。钢从冈得音，冈从网得音，网镂同为边音，今文写作钢，许慎训为刚铁。刻镂之镂当从録义而来，镂后来借为録。亥初义为草木根荄（见“第 2.6 节”释亥），娄初义为分配食物的女性族长（见“第 2.5 节”释数娄）。笔者认为刻所从亥有完备义，干支亥为十二地支的终点，根荄为草木过去一轮生长的终点，同时又为新一轮生长的开始做好准备。“亥声”之刻寓意着对一段过程的记录。镂所从娄（婁）借重文“中”获得持续义，动词婁就是对“中”这一动作的持续。如果持续不断地对铁进行提炼，即获得纯度更高的镂（钢）；如果持续不断地用刀刻画，即获得刻镂之镂。许慎释刻为镂，重在强调刻的持续性。用一个连续刻画的成果达成对一段历史过程的记录，当是刻的完整义。

4.8. 物之五：丝网布的编织
——“玄、兹、丝、系、编、织、巾、常、布、网、绥”及其他

华夏先民养蚕制丝的时间在历史传说中始于黄帝时期。依据古文字遗存，可推定养蚕制丝活动与玄鸟崇拜有关。倘若玄鸟崇拜源于殷商人所创，则养蚕制丝活动当开始于殷商先民之手，时间上理当早于商代王朝。源于嫁接活动中的别己之糸（见“第 2.6 节”释己），或早于养蚕制丝。甲文糸絲丝音同义同，却有着不同的字源。一是来源于玄鸟的无形抽象物，字形上或为玄字重文（兹），或为幺字重文丝。二是来源于大地上的有形物，包括蚕所吐之絲、植物别己之糸乃至绳索。简体糸絲均写作丝，用于偏旁部首时写作纟。丝则退而不显，仅为幽字的部件。幽释为“山中丝”。

先考察来源于玄鸟的𢆶（、），古音同幽，与兹（ci 和 zi 音）可通。《说文》释𢆶为“微也。从二幺”。幺有小义，𢆶从重幺，有小之又小义。吴式芬认为𢆶兹古音相近可通假，兹为玆（zi 音）声省（省文）。罗振玉认为古金文用训兹，与卜辞相同。高田忠周认为兹从玄而来，玄从糸而来，与絲无分别。商承祚认为𢆶孳乳为兹。马叙伦认为𢆶即絲字的异文，糸絲幺𢆶皆一字。胡厚宣认为殷卜辞无兹字，有𢆶字近百例，多读为“兹此”或“兹今”之兹，只有极少数例外。李孝定认为𢆶象絲二束之形，兹絲音韵并同，可通假。许慎所释“微”当为絲的引申义。幽和幾（几）在𢆶部。《说文》释幺（、）为“小也。象子初生之形”。林义光认为幺或从幽而来，字形上与玄相混。玄象絲形，本义为悬。朱骏声认为幺为糸的一半，如同糸为絲的一半，幺从半糸。马叙伦认为幺与絲一声之转。高鸿缙认为幺絲为一字，如同糸与絲为一字。幺从丝省，糸从絲省。戴家祥认为金文中的“幺衣”之幺，义同后出的玄字。

玄（、、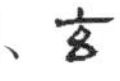）《说文》释为“幽远也。黑而有赤色者为玄。象幽而入覆之也”。释义不明。王筠认为玄在经文中只有天玄地黄一义（即一种用法）。许慎不得古义，只得含糊其辞说解字形。一说樂（简体作乐）字上部两旁皆玄字。马叙伦认为糸丝玄幺系为一字，音转形变后各有义训。《文字考古》认为玄即玄鸟燕雁，也叫乚（见“第 1.3 节”释乚）和乙。殷燕雁乚乙音同义通。翅膀羽毛黑中带有赤色，即玄色也即殷色。笔者认为燕雁乚乙玄鸟本为一物。燕雁或从其正面得字形，从言音殷得字音；乚乙从鸟的侧面得字形，从鸟的叫声中得字音（即其名自呼）。玄的字形笔者推测当来源于原始意识，目送渐渐远去的玄鸟，刻画出它们在天空中飞过的路线，即为玄。甲文玄恰如连绵不绝的无形鸟卵，或寓意玄鸟在飞行过程中布下命灵于其间，将择机降临大地。

玄重文为玆，今文写作兹，不同于兹。玆兹简体均写作兹。《说文》

释玆为“黑也。从二玄”。刘心源引《说文段注》称《左传》释文中的玆音读为玄。滋孳以兹为声，玆衹也当读音如玄。马叙伦认为玆今音读之子切，当从丝得音。《说文》释兹为“草木多益。从艹，兹声省”。一说兹声省。一说有从艹从子的异体兹。马叙伦认为益有滋义。杨树达认为古文兹絲无差别。

糸（、）《说文》释为“细丝也。象束丝之形”。徐锴认为一蚕所吐为一忽，十忽为一丝。糸为五忽，即半丝。马叙伦认为丝为象形，糸则丝省。糸象纠丝之形，非蚕所吐之物。系为动词，糸丝一字。一说糸为绳字初文。

絲（、）《说文》释为“蚕所吐也。从二糸”。罗振玉认为象束絲形，两端为束之后的余绪。林义光称玆为絲字或体。高田忠周认为造字之初先有糸，后作絲字，絲比糸更细。玄部玆为絲字的省文，古文多借絲省文为兹，以至于兹玆相混。

笔者认为当结合玄鸟、气等原始意识认识丝。生物皆从玄鸟得命灵、从命气得肉体。当玄鸟划过上空远去，其飞行轨迹成为玄字初文。玄之初义既非指玄鸟也非玄色，恰恰是悬在空中渐渐远去、最终消失在天幕上的飞行轨迹。玄悬宣音同义通。宣（所从亘）表征的云气与玄鸟的飞行轨迹可视为同形物，最终将混同于一体。甲文玄字形如鸟卵、如蚕茧、如束丝，或意味着此三者在华夏先民的意识中不仅有着共同的来源——同来源于玄鸟，甚至有着相同的功能——帮助生命体约定其各自形态。嫁接技术中的别己之糸原本就来源于植物自身，最终能将接穗和砧木连接为一体——别己之糸自在其中。兹玆糸絲幺丝常常相混，是因为它们本就同源——同来自于玄，后被赋予不同的意义。幺既是玄字的省文，又可视为玄字的变体，玄之命灵变化为人子。幺重文为丝，回归到与兹糸絲原本存在的关联中。兹既是兹玆的变体，也是兹玆的延伸，天上的兹玆落定为大地上的草木之兹。兹玆糸絲幺丝看上去像是一团“乱丝”，但只要理清楚它们在天干中的共同源头（玄），结合地支中的别己之糸（己），则可顺理成章、各得其位。玄鸟在天幕上的飞行轨迹同万物在大地上的生长，以及人在大地上的劳作，原本是同一个生活河流中的不同景观。幺丝己糸絲兹玆呈现在生活河流的河面上，汇聚成丝的家族，为网巾布的出现准备了前提条件。

再结合彝族的葫芦崇拜，笔者推测玄字初文或与葫芦崇拜可通，初文玄象葫芦之形。葫芦即壶天、即宇宙，呈现为伏羲、女娲的化身，和彝语“祖先”读音相同，读为“阿普”。如上述推测可成立，则玄鸟的飞行轨迹（玄）不过是葫芦的自相似而已。先天（葫芦）与后天（玄鸟飞行轨迹）、帝神（葫芦、玄鸟）与人间（天地，即生活世界），存在有某种神秘的相似性。

几繁体写作幾，在丝部，非甲文几。《说文》释幾为“微也，殆也。从丝从戍。戍，兵守也。丝而兵守者危也”。释义大谬。林义光从许说，认为幽处多微，人持戈以备之即为幾。马叙伦认为丝转注为幾，徐锴本作从丝戍，殆及以下文字疑为校者所加。笔者认为马说可采信。一说幾有期节（期盼）义。饶宗颐认为幾初文从戍从糸，后改为从丝，《周礼》中幾亦作“祈”。徐中舒认为幾有及义。戴侗认为幾从戍，絲声省。初义为幾察，所谓戍守有察物于幾微之间义。笔者认为幾从戍上有丝，表征林木果实丝接近成熟状，林木果实将收未收即为幾。幾因而有祈、期、及诸义。将许慎所言“殆”理解为接近，则可取；理解为危险，则大谬。

系（、、）《说文》释为“繫（ji 音）也。从糸，丿（yi 音）声”。籀文系从爪糸。系所从丿为爪字省文。《说文》释繫为“繫也。一曰恶絮”。商承祚认为繫即奚的异体字。王襄认为奚和戊两字合体得繫

字。叶玉森认为繫象索以系形（从绳索绑缚中得字形），卜辞祭祀用“繫二”，或为两个俘获的人牲。马叙伦认为繫为系缚、系悬之系的本字，䌔义同恶絮（即烂棉絮）。林义光认为古文系象“从爪持丝”形。高田忠周认为系有“系属”义，爪有总括义。商承祚认为系有手持二丝或三丝以繫联义。马叙伦认为系象理糸而繫形，系部字多有繫（即捆缚）义。于省吾认为系象以手提丝形。甲文祀典曰系，有将品物繫束用于交接神明义。所谓“系米”，意即将桑葚碎粒（米）繫束后贡献给鬼神之祭。和周人“登黍登米”的区别在于，“系米”之米以繫束的形式进入祭祀。温少峰、袁庭栋认为系象形用手牵出蚕丝，再将几根蚕丝合并在一起，此即最初的缫丝。殷人已掌握利用蚕丝长纤维和自身的黏度，不加绞拈即可制成丝线的技术。笔者认为可采信。系初文当来源于缫丝现场，系作为祭礼，或意味着将缫丝成功的新丝奉献给上神和先祖。后来才有了系米之祭，系因此不再限于丝线自身的连接，增加有丝线对他物所做的连接。因丝线自身的连接而有了编织劳作及由此而生的网罗布帛等物品，因丝线对他物所做的连接而有了上述物品之用（如覆绥等）。

编《说文》释为“次简也。从糸，扁声”。义即依一定次序编织而成的书简，与册同义。马叙伦认为编不专用于次简之名；《仓颉篇》释编有“织”义和“文纤”义，文属交字所讹误，交义同辫；《字林》作“以绳次物曰编”；编或为辫的同音转注字。笔者认为此说可采信。《说文》释扁为“署也。从户册。户册者，署门户之文也”。义即编入户册为扁。马叙伦疑扁从册房声省，为篇和编字的初文。《说文》释册（、、、）为“符命也。诸侯进受于王也。象其札一长一短，中有二编之形”。非初义。阮元认为有从竹从日的古文册，以竹指事，以日谐声。罗振玉认为册或增廾，象奉册形。郭沫若认为册有书写义。祝以辞告，册以策告，祝和册因而有别。马叙伦认为册当训为“编简”，符命非册字本义。

今日商家的竹千或为竹筒的别名，上端有孔，受编可卷，与汉简相同。李孝定认为凡编简物皆可称册，不独限于符命。蔡邕所言汉制“礼曰不满百文不书于策。其制长二尺，短者半之。其次一长一短两编”，必不误。夏渌认为册栅寨为一字，册象形立木为栅栏、村寨，如同篱落一类的防护物。

笔者认为扁编或为周人新造字，与户册有关。户册制度当源于井田制。甲文户义为半开的门，无关户册。甲文册当源于编简和册名，无关户。将井田制中的人家全部编入户册，即为扁。被编扁入册的人家或许会获得官方册本，挂在墙上如同身份许可和牌匾。扁因此获得编遍匾义。如一组井田人家（八户一井）编为一册，册即成篇。后编织连用，表明对社会人口的编册，远重于对日用物品的纺织。倘若编有辫义，则意味着编有变义，辫变音同义通。丝册之物因有辫编而发生形变。

织繁体写作織。《说文》释織为“作布帛之总名也。从糸，戠（zhi音）声”。郭沫若认为織与职通。王筠认为（《说文》字序中）自缯以下皆言帛（丝为质料），自纑以下皆言布（麻为质料）。虽然布用麻作为质料，但布部所收字多数从丝，是因为麻丝相似，古人又不分其贵贱。马叙伦认为布帛为转注字，为織成之物的总名。后人才以丝麻分别它们。黄锡全认为有下部从廾的初文織，以手治丝义明显可见。

笔者认为織（织）当从糸从戠得义。戠初义为氏族队伍的识别符号。开始为音言，后以戈为杆，挂上有颜色符号的巾幟（见“第 1.4 节”释职戠）。織字所从戠有巾幟义，当理解为織成物。将糸变为織成之物（幟戠）即为織。織既指称作为名词的織成物，也指称作为动词的纺織动作。至于職与織可通，是因为华夏先民将織视为分内之職，如同燕雁在空中编织“玄”字一样。織以及由此而来的布帛、衣服及网罗等，均被赋予神圣性质。如果说燕雁在天幕上留下的玄将天干地支接续为整体，人在大地上的编織连同网罗劳作，则天然成为玄鸟所创事业在大地上的新继续。与蕴含有变辫之义的编相比，織更强调统一性和连续性。编織连用，则实现了连续性和变易性的融合。华夏先民面对丝网布的编織劳作更加丰富多彩。

巾（、）《说文》释为“佩巾也。从冂，丨象丝也”。高田忠周认为巾有拭垢、饰首、覆器诸多用途；许慎独言佩巾，象是有系的动作。马叙伦认为布为巾的转注字。杨树达认为旂（qi 音）从斤得音，巾与旂古音相同，故铭文假巾为旂。徐灏认为凡覆盖包裹之物，皆谓之巾。高鸿缙认为从巾的字与从衣的字多能相通。林洁明认为巾当释为市（fu 音，非城市之市），《说文》释市“上古衣蔽前而已，市以象之，从巾象连带之形”，齐人呼衣为“巨市”。金文市与巾字形相近，无甚分别。笔者认为市与服音同义通，市与巾与衣形近义通。衣服之服从市得音，从衣的“依从”义中获得“服从”义。巾当为市的小型化和简单化的衍生物，以服务于不同功用。巾未必从斤旂得音，倒有可能从禁今净敬得音，覆盖包裹为禁为今，拭垢为净，饰首为敬。人因有衣而依（服）于氏族（见“第 2.4 节”释衣），物因为有巾或覆盖，或拭垢得与人相统一。

带《说文》释为“绅也。男子鞶（pan 音）带，妇人带丝。象系配之形。佩必有巾，从巾”。义即盘在腰部的腰带，或配有巾。马叙伦认为带由市转注得音，市与带初本相通。

常（、）《说文》释为“下帬（qun 音，同裙）也。从巾，尚声。裳，常或从衣”。商承祚认为常即裳，《说文》释衣“上曰衣，下曰裳”。朱骏声认为常裳二字经传中不通借，一训为旗，一训为裳。马叙伦认为古书借常为旗帜，常帜同为舌面前音。“帬也”非本训或为声训，帬常在古文中属同音转注字。刘熙《释名·释兵》称“车戟曰常，长丈六尺，车上所持也。八尺曰寻，倍寻曰常”。詹鄞鑫认为古人以车上之物作为长度单位。常的本义当指旌旗，树在车上。常为九旗之名，“大常”即天子日月旗。

笔者认为常和裳从巾衣得形义，因尚声得音义。尚从八在向上。向所在位置为起点，有分别义的八指向终点，尚表征由起点向其上方前进的进行时，也即未完成时。尚从向得音，从八在向上得义，因而有高义和未完成（庶几）义。《说文》释尚为“曾也。庶几也。从八，向声”。又释向为“北出牖”。商初义为计时用的刻漏（见“第 2.5 节”释契商），后引申出商量之商。尚为商的省文，寓意尚可描述为商的进行时，且有可能是下对上商，人对帝神商。所商内容有可能是祭礼开始的最佳时刻。“出北牖”之向或藏有最佳时刻的标志，如同今人盯着倒计时钟表的秒针那样。一旦该标志到达期盼之点，主持祭祀的司仪将会升起旗帜（常）来。因为有尚和常，先民可触摸到上神和先人的高度，并将自己同氏族接续为整体，且永久立足于氏族队伍之中。尚因而获得高义（见“第 4.5 节”释当尚），常因而有恒义。衣服常裳共同成为确保个体身在氏族连续性之中的外在标志。曾初义表征对王曰政令分门别类、以便有针对性地传达至不同人群，因此获得增加之增和曾经之曾义（见“第 3.5 节”释会曾）。许慎以曾释尚，是因为两字的字形结构相近且都引申出加义，以至于忽略了两字来源和初义相差甚远这一基本事实。

布（、）《说文》释为“枲（xi 音）织也。从巾，父声”。织布用的麻名为枲，麻葛纤维混合织成物名为枲织。柯昌济认为有从父在贝上的古文布。杨树达认为从父从贝的布为泉布之布的本字。马叙伦认为布巾转注、布帛转注，后划分为枲织的叫布、丝织的叫帛。

帛（、）《说文》释为“缯也。从巾，白声”。义即丝织物（缯）。罗振玉认为古文帛白同字，不帛义即不白。高田忠周认为帛即黑白之白

正字，白则为魂魄之魄本字。马叙伦认为金文及石鼓文借帛为黑白之白，因为帛从白得声。戴家祥认为古帛白为一字，白伯也为一字。

笔者认为布帛之分虽源于质料：麻葛织物和蚕丝织物，但根本区别却在于得声之人：父声之父和白声之白。在殷商人的游牧队伍中，持斧伐柯以开路的男性群体为父（见“第 1.7 节”释父），身在王廷原本默记下王曰政令不增不减也不润色者为白为伯（见“第 1.4 节”释曰白）。父声之布或因为麻葛来源于父斧的砍伐，或因为麻葛纤维最初为父们所发现，或最初的布为父们的劳作之衣，又或是表彰布的地位如父。白声之帛或因为蚕丝纺织技术为白们所掌握——最初的白有可能是女性；或意味着丝织之帛只能为王廷里的人所享用；又或表彰帛的质量如白。具体情况虽不得而知，但有一点可以肯定：布帛与父伯有关。

网《说文》释为“庖牺所结绳以渔。从冂，下象网交文”。义即渔网。古文网或从亡，或从糸。柯昌济称古文冈象网形，也是古文网。高田忠周认为罟即渔网，也用于（捕捉）鸟兽。马叙伦认为古有“庖牺臣芒作网”一说，怀疑网或从芒得音。于省吾称古人狩猎捕兽，树网叫作张或立，网仆叫作偃。兽入网罟中向旁侧作挣扎状叫“一偃一侧”。

古人素有天罗地网一说，罗繁体写作羅。《说文》释羅（、）为“以丝罟鸟也。从网，从维。古者芒氏初作罗”。捕鸟的网为羅。罗振玉认为卜辞羅从隹在毕（网的一种）中，篆书增维成羅。古文羅離（简体写作离）为一字，離从隹从离，离也声。陈梦家认为羅不从维，象隹在网下形，隹即鸟，羅有罹义。马叙伦认为罹为羅之伪文。吴大澂认为羅从糸蒦声，蒦声对转歌为羅。笔者认为羅从糸毕隹（维）得形义，从蒦得声义，字形像用丝织网捕捉飞禽。蒦初义表征先民持萑鸟在手（见“第 5.8 节”释蒦），此处借以表征羅中飞禽可手到擒来。羅字所刻画的正是先民用丝属网毕捕捉飞禽，且获得成功。

覆《说文》释为“一曰盖也。从襾（ya 音），復声”。蔡哲茂、吴匡认为有从水在舟左旁的古文覆，其字形舟下作一短划，会意船翻为覆。《说文》释襾（）为“覆也。从冂，上下覆之”。林义光认为襾字象覆盖之形。徐灏认为襾所从冂象覆巾，復有物加于上即为襾。郑玄认为襾字象以盖塞鬲口之形，既用巾幂之，再用盖塞之，俗称物从上按下曰襾。马叙伦认为从上按下曰襾，襾有抑义，初文为印。古书和金甲文中无襾，据读音推测襾或为亚字伪文。《说文》释復为“往来也。从彳，复声”。林义光认为復复同字。《说文》释复为行故道，从夊，畐省声。罗振玉认为復象足往而复来形。马叙伦认为復为复的后起字。李孝定认为有不从彳的復，为复字的重文。戴家祥认为復畐古音同为重唇音，復从畐得声。

《说文》收襾部在网部和巾部之间，笔者推测襾当从网属而来，襾所从冂和网所从冂原本同源，襾所从冂或可视为网字省文。襾所表征的正是上下合网、鸟兽同捕行为。或因其形制和规模如亚（聚族而居建筑群），马叙伦推测襾为亚之伪文。覆所从复有往来义。收于襾中的鸟兽也会上下往复乱窜。先民需多次努力才可能成功捕获它们。覆从复畐得音。畐有福义，因有所得而福。覆有盖义，也有俘获义。因盖而有俘，因获而有畐。覆俘复畐融于一体，共同呈现在先民上下合襾、鸟兽同捕的劳作现场。

绥（、）《说文》释为“车中把也。从糸，从妥”。《说文》无妥字，徐锴认为当从爪从安省。《周礼》载“升车必正立执绥，所以安也”。罗振玉认为古绥字作妥。予向称妥见于《礼经》《诗·小雅》，《尔雅》释为“安止”和“安坐”义。周秦古印中有妥字，字形与古文服字相近。吴其昌认为孚象手抓男子，妥象手抓女子状，男女皆俘虏。俘虏必有索，引申为升车之索。庄有可认为妥为古妫字，原读如绥。郑玄认为委有安义，故《说文》不收妥字。马叙伦认为《说文》手部捼下一曰两手相切摩也，即妥字初义。聂新民认为秦陵二号铜车马车舆内标明“长方形框”的编织物即为绥，下垂后可方便车主人登车。非“车中把”。

笔者认为庄有可所言妥妫一字可采信，均有为义，且从为得义。妥所从爪同为所从爪。妥或从女从为省，形义同古文妫。妥古读退音，妫读归音，均表征劳作任务完成，劳作之女或退或归。传说舜居于妫，妫地或为舜族集中存放劳作成果之所，妫则是负责收缴并管理劳作成果的女性头领，或骑在大象身上和战士一同归来（见“第 4.1 节”释为）。妥或为妫的前身，或为妫的助手。妫后来转为姓氏，妥则继续留在居住地里管理劳作成果。妥又为绥字古文，绥音或从妥字的退音转注而来。加糸旁则表明劳作成果较当初丰富，管理手段也渐趋复杂，需要借糸丝打包归仓。妥绥因此获得安义。登车之绥当属于后来义，或从归仓义引申而来。劳作归仓与人归车位可通。

4.9. 物之六：器与利的用养

——“器、鼎、皿、益、利、用、甬、食、甘、养”及其他

华夏先民从大地的劳作中得器、得益、得利、得食，器为用，食为养，器与利的用养，成为华夏先民从生活世界中获得的奖赏。

器（、）《说文》释为“皿也。象器之口。犬，所以守之”。林义光认为四口象物形，以犬守之。高田忠周认为犬指器皿中肉，众口所以食用物。皿为器之形，器为皿之用，皿即食用之器。遵此说，则意味着器所从犬泛指人所狩获的猎物。唐桂馨认为中非犬字，而是联四器（口）为一器的架子，如同今天餐厅里的五味架。马叙伦认为金文器字似

皆从豕，器豕古音同部，疑从豕得音。尹黎云认为古文丧哭器同字，三字所含犬形均为桑字的讹误。丧字从桑得音义。器从丧指事，表示丧器义。遵此说，则器非后来的丧器，而是殷商人的祭器。按《文字考古》所言，殷人视桑林为祖居圣地，人由空桑十日转世而生，源于桑。生则为人为殷为商，商人即殷人，人殷音同义通；人死则归于空桑为丧，商桑丧音同义通。周灭商后，丧桑被污名成晦气之词。

笔者认为器初义兼为食器和祭器，起初或从桑。殷商人以桑葚为食，也以桑葚之米食祭祀先人和上神，器或从食豕祀得音。因桑丧古为一字，从桑之器后被误认为从丧的丧器。如果说从桑之器刻画的是器物之用，那么从犬之器刻画的则是制器现场，器所从犬源于制器现场的劳作者。人因失其人形而如犬形（见“第 2.8 节”释状，“第 3.3 节”释狱）。制陶恰恰是一件很脏又很累人的活，陶工因累因脏失去人形而如犬形。制陶者在众器（口）之间辛勤劳作，即为器。从桑之器后慢慢退隐，从犬之器广为接受，所从犬则被误认为猎物肉牲乃至犬肉。

殷人之鼎（、）为煮食之器。《说文》释鼎为“三足，两耳，和五味之宝器也。昔禹收九牧之金，铸鼎荆山之下。入山川林泽，螭魅魍魉莫能逢之。以协承天休。《易卦》：巽木于下者为鼎。象析木以炊也。籀文以鼎为贞字”。许说涉及鼎的器形、用途、传说、文化及引申义等。王国维认为古金文中多有上从卜的鼎字，很像贞字。贞与鼎字形相似，声又全同，自古通用。孙海波认为贞鼎古为一字。训贞为卜问，属同声假借。所从卜、匕为调味之器，可取鼎中食物。从才的异体鼎，属传写之误。马叙伦认为鼎字全体象形，不可分析。鼎字因与贝字象形易混，致有“古文以贞为鼎、籀文以鼎为贞”一说。《文字考古》认为殷人煮食初挖地设竈（灶），析木生火架釜以炊。竈釜合一而有三足两耳的陶鼎，方便游牧和行军。笔者认为可采信，进而推测鼎同时也作为祭器，鼎所煮食或为人与神祖共享。古有从卜从匕的异体鼎，鼎与贞音同义通，鼎贞或许同源于贝（见“第5.4节”释真贞）。周灭殷商后，鼎成为国家权力象征物当有两个来源：一是从祭器义而来，鼎因祭器而成为礼器，再因礼器而成为国家法器；二是因为鼎为众人煮食，俗称大家在一个锅里吃饭，在今天看来鼎有公共生活义，在帝王看来有赐食于民义。

鼎所煮之食分与个人，中间要经过皿（、）。《说文》释皿为“饭食之用器也。象形，与豆同意”，意即盛食之器。马叙伦认为甲文皿中间的竖画为“绳文”，初制陶器，以绳缚土烧之，因而留下绳纹。高鸿缙认为皿为饮食之器，豆为食肉之器，其下皆有跗足，不同的只是皿有耳、豆有盖。皿本为专名，后引申为器皿之皿。

皿于饭食可盛、有溢，有益，益而有盈，盈因用而尽（盡）。盛益盈盡皆从皿得形义。《说文》释盛（、）为“黍稷在器中以祀也。从皿，成声”。马叙伦称古文有“食粥于盛”和“共白盛之蜃”语，可证盛为器名。李孝定认为盛有满义，与益同义。有象水外溢形的甲文盛。盛为形声字，益为会意字。

《说文》释益（、）为“饶也。从水皿，皿，益之意也”。林义光认为初文益字象皿中盛物，皿上有物溢出之形。溢出者为益溢。罗振玉认为益像皿水溢出之状。高田忠周认为水在皿上为益，水在皿旁为洫。陈邦福认为益公钟之益公为楚国人，益稽或为益公后人。唐兰认为益公非周初人，应为共王、懿王时的人。马叙伦认为（《说文》字序中）益下为盈字，盈益为同音转注字。盈训“满器”与溢训“器满”同。丁福保称汉武帝时的侯国益在山东寿光县境内，今为益都。闻一多认为易锡予均接近加义，故益可假借为易，易益音同义通。杨树达称镒为量器，郑玄云“二十两曰溢，为米一升二十四分升之一”，王肃云“满手曰溢”，《小雅》云“一手之盛谓之溢”。益从水在皿上，有器满义。溢再从水，溢为后起字。许慎训溢为器满，训益为饶，属于初形得后义，后形得初义。意即前后顺序混了。李孝定认为益从水在皿上一说很值得怀疑，皿上字符“𠂇”未必是水，孙诒让所言“水半见”很勉强。

《说文》释盈为“器满也。从皿夃（ying 音）”。叶玉森认为古盈字或象皿中有水、水满瓜浮形。《说文》释夃为“秦以市贾多得为夃”，夃从夊从乃省。马叙伦认为盈借夃得声，许慎所言“秦以市贾多得为夃”乃借夃为赢。夃赢属同音转注，夃过为双声转注。谷衍奎认为夃所从省文乃，为乳房侧视形，夃会意奶水充盈自动流出，今俗称“奶惊”。夃所从夊有流动义。《说文》释尽（盡）为“器中空也。从皿”。罗振玉认为盡象洗涤餐器形，因食物吃完、餐器被洗而获得盡义。于豪亮认为居延简“四月盡六月”意同从四月到六月止，盡同止。戴家祥认为盡从皿从古文㶳（从聿在火上），㶳有完和空义。

聿应是笔的来源（见“第 3.3 节”释律聿），笔者认为火上之聿非笔，而是某种可以书写的植物（竹管、弗）。盡所从聿也不是为了书写，而是如同燃香一般地用于计时或祭祀。被点燃的聿燃烧完毕则表明时间已盡，火上之聿则化为灰㶳。盡㶳从禁今敬得音义，盡㶳禁今敬音同义通。另，盡与白昼之昼（晝）字形相通，晝来源于立木测日影，以定白天时辰（见“第 2.4 节”释昼）。盡和晝所从聿当属同源物，晝所从聿甚或效法于盡所从聿。将晝所从日、地（一）替换成火、皿即为盡。日与火、地与皿呈一一对应关系。盛益盈三字则与饭食有关。将鼎中食物分到皿中为成为盛。甲文盛像皿中有食物，右旁加成为声符，表明分食已成。《说文》释盛为“黍稷在器中以祀”，或表明先民们在用饭之前先要举行祭祀。益字上从𠂇，下从皿，中为皿中食物——如同盛字中的食物。益的字义当来源于字符𠂇，指向最新添加到皿中的食物。益为指事字，指事甲文益上部字符𠂇为新添加的食物，并获得益和加义。益加水为溢，或同盈有关。盈所从皿中非普通食物，而是人子食用的奶汁，盈从人壬妊得音义。益后引申出利益之益，同样来源于字符丷。丷以下可视为他物或他人自身的完满，唯有多出来的丷才是自己应得的利益，可以合法取走。

利（）《说文》释为“銛（gua 音）也。从刀。和然后利，从和省。易曰‘利者，义之和也’”。从《易经》说利，释义晦涩。俞樾认为利本义谓土地所出者，莫重于禾。以刀割禾，利无大于此。罗振玉认为利非从和省，或为犁字的初文。吴大澂认为有不从刀的异体利，也有从工从刺的古文利。林义光认为“刀和”与刀利异义。利本义为赢，从刀刈禾。高田忠周认为和为龢的假借字，和龢省文皆作禾，禾本有调龢义。古文利从勿，勿为刀字繁文。徐中舒认为古文利从力（形有变），刀为力的省形。利从力得音。商承祚认为甲文利从刀割禾，所从彡为禾的皮屑，以示刀锋利。马叙伦认为利由犁田之犁省文而来。戴家祥认为古文𥝢象犁端形，加旁从禾，其义为耕。也可写作从黍从刀形。从黍与从禾同义。

笔者认为许慎所言“和然后利”恰如益字的写照，物自身和满后多出来的才是益。益所从皿中物表征的物自身完满，转化为利所从刀表征的人与物和，“和然后利”义便在利字中再次呈现。益所从丷恰如利所从刀，刀所割取的东西正是益上之丷，也即利所表征的“和然后”之物。

刀从人匕而来，先天携带有华夏先民人与外物相和谐的哲学精神（见“4.3 节”释力刀）。益与利来源于不同的生活现场，却指向共同的生活目标：人从自然中、从对他物的劳作中获得奖赏，也即获得利益。益为具象的利，利成为抽象的益——将具象的益抽象化后即为利。后来利益连读连用，恰因为利和益之间“前置”有内在联系，背后则是中华哲学精神使然。

先民之间的利益转移和交换关系最初被记录于筹策类（见“第 2.5 节”释策筹契），后记录于贝（、）。《说文》释贝为“海介虫也”，义即海中带甲壳的生物即贝类。马昂认为古时货币“范金为之”即铸成金币，其形象贝。史称古人货贝而宝龟，周改用泉，秦废贝而行钱，则未必属实。贝为半、两二字合文，半两为贝，两贝为朋，两贝合朋为两。高田忠周称古籍有“古文以贝为鼎，籀文以鼎为贝”说，一说古文以贞为鼎，一说贞字鼎声。董作宾认为殷卜辞语“贞土方不贝”及“贞牧子不贝”之贝非朋贝本义，而是用为动词，有藏义。李孝定认为用为动词的贝当读为败，败从贝得音。冯耀堂认为楚国以金币为主币，铸成龟壳样式，铜币为辅币，铸成贝壳形。临泉县发现“一贝”二字铜钱，可证朱活所言楚币“蚁鼻钱”或为“一贝钱”音转之说属实。

笔者认为贝因从蜃而来，方为先民所选。玄鸟入海化为蜃，经鲧禹神话催生出“玄鸟—蜃—鱼—蠵—陆地”组成的进化链条（见“第 1.8 节”释鲧）。蜃贝用于农事则为辰（见“第 2.4 节”释辰）。蜃贝天生具有神性力量，并通过其炫目迷人的色彩纹理得以强化。又因蜃贝外形同女阴相似，成为最早的食匕，或许还是刀最初的物理来源（见“第 4.3 节”释刀）。先民手中的贝币刀币铜币，因蜃贝连为一体。贝币之所以有价值，是因为贝及其交换来的物能为人所用。贝或许还是最初的煮食之器、重要的占卜之器、刻录占卜结果的载体（见“第 5.4 节”释贞真）。

货贝今天生产在温暖的热带海域，如南海。但新石器中后期的黄河上中游遗址中发掘有货贝，专家倾向于认为是经东海北上传入。笔者推测或因当时气候温润，货贝自己进入黄淮地区，玄鸟入海（入淮）化蜃传说或可为旁证。后因进入干冷期，货贝退至南海。

用（、）《说文》释为“可施行也。从卜，从中”。义即卜中为用。徐铉注为“卜中乃可用”。刘心源认为用从卜凡，凡亦声。孙诒让

认为甲文中“丁酉贝用”及“贝用”等句中的用，象是取卜中之义，卜辞中与贞同时出现。叶玉森认为甲文用象置干竿于架，有事则用，用有备义。余永梁认为用象盛物器形，插矢于用中为用。庸像两手捧干于用中。本义当为用具之用。方国瑜认为甲金文中的用字很多，大体三直，而交横则不一，可见不从“卜中”。《说文》释牖“穿壁以木为交窗”，用字象穿壁以木交窗形，用为牖的本字无疑。用牖古不同音，当为双声字。商承祚认为用字像龟甲，合乎占卜乃用是其本义。吴其昌认为用象牛栏形，拴系牛牲，如占卜可用，即用牛于祭祀。屈万里称《春秋》有用人于亳社之用的记载，用即“用以为牲以祭”义。卜辞中有同样用法。陈邦福认为贞卜以决凶吉为用字本义。马叙伦认为用为墉字初文。杨树达认为用即桶字初文。徐中舒认为用象在牛肩胛骨上占卜之形，巫师可立决凶吉。一说用为杀牲通称，人和牲畜无别。于省吾认为用字初文象甬（今作桶）形，用甬本是一字。戴家祥认为用和庸声同义通。

笔者认为当结合卜字理解用及用部的甬甫庸。卜初义表征卜者以自己身体为卜具向四方仆射而去，依仆射结果选择前方道路（见“第3.4节”释卜）。用字初文正是前方各条“道路”的刻画和象形，但没有一条是人已经走过的路，而是由山势、林地、河道呈现出来的看上去有可能走通的路，周围全是漫无边际的原始森林。关于这些可能之路的图形，或许是行走在最前方拿着十字尺的士们共同绘制出来的。现在这些可能的路呈现在卜者的面前，此即用字的初形，卜者要用身体为卜具，在上面选择一条出路来。通过一系列复杂的仪式之后，卜者身体最终与某条道路相吻合（卜中），呈现为甲文用字当中的某一条竖画线，表明该条路径可用。至此，用字得以完整地被说出。如何用？我们来看甬甫庸等字。

《说文》释甬（甬、甬）为“舌也。象形，舌体马（han音）。从马，马亦声”。吴大澂认为甬为古圅（han 音）字，圅字重读即臽，怀疑圅臽函古文为一字。刘心源认为古刻圅臽自通，圅姓臽姓不必一族。王国维称古人盛放箭矢有两种器物，射时所用的为箙，箭杆半露于外以便取用；藏矢所用者为函，箭矢全藏于函中；两器箭头均朝下放置。甬初文象箭函形。一说甬为口中肉。

《说文》释马为“象草木之华未发圅然”，意通菡萏之菡。华即花，马即菡萏，俗称花骨朵。林义光认为马象舌又象颐，颐谓之颔，古文颐或为马。马音同函，疑为一字。马叙伦认为花骨朵又称花乳头，乳母含马诸字音通。何琳仪称战国文字中从马谐声字很多，（因字形相近）旧释马为乙巳户等。

笔者认为马所表征的是天干与地支相结合的未发形态。马字上部笔画フ为天干乙的省形，下部ㄣ为地支一的变形。天干与地支作用合而未发即为马，义通含圅函颔。人的颐部即下巴，如同天干地支结合之处，因而称为颔。甬字上部从马省形，下部从用。借用干支结合之马，表征卜者与道路的契合（中）。甬所从马当是用的继续，甬在用的基础上标志出一条未来需开辟的道路来。从事这项工作的可能是士中的甬者，在围猎现场他们则是手持利力冲在最前面的勇者。王带领下的游牧队伍，已正式决定从马所指示的方向上向前挺进。接着出场的是率斧伐柯开路的父（见“第 1.7 节”释父），父此时的工作就是甫，甫从用父声。父甫的工作依旧是伐柯开路。和过去普通开路不同的是，此时此处是未来之路的崭新开始，甫因而有开端义，俗称“甫一开始”。从事甫这项工作的还是父，依旧是游牧队伍中的美男子。甫的目标是要让游牧队伍中的车辆能顺利通过，甫加车为辅，有辅助义。一说甲文甫从田，或表明在甫之前，在甬所标志的方向上刚刚完成过一次焚田而猎，既补充了食物，又驱逐了可能藏匿的猛兽，保证了族人的安全。甫加囗（wei 音，义同围）为圃，或意味着先民离开前又在畋猎过的空地上补种上植物幼株。在前进的路途上，华夏先民们始终怀有对大自然的敬意。倘若第二年他们再次路过此地，或许看到幼株已经成活，即为庸。庸从用从庚，所庚续的正是去年的幼林。幼林不算高大，只能算是平庸。先民们已经熟知这条道路了，便决定继续使用它，庸因而又有了用义。中华哲学的中庸思想，在这里得以获得初形。其精神种子则孕育在王“中”现场（见“第 1.5 节”释中）。不无遗憾的是，中庸思想被后来的俗儒们严重误读。

𢎘音或从干音转而来，用音或从乳甬音转而来。倘若没有用之突破，游牧队伍如同虫蛹，不能破茧而出；一旦用获得突破，其突破点便成为𢎘，如同婴儿含奶而食，用甬则如同人乳。𢎘含函音义可通，用甬乳音义可通。

物之大用莫过于衣食住行。衣与行见前文。《说文》无住字，有居字。住为后出字，义为停止。居初义为箕踞之踞，前文已提及。和居住有关的有屋室余舍等字，余舍已述，屋和室均从至得形义。至初义为人子到来。屋所从尸应为产妇之体，即匕母生母之身，屋初义为产房，也即人子出生之屋。一说屋字从厂，厂为房屋。屋从神鸟乌得音。室所从宀为房子。室从是氏得音，或表明人子已通过射礼，确认为氏族中人，归于室内集中喂养。与住居有关的古文字还有很多，这里略去不论。下面来看食字。

食（、）《说文》释为“一米也。从皀（bi 音），亼声。或说亼皀也”。林义光认为食从亼倒扣在（餐具）皀上，皀盛有熟食，食字象人就食之形。董作宾称大食、小食时间当在大采之前、小采之后，古人一日两餐，早餐也叫朝食、早食、食时，即卜辞中的“大食”。晚餐也叫夕食，即卜辞中的“小食”。严一萍认为卜辞中的“食日”义为时间，在“旦”（早晨）和“中日”（中午）之间。陈邦怀认为“食日”即食时，

也即用餐时间。曹锦炎认为卜辞对于一天各个时间段都有专名，食日是其中之一。

《说文》释皀（、）为“谷之馨香也。象嘉谷在裹中之形”。一说皀有一粒义。戴家祥疑皀为古人盛饭之器，字本象形。严章福认为皀为饮食正字，食为米粒正字（正字即本字）。马叙伦认为皀食一字，初以皀为饮食字。姚孝遂认为皀为簋（gui 音）字初文，象形食物在簋中，与香字无涉。

今天的安徽安庆方言中，持匙舀汤为滗（bi 音）汤，读音同皀，俗称把汤滗出来。笔者推测持匕舀汤为滗，持匕盛饭为皀。匕最初或为较大的蜃贝，食物从釜鼎盛出来后，个人可直接就蜃贝而食，如同饭碗。甲文皀最初象蜃贝中盛有食物形。皀从匕得音。食所从皀为盛有熟食的餐具，当从最初的蜃贝而来，诸家所言簋或为其中之一。食所从亼有相合义，人之口同食物相合，即为食。食古音同亼。甲文即从皀从卩，象人就食之形，卩表征就食之人，即有就义。甲文既从皀从旡，《说文》释既为“小食”，一说食毕为既。所从旡为用餐之人。旡与卩可视为同一个人，只是出现在不同的时刻、呈现出不同的面相而已。笔者认为既当从小食得义，义为全天用餐结束，而非一餐饭的结束。与之相关的事实是，食读音同祭同祀，食祀是氏音同义通，先民通过就食行为或表明自己一直“是”在氏族队伍中。食祭即既音同义通，食与祭、食器与祭器因此而相通。食事矢氏是祀诸字音同义通，它们全都表征连接行为，被连接者得以建立起一致关系。

人进食如甘（、），《说文》释甘为“美也。从口含一，一，道也”。口含美味即甘。俞樾认为甘初义为含，甘所从一为口所含物。马叙伦认为甘为含的初文，雨虽止而未放晴谓之“甘雨”，空气中含有大量水分足以润物。于省吾认为甘口初本同名，甘字训美见于周代典籍。

口中加一为甘，有别于口，以口为声（甘口双声）。章炳麟认为甘所含一为道为覃，也即“长味”。杨树达从章说，认为甘所从一就是味，属确定而无形之物。

笔者认为甘从干得音义，对天干的接收与吸纳即为甘为含为马函，甘与干相对成文相对得义。甘加土为坩埚之坩，同样有含义。含马从干甘音转而来，含马凾函和干甘坩音同义通。甘非味，是因为甘所从口不知味。知味者为舌，甘遇舌而有甜，甜才是味。甘从甜得味义，当属于后出的引申义。甘后来又从含义中引申出合义，甘心之甘有合义。

人因食而养，繁体作養（、），《说文》释为“供养”，从食，羊声。高田忠周认为有从羊从攴的古文养，义为养羊。造字意图与（从牛从攴的）牧字相同，牧义为放牛。（羊得草食为养）人得饮食为飤（si音），食读如飤音，食飤本有养义。杨树达认为先民以羊肉为主食，养从羊得声。羌从羊从人，或为汉族西来（与“非洲起源”说有关）的旁证。于豪亮认为古代军中“养卒”为炊事人员，居延汉简中的“吏养”或在“办护诸门”担任守卫工作。徐中舒认为古文牧养羖为同源字。養所从羊（、）《说文》释为“祥”，象形羊头角足尾。罗振玉认为羊的变体最多，皆为象形。王襄认为羊初文象羊角四足形，不论如何省文或变化，羊角始终存在。马叙伦认为羊祥为叠韵之训。笔者认为芈（mi音）和羊均来源于羊的鸣叫声。将开口响亮的羊同吉祥之祥相联系，将撮口涩音的芈归于羊的“自鸣”，或蕴含有华夏先民对声音的特殊理解和偏好。養从食，获得氏是飤义；養羊声，获得吉祥之祥义；养因同于氏族而获得吉祥义。

第五章　精致的心灵

对任何一种语言来说，如何谈论心灵话题都特别值得关注，背后也一定蕴含有各语族对心灵、世界、生活的独特理解。按照殷商人玄鸟命灵和空桑木母的原始意识，人之所以有心灵是因为十天干（命灵）先天设置的，其最初的来源则是非洲故园上空的帝神。帝神所主导的心灵观和西方哲学中的奴斯（nous）及逻各斯（logos）等观念当相差不远。有所不同的是，华夏大地上空的帝神后来逐渐隐退，同时将来源于帝神的奴斯（nous）及逻各斯（logos）降落为地面上的万物有灵。心灵最初或来源于帝神，但现在却为万物所分享，便有了从千从心的古文仁（见“第1.6节”释仁），万物连同人的生活世界以一种不同于帝神的形式接续为整体。人对世界的认知，不再是因为上帝，而是因为万物有灵，获得了广泛可能。

和西方先民有所不同的是，华夏先民并不十分热衷于谈论玄之又玄的神秘心灵，他们更愿意谈论在目与见中万物呈现出不同的相来，耳鼻口心诸字似乎推开了放万物进入心灵中的大门，人之口通过言说描绘出语言中的世界，如葱头一样敏感的思绪触针（心）帮助先民探知生活意义，礼器之玉帮助先民实现天地通灵，先后飘扬的图腾旗带领不同氏族的先民们走向未来，人的死亡被视为命灵的归去，在天地之间劳作的人依旧是任重道远。心灵最终在生活中被说出。

讨论完心灵话题，本书的任务也就暂告结束了。

5.1. 目与眼：万物呈相

——“目、眼、眉、省、视、觉、相、皃、色、督、盲”及其他

心灵虽然难见，但眼神可以观察。在华夏先民看来，如将人比之于草木，则心灵如根柢，人目如枝叶，眼则隐身在目的后面，与心灵相通。

目（、）《说文》释为“人眼也。象形。重童子也”。童子即瞳子，重瞳子即两个眼珠子。孙海波认为卜辞目作横目，臣作竖目，二形无差别，古文当是一字。相或从目或从臣。章炳麟认为《说文》无眸字，眸有冒义，眸即目字。马叙伦认为目本字作横，用作偏旁作竖。《说文》释眼为“目也。从目，艮声”。马叙伦认为目眼古音同为边音，属转注字。《说文》无睛字。《玉篇》释睛为“目珠子”，俗称眼珠子。睛从目青声，《说文》释青（）为“东方色也。木生火，从生丹。丹青之信言必然也”。义即草木青色。林义光认为草木之生其色青也，青从井得声。高田忠周认为许慎所谓信若丹青，言相生之理必然。徐灏认为许慎以青代东方之木，以木生火为文，以丹代火，便有“生丹为青”这类迂曲之辞。马叙伦认为青为丹的转注字，同为舌尖前破裂音。青即颜色之色本字。戴侗认为石之青绿者为青。凡产于石者皆谓之丹，《大荒西经》记有白丹青丹。

三星堆出土的青铜面具（来源：网络）中，夸张的纵目或蕴含着华夏先民对“眼目”的独特理解。朱大可在《华夏上古神系》中称之为“眼睛巫术”。刘明武、马德清等认为彝族文化可揭开三星堆之谜。

笔者认为戴说可采信，青初义为青色丹石，后引申出青色义。草出于土上为生（见“第 4.4 节”释生），“从生丹”的青（即青丹）因“生”字指向初生之草的颜色。许慎所言附会阴阳家语，属衍生义。人之目从木得音义，木有冒义，眸有冒义，目如木冒则为眸为目。眼所从艮，为眼目之根（即人的心灵）。一说鼻如山根，则鼻属于人的外露之根，非心灵之柢根。心灵如艮根，眼目如木叶，根木一体而知世界。于华夏先民而言，眼与目像是两个器官，来源不同（目从木冒而来，眼从目艮而来），分工有异（目通向世界，眼通向心灵），但最终连接为一体。眼目合体，不仅呈现出心灵窗户，还向世界伸张出心灵触角，因目光外冒而见外物。目眼所外冒的正是眼神目光，其中眼底为青色，眼珠周边间有丹色，合称“丹青”。眼目之光如火如镜，如同眼触角伸向远方的触须。因清澈无邪，所以“信言必然”。“心灵之根柢——触角之眼目——触须之睛（丹青）”这样一组人观看世界的链条，在目眼木睛诸字中被说出。该链条上可见的正是许慎所言的“丹青”也即眼神目光。孙诒让认为古文“页”和“首”皆从目。一说面字也从目，今文连读面目。笔者认为：如将头首颜面视为个体立足于世界中的旗帜，目眼则是其生命旗帜上的标志物。其背后的哲学意味深远悠长。

眉（、、）《说文》释为“目上毛也。从目象眉之形。上象额理也”。吴大澂认为“田眉”即“田湄”，水草之交曰湄，湄与眉通。孙诒让认为古人或掘地为沟渠，或封土为埒埒（lie 音），以分田定界，即成田眉。王国维认为眉为“夨所散地之大名”，古语“正眉夨舍散田”，筑郿一作筑微，眉微二字可通。（笔者按：“夨所散地”义同分田定界。）马叙伦认为眉字初文同微。陈梦家认为海眉之眉与湄微皆指水边的通谷或厓岸，海眉即海隅海滨。高鸿缙认为有寿者未必眉长，旧说眉长为寿不确。杨树达认为卜辞“湄日”即弥日，弥日即终日，借湄为弥。眉寿即满寿的意思。笔者按湄因是田尽之处而有弥义和满义。李孝定认为金文中美与眉可通用。笔者认为眉美可通当与殷人黥额习俗有关，相应的图腾符号借用神性颜料刻画于眉骨之间，则为眉、为彦颜、为燕雁，也为美（见“第 5.4 节”释美眉）。如将目比喻为个体生命旗帜的标志物，眉则天然成为标志物的纹饰图案，因而与美可通；眉同时又将眼同周边区隔开来，因而获得界线义。视眉毛如草木，视眼睛如水面，则“水草之交”义可通过眉湄被说出。

目用则为省、为视、为见。《说文》释省（、、、）为“视也。从眉省，从中”。徐铉注：中通识也。（笔者按：古人或赋予眉目上中以识义，或因见眉毛（中）动而知省者有所识，因有识而谓省。）古文省从少从囧。刘心源认为古刻省眚（sheng 音）为一字，小篆分为二。眚专指“目病生翳”。商承祚认为古有眚无省，省由眚生。闻一多认为卜辞凡言省有“周行而省视”之义即循义，观辞言“往省”“出省”之多便知。古文省从丨从目，象目光所注之形。于省吾认为省与监、临同训。《说文》释视（）为“瞻也。从见示”。古文作眂。陈邦怀认为卜辞中有从示在目上的古文视。商承祚认为古文视从目从氏非从氏，从氏则形义不通。马叙伦认为眂从氏得声，示氏音同，眂转注为视。氏也从氏

得声。徐中舒认为从氏和从氐的诸字，在战国前后期已相互通用，氏氐所在的支脂二韵早已可通。《说文》释见（、）为“视也。从目，从儿”。商承祚认为卜辞中目平视为见，目举视为望，绝不相混。张桂光认为甲文望见两字的分别，不在目的竖与横，而在人的立与跪。王筠认为目儿（见）为看人。马叙伦认为艮见同字，艮为眼字的初文。

笔者认为省所从屮初为眉毛，因眉毛一动而知省者有识，眉毛屮进而与目光可通，成为无形之屮。眉目所伸展出去的触须目光，在省字中化身为屮形，因而该屮有徐铉所说的识义。倘若该屮属于有形物，则为眚字。省眚同源于“从屮从眉省”，因屮或无物形或有物形而义殊。无形物之屮若动则为省，省有识义和巡视义。有形物之屮若动则为眚，眚后来专指眼疾。视或从示或从氏或从氐，三者可通。示为祭神架上的神主，氏为氏族根氐，氐为氏族所是，均表明人之所以能见都与氏族神祇有关。艮为眼之初文，或表明人之根柢在人元（页、头），不在人足。背后的寓意是人的命灵来自于玄鸟，其精神营养与帝神与先人可通。人之止立于大地，立足于氏族队伍之中，但足非人之根柢。人之止同草之止，所同的只是位置和形态。不同的则是人之止非人的根柢，草之止则是草的根址。人因此和草木不同。眡所从氐和眼所从艮，属于同一人的根柢，视和眼因此可通。见所从儿或为小儿，或为他族之人，见有召见和被见义，且因被见而现身——见现古文一字。

视俗称看，《说文》释看为“睎（xi 音）之从手下目”。《说文》释睎为“望也。从目，稀声省”。桂馥认为稀声省当作希声。《说文》无希字。谷衍奎认为希初义指麻布织得不密。马叙伦称今永嘉瑞安谓看曰睎。许慎所言“从手下目”无义。因物不清，手遮目看之，为俗说。看与睎、看与眷为转注字。古文看从目倝（gan 音）声。《说文》释倝（、）为“日始出光倝倝也”。谷衍奎认为倝字会太阳初升如旗帜飘动意。笔者认为倝初文或表征日出时分，因水汽上升导致地平线上所看景象呈旗帜飘动幻影，被先民视为天干作用的神迹，故乾坤之乾从倝得声（见“第 2.7 节”释乾）。从目倝声的古文看有望远义，或指向神奇的天干作用。看所从手，当为指向事物之手，背后是人的意向性。以手遮目当为以手指物的特殊形式，或因遥远或因神圣不可妄指，改为以手遮目。《说文》以望释睎、以睎释看，看睎望三字意义可通，虽然字形来源有异。

与视看望义近的有观，繁体写作觀。《说文》释觀为“谛视也。从见，雚（guan 音）声”，古文觀从囧。谷衍奎认为雚即睁目状的猫头鹰，觀初义表征有目的观察，如同猫头鹰搜索猎物那样。马叙伦认为觀矔音同，当为一字。今训矔为目多精，疑有伪变。笔者推测雚或被殷商先民认为神鸟之一。雚声从欠为歡（简体作欢），即欢乐义。雚声从木为權（简体作权），權初义为黄华木。因黄华木可做秤杆，而引申出權衡之權义，进而引申出權变之權和權力之權义。人眼如像猫头鹰（雚）那样地搜索目标（见），即为觀。故许慎释觀为“谛视”，谷衍奎释觀为有目的地观察。猫头鹰后被视为不祥之鸟，或许同周人污名殷商文化、消除殷商文化记忆的基本政策有关。

因视看望观而有觉，繁体作覺，《说文》释覺为“寤也。从见，学声省。一曰发也”。段玉裁认为寤当作悟。马叙伦认为“一曰发也”当作“发见也”。睡时目合有明为不发，目开有见为寤，发见和寤实为一义。《说文》释悟为“觉也。从心，吾声”。

笔者认为覺初义与其“学声省”有关，悟初义与其“吾声”有关。冂（tong 音）下之子跟随长者示范有所体悟，即为学（见“第 3.5 节”释教学）。学习的人对其所见（如长者示范）有所内得，方为覺。觉的途径重在见（从见）和学（学声省）。悟则有所不同，悟所从“吾声”之吾既指向第一人称我，更指向我的言说。我在我的言说中思有所得，即为悟。悟的途径重在言说（吾声）和思考（从心）。后覺悟连用，初义之间的区别被忽略。

相《说文》释为“省视也。从目，从木。《易》曰地可观者莫可观于木。《诗》曰相鼠有皮”。义同相见之相，初文所相者为木。动词。吴大澂认为古相字初文表征“十目所视”，上为十，下为目。罗振玉认为“十目”之十或为木之省。笔者认为可采信。林义光认为从木非取其可观，凡木为材，须相度而后可用。高田忠周认为木有形可观，故可观之形谓之相，一说假相为像。郭沫若认为相初文象眉目之形，为相貌字的初构。马叙伦认为相从杨得声。杨树达认为目视木成相，目为主视者，能名。木为被视之物，所名。于豪亮认为古铭文“王后左相室”句中的“相室”应是家相、室老、家老的异名，含义完全相同。但不能以相国或女人释之。

笔者认为应结合木目冒音同义通释相。目有冒义，木也有冒义，目与木因外冒而遇，因有遇而成相。目遇木的动作，为许慎所言的“省视”之相，动词。木遇目而呈相，为物相之相，名词。目之冒与木之冒的不同是，木冒出地面，目则冒向生活世界的任一角落，理论上可无处不在。无论动词还是名词，相均有对接和互动义，因人与世界的互动、对接而有相——此即理解相字的关键所在。相字初文，非吴大澂所言的“十目所视”，依旧是木与目对接，误认的“十”应为木之省——如罗振玉所言。目与木遇，既非林义光所言的“相度”取材，也非高田忠周所言的“有形可观”，更非郭沫若所言的“象眉目之形”，而是人之目与世界的相遇。相所从目，其后有人；相所从木，代表世界。杨树达所言的“目视木”成相可采信，需要补充的只是木因外冒而被目所视所相。

物相也写作物像或物象。《说文》释像为“象也。从人，从象，象亦声。读若养”。刘秀生认为象养声同唐部，故像从象得声读若养。马叙伦认为像即式样之式的本字，式样即似像的引申义，像似为同声转注字。韩非语“象，南方之大兽。中国人不识，但见其画，故言图写似之为象”。段玉裁则直接释像为似，认为韩非以前或只有象字，无像字。小篆有像字，致使许慎不以象释似，而以象释像。徐灏认为古无像字，假象为之。严一萍认为象为本字，孳乳为像，段玉裁改《说文》的“象也”为“似也”，可从。

笔者认为像似为（為）相四字的造字意图相通，像象相音同义通。像和似所从人，与為所从爪、相所从目相通，最终都指向人；像所从象、似所从以、為所从象（為从爪下有象）与相所从木相通，最终都指向物。均表征在人与物的相遇中有像有相有似有為。另一个重要事实应当是，中原地区原本是有大象的，它们是殷商军队的战略力量（见“第 4.1 节”释象豫为），或许是因气候变冷及环境破坏等因素被迫退往南方——殷商象军遭遇了毁灭性的打击。随着周人农耕文明的逐步深入，象也就永远地告别了中原地区，象所依赖的森林环境不复存在。可参阅《大象的退却：一部中国环境史》（伊懋可著，梅雪芹、毛利霞、王玉山译，江苏人民出版社，2014 年版）一书。相有互动义，如相互；有辅助义，如家相及后来的宰相。笔者推测相字的互动义当从象在围卫中的脚步（舛、彳亍）和队形（见“第 4.1 节”释韦围卫）而来，相字的辅助义当从象为人所役使的关系而来，由此可推相的读音当从象而来。只是在造字之初，象用于物象、卦象及世间万象，相用于林木之相和人的面相（于殷商人而言，木母可通，人与人可通）以及人与世界的相互关系。两者虽有广泛联系，也蕴含有众多的微妙差异。读者可自行揣摩其中余味。

动物的面相叫貌，今文连读面貌。《说文》无貌有皃（、），释皃为“颂仪也。从人白，象人面形”。异文貌或从页，豹声省。籀文貌从皃豹声省。皃读如貌音，和兒（简体作儿）有别。马叙伦认为皃“从人，

白声”（非从人白），读音莫教切（貌音），校对者不知音理，妄删声字，改为“象人面形”，不理解《说文》有面字。皃为首的转注字。貌从豸（zhi 音）皃声，即古猫字。豸即豹字的初文，苗与皃音通。笔者认为人面称皃，兽面称貌。皃如马叙伦所言“从人，白声”，皃所从“白声”之白有言说义，人因为言说而被识别。皃从白得声，言说决定了人的面相；皃与冒或音通，因言说外冒而有形皃（与目光因外冒而得相有所不同）。皃旁加豸即为貌，初义或泛指神兽的面貌，未必局限于马叙伦所言的猫豹。豸和犬的区别在于：豸有神性，或源于周人虎豹崇拜；犬通人性，当源于殷人的狩猎生活。在华夏先民意识中，人与鸟兽虫鱼及草木皆可通。考察皃字初义，可见华夏先民对语言的高度重视，人在言说中有皃。人因见象相而有觉，听言语而有悟，人之皃则成为言语和象相的复合体，人的眼目与耳与心的联系得以贯通。动物之貌则成为物象（相）同物“其鸣自呼”的复合体。

物象呈现出形形色色。《说文》释形为“象形也。从彡（san 音），幵（通常读 ji 音，此处当读 jing 音如井）声”。吴颖芳认为许说“象形”应作“形象”。桂馥认为幵声应读井声，有“从彡井声”的异体形。王筠认为形字初义表征图画动作，形先有“动字”后为“静字”。马叙伦认为井幵古音可通，井声幵声皆可。形容之形，本字为颂。形颂音同，故借形为颂。

笔者认为形之所以井声幵声皆可，是因为井幵同在。幵为房屋立柱上架有横木的木制结构，井指八家田亩屋宅围绕公田而设呈现井字形（见“第 3.3 节”释刑幵）。彡有连续纹饰义，此处应为王筠所言的图画动作。华夏先民无论是在房屋幵字结构上连续添加，还是在井田中连续劳作，都会呈现出对应的形来。其哲学意味是，人在对世界的劳作中连续赋形与物即为形，被劳作之物则呈现出相应的物形来。

色（、色）《说文》释为“颜气也。从人，从卪”。林义光认为从人卪不能得色义，卪也是人字。色字象二人，其造字意图和比字尼字相同。色初义或是在相比中见美色。一说色字会置人于膝上意，色当以美色为本义。马叙伦认为上述两说不通。色当表征男女交媾之义，从人在人上（交媾）。另有甲文异体色，为男女两生殖器的合形。杨树达认为卪假借为节，人的节概面容外见于颜色，故色从人卪。徐中舒认为色卲一字，绝绍也为一字，绍训继，绝训断，属于一字有正反二训的例子（色为绝的初文）。许慎所言的从人，实为从刀之误。

笔者认为如能结合即字理解色字，或许能明白许慎所言可取。甲文即从皀（bi 音）从卩，象人就食之形，即所从皀为餐具（匕）所盛食物（见“第 4.9 节”释即）。卩 卪一字，读如节音。即所从卩和色所从卪可以是同一个人，只是所面对的对象不同。卩面对的是食物（皀），卪面对的是另一个人的“颜气”。色字初义表征一个人（卪）欣赏另一个人（卪上之人）的颜气美色，此美色也未必限于女色。确实美得惊艳，欣赏者只得仰视。今文气色连用，正暗合色字初义。值得注意的是，许说“颜气”应分成两个部分：人特有的颜，人和物皆有的气。此气为物之云气，而非人的命氣（见“第 4.3 节”释气氣）。背后蕴含有华夏先民对色气关系的理解：万物（连同人）因气而生色；气足，则色泽饱满；气亏，则色泽灰暗。成语秀色可餐，反映出色即两字在造字意图上的相通之处。表征颜色的古汉字其颜色义都是从其初义中引申出来的，黄红青蓝黑白皆如此。最早与颜色有关的汉字中或许有玄黄二字，也即天玄地黄。色字读音或从泽啬濇而来。林有光为灵，水有光为泽，《说文》释泽为“光润”，今文色泽连用。禾在田上没有被水冲走为穑，《说文》释啬为“爱濇”，释濇为“不滑”，义同涩。命灵神秘莫测；光泽虽透明可见，但依旧流动；色虽由气而生，但已固定于一处，如同禾苗之啬一样，入水

（濇）依旧不滑。由此可推色当从啬濇得音，从光泽得义，人体生动之气集于颜面则为色。灵气泽色虽各有边界，又相互可通。

人和物的形色均有淑邪之分，因而需要督，《说文》释督为“察也。一曰目痛也。从目，叔声”。马叙伦认为督从叔得声，叔从尗（shu 音）得声。察与督为转注字。于省吾认为汉印、汉碑督字从日，不从目。虽省去数点，犹不背于初文。笔者认为理解督字初义的关键是“叔声”，叔初义表征依据射矢结果以决断争讼，无罪即为叔为淑。尗由上和小两字合体而成，所从上或为淑，所从小或为不淑，加又（或寸）为叔，意即通过射礼（又或寸）判当事人有罪无罪（另见“第 3.6 节”释叔）。督当是对这场射礼活动进行裁判的行为（及裁判者）。许慎所言的“一曰目痛”，或为当初的俗语，用今人的话说，看得眼睛都痛。从中可见督的专注与认真。

倘若目不能冒而见物，则为盲为瞽。《说文》释盲为“目无牟子。从目，亡声”。牟即眸，眼珠子。郭沫若认为民盲一字，皆是作一左目形而有刃物以刺之。民字始于周人。周人初以敌囚为奴隶，盲其左目为民。顺服者则用之为臣。臣目竖而明，民目横而盲。秦始皇喜听高渐离的击筑而霍（弄瞎）其目，或为此习俗的遗存。民字作为象形文字，为“三千年来传世之古画”，其可信度为普通文献所不及。笔者认为此说可信，但民字初文同萌，与盲同源的民当属于周人的改造行为，非民字初文（见“第 3.1 节”释民）。马叙伦认为盲本训应为目病，目无牟子应是校语。笔者认为此说有待商榷。高鸿缙认为盲初文象“眸子出眶”形，可为郭说提供佐证。盲所从亡声之亡，义同无。或表征眸子之无，或表征目外冒识物能力已无。目不能冒光，即为目盲。

《说文》释瞽为“目但有眹（zhen 音）也。从目，鼓声”。段玉裁认为眹当作眹，眹从舟，为舟之缝理。引申为凡缝皆曰眹（义即眼眶皮合者为瞽）。马叙伦认为瞽鼓也，目匡（眼眶）平合如鼓皮为瞽。笔者认为瞽者多为乐师，瞽所从鼓声或表征盲人职业。有研究资料表明，视觉失明者会在听觉上得到补偿，因而听觉特别灵敏，这也是古时失明者多从事乐师工作的原因之一。秦始皇弄瞎高渐离眼睛，目的或许正是让其听觉更为灵敏，乐技更加精湛。虽极不人道，却正是当时现实。瞽者"有眹"，或意味着没有完全失明，眼睑尚可微开如缝，眹或兼有缝合并缝隙两义。瞽或有余光，因此与盲者有别。

最为重要的是，盲瞽只与目有关，与眼无关，不伤及眼所从艮根，则意味着失明者并未伤及心灵，失明者与生活世界的连接通道犹存。由此可证华夏先民的乐观豁达与坚韧，足以令今天的我们为之肃然起敬。

5.2. 耳与鼻：心灵开门
——"耳、声、耻、而、联、聘、寧、静、鼻、自、息、和"及其他

如果说眼目是心灵伸向世界的触角，耳鼻则成为世界进入心灵的门户，心灵之门因耳鼻而洞开。尤其值得注意的是，眼目省视万千物象和社会人文，耳除了能倾听万籁之音外，还可善听人的音言（语言），并因此可听政，可成圣，有德于内心。

耳（、）《说文》释为"主听也。象形"。义即听觉器官为耳。林义光认为初文耳象耳及耳窦之形。《古文字诂林》耳下所言不多，似乎也没有学者触及耳字读音。笔者认为要通过古文字了解华夏先民关于人耳的认知，一是需要从闻听（聽）聪耻声（聲）圣（聖）等字的初义中叩问耳的秘密，二是需要从耳字的读音中发掘耳的真相。

耳部的闻聽聖聆职聪前"第1.4节"已述。其相互关系大致可表述为：

闻和聽不同，远闻而近聽，闻物而聽人，因闻而动，因聽而政，因聽有德；上之聖聽对应于下之聆职，上因善聽而成聖，下因善聆而称职；善聽、善聆者皆为聪。下面来看声和耻两字。

声繁体写作聲，《说文》释为“音也。从耳，殸（qing 音）声。殸，籀文磬”。马叙伦认为音即聲音之聲本字，后音转为聲。聲圣为同音转注字。于省吾认为聲字应读作馨，《说文》聲馨都从殸得声。汉碑“耀此聲香”义同“耀此馨香”，《诗经》中的“无聲无臭”也作“无馨无臭”，可见聲与馨古字通。古祭礼中的“馨香”源于黍稷，即以黍稷等粮食制成的牲品。

笔者认为于说可采信。石磬作为古老祭器，在今天的中国农村家祭中犹见其踪影，轻轻叩击数下以通知受祭者享牲或撤牲。馨聲可通，因两者同源，同在祭祀现场，一入鼻一入耳，共同完成与先祖的对话。徐中舒认为聲初文会“叩击悬磬”之意，击磬则空气震动，传于耳获得听感即为聲。可为上说提供旁证。简体声字，来源于当初悬挂的磬，声字右旁加殳为殸，表征人对磬的叩击，殸下加石表征磬为石制。磬读音或来源于石磬的“其鸣自呼”。殸下加耳则为聲，表征磬音入耳为聲。

音源于人的吹乐，与言同源；聲源于对磬的叩击，与馨同源；聲和音均源于乐器，且都与神祖有关。今文聲音连用，泛指生活世界里的一切聲响。其中所蕴含的启示，很值得今天的我们细细品味。

耻（恥）《说文》释为“辱也。从心，耳声”。马叙伦认为辱以声训，辱初文无耻义。耻从耳得声，耳辱音同，故借辱为耻。耻为羞辱之辱本字。陈独秀认为侮辱之言入于耳、惭于心为耻。游顺钊认为耻源于割耳刑法，今人用手指刮面取笑对方“没羞”的行为，或为该刑法的文化遗存。胡广文认为耻当更早起源于割掉战俘耳朵的惩罚，因失耳而耻。笔者认为此说可采信，人失去耳朵如同家宅失去门户。耳从而尔得音，其中隐藏有华夏先民关于人耳的文化秘密。

而（、）《说文》释为“颊毛也。象毛之形。《周礼》曰：作其鳞之而”。林义光认为需耎（ruan 音）从而，皆有下垂义。高田忠周认为而象面毛，为彡之别出形，而为面毛正视之形，彡为侧视形。而字上部一指事鼻下义。马叙伦认为而即须字初文，而古音当读如须，需从而得声。高鸿缙认为而初义为两颊下垂的短毛，后世加义符彡作耏（er 音）。白玉峥认为殷卜辞中的人名“而”当为贞人（占卜师）。于省吾认为而象须形，而与须初本同文，后来加页为须，遂分化为两字。典籍每训而为汝或女，以声为训，故与须通。甲文而用于方国名和地名。

尔繁体写作爾，《说文》释爾为“丽爾犹靡丽也”。从冂，从初文㸚（li 音）。初文㸚（）从二爻。徐同柏认为爾为禰（祢）字省文。高田忠周认为“丽爾”如同爽明（爽朗明亮）义。马叙伦认为爾为络丝架，绍兴称其为月子，月当从爾声转而来。高鸿缙从此说，认为爾简化为尔，加亻为你。意即第二人称你从爾得义。于省吾认为爾呈“华盛貌”，有繁华鲜明之义。谷衍奎认为初文㸚本义指篱笆，且因篱笆之形得稀疏明朗义。意即爾从㸚获得稀疏明朗义。

笔者认为于说“华盛貌”同谷说“稀疏明朗”可通。而与爾音义相近，是因为两字来源可通。而初义为两颊下垂的短毛，本和胡须同源。后须而分离，是因为胡须依旧归于体内，可表述为在身体框架内生长的毛须；而则成为面颊同外部世界同他人之间的界限。爾所从冂初义为院子，借指别人的面颊；爾所从㸚初义为篱笆，借指别人的胡须。而须长在自己的脸上，爾则指向别人（你）。爾可比拟为而在他人院子里的投影，而可表述为爾在自己面颊上的投影。

爾而或从二得音，二而爾音同义通。而和爾将自己面颊（及自家院子）同他人（及别家院子）区隔开来，并因此蕴含有“二”义。如将自己面颊及自家院子表述为“一”，则他人面颊及别家院子可表述为“二”。而二爾站立在不同的位置和角度上，表述着相同相通的事实。而后来作为连词，爾用为第二人称，都与而尔二音同义通有关。

耳在而的后面及旁边。而与耳因区位相邻、地位相当得以音同义通。从另一个方面来看，爾和而既是区隔自己和他人的标志，也是自我通向他人的通路，耳更是直接指向世界，倾听他人倾听世界是人耳的使命。没有人会说用耳朵倾听自己的内心。最值得称谓的是，爾将“华盛貌”送给了你，送给了他人，显示华夏先民对他人和世界的尊重（见“第2.2节”释尔你）。将听觉器官命名为耳（与尔而音同），则同样表达了华夏先民尊重他人和世界的特殊情感。耳字的故事告诉我们，倾听是一件需要高度负责的事情，对所听的对象要充满敬意。

青铜器中的鼎爵盘壶多有耳，等待着被人使用，等待着被世界所关联。联繁体协作聯，《说文》释聯（、聯）为“连也。从耳，耳连于颊也。从丝，丝连不绝也”。林义光认为器物多有耳，欲连则以绳贯其耳，从丝从耳。王筠认为（聯字）合丝于耳又何以有连义？字形难知。叶保民认为有左糸右耳的异体聯，进而推测古人耳饰或用丝。裘锡圭认为聯字或另有佚失的本义。

笔者认为聯或从玄音转而来，聯所从丝当从玄鸟而来（见“第4.8节”释玄丝兹），聯表征的是人耳同玄鸟及神祇之间的关联。耳一端连接面颊，进而连接个体；另一端连接玄鸟之丝，进而同神祇、氏族相连。个体同氏族、神祇之间的聯系因耳得以接通。依此可推，割耳行为就意味着隔断某人同氏族、神祇之间的聯系，等同于将该人从其氏族中除名。割走猎物或敌人左耳为取。取和聯当源于相同的原始意识。

聘《说文》释为“访也。从耳，甹（ping音）声”。马叙伦认为聘为圣和听的转注字。一说聘有问义，“诸侯使大夫问于诸侯曰聘”。《说文》释甹（）为“亟词也。从丂，从由。或曰甹，侠也。三辅谓轻财者曰甹”。所言非初义。林义光认为甹所从由即缶，甹所从丂引之（奏缶），表征使役之事，与卑僕的造字意图相同。高田忠周认为甹本义谓词言，故从丂。马叙伦认为甹从由得声，由转注为缶，缶即当今北方煮食之器曰沙包之包本字。甹即晋人语宁馨之馨，江苏吴语曰那亨。戴家祥认为大甹即大由、大猷，义同大道。

笔者认为甹或为丂的复杂形式。丂初义象形人曲体（勹）对物（一）作呼喊之状，物“一”或实或虚、或为神祖或为人事（见“第 1.2 节”释丂）。丂上加两由或一由，即为甹。由即缶，甹由缶三字古音可通，如马叙伦所言。设想丂者或头顶或肩扛一缶或两缶，对空中的神祖呼喊求示。其携带的缶或为喇叭，以放大呼喊的声音；或为助听器，帮助其倾听神祖的启示。甹初义当来源于对这一场景的刻画。甹加耳为聘，重在强调倾听，甹可视为聘字初文。马叙伦所言聘为圣和听的转注字，可为旁证。聘有下听上示之义，义同谛听。所以“诸侯使大夫问于诸侯曰聘”。甹所从由后来或改为食牲，以匡盛之，因而在晋人话语中甹与馨相通。甹字也因此有了众多异文，“轻财”义也从中得以孕育。许慎所言的访义和戴家祥所言的大道义，均属于聘和甹的引申义。骋或为甹聘的改良形式，为放马的周人所创。以马的奔跑替代人的呼喊，经过一系列复杂仪式活动之后，获得神祖的启示，即为骋。《说文》释骋为“直驰”，除了直行之义外，或蕴含有直达神祖之义。

前述声与馨同源，是因为在先民看来耳与鼻相通；由聘甹至宁（寧），则意味耳与心相通。甹宁同属丂部。《说文》释寧为“愿词也。从心，寍（ning 音）声”。罗振玉认为卜辞中训“安”的异体寧，从寍省心，从丂。林义光认为《说文》中“从血甹声省”的异体疑为寧之省文，与寍同义，或借为寍。高田忠周认为许慎训甯为“所愿”，意在于内也；训寧为“愿词”，外见于言也。二字为转注，甯从寧省。朱芳圃认为甲文寧从宀从皿从丂，象皿丂在宀下，金文增心为义符即寧。马叙伦认为寧甹叠韵，单言曰寧，兼言寧甹。寧即《孟子》愿闻其详之愿本字，寧乃为同音转注。《说文》释寍为“安也。从宀，心在皿上，人之饮食器，所以安人”。杨树达认为从宀、从于在皿上的古字实为寧字异体。意即与朱芳圃所言的甲文寧（从宀从皿从丂，象皿丂在宀下）可通。

笔者认为由甹聘至寍寧分属同一祭祀过程的两个阶段：甹聘对话神祖，意同呈请或叩击石磬；寍寧表征因神祖享牲祭礼得以安妥，祭者得以完愿安心。马叙伦所言的“兼言寧甹”，当改为兼言甹寧。寧则因甹获得听义：甹，谛听于上神和先祖；寧，倾听于自己内心。故许慎训聘为“亟词”，训寧为“愿词”。人因听而寧，寧因而与静不同，与聋殊异。

静《说文》释为“审也。从青，争声”。吴大澂认为静当从争从清省，义为不争。林义光认为“青争皆声”，从青不得静义。朱骏声认为经传皆以精为之，意即释静为精。高田忠周从此说，并补充说“信如丹青”，静从青，其义可知。王筠认为静字从青，殊难索解，许慎依字形附会，诸家曲说。马叙伦认为静为“采色之采”本字，采与静古音同，故古书借静为竫（jing 音），借采为静。《说文》本应释作“采也”，以假借字（采）释本字（静），传写为寀（寀邑之寀，简体作采），又增为审。青也静义，静为青的同声转注字。黄锡全认为竫即安静之静本字。

《说文》释竫为“亭安也。从立，争声”。亭安为静，释义不详。马叙伦认为亭安之亭属声训，或为校者释音。今杭县谓乌立木上曰亭。安也属引申义。《说文》竫下为靖，释为“立竫也。从立，青声。一曰细皃（貌）”。靖与竫音同，青与争音同，靖竫为转注字。靖有审义和清义。《说文》释亭为“民所安定也。亭有楼，从高省，丁声”。笔者按许说非初义。马叙伦认为亭或从京字异文而伪，或为京的转注字。“民所安定也”者，本义为定。《仓颉篇》释亭为定。汉制官邮置有亭，客人也就宿于邮亭。杨向奎认为亭属于保卫系统的建筑物。京为高丘，在高丘上建楼即为亭。戴家祥认为金文异体亭，未必有楼。

争繁体作爭，《说文》释爭为“引也。从𠬪（摽音）厂（即反文乀，读 yi 或 ye 音，乀读 yi 音）”。徐铉认为二手（𠬪）相曳（厂）为“爭之道”。意即爭从二手相曳得字形。徐锴认为甲文爭所从丿为两人所争物。杨树达从此说。《说文》释𠬪为“物落上下相付也。从爪，从又”，读若摽。一说𠬪为摽字初文。林义光认为𠬪象两人手相付形，本义为付，引申为落。马叙伦认为𠬪实为朋友之友的本字，𠬪从友得音，古书皆以友为𠬪，有调换义。杨树达认为𠬪初义为上下与物。在上者以物与下，必覆手，故从爪（覆手为爪）；在下受上者，必竖其手，故从又。

笔者认为当结合寽字释爭，爭寽字形相近。《说文》释寽（、）为“五指持也。从𠬪，一声。读若律”。寽即古文捋。将寽所从一替换为丿或厂，即得爭字。爭所从丿原为厂之省，均为一的变化形式（见“第 1.3 节”释一丿厂）。寽表征双手平整物一。当物一发生变化（如植物生长）时，则需要人用双手引导其变化，此即爭字初文。爭有人对物的变化扶正义，故《说文》释为“引”。相对于物的自生行为来说，人的扶正可表述为人力对物力的“相爭”行为，爭义自在其中。诸家误将人力对物力的正与爭，解读为人之间的相爭，属于以后释先。竫所从立，为先人和诸神牌位（见“第 1.5 节”释位），引导牌位落定即为竫，故《说文》释为“亭安”。亭从高省，丁声。高初义表征祭台层叠状，以祭祀更为遥远的神祇和先祖。丁则有“丁实”义。祭台（高）得以“丁实”即为亭。亭加亻为停，获得停止义——其停止义当从“丁实”义而来。引导牌位落定之竫，与祭台（高）得以丁实之亭，原本相通。

静则从爭而来，将爭所引导的丿或厂向外延伸为青（当为草木），即为静。笔者进而认为，爭所从丿厂原本源于青（即草木），引导扶正草木枝条为爭，引导扶正完毕即为静，爭与静同源。在华夏先民看来，因事结束而静而竫，与听与耳无关。今文“静听”一词，表明夜深人静时依旧可听。

失去听觉为聋。《说文》释聋为“无闻也。从耳，龙声”。马叙伦认为无闻也非本训。聋从龙得声，耳将聋者，膜侧发声龙龙然也。可采信。

接下来谈论自鼻香臭息五字。

自《说文》释为“鼻也。象鼻形”。林义光认为白即自的异体。笔者按此即《说文》自部后的白部之白，许慎释为“此亦自字”，洪家义释为月霸（见“第1.4节”释白）。如两说可通，则意味着殷商先民视鼻如月。高田忠周认为鼻即自字的初义，自有始义。徐灏认为自即古文鼻字，后来从畀（bi音）声新造鼻字。今文自鼻不同音，源于声变之故。李堇认为有殷周古文字例句，可证鼻与自音义全同。

鼻（、）《说文》释为“引气自畀（bi音）也。从自畀”。换气器官为鼻。王筠认为自和畀皆（表）声而（许慎）不言声，是因为自即鼻字的古文。音转后遂增畀为鼻。高田忠周引《老子》称“天食（喂食喂养）人以五气，从鼻入；地食人以五味，从口入”。引《方言》称“兽之初生谓之鼻”（鼻从自得始义）。梁益之间谓鼻为初或谓之祖（鼻祖）。马叙伦认为鼻为自的转注字。鼻从畀得音，畀从由得音。自和百同源，百得音于白，今山西有人读百音如逼。鼻自古音相同。鼻所从畀《说文》释为“相付与之。约在阁上也。从丌（ji音），由（fu音）声”。段玉裁认为当云“付与之物在阁上”，（许慎所言）字或有遗失。马叙伦认为阁字似应作丌，或因传写有误。畀训相付与而字从丌，义不可通。畀字当从由从二手，由即缶字初文。畀即付与之付的本字。唐兰认为畀象畀矢形，比一般的箭头大，用于强弩。锡与畀可通。裘锡圭认为畀应是表征矢簇而连带画出矢身的象形字，矢簇畀扁平而长阔，古文也称匕。把祭品（含人牲）献给鬼神也叫作畀，付与为畀的假借义。戴家祥认为畀与婢可通。徐中舒认为畀象矢上有扁平箭头（簇）形。

笔者认为畀初文为徐中舒所言的矢上有箭头形，其功能用于祭祀，祭者以矢表明自己属于神祖所在氏族，矢氏是音同义通。后演化为丌上或有由或有甶，由甶古文可通。由或为乐器缶，对话于神祖；或为藤竹盛器，献祭品于神祖。甶或为人牲。故许慎释畀为“相付与”，意即人对神祖的付与。鼻所从畀，则获得人与世界相互付与义，所相互付与的物体为气——物和人共有的云气，而非人独有的命气。鼻在云气之中“相付与”，人得以在世界之中而有嗅觉。

也正是借助云气，香臭息得以扑鼻而来，且为内心所捕获。香（、）《说文》释为“芳也。从黍，从甘。《春秋传》曰，黍气馨香”。吴颖芳认为甘为味，与香气不近。许慎所言从甘，为假借和转注。意即香从甘转注得声。马叙伦认为徐锴引《尚书·洪范》“稼穑作甘”语，称黍甘为香，属会意字，故徐锴认为甘非（表）声。但甘为含之初文，《洪范》所言为甘苦之甘，故不得从黍甘会意得香义。甲文香从口，香实为甘苦之甘的本字。香与芳古音近，故借香为芳。饶宗颐认为有从日从二禾的异体香，香为馨香，牛脂也曰“香”。笔者认为香从黍甘得音义，香气的最初来源就是食物，也即“黍气馨香”。马叙伦所言味与香传播路径不同，一从口一从鼻，是以今人解古人。在华夏先民看来，味与香与声原本同源且可通。香从甘表征味香同源，馨从殸可证声香同源。《说文》释馨为“香之远闻者。从香，殸声。殸，籀文磬”。有了馨香二字，华夏先民的耳鼻口得以在古文字中贯通。

臭《说文》释为“禽走，臭而知其迹者，犬也。从犬，从自”。意即动词臭，今文写作嗅。今文臭则专指香臭之臭。王筠认为许慎说解有误，臭为腥臊羶香之总名（义同气味），作嗅字用，乃为齅（xiu 音）字的省借。《说文》释齅为“以鼻就臭也”，臭齅音义皆别。马叙伦认为臭为齅字初文，从自，从狩或宊或獸得声。《说文》齅下本作“臭”，校者加“以鼻就臭”。如从犬从自，仅会犬鼻之意，不见嗅迹之义。笔者认为马说可采信。值得注意的是，臭字不在自部而在犬部，寓意臭限于动物所有。鼻部的齅当从臭而来，同样为动物专有。人识气味为闻，常言闻香止步。人如模拟犬臭动作，则加口为嗅，以示区别。

心部的息表明鼻（自）与心与口可通。《说文》释息为“喘也。从心，从自，自亦声”。义同喘息之息。段玉裁认为“息之疾（速）者”为喘。戴侗认为息应从自心声。严章福认为息当从心自声。王筠认为息由鼻不由口，与心无关涉，不知何故从心。马叙伦从戴侗所说，认为息当归于自部，从心得声。杨树达认为息所从心实为肺，自息古音不相近，许慎所言“自亦声”恐怕有误。一说息古有自音，古人将息姓也写作自姓。商周两代皆有息国，或前后因袭而来。黄盛璋认为自息初为一字。戴家祥认为息初义为鼻息，一呼一吸为一息。长出气为“太息”。笔者认为息从心得形义，从自声得音义。自（鼻）为息器，息从心，寓意息能养心。息有喘息、休息义，前见诸家之说。息有生长义，则与心有关。心为人体集气之所、生长之源（见“第 5.4 节”释心），息因吸气而能养心，息所以从心且获得生长义。休养生息之息即源于此。

将耳鼻口统一起来的是和字，源于声音之龢，演化出五味之和，进而走向天地人和，成为中华哲学的核心概念。其最初的来源则是田地里的植物禾。和字成为耳鼻口对中华哲学的标志性贡献。

《说文》释禾（、）为“嘉谷也。二月始生，八月而孰，得时之中，故谓之禾。禾，木也。木王而生，金王而死”。字形从木，从古文

穗省。薛尚功认为象三禾形的甲文字应是禾字。孙诒让认为初文禾象禾形，后近木形，遂有“木王而生”之说。诸谷皆草非木，禾与象形之义全不相合。罗振玉认为初文禾上部像穗与叶，下部像根与茎。许说误以象形为会意。郭沫若认为殷卜辞中禾用为季（年）字省，“受禾”义即受年。陈梦家认为殷卜辞常因年代不同交替使用年与禾，受禾、受年实指一种谷物，即禾。广义的禾泛指一切谷物，狭义的禾专指谷子（黍禾麻麦之禾）这一类。

《说文》释龢为“调也。从龠（yue 音），禾声。读如和同”。林义光认为字象手按龠形。高田忠周认为周语“声相应保曰龢”，说出了龢字的本字本义。郭沫若认为《说文》以唱和为和，以调和为龢。龢和为古今字，许慎有意将两字区分开。龠本乐器“比竹”，如今之口琴，双手单手可吹。龢本义为乐器，由乐声谐和引申出调义。马叙伦认为因龠可以和众声，故引申出调和义，口部之咊（和）即龢字的省文。龢为龠的转注字。戴家祥认为龢和盉三字形义各有所专，龢为乐器小笙，唱和之和从口禾声，调和之和（盉）从皿禾声。后世任意假借，致使形义相混。

《说文》释和（、）为“相譍（ying 音）也。从口，禾声”。言声相应为譍。和义即唱和之和。马叙伦认为譍当作應（简体作应）。一说和盉通用，盉有调味义。顾廷龙认为有从口从木的异体和。戴家祥认为“从音禾声”的铭文字应是和的异体字。马昂认为齐地货刀（货币）上有异体和，左旁或从龠或从口，右旁或从寸或从又。

笔者认为和之所以有调和谐和诸义，皆因禾而来，准确的说法是因人与谷物的相合相和而来。当禾获得了谷物义之后，也就获得了物与人的统一。也无论禾字发出什么样的读音，禾都将获得和义。将物与人的相和推而广之，中华哲学的核心概念之一“和”便得以孕育。龢盉和原本同源，以对象物禾作为基础，以耳鼻口心等对世界的把握为不同路径，最终又通过哲学概念“和”将人对生活世界的连接整合为一体。

5.3. 口能言：说出世界
——“口、舌、命、哲、周、唐、哭、语、说、兑、话”及其他

继眼目作为心灵伸向世界的触角、耳鼻作为世界进入心灵的门户之后，人对世界以及内心感受的言说已具备了理论上的可能。心灵之门因耳鼻而洞开，世界通过眼目所外冒的心灵触角被感知，言说因之成为自然而然的事情，口不过是充当了言说的工具而已。因为在华夏先民看来，人类的全部言说不过是按万事万物自己的方式替它们代言罢了。

口（ᗨ、∀）《说文》释为“人所以言食也。象形”。义即人说话和进食的器官为口。林义光认为甲文亼象口形，食龠仑今等字从亼，按《说文》释亼为“三合”于义不通，盖即口字。笔者按亼或为口字的变体，与囗（guo 音）囗（wei 音）口冂甘夕匸（xi 音）凵（kan 或 qian 音）匚（fang 音）诸字可通，与“三合”义也可通——合于一口为亼。孔广居认为甲文口不象人之口。马叙伦认为“人所以言食”为校语。

笔者认为人及万物皆有口，凡虫（殷商先民凡动物皆言虫）皆有进食乃至鸣叫之口，与人之口可通。人欲进入或装入某无生命物，也必设相应的口。物于是可亼可合、可围可盛、可凵可匚，人于是可进门入囗（国），盖屋顶（亼）、制坩埚（凵甘夕）、筑城墙之围（囗），人和诸物得以在相应的“口”中被说出。口或表征为人与人、人与物、物与物相互进入的通道和端口，或表征为安放人及外物的场所或盛器。此即口字的核心意义。口的本质不是物，而是生活世界中无处不在的相互进入、相互接纳、相互包容的关系。口字音源虽然成谜，但只要理解了上述关

系，无论赋予口字何种读音，都无伤口字的含义。生活世界因口而连通，而有了言说，进而有了数字和计算。也只有在这个意义上理解口字，才有望触摸到与口有关的诸多汉字所表征的中华哲学的真谛。

舌（、、）《说文》释为“在口所以言也，别味也。从干，从口。干亦声”。义即人之口中言说和分别味道的器官为舌。王国维称舌上为干与否，尚未可知。林义光认为干口成舌字，不能得义，干也不表声。凾（古文含）为舌，象舌形，字中有干。甲文凾象口上有舌形。徐灏认为舌古读他念切 tian 音，恬甜栝铦皆用舌为声。马叙伦认为舌为餂的本字，从口，干声，读他念切。杨树达认为卜辞“贞勿舌河”之舌，假为涉。舌与涉古字音义相关。一说“舌祭”之舌从水，舌为殷商祭名。徐中舒认为舌象木铎之铎舌震动之形。一说舌字以舌表征取物形。

笔者认为舌所从干与千和䇂（qian 音）可通。因通于千，舌可识五味，千象万物之形；因通于䇂，舌可发人的音言，对话于上神和先祖，沟通于人世，䇂可通天地人神（见“第 1.1 节”释䇂千）。舌最初当从千䇂干得音，读他念切；音转后则与涉色啬社射濇可通，有固定义（啬濇色），有取物义（涉射），有连接义（社射）。背后的原因或许是，义转在前，音转在后。最初的“舌祭”或为木铎之铎舌震动而祭，关乎人与神祖间的音言交流，而非旧说的食物享用——后者是前者的堕落形式。

来看口部的味命哲问周唐哭诸字。

味《说文》释为“滋味也。从口，未声”。马叙伦认为滋味义由含哺而引申，哺与味为同音转注字。笔者认为味字的奥妙在“未声”之未。未初义表征树木整枝后合乎理想的锥体树冠状，也即未字形，从中可以窥见树木未来的样子（见“第 2.6 节”释未）。背后的哲学意味是，识味能知未来——被品味之物将会一直保持这个滋味。后“味道”连用，表明味是有“道”可循的。反过来说，人通过识味可知味后之道，味后之物。倘若今天的我们只是沉迷于美妙滋味的享受中，而忽略了味前味后之道之物，从某种意义上说是一种堕落，忘却了华夏先民识味知物求道的精神追求。

命（命、命）《说文》释为“使也。从口，从令”。义即命令之命。林义光认为诸彝器的铭文中令命通用，原本同字。朱骏声认为在事为令，在言为命，散文则命令可通，对文则命令有别。高田忠周认为初有令后有命，原本一字（命从令出），音义皆同。商承祚认为令“从亼卩”，像人跽于篷帐之下，有听命义。令与命为一字。郭沫若认为天子“命禾”即赐禾，《中庸》“天命之谓性”，天命即天赋。《说文》释令（令）为“发号也。从亼卩”。薛尚功认为铭文令有时令义，左为鱼，右为鹭鸟。因鹭习水捕鱼而有时令义。吴大澂所举三例古文令字象“旂下持卩”形。罗振玉认为古文令从亼人，集众人而令之。许慎释卩为瑞信，不知卩象人跽坐形。林义光认为令从口在人上（非从亼），象人上口发布号令，口下人跽坐而听。丁佛言认为令所从亼象屋宇形，朝庙受命。孙海波认为令象人集于亼下，有受命义。马叙伦引荀子“卩遇谓之令”称骨节相合才能运动，古语天地之令、自然之令，意即天地的节奏、自然的节奏。今文“命运”一词源于此。令适节三音可相转，令有适义。

笔者认为令与今同源，同在林光灵光呈现、上神或先祖降临的现场。“闭气不出”以聆神示，为令为禁（见“第4.7节”释金今）。人聆听神示，且依神示而前往（适），即为令为聆。今令所从亼，皆为林光灵光。不同的是，今下所从乁为乙的变形，林光呈流移之象，人在今字中未能现身，形同被禁，林光及地及人为今；令下从人，林光回归至人，（通过巫师代言）其义已显，人（卩）跽坐而听令。荀子语“卩遇谓之令”，义即人遇神祖而得令。罗振玉所言“集众人而令之”，号令者非人，而是神祖。周人在令旁加口，新造命字。命所从口既是上天之口，也是周天子之口——周天子成为天命的唯一代言者。令字初文所表征的人神关系，随之堕落为命字所表征的人人关系。两字虽音义可通，但其哲学内涵差异巨大：华夏先民的个体命运原本在与氏族神祖的关联中获得规定（令），已被篡改为在周天子之家中获得规定（命）。

哲（[illegible]、[illegible]、[illegible]）《说文》释为“知也。从口，折声”。悊或从心，古文嚞或从三吉。悊嚞音义同哲。丁佛言认为祈哲誓古文可通。商承祚认为古文有从二吉的异体喆，音义同哲。马叙伦认为哲为知的转注字。悊义为敬，假借为哲。吉为哲的叠韵转注字。徐中舒认为哲不见于金文，应为后起字。戴家祥认为有异体哲或从德省，德有明义，折德古韵相同。《说文》释折（[illegible]、[illegible]、[illegible]）为“断也。从斤断草”。籀文折，从艹在仌（古文冰）中。仌寒，故折。篆文折，从手。马叙伦认为折从两手，而非从艹。手误为屮，两手误为艹。高田忠周认为折初义为断草，后义转为断木。李孝定认为折初义当为断木，断草不用斤斧。金祥恒认为甲文折用为地名，位置不详。伍士谦认为以斤断草为折，以其他兵器（如戈）断草也为折。

笔者认为伍士谦所言可采信，以斤或其他兵器断草皆为折。需补充的是，斤所断之草或置入仌中，为籀文哲（从艹在仌中）。在殷商游牧队伍中，斤或为父专用，故斤也称斧（斧从父得音）。戈矛等兵器则为兵士所用。斤戈所断之草应很特殊，或与原始意识有关，当为乱草，且务必除尽而后安。故断除之后置入水中，经仌冻后不得复生。折由此获得物死、灾害、伤害、曲屈、折断诸义。倘若祭坛周边有邪乱之草，倘若祭神架因久置于地而生旁枝（被视为乱草），均需要很神圣地去“折”掉。从事断草（折）这一工作的，除了持斤的父外，或有持戈的兵士作为助手，他们都是氏族中的智勇者。折或加口为哲、或加心为悊、或加曰为哲，诸字相通，是因为它们源于同一个断草（折）现场。现场最高指挥者或为哲，具体指挥断草工作的人或为哲，曰与口身份有高低。用心祈祷兼与神祖沟通者或为悊——其原来的身份或为巫祝。哲因而与祈与誓可通。折后为吉，吉从哲转注而来（见“第5.7节”释凶吉）。继而有喆嚞，义同哲悊。

问繁体写作問，《说文》释問为“讯也。从口，门声”。马叙伦认为讯与问为叠韵转注字。徐中舒认为闻问古字均从“昏声”。黄锡全认为问昏闻古文同字。《说文》释门为“闻也。从二户。象形”。罗振玉认为甲文门象两扉形。郭沫若认为殷卜辞中的“门令”之门当为动词，发令榜于门即为门令。马叙伦认为门户原本一字，户古读如卧，与门古音同。

笔者依据“门面”连用推测，门或从人面而来，门面二字或同源。许慎释门为“闻”。而闻字最初不从门，象有一耳或两耳之形。一说闻从耳昏会意，笔者推测其所从昏或为耳之变。商承祚认为战国前没有从耳门声的闻字（见“第1.4节”释闻）。据此可推闻所从门为两耳之变。假设其变化有前例可依循，则可建立门与双耳之间的内在联系。此为证据一。证据二，户象耳之省形或变体。许慎释户为“护”，耳护脸面，与护义可通。证据三，户门耳三部在《说文》字序中前后相随，户部之后是门部，门部之后是耳部，或表征三字之间原本有联系。

或在华夏先民看来，单耳为户，双耳成门。面承载有眉眼鼻口，门则因双耳设立，而（面颊短毛）则成为门面之间的连接者。将此幅图画推广至万物，则物皆有门，与前述物皆有口可通。因有门，物皆可入；因有口，物皆有鸣。人之口加于物之口（鸣），则万物因此而得名（见“第1.2节”释名）。人之口面向物之门，则万物可以追问。即使人和物不对面，远处的物依然可以通过其声音让人有所耳闻。

周（、）《说文》释为“密也。从用口。古文周，从古文及”。

义即周密之周。孙诒让认为周即周国，殷卜辞中有不伐周之类的记载。林义光认为周所从口象物形，周所从田（非从用）象周市。高田忠周认为周即调的本字，啁亦周字异文，义同绸缪之绸，周密义、和合义皆从绸缪之绸义引申而来。郭沫若认为古金文画字从周，源于以规画图之故。叶玉森认为周字当从用口，周所从用后省文作田，再演变成如同盛放金粒的方格，（田字中）增加的小点仅为装饰，与金字无关。金为殷商时的侯国。徐灏认为周从用口难解其义，口或为囗（guo 音）之误。谢彦华认为周古读如朱，口读如古，周当从用、口声。用即墉字的古文，周因而有周密义。马叙伦从谢说，认为周从口得声，用口古音对转，周为用的转注字。李孝定认为甲文周象密致周市（za 音）之形，从口后增。周法高认为周字象田中有植物形（依据周人始祖后稷及其农耕文明释周），周字中纵横笔画为阡陌之象，有划界义，被误认为田字。一说异体周从勹舟，周从舟得音。

笔者认为周法高之说可取。周所从用为划界阡陌之象，当从井田制而来，也与谢彦华所言的墉有关——此处墉可理解为划界之埂。叶玉森所言的貌似盛放金粒之格，与井字加点变为丼同源、同步。周所从口，或为囗（guo 音）字，意即王城。王城之外有井田制布局，即为周。井田区所产粮食供养王城中人口，周因而从用口。井田制布局当围绕王城合理安排，周密有致，周因而获得绸缪、周密及周遭诸义。郭沫若所言古文画字从周，或因画与划界之画划同源。异体周从勹舟，周从舟得音，或因为从王城前往井田区域发水时需乘舟前往。稼穑之穑有啬濇义，义即不被水冲走的庄稼才叫收成。今文周济连用或源于此。武王弟姬旦之所以受封为周公，是因为他承担有安定周天子家园外围、并征集王廷贡赋用养的责任。将征交上来的贡赋用养分配给周室，则为召公的责任，如同食母当初喂食人子之召（见“第 3.4 节”释诏召）一般。周所从口，或为周口（国）之城，共同“说”出了一个伟大王朝名称背后的秘密。

郭静云认为屈家岭、石家河遗址周边的古城壕沟都与道路联络，且许多城市建有水门码头，形成与河上贸易关系网络。当洪水或战争来临时，城市即可变身为平民的救生保护区。笔者按，从中也可窥见周字的身影，远古联邦城国形态以及周朝时成熟的国家形态均可隐身于其中，周与夏之间的传承关系依稀可辨。

据传殷商的开创者叫成汤，《文字考古》认为汤本为唐尧之唐。唐尧为殷商队伍中的著名部落，其首领或为殷商时的女王兼巫王。后因周人杜撰三皇五帝谱系，将唐尧之名送给了尧帝，便新杜撰出成汤名号。唐（、啺）《说文》释为“大言也。从口，庚声”。啺，古文唐，从口昜。孙诒让认为成汤即成唐，汤唐古音同，故借唐为汤。唐也从庚得声。王国维认为唐即汤，于殷卜辞中可知。啺与汤形声皆近。卜辞之唐必为汤的本字，后转为啺，再转为汤。罗振玉从王说，认为古文汤唐荡可相通，皆训为大义。叶玉森认为唐从日，非从口，啺或从暘讹变而来。古籍中咸唐、汤谷、暘谷原为一地，足证唐汤暘可通。吴其昌认为殷卜辞中的“唐”即太乙成汤。孙海波认为武汤前释“武庚”为误，应训为成汤，与《诗经·商颂》“古帝命武汤”语相合。马叙伦认为唐即大音，音言一字。今天的杭县称人“行急声大”为唐，鼓声隆盛者为鼞（tang 音）。胡厚宣认为殷卜辞中唐字仅有三义：人名“大乙唐”之唐，地名“贞田于唐”之唐，三为唐地之长“侯唐”。此前疑唐为祭名属误认。饶宗颐认为卜辞中的“唐氏”应非唐堯（尧），而是成汤。李孝定认为成也训大，与汤唐同义。后世并称成汤。

笔者认为《文字考古》所言可采信，诸家之说可证。庚初文象形新接穗在砧木上生出新芽新枝（见“第 2.6 节”释庚），因而有赓续义。唐初文或表征新芽枝长大了，移栽到新的“口”中，此口为凵之变。唐因而有大义。尧有高义，因筑土而高（见“第 1.8 节”释尧）。唐之大与尧之高可通，故有唐尧并称。唐尧部落或为殷商氏族中既擅长筑土垒垚、又擅长嫁接移栽技术的特殊群体，因而贡献巨大，且因移栽技术而为周人（以农耕为国本）所推崇——唐尧因此进入五帝谱系。大言大音当为唐的引申义。今文唐突之唐与大声义有关，因举止间动静过大而有冒失义。

哭（、）《说文》释为“哀声也。从吅（song 或 xuan 音），狱声省”。《说文》释吅为“惊呼也。从二口”。一说吅音义同喧。一说义同讙，读若算音。谷衍奎认为吅音义或同喧或同讼。林义光认为古文哭从四口，从求。哭所从求为身体夭屈状，与笑所从夭同意。叶玉森认为哭字当先于狱字，许慎所言狱声省很难理解。卜辞“衣哭”，当为在“衣祭”现场而哭。邵子风认为哭即噩字。马叙伦认为哭初文从吅，走声。吅所从二口，表声音重复，非二人之口。走哭古音同部。古文走（象夭形）或传写为犬。段玉裁认为哭本为犬嗥（hao 音），移之于人为哭。

笔者认为应结合狱字来理解哭字，狱所从二犬（犾）指辩狱双方，寓意涉嫌者因辩罪之急已失去人形（见“第 3.3 节”释狱）。在华夏先民看来，唯有劳作的身躯方为人，休息者为尸，就食者为卩。哭狱两字则表明，人或因悲伤、或因急于洗脱罪名，有可能失去人形而如犬形。背后蕴含有对人及其劳作的尊重。哭所从吅有哭声连续不绝义，因重口获得声音连续义。

辩狱离不开言，言部汉字构成一个庞大的家族。这里仅选择语谈说话讲五个意思非常接近的汉字，一探其中的细微差别，领略华夏先民说出语言活动自身的生活智慧。

语《说文》释为“论也，从言，吾声”。高田忠周认为语有交午牾逆义，五为古牾字。古文语从言从五，形声兼会意字。吾为古文语，与从言从五的古文语可通。五即阴阳交午之象。马叙伦认为语和议或为转注字。言或为语的本义。

笔者认为言和语目的相同，但场景不同。言初义为吹奏乐音以宣示自己的氏族在此（见“第 1.1 节”释言），听者为远处之人，无固定对象。语则面对具体对象，通过议和论的方式证明自己的氏族在此。许慎释语为论、释论为议、释议为语可证。语所从吾泛指言说者自身（见“第 1.2 节”释吾），语所从言当为言说之言，不再是吹奏的器乐音言。与许慎“直言曰言，辩难曰语”说相符合。论所从“仑声”之仑，繁体作侖，上为亼，下为册，有次序义。议所从“义声”之义，有适宜义。按照合理次序且以适宜的方式，论证自己氏族在此，进而维护氏族利益，即为语。《礼记·杂记》载“三年之丧，言而不语”，义即三年服丧期间不与人争论或争吵（但还会与人有言），当为言语初义之别的文化遗存。

与人争论时难免高声，高声争论即为谈，繁体写作談。《说文》释談为“语也。从言，炎声”。马叙伦认为談语为转注字，古文音义相同。笔者认为可借用《文字考古》的说法，将语描述为本相，则论为作相，談为情相。火势旺盛为炎，言语高声为談。今文高談阔论之談有声高义，围棋手之间的手談有对弈义，均与談字初义高声辩论有关。

说繁体写作說，《说文》释說为“說释也。从言兑。一曰谈說”。杨树达认为谈说即说字初始义，许慎以“说释”解说恐非。兑有锐义，言辞锐利者为说，义即古人所言利口、今人所指的言辞犀利。马叙伦认为说释双音转注，兑为曰的异文。《说文》释兑（）为“说也”。徐铉认为甲文兑上从八从口，象气之分散，下从儿。段玉裁认为兑为悦的本字。林义光从段说，兑从人口八，人笑故口分开为八。高田忠周认为说为兑字的异文。陈梦家认为卜辞“兑不雨”之兑即求雨时的祝告。鲁实先认为卜辞兑有二义：一为阅字的初文，“兑田”即检阅畋猎之事；二为锐字初文，“兑伐”即急速以伐。

笔者认为兑当从八从兄，所从兄即巫祝之祝；所从八义同益上所从八，有增加义（见“第 4.9 节”释益）。兑初义表征兄（即巫祝）上有所加，所加者当是言辞类。益字表征的所加物与原有物同为食物，兑字表征的所加物与原有物同为言辞。对巫祝之辞有所增加的人当是王，且先阅而后加，义同今天的圈阅。阅当从曰得音义，从兑得形义。王也非随意添加，当是从中或演绎或引申而来。锐义当从兑的添加义而来。兑词可视为巫祝之词的更新形式，因而可替换，兑换之兑由此得以引申。兑的最初形式或非文字，而是口语，兑因而同说。兑字读音或从堆垍而来。说所从兑有加义，意即接过对话的言辞而言说；有针锋相对义，从你的言辞中找出说服你的理由，即为说服之说。说当为兑的大众形式，兑则成为说的王曰形式。八卦之兑有承兑义，当从堆垍义而来（见“第 2.7 节”释兑）。

话繁体写作話，《说文》释話为“合会善言也。从言，𠯑（gua 音）声”。籀文譮（hua 音），从会。王筠认为話从𠯑得声即有会义。马叙伦认为話即对答之答本字。𠯑《说文》释为“塞口也”，从口，氒（jue 音）声省，异体从曰。简体用于偏旁时与舌字同形。高田忠周认为𠯑古文从曰，塞口意即“不使言”。马叙伦认为曰也是口形之变。《说文》释氒（、）为“木本。从氏，大于末，读若厥”。刘心源认为氒即橛字古文，义即木橛子，用于固定木器结构。林义光认为氒“象木始生根”形。郭沫若认为氒乃矢栝（矢括）的初文，器形初为罗振玉所发现。矢末曰括，括会义即括与弦会。谷衍奎释矢栝为射箭时的扣弦器。段玉裁认为氒当从氏丁。马叙伦认为氒实为氏的后起字，氏氒同义。

笔者认为氒表征氏族各部落及旁支聚集一起以决氏族大事，所从氏表征同氏族各部，所从十有集义。聚集地或为氏族发源地，也即氏族之本。氏族各部或为主干或为枝末，昏则表征他们归集于氏族之本，义同许慎所言“木本”，自然“大于末”。昏表征各部落对昏这件盛事的言说，由于方言很重，沟通存有障碍，故许慎释为“塞口”——言说者的口如同被物所塞以至于话语不清。话则是将形如“塞口”的方言会合翻译成“善言”，让各部落的言说得以清晰呈现。方言如同聒噪之聒，善言之话则清晰如画。矢栝之栝则借用了昏字的“木本”义，箭矢如木末，叩弦器（栝）如木本，栝橛厥从昏得音义。今文“各说各话”同时保留了话及昏字的初义。

无障碍（或最终有共识）的沟通为讲，繁体写作講。《说文》释講为“和解也。从言，冓（gou 音）声”。马叙伦认为和解属校语，本训缺失。《说文》释冓为“交积材也。象对交之形”。林义光认为冓即古文构（繁体写作構）字，“交积材”以盖屋室即为構。诸家多从此说。笔者认为講从“冓声”得义，所从冓有对交义，講者的言说如对交，听者的理解如对接（听懂且认同），交接顺利方为講。講解之講保留了講字初义，講和之講当属于講的引申义。

综上所述，华夏先民在语中相互说出自己的利益主张，进而说出自己的生活世界，并与外族人的生活世界相连接。在谈中渐渐拉升了声高，腔调连同情绪因此被点亮，与他人生活世界的相遇因此有了不同的格调和色彩。在说中接过对方的言说且尝试着说服对方，并从对话言说中引申出自己想要表达的内容。在话中学会听懂了不同的方言，成功地将聒噪转化为善言。最后在讲中达成讲听双方生活世界的交接，世界连同各自的生活在语言中有望呈现出清晰的未来，如同房屋在“交积材”中呈现出可预见的框架一般。

5.4. 心能思：感知生活
——“囟、孔、思、心、灵、真、贞、善、美、知”及其他

继视听感觉和言说之后，本节将尝试着触及心字本身。识心先识脑。直至科学昌明的今天，人们依旧是心脑连用乃至相混。

囟（）《说文》释为“头会脑盖也。象形”。古读如思，今读如囟。重文囟从肉（月）宰声，古读如宰。段玉裁认为囟为人首会合处，也即头体的覆盖物。古本有额空二字，义即额腔。严可均认为囟象小儿脑盖未合之形。王筠认为囟字当平看，乃头脑全体象形，后不兼颅，前不兼额，左右不兼日月角。验之于小儿，囟上尖而下部及左右皆圆。马叙伦认为囟当释为“额空”即额腔，囟为囟字异文。甲文兒（今作儿）当从囟（及异文）。刻画脑文原无定形，甲文兒也有很多字形。囟辛古音相同。姚孝遂认为囟实从由（fu 音）所衍化；卜辞以囟为西，属同音假借。

为理解囟字，需先看孔（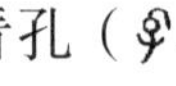）字，《说文》释孔为“通也。从乙，从子。乙，请子之候鸟也。乙至而得子，嘉美之也。古人名嘉字子孔”。柯昌济认为孔象子戴发形，故训为嘉。林义光认为孔本义当为乳穴（奶水由此出），后引申为凡穴皆称孔。郭沫若认为孔初文指事小儿头角上有孔，本义当为囟。（笔者按：郭说当接近孔字初义。朱骏声认为古多借孔为空，孔有空义。马叙伦认为孔为乳字的异文，孔乳古音对转。）

笔者认为孔初文表征婴儿脑盖未合形，即郭沫若所言小儿头角上有孔，也即囟字上部一点（丿）。此孔的作用为通，所通者乙（玄鸟）。也

正因为有此孔可通玄鸟，人囟乃至眼目耳鼻等均可通于上神和先人，人与上神先人乃至天地万物的连接因此成为可能。人也因此有了思想能力——囟加心为恖，今文写作思。乳和孔字同源，孔静而乳动。乳表征人之手（爪）和玄鸟（乙）间的人子（子）交接即产子行为（见“第3.7节”释乳），即《说文》所言“人及鸟生子曰乳”。人子囟上之孔，非林义光所言乳穴，首先是玄鸟所携带的命灵进入通道，随后是人神沟通所借用的灵思（及神明）通道。

思（、）《说文》释为“容也。从心，囟声”。严可均认为容当作睿。《洪范》释思为睿。马叙伦引《春秋繁露》称“王者思曰容”，容有宽义。古文释睿为容。杨树达认为思属会意字，思虑用心用脑，故从心从囟。笔者认为于心脑中善容外物即为思，外物进入心脑后生成的新内容即为思的成果。此说不仅与今人对思维活动的认知相吻合，且蕴含有华夏先民对思维活动、认知成果乃至生活世界的哲学理解。

心（、、）《说文》释为“人心，土藏。在身之中，象形”。意即心脏器官。高田忠周引《素问》称神明所出为心，引《管子》称心为智之舍。惠栋称土藏当作土臧（臟脏），源于《尚书》五脏对应于五行之说。马叙伦认为许慎所言非本训。闻一多认为甲文心字外画象心房之形，内中一点今作尖，表纤细之义，《释名》释心有纤细义，“所识纤细无不贯也”。高鸿缙引《尚书》称“凡草木初生，尖刺谓之心”，礼器如松柏之有心也。心字表心肺之心（心脏），用为心思之心（神经中枢）。英文也时用heart代替mind，与汉字将脏器和精神“昧为一事”相仿。李孝定认为心初文象葱头形，其所从点（丶）或为苗；容庚释为从丶在心上，谓心之多思，殊不可解；窃以为丶指心窍之所在。

笔者认为心与囟葱辛䇂相通：从囟葱得形义，心囟葱外形相同或相近；从辛䇂得音义，心辛䇂通于命灵。甲文心中间一点（丶），取形于葱头所发新芽，葱头被借喻为心脏的外形。新芽为葱头所孕育，又包含于葱头之中。既寓意心脏包含于身体，又指向心头所思之物。心字初𢆉义即源于此点此物。葱头新芽又同形于囟上之孔，心囟（脑）因此可通，且通于玄鸟和神祖。辛表征立旁木托起接穗新苗，辛所从一为辛木，辛所从𢆉初义为对话神祖的神器，此处借为接穗新苗，接穗命灵当从上天命灵转世而来（见“第2.6节”释辛）。将葱头喻为砧木，其新苗则如同接穗，心与辛𢆉音义可通。新苗之𢆉取形于神器之𢆉，寓意天地人神可通，万物有灵。《尚书》所言“凡草木初生，尖刺谓之心”，寓意万物皆有其心，如“千心仁”就蕴含有万物身（千）心一体的思想（见“第1.6节”释仁）。

能思之心今人称之为心灵，灵繁体写作靈，心灵写作心靈。《说文》释靈为“灵巫。以玉事神。从玉，霝（ling音）声”。靈或从巫为靈。郭沫若认为铭文靈多异体，其中有从龟从爪从火的靈，象手执龟甲就火烤灼、促其呈兆形。沈涛认为楚人名巫为靈，靈即巫。马叙伦认为靈为巫的转注字。杨树达认为铭文靈从霝从示（示上有霝），为神灵之灵的本字。谷衍奎认为从霝从示的金文靈，会祭神求雨之意。后改为从玉的靈，表征巫师奉玉舞蹈以降神义。朱芳圃认为靈字得形于祭祀灶火活动。《说文》释霝为“雨零也。从雨”。赵烈文认为霝零令本一字。笔者按余雨为零。《文字考古》认为霝下口为林光射地呈现为“光足”形，枝间叶隙所泄出的“光头”为吅（xuan音，非哭所从song吅），汉书用作“邻”，也即龗龙之鳞，口为霝之象形，君启所从口义即霝符。霝既是殷人生命来源的祖灵，也是养生滋生不可或缺的命灵。笔者认为此霝符吅与玄鸟（甲文玄）形可通，吅可视为玄鸟所布命灵的落地横侧之形，玄则是吅在天空中的竖立之形。命灵在天如玄鸟之玄形，落地则侧身为吅形。

后出的灵字从彐从火，谷衍奎释彐为手，火上烤手取暖即为灵。笔者认为灵所从火当为巫舞之火，所从彐或为手形（如谷衍奎所言），或为头形（甲文彐同猪头形）。彐所表征的头手形或源于舞者或源于神灵（烟火云雾中的幻象）或源于牲品（含人牲）。灵因而可通神灵。霝与灵相通，靈后简化为灵，霝靈因而可通。

命灵与命气结合为灵魂之灵，与魂魄义通（见“第5.7节”释魂魄）。心与灵与魂魄乃至与思维之间的关系，自此成为再也说不清楚的话题。

想《说文》释为“冀思也。从心，相声”。段玉裁认为冀当作觊。马叙伦认为想为思的同音转注字。汉人用想。笔者认为想所从相为心中之相，相初义表征木与目相遇而成相，背后则是人与世界的相遇。物相在人同世界的相遇中得以现身。将外在的物相移入心中，即为心中之想。想字初义当为外在物相在心中得以再现。释想为冀或觊，则想有欲义，想为想往之想。此为想的引申义。

心中所生的不止有相有想，更有性情，性情才是心之根本。情《说文》释为“人之阴气有欲者。从心，青声”。马叙伦认为此当曰“人之阴气，有欲者也”。性（[illegible]）《说文》释为“人之阳气性善也者。从心，生声”。沈涛认为古本无性字。马叙伦认为性情之分自古已然。情从青得声，青从生得声，情实为性之异体。后人强之以性为静、以情为动相区分。

许慎以阴阳二气释情性，马叙伦称其为古本义。气分阴阳虽属周人以降的阴阳家语，但笔者认为其渊源理应更早。万物因玄鸟得命灵、因云气得身形，为殷商人意识。人的命氣因有米而与大地云气不同。米为桑葚碎粒，人之命气因而与空桑木母相连接（见“第4.3节”释氣）。阴阳意识最初当源于天干地支，干者为阳，支者为阴。至《老子》“万物负阴而抱阳”，则意味着过去时刻（也即背后所背负的位置）为阴，未来时刻（也即等待拥抱的前方）为阳，任一当下时空均为阴阳结合。情性之气当为人之命气。释情为阴气，意味着情需外气进入，背后意味着需要外物满足相应的情。释性为阳气，意味性之气可满足外物或他人，故有善义。性情的阴阳之分当为受与施之别，非马叙伦所言的动与静之别。

接下来看一组重要的哲学名词——真善美，虽然都不在心部，但一定都和心灵有关。

真（𥄎、𡘷、眞）《说文》释为“仙人变形而登天也。从匕，从目，从乚（yi 音）。八，所承载也”。释义神秘。高淞全认为真即颠的本文，颠从页，义为人的头顶，且与颠倒之颠义通。甲文首颠倒成文即为真字，原首上巛变为真下 ||，再变为八。许慎不解其变，附会神仙说。谷衍奎认为甲文真从鼎，从人，会人就鼎取食美味意，音义通珍。马叙伦认为真从匕从倒首，义即颠倒之颠。所从倒首乃倒悬之倒本字，也是颠倒之颠本字。真或为颠之伪文，或为页（頁，人首）字倒文而伪。另有从匕鼎，或为贞声的异体真。唐兰认为初文真当从贝匕声，此匕非匕首之匕，而是殄字的古文匕。真殄颠古音同。《文字考古》认为殷人之鼎为煮食之器，周人改鼎问为贞问而有贞字，再从贞演化出真字，初义为天真之真，即真性情。笔者按，所释虽非真字初义，却与中华哲学精神相吻合。

贞（[illegible]、[illegible]、[illegible]、[illegible]、貞、貞）《说文》释为“卜问也。从卜贝，以为贽。一曰鼎省声”。刘心源认为古文以贞为鼎，籀文以鼎为贝，非《说文》释鼎所言“以鼎为贞”。笔者按鼎贝原本同源，取较大贝壳直接架火烤熟即为最初的贝，也是最初的鼎。后两者分离，鼎为煮食之器如锅，贝为盛食之皿如碗（扁长贝壳为取食之器匕）。陈邦怀引《周礼》“季冬，陈玉以贞”及郑注“问事之正曰贞”，认为许慎所言当本于《周礼》。吴其昌认为贞鼎一字。瞿润缗认为贞源于龟板裂纹之形，初义当为应验。马叙伦认为古人由贝有刺（将贝刺开），仰之似鼎，可用于盛物，进而发明鼎用，鼎当始于贝。饶宗颐认为贞有卜问、正、当值义。马孝亮认为贞取形于鱼的躯干，或在渔猎的仰韶文化早期即有以鱼占卜行为。

笔者认为贝或为华夏先民最早使用的卜具之一，当在以人体为卜具（见“第3.4节”释卜）之后，或因先民煮食贝类时受贝壳裂纹启示得以发明，甚或会根据贝壳裂纹变化来判断烤贝火候，贝因而获得问义。占卜用过的贝壳因烤裂不能长期保存，或另取一张新贝壳将原贝壳上的占卜成果复制下来。巫师解说占卜“意义”即为占字初义，其形式当为口语。如将巫师解读也附刻在新贝壳上，卜问得以被记录下来——如同后来刻画在甲骨上，此即贞字初义。鼎贝原本同源，如前所述，由贝问到鼎问及后来的龟甲、蓍草之问，则同属于卜问。贞字所从卜为卜问结果，且已经过权威解读，又刻画在册，贞因而获得应验、正、当值、落定诸义。贞字所从贝既是烤问用的卜具，又是记录文本，且与神示、解读、人事相符合，贞因而获得亨顺等美好寓意。初文真当从匕从贝而来，表征先民持匕取用贝中美食。鼎替代贝作为煮食之器后，从匕取鼎中美食的甲文真应运而生。高淞全等误认的真所从倒首形，当为生火支鼎煮食形，鼎下之火被误认为首上之巛。真表征的是贝中可食美味，贝壳烤裂肉汁流淌出来的贝类或许会弃之不用。真因而获得正义，义即贝与火与人之口之间的相合关系。真初义当表征食材之真、煮食之真、美味之真等。真贞占最初当同源于先民烤贝而食的现场。

殷商时气候温润，货贝可能自己进入黄淮地区，玄鸟入海（入淮）化蜃传说可为旁证。后因进入干冷期，退至南海。鼎则最早出现于新石器时代前期的黄河中游（或淮河上游地区），然后传至黄河下游、长江下游、长江中游地区。

善（譱）《说文》释为“吉也。从誩（jing音），从羊。此与义美同意”。篆文善，从言。林义光认为言美为善，从羊美省。二言有相善义，与竞义反。高田忠周认为善与吉义近，君子之言为吉。马叙伦认为善乃祥义，善恶即祥祸。祥善皆从羊得声。朱骏声认为善疑从祥省，言声。杨树达认为善为膳字初文。徐中舒从此说，认为殷商人以羊为美味，故善有吉美义。《说文》释誩为“競言也。从二言”。競，今文写作竞。《说文》释競为“彊（jiang 音）语也。一曰逐也。从誩，从二人”。林义光认为競像二人首上有言，言语相競。商承祚认为競象两人相逐之形。屈万里认为行争逐之事即古籍所言“执競”，所言“无競”义即无人可与之争。競初义为争逐，引申为较量（也即彊）、比拟义。李孝定认为競象二人接踵（脚后跟）形，有争逐义，競所从疑为头饰。张日升认为競象二人相并之形，口向上，以言语相争胜。戴家祥认为競有从言竟声的异体字。

笔者认为从言竟声异体競当有音言活动结束义，事项结束即为竟。许慎训善所用吉当接近吉字初义，不吉物处理完毕即为吉（见“第 5.7 节”释吉）。競和吉均有结束义，差别在于一是在競中结束，一是因结束而吉。善所从羊或为祭祀用的牲品，或为普通食物，或兼而有之，且有祥义。《说文》释羊为祥。善所从誩未必限于言语，极可能伴有乐音。音言初义即为器乐音（见“第 1.1 节”释音言）。《说文》释誩为“競言”。競从二人二言，或表征二人各吹一件乐器，当然不是为了争逐，而是比试着看谁吹乐吹得更好，共同的目的则是为了善，也是为了吉。誩競同源，音义相同，差别仅一动一静而已。既然羊有祥义，何来不吉之物呢？笔者推测或与“祭兽”活动有关。古人宰杀动物后，需陈列以祭，然后才可享用（见“第 1.7 节”释祭）。祥物之羊作为主牲之一，其“祭兽”待遇自当格外隆重，并因此造出了善字。善初文诞生于牲品之羊被宰杀现场，安排多个专职人员吹奏器乐隆重“祭兽”，直至每一件有关物品都各得其所，所有善后工作圆满结束。善之吉，不仅是人之吉，也是羊之吉，更是人和羊、乃至人和世界的关系实现了吉。从今人视角看，伦理学意义中的善，可近似表述为人与人关系的吉顺，当从最初人和羊、人和世界的吉顺关系而来。

美（美、美）《说文》释为“甘也。从羊，从大。羊在六畜，主给膳也。美与善同意”。王献唐认为“以毛羽饰加于女首为每，加于男首则为美”，美字上部象形羽毛，所从大为人形。遵此说，则美与每音同义通。马叙伦认为美不从羊而从芈（mi 音），因芈误为羊；从大犹从女；美即媄字初文。于省吾认为美构形近似于羌，源于殷时西方少数民族头饰，义为美饰之美，字由少数民族所创。李孝定认为金文中美与眉可通用。《文字考古》认为美表征殷女成年后分披于肩以模拟蚕的“蛾眉”及马鬣的发型。

笔者认为美每眉媒某音同义通。加于男首之美和加于女首之每，音义同于某媒，为殷商氏族认同标记，或与特定的图腾符号（如木母崇拜符号）有关，且成为与上神与先人沟通的媒介。相应的氏族认同符号刻画于眉骨间，则为眉、为彦颜、为燕雁（见“第 4.4 节”释产彦）。其哲学意味是，华夏先民最初的美来源于氏族所崇拜的神祇，由神所赋予。个体则因为拥有了神祇和氏族认同的标志物而美丽，而自信。

不在心部同样与心有关的还有很多，再看一组：喜忧爱知。

喜（喜、喜）《说文》释为“乐也。从壴（zhu 音），从口”。郑玄释《诗经·七月》“田畯至喜”句中喜为饎（xi 音），义即酒食。林义光认为壴象豆丰满上出形，喜为古文饎，兼有酒食义。马叙伦认为壴为鼓字初文，转注为喜。唐兰认为喜象以凵（口）盛鼓（壴）之形，从口壴声。喜壴古音相近。杨树达认为壴表乐器（鼓），口表乐声，闻音乐则人喜乐。《说文》释壴（壴、壴）为“陈乐，列而上见也。从中，从豆”。郭沫若认为壴即鼓字初文。戴侗认为壴字中象鼓，上象设业崇牙之形，下象建鼓之基。丁山认为殷卜辞“壴鼎”为武丁时壴氏遗物。《左传》所载

“振旅愷以入于晋”之愷（简体作恺）即壴，意即晋文公胜楚班师时以鼓队开道入城。壴氏故地，当索求于泜（zhi 音）水流域的鼓聚。笔者按许慎释壴所言的“陈乐”意即战阵之乐，陈阵可通。壴即战鼓。喜所从口，既非建鼓之架之凵，也非击鼓时的歌乐，而是鼓成之后的欢呼。击鼓现场则非常艰难，两军对垒，胜败存亡攸关。鼓时为壴（尌、彭），壴后有喜，喜后有嘉，饎或为嘉的一种形式——用酒食欢庆胜利。喜与饎因此可通。至于晋文公凯旋之鼓，已非壴鼓初义。

忧繁体写作憂，《说文》释憂为“和之行也。从夊（sui 音），𢝊（you 音）声。诗曰，布政忧忧”。𢝊从心从页（或页声），义即愁。一说𢝊象颠沛之形。一说与夒可通，夒假为忧。王国维怀疑𢝊为羞字的古文。强开运认为忧即优的本字，优有游义。马叙伦认为今杭县谓轻行不闻步声为忧忧地走，许慎所言“和之行”当为缓行的引申义。笔者认为忧所从夊表征不自信的脚步，有迟缓和后退义（见“第 4.2 节”释夊），马叙伦所言缓行义当从夊来。忧所从页即人首，所从心有心事重重义，脚步迟缓和心事重重均呈现于人首，即为忧。优有游义，游是为了布政（布政忧忧），布政是为了生活之优。但能否得优并不清楚，只能是脚步迟缓、心事重重、小心翼翼，呈现出“忧忧”之状。忧表征的是先民政治家们对氏族生活的敬畏之心，和秦以后皇权的自信满满成鲜明对比。

爱繁体写作愛（𢜤），《说文》释愛为“行皃（貌）”，从旡（ji 音）从心从夊。旡心合体为古文愛，《说文》释为“惠”义，谷衍奎认为会嘘寒问暖关心他人（心）温饱（旡）之意，本义为惠爱。马叙伦称杭县谓人从人群中缓行而前叫慢慢地挨过去，即古文愛。笔者按挨愛有接近、亲近义。旡表征全天用餐结束（小食）之人（见“第 4.9 节”释既旡），旡下加心为古文爱，意即饭饱之人，转而关心族人有没有吃饱。爱者脚步迟缓（夊），是因为郑重其事。爱有挨义，或表征当初的持匕分食饲母从族人中间挨个地询问过去，即许慎所言的“行貌”。

知《说文》释为“词也。从口，从矢”。释义不清。朱骏声认为知有识义，因识于心，故疾于口。一说知从口矢声。马叙伦从此说，认为知应归入口部。知在《说文》中归矢部。柯昌济认为有从大从册或从门的古文知，殷卜辞“旧知”当属针对旧日所知道的祭礼制度而言。

笔者认为知所从“矢声”之矢当为口所发出，箭矢有同（及）于不远处的目标物义，将箭手与目标物连接为一体，即射其所是，矢与是音同义通（见“第3.3节”释矢）。知所从矢从口中所发，为声言。如同于外物即为知，也即许慎所言的词。背后的意味是，能言说且能在言说中触及对象物，方达成对该对象物的认知。决定一个人的言语是否有知，关键在于言语中是否有矢，矢是否及物。

很有哲学意趣的是，快慢得之于心，而非单纯地取决于对象世界。

快《说文》释为“喜也。从心，夬（guai音）声”。快有喜义。马叙伦认为快本训为“亡”。汤余惠认为古文快从夬在心上。《说文》释夬为“分决也”。从又，又上象决形。徐锴认为“丨，所以决之”（夬中有丨是用来决定的工具）。林义光认为夬象挟矢所以持弦之形，着右手巨指以抉为之。一说夬所从又上为攴。徐灏认为夬抉为古今字。徐中舒认为夬象玦玉形，会两手持环形有缺口玉璧（即玦玉）意。马叙伦认为决为声训，夬的本义亡失。赵平安认为夬形义为射箭时戴在大拇指上、用以钩弦的扳指。笔者认为赵说可采信。许慎释快为“喜”。前述喜，表征鼓成之后的欢呼雀跃状；此处快，当为抉成（钩弦射箭且射中目标）之后的欢愉心情。快所从夬，通抉，意即钩弦射箭。是否可钩弦发射需要抉择，也需要做出决定，故夬有抉和决义。钩弦抉择需要快速做出，时机稍纵即逝，后引申出快速义。

慢《说文》释为“惰也。从心，曼声”。一曰，慢，不畏也。桂馥认为日狎习相慢即“不畏”。（笔者按：“不畏”意即不敬畏。）马叙伦认为借慢为慲，义即忘其可畏，与《庄子》所言“大恐慢慢”（因大恐，转若无所畏）相符合。《说文》释曼为“引也。从又，冒声”。刘心源称《左传》记载有郑公子曼伯，曼姓出于商。一说曼伯后有蔓氏。林义光认为曼冒为双声对转字，古文曼或从爰省，爰有引义。郭沫若认为曼初文象两手以张双目形，楚辞所言“曼余目以流观兮”即曼字初义。谷衍奎从郭说，释曼为引目流盼。马叙伦认为曼实从寽，为寽的转注字，也是爰的转注字。

笔者认为冒兼有蒙和前义（见“第 4.4 节”释木冒）。曼所从冒声之冒，所蒙的是人首，所前的是目光。曼所从又为引导目光之手，许慎释曼为引，仅涉及手，未涉及目。慢字初义表征心手目三者合一，从容顾盼周边世界，眼前既无惊恐之物，也无有待猎取之物。慢因而既有桂馥所言的“不畏”义（因无惊恐而不畏），也含有与快初义相反对的“不喜”义（因无目标物不喜不快）。

快在心在手，心疾手快；慢则心定、目淡、手缓，从容不迫。两者的共同之处则是，虽然最初的差异源于对象物的不同，但最终的快慢还是取决于我心。

5.5. 示与玉：天地神通

——“示、丅、神、祇、祗、福、祸、祈、禅、玉、球”及其他

外在于人体、而关乎心灵的两个标志物，莫过于祭神架（示）和玉石。借助它们，华夏先民与天地神祖可通。

示（丅、亍、示、示）《说文》释为“天垂象，见吉凶，所以示人也。

（字形上部）从二。（字形下部有）三垂，日月星也。观乎天文以察时变，示神事也”。罗振玉称殷卜辞中的示上部或从一或从二，宗所从示也如此；下部或省作丨。王国维认为殷卜辞中先王先公皆称示，如大乙大甲祖乙合为三示。先臣（如伊尹）也称示。故有元示二示三示四示小示这样的等差。叶玉森认为甲文丅或为示字的初文，上从一，为天，下从丨仿佛有神自天而降。后变为下从一，像地，谓神自天下地。再变为上从二，属于从一的衍变形式。二下三笔为许慎所言三光日月星所由来。商承祚认为示字中的丅为神主，上或从二，丨两旁笔画象祭时洒酒形。（笔者按：此说胶着于字形。）胡光炜认为丅像木表，所以代神（即祭神架）。祭人鬼立其尸，天神地祇无尸可立，则植木表以象征神之所在。明义士认为示中之丅象祭坛之几，一竖一横石片构成之形，其上各形皆为祭品，以表征各种祭祀。丅所从丨两旁点状字符为祭品流下的酒滴。许慎所言属晚周及汉朝人的思想，非示字初义。唐兰认为示主一字，示与主与宗为一声之转。示及宗，先为鬼神之总名。示与主，本用木和石拟鬼神以祭，藏于庙即为宗。王筠认为观示为示字本义，《周官》以示为地祇之祇，当为示字古义。马叙伦认为示实为光明崇拜之义，穴居先民以无星为凶、有星为吉。示字异文，或表征星象的不同。此即许慎所言“天垂象”义。丁山依清人的祭天杆释示，示所从一（或二）为上帝象征，所从丨即祭天杆，杆旁之八象祭祀者悬挂于杆上的彩帛。丅既是示字的简笔，也是氏字的初形。朱芳圃认为示丅所从一为上，所从丨为武器，合则意谓至上权威。姜亮夫认为示当即原始的神字，示神为双声转注字。其字形来源于大石文化时期的大石纪念物。先竖立一（或几）块大石，上再盖一大石，即为示。墓上立石、庙堂中的神主、家堂中的栗主（灵牌）与示同源。田倩君认为丅所从一为天，所从丨源于祭祀者想象上神至天而降。其想法虽幼稚，但合乎初民事实。戴家祥认为甲文示或刻写为丅，金文丅是否为示待商榷。《文字考古》认为殷人居于桑林时，用桑木做成的“神主牌”即“桑主”，俗称“灵牌子”，挂在扶桑神木的干枝上。也简称为“主”。进入游牧期后，则以丅形的祭神架（示）代替扶桑神木，神主牌则挂在祭神架的横木上。

笔者认为甲文丅（示）所从一表征上天，也即上，所从丨表征上神自天而降事件。字形具体来源则不可考。诸家所言星光（或包括流星，甚或玄鸟）、大石纪念物、祭神架乃至先民对上神自天而降的幻想等，均有可能。示和下同源于甲文丅。丅与丄（古文上）相对成文，起初或均为动词，天与地因此而贯通，天干地支思想孕育于其中。命灵随着玄鸟而下丅为人子，复上丄则归为神主。示因而与氏族之氏、与地支之支音同义通。神为氏族之神，人既在天地之间，又与神同在氏族之中——人与天干地支作用得以连接为一个整体。

甲文有帝无神，帝和人不在同一个生活世界里，神却与帝不同。《说文》释神（、、）为“天神也，引出万物者也，从示申”。高田忠周引古籍称阳之精气曰神、神申为古今字、神与电同意，古文当以申为神、为电，雷电神皆有引出成物之意。吴国杰认为申电一字。申为干支义专用后，乃加示为神。马叙伦认为申为电字初文。先民以为电激发阴阳，生发万物，故以申为神。田倩君认为神之示旁为周时所加，电（繁体写作電）字周以前无雨旁。

笔者认为当结合帝字认识神，虽然帝和神都是生活世界的原因，但帝和人不在同一个生活世界里（见“第 1.5 节”释帝），神则进入了人的生活世界并生发出万物。神之所以能做到这一点，正因为神从申。甲文申或象瓜藤生长形，或象双手结绳形，或象闪电、长虹悬挂于天幕形，长虹、闪电、瓜藤或绳子向外生长即为申为伸（见“第 2.6 节”释申）。从申的神如同彼岸世界里的帝神之帝向此岸世界里的延伸，并进而生发大地万物。帝和神原本一体两相：在彼岸世界里为帝，进入人的生活世界则为神——其途径恰恰是通过示（丅）通过申。示和神属一体两相。神若回归彼岸世界（丄），则复归为帝。人归为鬼，神归为帝。对华夏先民来说，帝和神同源于彼岸世界，但帝一直在彼岸世界，神则可以自由出入人所在的此岸世界。

郭静云认为殷商人为先王举行虞祭，不仅是礼送先王乘日升天，同时还协助其升天后能顺利朝见日父，也就是刻辞中的“宾于帝”。笔者按：从中可分析出两种不同的先民意识：一、假设“宾于帝”不限于先王而是包括所有人，则意味着神鬼可通，且最后都能归于帝侧；二、假设“宾于帝”仅限于先王而不包括其他先人，则意味着先王获得了某种特权——独享神权的特权。笔者进而推测最初流行的或是第一种意识，后被第二种意识所取代。颛顼“绝地天通”事件所蕴含的逻辑，乃至王权取代神权的逻辑已隐身于上述过程中。

天神入地为祇（朩、祇）。《说文》释祇为“地祇，提出万物者也。从示，氏声”。马叙伦认为神祇为转注字，地祇即帝神。徐中舒认为天曰神，地曰祇，对言有别，单言则祇也是神。王国维认为祇在《诗经》中可训为安。李学勤认为祇在《易经》中可训为大。张亚初依据召伯虎簋铭文经郭沫若认定的祇字，考察了祇字在甲文和金文中的字形演变脉络，认为该字并非郭沫若所认为的象两缶相抵之形（），郭氏进而释祇为抵和底的本字也是错误的。该字为树木枝叶茂盛舒展状，应是祁的本字，祇属于借用的后起字。笔者按，该字当为甲文帝字的变化形式，或与二（古文上）可通，可解释为祇字初文，但并非从郭沫若所说的两缶相抵形变化而来，而是由团状瓜蒂形（表征帝）变化为上下结构的树木甚或是根木形（以表征祇）。团状甲文帝表征帝在彼岸世界，上下形的甲文祇表征帝下变为祇。祁和祇原本音同义通。大、安、盛诸义，当为祇的引申义。

祇与祇（）可通。《说文》释祇为“敬也。从示，氏声”。郭沫若认为古文常祇敬连文，“有祇”与“有成”对文，祇当又读为底，底有定义。马叙伦认为祇为禔的转注字，是与氏可通。（笔者按：马说意味着祇与祇可通。）一说祇可释为振震。一说祇若兹。笔者按振震与辰蜃通，兹兹与玄鸟通（见“第4.8节”释玄兹兹），辰蜃与玄鸟通（玄鸟入海化为蜃）。《说文》释氏（）为“至也。从氏下着一。一，地也”。马叙伦认为氏为地的转注字，氏从氏得声。鲁实先认为氏为氏的初文，氏氏为一字。李孝定认为甲文氏象形人侧立、手有所提挈，氏初义当为提，形近于氏字古文。《说文》释氏（）为“巴蜀山名”，岸崖外伸呈摇摇欲坠之态的山体叫氏，氏若崩塌则声闻数百里。释义怪诞。林义光认为氏本义当为根柢。姓氏之氏即由根柢之义引申而来。郭沫若认为氏或为匙的初文。陈独秀认为氏氏字形皆出于丨，即树木主干。氏氏皆象木橛着地形。

笔者认为甲文氏氏中的丨远非陈独秀所言树木主干，而是玄鸟命灵自天而降的丨，也即甲文示丅中的丨。甲文氏氏字形当从甲文示演变而来，由上神示丅人间的景象演变为大地上的人形。示氏氏同源于帝神和玄鸟自天而丅（下）的现场，示所表征的是上神向人间的降临过程，表征的角度来自于上神；氏氏则表征人间同上神之间的连接关系，表征的角度来自于人间。故帝神有示丅，人唯有氏氏。人和神连接为一个整体即为氏，也为是，是与氏音同义通。人神接续为整体的标志时刻则为氏，许慎所言氏“从氏下着一。一，地也”，意即氏落定于大地为氏。氏和氏的区别是，氏强调人和上神及先人的连接，氏强调的是该连接点为大地（氏所从一）。祇祇因而与玄鸟及蜃可通。为氏氏二字添加示旁，当是周人所为。许慎释氏所用“巴蜀山名”这一怪异说法，或许蕴含有殷商后裔对周灭殷商事件的灾难性记忆（按《文字考古》的说法，巴蜀人为殷商人中的一支）。氏族之氏以及根柢之柢均属于后出义。《说文》释禔为“安福”，意味着禔在氏氐之后，人与上神的接续已成为一种常态，并因此获得安福。“帝神—示丁—氏氐—禔”呈现出一个完整的时间链条，链条中的诸字音义可通，它们在各自的环节上共同表征着同人神得以接续的生活事实。

福（、）《说文》释为“祐也。从示，畐（fu 音）声”。罗振玉认为甲文福从两手奉尊器于示前，或省廾，或并省示。殷商福为祭名。祭字象持肉，福字象奉尊。故福字从酉（酉即尊器）。也非许慎所言“畐声”。王襄从罗说，认为福字所从尊（酉）有种种别构。马叙伦认为福所从畐即釜（锅），以熟肉示神即为福。福从畐会意，从畐如同从肉。分食祭祀用的牲酒，即《周礼》所言致福，也叫散福或赏福。一说致福“谓诸臣祭祀进其余肉归胙于王”，贡胙于王为福。《说文》释畐为“满也”，从高省，象高厚之形。

笔者认为福字初义来源于畐字的满义，因满而有余义。民间俗语“吃下去的为禄，余下来的为福”，福有富余义。因为富余，就有了向上的贡献，也有了向下的赏赐，两者都叫致福。上下之间分享富余酒肉，不是炫富，不是贿赂，也不是奢侈浪费，而是祈求未来有更多的福。今广东人春节派发红包时都说，派出去的越多，年内赚回来的也就越多。殷商人的福祭，或许也出于致福目的。福畐所从的尊酉，因此获得了聚宝盆一样的神力，该神力只能来源于上神的福祐。

福的反义词为祸，繁体写作禍。《说文》释禍为“害也。神不福也。从示，咼（gua 音）声”。陈梦家认为古文咼本作冎（gua 音），过（過）及禍的初文当从冎，皆为冎的孳乳字。咎与過同义，禍即過。马叙伦认为禍害以双声为训，校语“神不福”是禍字的本义。严一萍认为冎即禍字初文。

《说文》释咼为“口戾不正也。从口，冎声”。林义光认为古文咼不从冎，当无冎字。马叙伦引《玉篇》等古籍认为“口戾”于字义已明了，“不正”二字为浅人所加。

《说文》释冎（、）为“剐人肉置其骨也。象形，头隆骨也”。陈梦家认为冎为卜骨（骨头做的卜具）之形，小篆骨从冎下有月（肉）。骨也是冎的孳乳字。马叙伦推测《说文》本作骨也，以今释古，校者不知，则以“剐人肉而置其骨”释之。冎即骨字初文，小篆作骨为后起的歹字，许慎训歹为列骨之残。于省吾认为甲文冎本象骨架相支撑之形（笔者按近似于Z字形），此即骨字初形。在古文字中该字形常见。徐中舒认为冎字初形从卜在囗中，所从囗象占卜用的牛肩胛骨形。

既然咎過禍三字义通，接下来比较咎過两字。

《说文》释咎（、）为“灾也。从人，从各。各者，相违也”。阮元认为有从人从舛从口的异体咎，相违之意因从舛而愈显。另有从疒省的异体咎。马叙伦认为咎从人各声。

《说文》释過为“度也。从辵（chi 音），咼声”。郭沫若认为古有過国，“寒浞处浇于過”之過即为過国。马叙伦认为過为跨的同声转注字。杨树达认为有从辶戈声的异体過，或从行（彳亍）戈声。李孝定从此说，认为戈過咼古音同部，過以戈为声。

笔者认为当回归到殷商游牧队伍中认识過字，一边放牧牛羊（或有猪豕）一边渔猎采摘一边前行，当为游牧队伍的主题，人畜均从大自然中获得给养。此状态可描述为得福，福畐所从尊酉里不断装入新的财富。過则意味着停止放牧渔猎采摘等一切生产活动，只是简单的跨越和度過，福畐所从的尊酉于是被替换成過所从的咼冎。此即過字的初义。从辶戈声的异体過，与之义同。過国或许是当年殷商游牧队伍路过时停止放牧渔猎采摘等活动的特殊地带，其因不详。過因此获得“不福”义，并因此与祸义相通。两者不同的是，過属于人主动“不福”，祸则源于神“不福”。神不赐福于人，故成为灾祸。

神之所以“不福”，是因为人的“口戾”，也即有咎。冎本义为卜骨，最初或来源于已故卜者的身体，即许慎所言的“剔人肉置其骨”。因为最早的卜具就是卜者的身体（见“第3.4节”释卜）。倘若卜者突然亡故，且亡者生前格外德高望重，一时找不到合适的接替者，其遗骨极有可能成为新的卜具咼——离原先的卜具（卜射之人）最为亲近。本该由新卜具冎自己“说”出神示，但如果人为地说出神示，也即违背冎而说出神示，即为咼。咼所从口属于人肆意妄言之口，也即许慎所言的“口戾”之口。此口与咎下所从口相同相通。咎从人各声。各初义表征脚足相遇者（夊）通过言说（口）各自对自己做出说明（见“第4.2节”释各），后因为各说各话引申出相违义。咎下的人与人相违之口，与咼下的人妄言之口可通。咼祸咎因而古义可通。

笔者进而推测近似Z字形的甲文冎（于省吾所言象骨架相支撑形）所呈现的，或许正是新卜具冎所卜问的结果，表征的或是殷商游牧队伍走出当下困境的路线图，也即最初的卦象。如卜者依然在世，他会默记在心中，卦象因而无需刻画出来。只有当卜具不再是卜者的身体时，卦象的刻画才成为必须。冎所呈现出来的Z字形或来源于对前方山脉走势的模拟，传说中的连山卦当源于此。旧说夏有《连山》、商有《归藏》、周有《周易》。归藏当属于农耕意识，连山则对应于游牧生活。最初的卜卦当起源于游牧生活途中，最初的卜骨当源于卜者。冎卦或音同义通。羊猪牛等动物卜骨最初用于刻录占卜结果，后来才可能成为卜具，且通过烤炙的方式裂璺（纹）问卜。也正因为动物卜骨或刻录有卜问的结果，或残留有烤炙的痕迹，在今人的考古活动中被大量发掘出来。

为了趋福避祸，人们需要祈祷。祈（）《说文》释为“求福也。从示，斤声”。孙诒让认为金文中祈多借旂或蘄为之。一说蘄即古芹字。高田忠周认为蘄所从单或为禅字省文。展旂以统一众望为单字初义，三单即三旂。单后引申出孤单之单义。郭沫若认为金文中有“从言旂声省”的异体祈。徐中舒认为祈必然向对方有所求，所省略的对方为上神或先人。一说祈为求之祭。马叙伦认为祈为祭的转注字。《周礼·大祝》载有“六祈”，郑注称“谓有灾变，号呼告神以求福”。于省吾认为古代祭礼与祈礼有别。

笔者认为祈或多与灾变有关，所以举旂，所以从斤。最初的祈或发生在殷商人游牧途中，困顿之中祈求新的水草之地，故甲文多借蘄为祈。蘄所从艹为水草之地，当在未知的远方；所从单为旂，即游牧队伍之旗帜；所从斤为破解困顿之局、开辟通向水草地道路的斧头，或在率斧开路的父手中。蘄所求福，当为关乎水草之地带来的福畐。至于“从言旂声省”的异体祈，其所从言当为朝向上神和先祖的祈福之言。后出的从示从斤的祈，当从蘄简变而来。

祷繁体写作禱，《说文》释禱为“告事求福也。从示，寿声”。叶玉森认为殷卜辞有“妣壬祷亡尤”句，祷为祭名。杨树达认为祷从示寿声，向神祈求延年益寿之福方为祷。马叙伦认为祷祝为双声转注字。笔者按铸从寿得声，祝和铸古音相同，一说祝铸同字。《说文》释寿为“久也。从耂（lao 音）省”。戴家祥认为寿象耕田屈曲之形，有深远之义，故引申为长久。一说寿字图形为擣（dao 音）字初文。

笔者推测寿字图形或源于河流波浪由近及远之形，涛字从寿；或象耕田屈曲之形（如戴家祥所言），畴字从寿；或源于树木根系、藤蔓乃至长者发丝，擣字从寿。虽具体来源已不可考，但许慎所言寿从耂有久远义则可采信。祷初义（当如杨树达所言）为求延年之祭，求寿之祭为祷。

禅繁体写作禪，《说文》释禪为“祭天也。从示，單声”。郭沫若认为旧说中的禅多解为祭地。《说文》释單（、、、）为“大”。林义光认为单即蝉字古文，单因蝉翼而有薄义，因蝉化而有蜕变义。陈邦福认为甲文单从吅从甲（或从中）。单初文象蕲字的省变，后辗转训为大。罗振玉认为单与兽字形相近，戰（战）字所从单，盖与兽同意。柯昌济认为古文单亶可通。高田忠周认为单为星名，《尔雅》所载“大岁在卯曰单阏”是也，字形象木星和从星。严可均认为單上部从吅、下部从車（车）省，字形下部为车字的省形，《穆天子传》中的“是曰囧单”之单指丧车。丁山认为单干一字，单与盾同实而异名。马叙伦认为車单兽为一字。姜亮夫认为单由干繁变而来，干单畢（毕）为同源衍生字，单为兵器。郭沫若认为单初义或为捕鸟之器，也用于作器者的国族，周有单伯。俞伟超认为东西南北“四单”在殷墟四方且相距不远，单应是社会组织、聚落和氏族之名。另，殷商人以单为台。梁东汉认为单源于扬子鳄的象形。

笔者认为单上部从兽省，下部从干省。单所从兽应来源于图腾崇拜，起初或为兽首（如虎豹之首）抑或连有兽皮（如虎豹之皮）。图腾崇拜物之兽或许种类繁多，未必限于梁东汉所言扬子鳄。单所从干当为顶有横木的竖木。兽首立于横木之上，行进在殷商游牧队伍的前列，此即单字初义，也即图腾旗的前身。将所崇拜的动物图案画在旗上即为图腾旗，单因而与旗、与干相通。单起初或为人力扛举，后来移植到车上，因而与车相通。戰（战）字从戈单声，表征兵器之戈为图腾单而战，也即为氏族神祇而战。从单到蝉，因为兽皮与蝉壳相类似；差别在于单属神祖（图腾本义为氏族先人），蝉属虫类，故蝉字从虫。床单之单和鸡毛掸之掸，保留有这份古义。单进而引申出蝉化、嬗变之义，为蝉为禅。禅作为古祭名，最初应为图腾物之祭。因上神与先祖相连续，则祭天与祭地同理。佛教中的禅宗之禅，保留有蝉化、嬗变义。单或从干得音。

天地神通的还有玉（、、、），《说文》释玉为“象三玉之连，丨其贯也”。罗振玉认为卜辞玉作丰形，丨露出两端。至古金文皆作王形。郭沫若认为丰绝非玉字，当读为介。介，今作个。马叙伦认为玉工一字，玉字本义指二玉为珏。玉后借为石之美者所专名。王国维认为甲文豐（丰）象二玉在器之形。杨树达认为古人以玉事神，造字之初即如此。连邵名认为甲文异体玉极像商代被称为柄形器的玉器，说明玉字本来是个象形字。殷卜辞“燎于王亥，其玉■甲申卜”等记载表明殷商燎祭用玉。周人“天子奉玉升柴，加于牲上”，与商代祭礼相同。戴家祥认为玉当首先用于经济领域，作为货币流通手段。后才作为佩玉。

朱大可《华夏上古神系》称华夏先民在“非洲大迁徙”中渐渐告别了早先的西方巨石文明，发展出了以玉为代表的东方细石文明，良渚文化和龙山文化为其典型。笔者认为巨石文明和细石文明的初衷则是共同的，均服务于人世同上神的沟通与接续。戴家祥所言玉石首先作为货币流通的说法，当属于以今人商品社会视角解读殷商巫礼社会。另一个相关事实是，巨石无法长距离迁徙，细石文明或许正是在华夏先民长距离迁徙中逐渐形成的。华夏玉石也多是从境外的西部和南部引入中原的，与“非洲大迁徙”的路线图相一致。今天的我们在理解玉字的初义时，需要将玉石同西方（从古希腊文明到玛雅文明）巨石神坛联系起来，商王和周天子们也正是这样做的。若如此，则玉字读音极有可能和於于有关，表征氏族后人在此（於于）。玉字字形则或如连邵名所言，来源于制玉的工器——玉连同玉字均借形于该器。君子佩玉的背后，起初当意味着佩玉者同氏族所崇拜的神祇相连接。玉有“五德”当属于后出的引申义，玉被视为干支作用的精华，被视为大地万物中的君子。

球《说文》释为“玉声也。从玉，求声”。球也作璆（qiu 音）。一说声为殸之误，玉声为玉磬之误。一说球成器为磬。严可均认为《集韵》释球时引作玉声，一曰美玉；《韵会》引作玉也，一曰玉磬。由此可推《集韵》所言声字为磬字所误。马叙伦从严说，认为翏（liu 音）求为同声转注字。《说文》有翏字无求字，释翏为“高飞也。从羽，从㐱”。柯昌济认为翏从交羽得字形，当为古意。（《说文》所依据的）小篆字形非古意。林义光认为翏象鸟羽毛丰满欲飞形。黄锡全认为古蓼（liao 音）国之蓼也写作翏。戴家祥认为㐱本有羽义，与偏旁羽重复，属于对本字意义的叠加。笔者认为翏当有众鸟高飞义，与柯昌济所言“交羽”、戴家祥所言“重羽”可通。又因众多引申出寥廓义，因众多引申出匹配（君子好逑）义。球所从求与翏可通，初义为玉磬，蕴含有归于氏族之众义。因众而圆满，因圆满而球形。

环繁体写作環，《说文》释環为“璧也。肉好若一谓之環。从玉”。高田忠周认为圜训天体，与環同属正圆，义近声同。王国维认为古时環玦多由扇片玉块拼合而成。马叙伦认为璧字初文写作 O 形，两璧相贯为连環之環的本字，非環璧之環。環瑗为近音转注字。饶宗颐认为 O 即環字，其上增爪仍读为環。甘肃有環河，源出于環县，南注入泾水。卜辞言于土（方）敦“伐環”，環地与杜地正相近。笔者认为马叙伦所言最为精准。其中 O 形为環璧之環，两 O 相贯为连環之環，也即王国维所称的環玦。而无论是哪个環，均有高田忠周所言的圆义，与天体之圜可通。

玩《说文》释为“弄也。从玉，元声”。异体玩写作貦，从贝。桂馥认为“玩，弄也”出于《字林》。高田忠周认为玩抏同字，《荀子·王霸》“县乐泰奢游抏之间”语中的游抏即游玩。马叙伦认为玩或借为弄，玩弄古音相近。弄奉一字。《国语·吴语》“将还玩吴国于股掌之上也”，

《淮南·精神训》“玩天地于股掌之中”，玩皆奉义。玩或作貦，本义当为珍宝。

笔者认为玩所从“元声”之元当为人之首，玩极有可能是殷商人戴在头上的玉石，或因其殷色，或出于它因，但一定和氏族认同有关。戴上和取下时也一定是双手奉捧，或间有抚摸，玩因而与弄可通。佩戴的位置或穿鼻，或穿耳，或置头顶，如同今天非洲部落所常见。周灭殷商后，改为服饰上佩玉，玩弄二字成了贬义词。这或与周人对殷商文化的诋毁和遮蔽政策有关。

5.6. 图腾旗：燕㞕龙虎

——“燕、雁、殷、殳、㞕、星、龙、虎、豹、凤”及其他

先民最初的崇拜意识当聚焦于日神。依据《华夏上古神系》考证，日神原本居于非洲最高神的位置，却在华夏大地上渐渐淡出。地神黄帝后来居上，成为华夏人文始祖和最高神。笔者推测或因为华夏先民离开非洲太过遥远，转而关注自己所在的氏族和脚下的土地，选择了一种“离天空很远，离大地很近”的精神生活（参阅“第 1.8 节”释伏羲舜）。日神乃至所有高居上天的帝神被华夏先民敬重于彼岸世界，他们统称为“帝”，虽然是生活世界的原因，却不和我们在同一个生活世界里（见“第 1.5 节”释帝）。高高飘扬在华夏先民图腾旗上的，也就不再是日神图像，而是高飞于天际、按季节南来北往的玄鸟燕雁。日神和人之间的连续性犹在，留存在日字连同光字的初文中，同时将“天人合一”思想包含于其中。日字初文中的神秘一画，留下了华夏先民进入日光中的痕迹（见“第 2.4 节”释日光），人原本就在日光中。

燕（、、）《说文》释为“玄鸟也。镊口，布翅，枝尾，象形”。吴大澂认为古燕字“象燕处巢见其首”形；宴旻匽三字古文同体；宴安、旻安、匽匿皆燕安之义。罗振玉认为燕象（前述）镊口布翅枝尾之状，篆书燕其形稍失。卜辞借燕用为宴享。叶玉森认为燕象飞燕之形逼肖。章炳麟认为燕字读音从乙古音对转而来。杨树达认为卜辞燕与雨对贞，吉燕犹如今言快晴。沈涛认为一说燕齐鲁谓之鳦（yi 音），枝尾一作岐尾。马叙伦认为甲文燕象燕飞之形。玄鸟以下文字为校对语，许慎只是训燕为鸟。鲁宾实认为燕在卜辞中有二义：一是燕享，义同宴；二是燕方，周时南燕国，今为河南延津县。朱芳圃认为燕乙肖其声（意即从燕子鸣叫声中得字音），玄鸟言其色（意即燕子羽毛为玄黑色）。古籍载“帝祀典之最隆者，燕高禖之神也”，当从“天命玄鸟，降而生商”而来。笔者认为朱芳圃所言较为完整，可采信。需要补充的是，甲文燕与人形可通，人与帝神间的连接因玄鸟燕得以中转。描述燕子形态的镊口布翅枝尾，透露出玄鸟燕与殷人之间的密切关系：布翅之布当从玄鸟之玄之丝而来（见“第 4.8 节”释玄丝），枝尾之枝当从空桑木母及高禖而来。高禖即高某、高楳，《文字考古》认为某字初形来源于桑树枝条。

雁（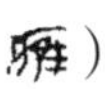）《说文》释为“鸟也。从隹，从人，厂声。读若鴈”。徐铉注释雁为知时鸟。俞樾认为雁鴈一字，小篆从隹的字，籀文多从鸟（意即鴈为籀文，变篆体后写作雁）。马叙伦认为雁从人之义属穿凿附会之词，雁鸿为一字。《说文》雁鴈皆从厂声，厂即厈（an 音）省。雁读音初为厈。厈从干得音，故鴈篆文也作从鸟厈（或干）声。后因讹厈为仄，便改为从人厂声。笔者认为马说可采信，安徽安庆方言中雁读如岸，厈为古文岸。其读音当来源于大雁的“其鸣自呼”。《文字考古》认为燕雁一体两相，皆为玄鸟。遵此说，则初文雁未必从厂，而极有可能从乙。

雁所从厂或为乙字的变形，与乙反向成文如厂，后误认为厂。背后的故事是，春天燕子飞到，殷商人开始北上游牧；秋天大雁南飞，殷商游牧队伍开始南回。乙与厂因而反向成文，背后是殷人春随燕乙北往、秋随雁厂南归。厂下加人及隹鸟，为雁为鴈，或与周人抹杀殷商文化记忆的政策有关。其做派与改乙乚为鳦（齐鲁人呼燕为鳦），将玄鸟贬为普通鸟类（见“第 1.3 节”释乚鳦），如出一辙。乚为玄鸟乙的异体，读音同乙。

殷（、）《说文》释为“作乐之盛称殷”。殷从反文身（），从殳（shu 音）。《易》曰“殷荐之上帝”。翟云升称《九经字样》引作隐平盛也，隐平言隐之平声（意即殷读隐音平声）。龚橙认为许慎释殷为“作乐之盛”，形声皆不合。俞樾认为“作乐之盛”属附会之词，非殷字的本义。殷当隶属于殳部，殳部有三字（殿殴等）训为“击声”，殷应与它们可通（当训为击声）。马叙伦从俞说。朱骏声认为殷所从反文身为舞者容，殷所从殳为舞者器。高田忠周认为“反文身”表征击乐人之容，殳表征击鼓之意。饶宗颐认为《易》益卦六四“利用为依迁国”中的依，为盘庚所迁之殷都。依即衣，实即殷商人的殷都。于省吾认为殷象人内腑有病疾，用按摩器治疗状，和作乐舞干戚之类毫不相干。胡厚宣认为殷象一人腹内有病，另有一人用手持针刺病之形，殷有痛义。殷商时刺病之针一般当是用青铜制成。戴家祥认为诸说难以信服，殷初义待考。殷所从反文身《说文》释为“归也，从反身”。惠栋认为反文身是依字的古体。龚橙认为与身同义。马叙伦从龚说，补充认为与依同源，但不同义。

《文字考古》认为身字的本义或古义是指怀孕，甲文身象有孕大腹形，身从娠得音。笔者认为此说可采信。需要商榷的只是，将身初义理解为有孕之身或许更为精准（见“第 5.8 节”释身）。人的无孕之身则称为尸，即居尻（ju 音）所从尸。殷商时孕妇产子过程中死亡率极高，故有“子生母死”之说。殷所表征的正是“子生母死”这一特殊时刻的特殊场景。天干十日神灵以玄鸟为介、以空桑木母为媒，在生母体内孕育为人子，最终要降生于人世，便迎来了殷所表征的这一特殊时刻。行走在大地上的劳作之人被称为“人”，而“子生母死”时刻的生母与人子则同为“殷”，殷与人及燕雁音同义通。为求得玄鸟等神灵的庇护，此一时刻的母子或许要涂抹上赤中带黑的燕羽之色，该色即殷色。殷所从反文身当为生母之身，非通常意义上的孕妇之身。之所以呈现为身字反文，或因相对于人子之身而言——人子之身因头先出而与生母之身呈反向；或因为母死而归——反文身《说文》释为“归”义。在殷商人看来，人死为归，人归为鬼。

殷所从殳（、）《说文》释为“以杸（shu 音）殊人也。《礼》：‘殳以积竹，八觚，长丈二尺，建于兵车，旅贲以先驱。’从又，几声”。释义不清。高田忠周认为杸殳为转注字。杸原以竹为之，后改为用木。马叙伦认为殳部十五字皆有殴击义，殳与攴义同。殳为兵器（杸，军中士所持殳也），演变为戏剧中的武士锏锤。殳即打的本字，杸为后起字。劳干认为殳矛属于同一类兵器，矛头较轻而柄较长，殳头较重而柄较短。考古发掘出来的殳，世人多误认为是矛，如众所周知的越王矛有可能是越王殳。张日升认为甲文殳象捶物之器，殳非刺兵，而是杸的本字。李孝定认为甲文殳或为有刃的刺兵。谷衍奎认为甲文殳象手持长把圆头兵器捶击形，表投掷义。

笔者认为殷所从殳或为殳杸初义所在。殳所从又为手，所从几原本为木制殳器（杸）的象形，后讹变为几。持杸捶击为殳，殳为动词。殷所从殳，捶击对象为生母临产之身（即反文身），捶击的目的是为了“殊人”也即把母子分开，殊有分义。此殳和普通意义上的捶击当然有别，或许被赋予了巫术含义。巫医古本同源，以杸捶身催产（殊人）被误认为刺针疗疾。许慎释殷之言当有所本，只是因为初义迷失，以致释义含糊。后出的兵器之殳当为殳的引申义。

玄鸟降世为人为殷，玄鸟入海化鱼化蜃，《说文》释蜃为“雉入海化为蜃。从虫，辰声”。钮树玉称《广韵》释蜃时引作雉入水所化，《韵会》引作大蛤雉入海化。严章福认为海字当依夏小正写作淮字，《月令》“雉入大水为蜃”，注称“大水，淮也”。一说雉入淮化为蜃。马叙伦认为许训当为虫也，大蛤，雉入海化为蜃者。朱歧祥认为古人以蜃壳助耕。《文字考古》认为入淮化蜃之雉即玄鸟燕雁，淮即殷商游牧队伍秋天南回徘徊之地的淮河流域，淮徊音同义通。玄鸟入海化蜃与女娲“肠化十日”之说可通。笔者认为可采信。辰为蜃的初文，后因辰引申出时辰农事等义（见“第 2.4 节”释辰），便加虫为蜃表征本义。结合鲧禹神话和息壤传说，大致可发现由“玄鸟—蜃—鱼—蠵（两栖）—陆地”串联起来的一条进化链条（见“第 1.8 节”释鲧禹）。

辰后引申出时辰之辰，走进华夏先民的农事生活中，不仅说出时间，同时还言说着日月星辰，人世与上天得以连续。日和辰前已有述，下面来看星月。

星（、、、）《说文》释为“万物之精。上为列星。从晶，生声。一曰象形，从口。古口复注中，故与日同”。指称星辰之星。丁佛言称古陶文星（字形为三圆圈，呈品字状），象形。商承祚认为星初文象列星形，后以之为晶，义为精光，便加生符成星字，与晶字有别。晶实为星字初文。高鸿缙认为晶原为星宿之星，星晶古文一字。许慎所言万物之精，上为列星，属阴阳家语。李学勤认为卜辞中的“食日大星”语，意即至食日时大晴。《说文》释晶（）为“精光也。从三日”。孙海波认为星、参（参）、晨皆从晶，晶当为星字初文，字形象三星相连。杨树达认为晶星二字今音虽异，古音无殊。星从生得音，从生的旌字读

音与晶相同。《吕氏春秋》以精为星，可证精星古音同。星与晶都与精有关，《说文》释精为“择也。从米，青声”。翟云升认为精当释为米也。马叙伦认为择非本义。精粗相对成义，(《说文》字序）粗下只训为疏，精也当如此。段玉裁释精为择米。谷衍奎从段说，认为精为上等细米。

笔者认为谷说可采信，其可取之处在于细米之细。精与粗相对成义，粗许慎训为疏，由此可推精本义当训为细，粗细相对获义。为何上等精米为细米？笔者尝试着予以解释。按《文字考古》所言，殷商人的米既非稻米，也非周人的稷粟小米，而是桑葚碎粒。成熟而色泽犹青的桑葚硬度较高、晒干后易捻碎为粒。过分成熟的桑葚为黑红色，肥厚而水分高，不易晒干捻米。或直接食用，或用作涂抹身体的颜料，黑红色即殷色。青初义为青色丹石，后引申出青色义（见“第 5.1 节”释睛青）。精所从青当为青色之青，表征优质桑葚碎粒之米的色泽。晶从三日，因三而多，因多而细，许慎释晶星所言“精光”，义即精细之光，后来或引申出精致之光义。晶星的精细义当相对于日月而言；其光义当从日而来，日与光有内在联系且与人可通（见“第 2.4 节”释日光）。另一值得注意的是，由晶到星，所增部首为生。生从草木出于土上得义（见“第 4.4 节”释生）。背后的哲学意味是，上天星光的闪耀辉映与大地草木的摇曳之姿可通。天干地支及“天人合一”思想藏身于其中。精神之精当属于后出的引申义。

平势隆郎在《从城市国家到中华：殷周、春秋战国》一书中暗示我们，《春秋》公羊、左氏、谷梁三传连同《竹书纪年》等战国时纷纷问世的古籍，全都以春秋笔法的形式，通过对自家政权所继承土地与所对应星宿的解读，一是论证各自政权的正统地位，国土所对应的某个星宿，将帮助我王获得该星宿所代表的此前某个王朝（多数选择夏国）的正统性；二是预言未来天下的发展趋势，自家国君将会成为传说中的新王。

笔者按从中可窥见华夏先民对星宿与人世关系的独特理解，反过来会帮助我们理解星字的初义。

月（、、）《说文》释为“阙也。太阴之精。象形”。孙诒让认为古文夕月二字形近多通用。王国维称月也是祭名。于省吾认为月本有形可象，夕则无形可象，便在月字中间加一竖划为指事字标志，造出夕字，夕从月得声。

在天象崇拜之外，殷商人的原始意识中还有气象崇拜和植物崇拜。雷电雨雪雾风霖霜以及草木花（华）果诸字中，均留存有相应的痕迹。接下来，集中考察一下周人的五种图腾崇拜，它们分别是马龙熊虎凤（凰）。至于殷商人的空桑木母崇拜，参见“第 2.8 节”释桑及有关文字；周人源于农耕文明的地神（黄神，即后来的黄帝）崇拜、植物崇拜（稷）等，参见“第 1.8 节”有关文字。

马繁体写作馬（、），《说文》释马为“怒也，武也。象马头髦尾四足之形”。意即马字象马形。孙诒让认为甲文马有多种异体，皆象马形。另有简易整齐的马字。罗振玉称卜辞中的马虽字形多变，但一见就能认出是马字。强开运认为金文马全都从目，不从日。马叙伦称《玉篇》释武时也写作武兽，武怒皆以声训。高鸿缙认为武也怒也皆声训。甲文马象形，周人（籀文马）以目代首，并省去肚皮，小篆再略省，隶书变方，楷书则于古意全失。一说商代甲骨文中即有相马术、马匹阉割术及马医（巫马）的记载，商代铜器“马永盉（he 音）”上的马字像是族徽，永字或为人名，其身份应是为商王养马的贵族或官吏。周代铭文中有“遣马”之职，或为《尚书》所载“趣马”（掌马之官）。《文字考古》认为周人前身（虎豹部落）先是由猎人化为牧马人，以野生高粱茎（刍）为饲料。刍加马为驺（zou 音）用于牧马人自称，音转为 zhou 同周。驺族由牧马人再转为农人后自称为周。牧马女以马奶喂子，子呼母为妈。《庄子》所言“程生马”意即虫生马，虫即虎豹，因秦人读虫如程音，后人讹虫为程；所言“马生人”意即妈生人。笔者认为此说可采信，进而推测许慎释马所言怒也武也，当从此前的图腾物虎豹而来，承载的正是周族（及此前驺族）的悍烈之风。殷商人以牧牛放羊为主，兼由俘虏（家枷人）养野猪（见“第1.7节”释家），战士役使大象，商人拥有的马或源于周人的贡物。

《文字考古》认为周人以马为龙，繁体写作龍（、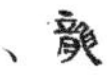），今文龙马精神一词或为旁证。《说文》释龍为“鳞虫之长。能幽能明，能细能巨，能短能长。春分而登天，秋分而潜渊。从肉，飞之形。童声省”。龍为有鳞动物中的王者。罗振玉认为卜辞龍或从䇂（qian音），许慎解读为童声省。郭沫若认为殷甲文中有异体龍，以亡为声。唐兰认为龍的原型为黄龍或地蟥，实即螭（chi音，初文写作离），古人认为它能兴云，曾被人误认为地蝼或蚯蚓。饶宗颐认为卜辞中借龙为宠。陈梦家认为地名“龍方”可能与匈奴有关，四方胡皆祭祀龍神，部落大会之地名为龍城。龍当初或是一种较大的蛇类。朱芳圃认为龍或为神话巴蛇，初民以其为神物，以烛薪之辉煌象征其威仪，故头上戴。龍古音与蟒阴阳对转，巴蟒则声近韵同。

笔者推测龙对于不同氏族而言或许来源不同，但龙卷风汲水现象或许是各氏族龙文化的共同源头，春分秋分时节较多且各地可见，便有了龙春分登天、秋分潜渊之说。为寻找龙的出处，各氏族从自己身边的事物找起。华北平原上的殷商人找到了兴云的螭，甚或是云气幻化，进而与玄鸟入海化蜃相贯通；山区的氏族或许找到了巨型巴蛇，便有了神君之龙；草原上的胡人或许找到了云雨风形与闪电的结合，他们看到了威力无边的龙；周人则找到了他们熟悉的马，便有了后来的龙马精神；另有一些部落找到了豕，便有了猪龙。各氏族的龙先后走进各自的生活中继续演进，后随着民族融合又结合到一起，便有了今天的中华龙。甲文龙所从䇂，寓意龙可通上神。考古资料显示，龙和猪龙在新石器后期东北地区的龙山文化玉器中即已出现。

再来回看周人先族的图腾物虎和豹。虎《说文》释为“山兽之君，从虍（hu 音）。虎足象人足。象形”。一说虎从虍从人。孙诒让认为虍为虎首，如同彑（ji 音）为猪首。（虎字）下象腹部足尾形，皆不是人的脚足。罗振玉认为有异体虎象巨口、修（长）身、有文理，或作圆斑如豹形。丁山认为卜辞中的虎方国，周初时尚在，或为春秋时代的“夷虎”，即“楚克夷虎，乃谋北方”中的夷虎，疑其地在今安徽寿县东南（即古籍中的“死虎”）。叶玉森认为殷卜辞绘虎纹或作点线、或作圆斑，先民误认虎豹为一物，作豹斑者也呼为虎。戴家祥认为甲文有虔字实为虎字别构，虎字古本象形，小篆从虍从儿，变为形声，符合古字书写变化通例。郭沫若认为卜辞虎方当属于江淮流域，疑即徐方。王筠认为虎足象人足乃校者所加。王祥认为周时虎臣由夷族和降人服夷构成，可用于征战，也可用于赏赐。斯维至认为虎臣《周礼》也称虎贲氏，大约是王的近侍和卫士，也参与战争。

《文字考古》认为驺虞族（即前周人）的祖灵图腾为白虎，由牧马的驺族与狩猎的虞族通过族外群婚制组合而成。白虎族当分为虎族和豹族。白虎最初为虎母（虙，fu 音），如同地母（虙羲，即伏羲）。后一变为黄虎，一变为豹。黄虎名虎（fu 音，同伏），豹音同包庖抱，故伏羲又称为包羲、庖羲。虎豹周人读音如包抱，因袭了殷人毓母（抱育人子）之名，而无其实。古公亶父南下岐山时，白虎族人一部随迁至岐山之西的吴山（即古籍所载“太伯奔吴”事件），虎族改名为“从虍吴声”的虞族。《说文》释豹为“似虎圜（huan 音）文。从豸（zhi 音），勺声”。商承祚认为豹为象形字，似虎而身有圜斑为豹，非许慎所言形声字。一说豹似虎，圜文，黑花，而小于虎。《说文》释豸为“兽长脊。行豸豸然，欲有所司杀形”。马叙伦认为“猫即豹，而豸为豹之初文”。先民训豹为猫，如同训狼为犬。《文字考古》认为豸读 zhi 音同踯躅，豸豸然即猛兽伸长其背脊、低身踯躅而行，为猎食潜行的样子。《说文》释勹为“挹取也。象形，中有实。与包同意”。林义光认为异体甲文勹有象人形者。王国维认为勹中一画，当为其实（即许慎所言中有实）。王筠认为勹与匕分大小，而形则同。诸家皆从杓器释勹。

河南安阳西北冈 1001 号大墓随葬坑出土的大理石虎神像（引自《夏商周：从神话到史实》第 16 页图四），多出现在殷商王族遗址，其造型或寓意有特殊崇拜意义。

笔者认为甲文勹以人体为杓，与匕（从人体得匕）同意。勹字表征的是人体得物之形，所得物能与人同，故甲文勹中的人体皆与物（丶）相吻合（笔画间呈平行之状）。包从勹，勹表征人屈体之状。包所包物为巳（蛇），属于与人相异的它物。勹遇米，则为匊躹之态。匊与包，虽同为屈体之态，但心情迥异。勹与包，虽同有得物之意，但所得之物迥异。匊与勹，虽心态及所得物可通，但勹表泛指和虚指，匊表实指

（米）。豹所从勺，当为勹之变，以勹指人屈体，以勺指豹屈体，屈体之豹如怀中有物（丶）。豹在接近猎食对象时，不仅伸脊（豸），还同时屈体（勺），其足因此不为人见。以至于《尔雅 · 释虫》称“有足谓之虫，无足谓之豸”。并非豹（豸）无足，是因为豹伸脊屈体而不见足。

《说文》释虍（、）为“虎纹也。象形”。徐锴认为虍字象老虎纹章屈曲形。孔广居认为虍即虎字省文，后用作偏旁。章炳麟认为虍虎一字。马叙伦认为虍以兽头表其兽，以虎头代表老虎。从虍的诸字皆言虎事，不指涉虎纹。虞为白虎黑纹，属于虎类。徐中舒认为虍非虎文（纹），实为虎皮或兽皮。古人在屋顶上端蒙虎皮或兽皮以避风雨。如盧（简体作卢）字，上为屋顶蒙兽皮，下为火炉食具；膚（简体作肤）从兽皮（虍）造字，以指称皮肤。

笔者认为当依图腾崇拜释虍，虍应为虎首及皮，置于车架和祭神架上，属于祭祀的对象，也即单字中的图腾动物（见“5.5 节”释禅单），皮膚之肤与被单之单因同源于图腾物兽皮可通。神兽之皮后来蒙在屋顶之上，也非徐中舒所言的为了避雨，依然是求得神祇的保护，如同云南有少数民族置牛头于村口一样。

凤繁体作鳳（、）。《说文》释凤为“神鸟也。天老曰‘凤之象也’。鸿前麟后，蛇头鱼尾，鹳颡鸳思（腮），龙文虎背，燕颔鸡喙，五色备举。出于东方君子之国，翱翔四海之外，过昆仑，饮砥柱，濯羽弱水，莫宿风穴，见则天下大安宁。从鸟，凡声”。马叙伦认为《说文》无鹳字，鹳或为鹤字所伪。古籍一作“麟前鹿后”，虎背一作“龟背”。刘心源认为（陈寿卿器）上的朋字象两鸟对峙形。依宋玉对楚王问，言凤鲲之状与庄子《逍遥游》言鹏鲲相合，可知凤鹏为一字。后人昧其原意，分凤鹏朋为三字。孙诒让认为《说文》注语“凤飞，群鸟从以万数，故以为朋党字”中的“朋”为凤的假借字，借凤为朋。贝朋两字象

连贝形，凤象羽毛形，象义本来毫不相涉。许慎因为不察，假凤为朋。罗振玉认为卜辞中的风字均写作凤，假凤为风。商承祚认为龙凤皆从䇂，像头戴䇂冠，凤飞群鸟从以万数，有习习风声，故借凤为风。郭沫若认为古人以凤为风神，《淮南子》训云“尧之时大风为民害，尧乃使羿缴大风于青邱之泽”。大风与封豨修蛇并列而言缴，则大风如大鹏。凤鸟传说当自殷代而来。明义士认为凤从䇂，与龙所从，同为冠冕。孔雀栖于木间，大风吹来，长羽飘然，与甲文凤字形同。陈梦家认为卜辞凤象长尾野雉而头有冠作形。见凤即知风之将来，雨之将至，故求雨而冠凤羽，借凤羽之力可以兴雨。金祥恒认为最早的凤字来源于（周景王时之器）虢叔旅钟上的图画文字。殷商甲文凤都不作凤讲，假借为风。周代金文中的凤字源于甲文，与《说文》所言古文凤字相合。凤当从野雉神话而来。

凰古文写作皇。皇初义或表征伟大的王带领着族人，双脚踩过妄长的草丛，前往肥美的水草之地。王皇皆有往义，皇有大义（见“第3.1节”释王皇）。皇加凡为凰，凰即雌凤。

笔者认为凤凰皆从玄鸟燕雁而来，殷商人披戴燕雁羽毛而舞（或辅以野雉孔雀羽毛），此即燕舞。其功用或为祭祀上神，或为祈雨，或为寻找到新的水草之地，率领族人走出困境（见《文字考古》释羽舞、皇舞）。燕舞如用于祈雨，或许要借助大鸟羽毛，如大雁如孔雀如野雉等——或在先民意识中风从大鸟的舞动中而生。舞者披戴羽毛而舞以呼风唤雨，先民依羽舞之象刻画出凤字初文，其字形如凤。凤既然非鸟，因而不从隹鸟造字。殷卜辞之所以借凤为风，是因为凤（即舞者）舞而生风，风来则雨至。舞者凤所从䇂冠，由燕雁羽毛编织而成，可通上神。金文凤当依据鸟形刻画而来（如金祥恒所言），其目的或为遮蔽殷商后裔关于玄鸟的文化记忆。凤为雄性，属周人意识无疑。表明殷商凤鸟崇拜已被周人所篡改。再借皇新造出凰字，为雌鸟，或隐藏有压制殷商玄鸟文化于周人凤鸟文化之下的意图——殷人母系神鬼文化成为周人男性宗法文化的附庸物。凤字形上所添加的鸿前麟后蛇头鱼尾等，当源于周人笼络殷商旁支的需要，所添加的符号或为各旁支的图腾物。

5.7. 鬼有归：各立其位

——“死、斯、亡、葬、归、鬼、畏、魑、凶、吉”及其他

有了神祖的庇护，有了死后的立和位，有了空桑木母，死亡（对于华夏先民来说）就不再是一种令人恐惧的事，不过是命灵转世的一段过程而已。死本身则被视为命灵的回归，归于空桑木母——自然状态下的视死如归。

死（、、、）《说文》释为“澌也。人所离也。从歺，从人”。吴大澂认为死字古人作屍字，有“终主”义。盂鼎“乃召夹死”，即夹屍之省，言夹辅其主。屍后省死为尸，《尚书》“太康尸位”当作屍位，言太康主天子之位。罗振玉认为古文死像生人跪拜于朽骨旁。丁福保认为死从歺从化省，人神识化，往而不返，遗残体骨。马叙伦认为死从歺，生人跽其旁，今杭县人死时正如此。死初义为尸，后因死者为屍，便以屍为生死之死。澌也属声训。胡厚宣认为死专名尸体之尸，死与尸同字分义。董作斌认为古文死从人在棺木中，此字周围又多了四点，言棺木埋入土中。高鸿缙认为古文死从人在墓井中。陈梦家认为西周金文常见“死司”一语，死有永义。“死司戎”意即终身管理诸戎之事。《说文》释澌为“水索也。从水，斯声”。马叙伦认为索有尽义。

意即干涸，水干涸为澌。《说文》释斯为“析也。从斤，其声。诗曰：斧以斯之”。林义光认为从斤析竹治箕为斯，其即箕。戴家祥认为斯的本义是破木。《说文》释歺（𣦵）为“列骨之残也。从半冎（gua 音）”。林义光认为歺字形与“半冎”不符，凡毁裂者为歺。马叙伦认为死者不必列其骨，列骨之义不通。骨之残也非其义。歺字上部为倒人形的异文，下部为爿（床）字异文，言死者不能站立（人在床即为死），歺部诸字均从死得义。

笔者认为当结合斯澌来解读死字。斯所从箕，当为安放人子之箕，如《文字考古》所言，殷商氏族的人子皆为箕子。初生人子均安放在竹箕中，等待射礼神判结果，以决定该人子是弃还是留。斯所从斤，当为析箕用的斧。非林义光所言的析竹治箕，而是毁掉安放人子的竹箕——该箕已经无用。笔者进而推测之所以毁掉安放人子的竹箕，是因为经过神判箕中之子确为十天干转世而生。如神判结果相反，则该箕连同箕中之子将遗弃于水边。斯因此引申出这个义，意即就是这个人子了。澌所从斯，当为毁坏义，水因毁坏而流，因流而干涸。许慎以澌释死当源于马叙伦所言的声训，并因此借有流失干涸义——人因命灵流失干涸而死。死也因此训为“人所离”，意即劳作之人的离去，留下的只是尸。以前那个抵几休息（居尻）的人体之尸，一定会再次进入劳作状态。劳作之人离去的尸，再也不能返回到劳作之中。死所从歺，当为人离去之尸。死所从人，既为离去之人，也为跽坐守灵之人。生人之所以为新死之人跽坐守灵，有以跽坐之人替代离去之人的用意，且祈祷离去之人的命灵早日转世。诸家所言的死有尸义，尸有终主、终身等义，皆属于引申义。

死和亡今文连读为死亡。亡（）《说文》释为“逃也。从入，从乚（yin 音）”。郭沫若认为殷卜辞甲文亡字无一例从入，

金文亡仅一二例从入。一说亡同无义。翟云升认为无是亡字的“别义”，即引申义。马叙伦认为亡当入乚部，许慎所言逃非本训，也非本义。《文字考古》认为旧王因不能带领族群走出困境被杀后，改由新王带领氏族追赶此旱地亡灵的逃亡之地，也即亡灵所钟爱的水草䍿（wang音）地，即为亡，即为往。䍿，音义同今文旺。

笔者认为亡当从乚从人（非从入）得形义，从往王得声义。乚初义为天干作用于大地却不为人所见（见“第1.3节”释乚乚）。亡所从乚非初义，当是乚的引申义隐匿，人隐匿不见即为亡。为何隐匿不见？是因为王和往。王有往义，王带领族人追寻肥美的水草之地即为往（见“第3.1节”释王）。亡的初义是指人走远了看不见了，人隐身于前方的路途上不为人所见即为亡。表征同一个事件的死亡丧三字，各有侧重。丧侧重的是命灵归于空桑木母，观察的标杆为神灵；死侧重的是人的离去，观察的标杆为死者；亡侧重的是离去者不为他人所见，观察的标杆为他人。

死后之葬，所葬者为尸。葬所从死指尸体，属引申义。《说文》释葬为“藏也。从死在茻（mang音）中。一其中，所以荐之。《易》曰：古之葬者，厚衣之以薪”。义为尸体厚埋于草中即为葬。王国维认为葬从死（尸）在草地上，会生则居穴室、死则委于草中意。上古没有墓葬之俗。马叙伦认为葬也是后起字，其初文从歺在一上，会意。后加茻为声符（造出葬字）。死不择时，草不常有，生居于室，死委于野，与古俗相符。李孝定认为从尸在茻中为葬难以索解。古人“厚衣之以薪”或偶尔有之，但非定俗。《说文》收录的古文莊（庄）有草盛义，字形疑从歺从爿，或为葬的古文。一说从歺从反爿在囗（wei音）中（象人在框中侧卧于爿上之形）的甲文应为葬的初文；其异体省反爿，象形埋残骨于坑中。《说文》释茻为“众草也。从四屮”。翟云升引典籍称众草曰莽。王筠认为莽茻一字。刘秀生认为莽从茻得音。马叙伦认为《说文》（释莽）本作艹，校者注以众艹曰茻，后误为茻。古读茻如创，六朝音读如冈。

笔者认为殷商先民葬尸于草中和空桑木母意识有关。人与草木同源，以草木之止指代人的脚足，可为旁证。人死后葬于草中，寓意回归于草。人的命灵归于空桑木母，人的尸身肉体则归于草中，属于对死者的重视（厚衣之以薪），或寓意有良好祝愿。许慎所言“一其中，所以荐之”语中的“一”，当是安放死者之物，也即棺木的前身。马叙伦认为“从歺在一上”的初文葬，当是安葬之前的一段过程——尸体陈于一上，等待归于草中。另有“象人在框中侧卧于爿上之形”的异文葬，或为了特殊的目的：隔断框中尸体（未必是殷族人，甚至未必是人）同草的联系；或是殷商时他族（如周族）人的安葬形式——入土为安属周人意识。

另据彝族创世史诗《尼苏夺节》记载，“竖眼这一代”是“父死不送葬，母死不吊丧，祖死林中放，妣死丢深潭”。笔者按当为远古葬俗的记载。今彝族中自称尼苏颇的一支犹保留有树葬和水葬习俗，适用于早夭的婴儿。笔者推测其中的水葬或与殷商人的“弃子”习俗有关。

人死为归歸为鬼。歸（）《说文》释为“女嫁也。从止，从妇省”，读音如古文堆。非初义。刘心源从嫁义释归，认为歸通馈。叶玉森认为卜辞中的帚方、帚妹、帚姪中的诸多帚字均释为歸，值得怀疑，帚无歸义。郭沫若认为歸从帚追声。卜辞“伐歸”中的歸当即后来的夔国，今属湖北秭归。马叙伦认为甲文歸可分为五类，全都从帚，歸当从帚得音。歸不从妇省，或为還（简体作还）的转注字。《文字考古》认为歸从埽（古文扫掃）得义，埽有除义，既埽除物质性的秽物，也埽除不祥的凶邪。歸即埽除行为的结果，多发生在狩猎活动之后、祭祀活动之前，因而有歸属、歸还义。持帚而埽者称之为帚，其社会地位崇高，殷王、将军皆参与其中。

笔者认为帚埽歸可描述为一个连续的过程，其目的是让万物（连同超自然的灵物）重新各得其所，其途径则是清除污秽物质、驱赶凶邪之灵。所使用的工具即为帚，帚或从走得音义，意即所扫之物得以被赶走；所采取的动作是埽扫，从扫帚触地时发出的声响得音；帚和埽的结果是归歸，归从还音转而来（如马叙伦所言），意即污秽凶邪还归其所，埽出来的洁净空间等待着人和神祖的归来。也正因为埽有各得其所义，故狩猎场需要帚埽，祭祀场所也需要帚埽。

人的命灵归于空桑木母即为归，为鬼（、、）。《说文》释为“人所归为鬼。从人，象鬼头。鬼阴气贼害。从厶（si 音）。古文鬼从示”。罗振玉认为卜辞和古金文中都没有从厶的鬼字。林义光认为篆体鬼以厶为声，古文厶与囗（读 wei 音）同字，鬼谐声为巍。王国维称汉人改畏方为鬼方，周时隗国当属畏方无疑，此即西北诸狄，也即怀姓九宗。叶玉森认为从示的古文鬼象鬼跽坐向神（示）形，因人死为鬼必受制于神。高田忠周认为鬼字源于人字之变，仅更换头形而已。丧所从匕也是变匕之匕。商承祚认为从示的古文鬼生有功于民，死而享之，与神同例。孙海波认为卜辞所言“叀（hui 音）鬼”意即将鬼方俘虏作为祭品。王筠认为鬼字当是全体象形，古人言鬼无不谓其先祖。章炳麟认为鬼或为夔的异体，楚辞中的山鬼即夔。马叙伦认为鬼畏一字。邵笠农认为鬼主同义，指称祖先的神位，即神祖所归之位。鬼上从甶（fu 音），像神主之头，下从儿，像其足，厶即某先祖的标识。塊（简体写作块）当为鬼字繁文，古代或以土为之。饶宗颐认为殷末有鬼侯，一称九侯，纣王封为三公。《文字考古》认为鬼方在今河北境内，离安阳不远。夏渌认为古代南方民族有将人头面剥制蒙在笼篾上，干后置室中加以膜拜的习俗。人头部的纵横形，即衬里的竹木支撑和笼框形，构成鬼头。陈邦怀认为鬼头象首甲形，古称“人头空为甲”。徐中舒认为殷人鬼神观念发达，鬼从人身，明其皆从生人迁化而来。

鬼头写作甶（、、），或写作田（古文甲）及由甴。《说文》释甶为“鬼头也。象形”。陈独秀认为乙为燕，鬼则夔，初皆以为图腾。殷商先民画怪夔于假面为甶，戴之而舞，以模拟图腾之状。鬼夔为一字。夔即类人猿，后人因为少见，疑为精灵鬼物。马叙伦认为甶缶或为一字。陈梦家认为甶囟一字，囟训为头会脑盖，甶训为鬼头。笔者按同训为“鬼头”的还有由和甴。由甴的本义来源于灭掉邪灵杂草后重新归来的土塊（块），也即墣。被灭杀了的杂草残留在土墣中的痕迹呈由甴状（见“第3.7节”释由甴）。或因由甴中的残留痕迹如同鬼头中的纵横纹，且此前杂草本属邪灵附体所致，又因从邪灵杂草的丵（zuo音）到干净的土墣有归义，由甴因此被误认为鬼头。

笔者认为甲文鬼头之所以不同于人头，当与殷商原始意识有关，极有可能是对死者头面做了一些特别处理（或与“厚衣之以薪”有关），以帮助死者命灵顺利归于空桑木母，早日转世。夏渌所言的剥面祭拜风俗或为其中的一种。鬼头甶字的甲文图形，或来源于由甴。鬼头的实物或来源于图腾，也即陈独秀所言的假面而舞之物。甲文鬼从归得音义，从甶得形义。其“归”有两义：一是死者命灵归于空桑木母，二是因亡灵之归进而为生人之归腾出位置，如同帚埽。最初的鬼归不过是命灵的一段路程而已，自然没有为害义。许慎所言“阴气贼害”当属于后来义，原因是亡灵失归——因不归而为害。周人所言鬼方当属殷商后裔，即怀姓九宗，原所在地当为《文字考古》所言的安阳北数十公里处的九侯城。周灭商后或将鬼方族人迁至西北，成为后来的西北诸狄。

鬼后来被改写成畏，致使马叙伦认为鬼畏一字。《说文》释畏为“恶也。从甶虎省。鬼头而虎爪，可畏也”。非初义。孙诒让认为畏非虎省当从虐省。罗振玉认为甲文畏从鬼手持攴，（王孙钟上的）古金文鬼从鬼从卜又加攴，初形已失。王国维认为或从鬼从戈、或从鬼从攴的甲文字，皆古文畏字。郭沫若认为古文畏威字通，威属后起字。陈独秀认为虎下从人，（畏）上由下人，也即鬼字。畏象人戴假面持杖，有威可畏。马叙伦认为畏即人鬼之鬼本字。戴家祥认为鬼畏威三字不仅同部而且同母，声同义通。

笔者认为从鬼手持攴的甲文畏，当是鬼中的威卫之士，所从攴或为威杖或为兵器，畏从威得音，威即殷商威姑，畏威音同义通。从鬼头虎爪的畏，当是周人新造字。将（从人像鬼头的）甲文鬼所从人替换为虎爪，即得周人虎爪畏。周族以虎为图腾，虎爪即周人。以虎爪替鬼下人，意同用周人替换殷人。

人归为鬼，当归于其位，也即立于牌位（见“第1.5节”释立位）。虽然后人与先人可同在中庭，但与后人同在中庭的毕竟只是先人牌位。在牌位上的先人既永享后人祭祀，也不会离位干扰人间。此为鬼从归得音的第一要义。先人留下的生活空间如劳作岗位，则等待着后人替补，可表述为后人归于先人之职。此为鬼从归得音的第二要义。先人与后人各归其归，则人与神鬼得以相安，生活河流得以代际继续，天干与地支、命灵与人世间的交互作用因有序而安宁。

鬼与魂今文连读为鬼魂，魂与魄连读为魂魄。《说文》释魂为“阳气也。从鬼，云声”。《说文》释魄为“阴气也。从鬼，白声”。许慎所言从阴阳家语，远非初义。鉴于资料缺失，魂魄二字初义已不可考，只能根据两字所从“云声”之云和“白声”之白猜度一二。鬼作为归于牌位的命灵，原本不为人所见。魂所从云，原为云气之云，后借桑葚碎粒之米成为人的命氣。生人之魂所携带的命气如同云气一样，既可游走于世，又能为人所见，且能为人鬼所同有。人死后，魂的命氣如郁结不散即为鬼魂；如散则归为云气，消融于大自然中。魄所从白，高田忠周认为是魄字的古文，后转为日光所照之白、明白之白。笔者认为或与米白之白有关（见“第 1.4 节”释白）。自然云气之所以能转为命氣，因为有米。米即桑葚碎粒，源于空桑木母。米能借空桑木母神力将云气转化为人的命氣。气氣呈一体两相。魂所携带的云气当从外来，如同天干作用，故后世释为阳气；魄所携带的米氣，当从空桑木母而来，故后世释为阴气。

如果鬼离其位，就可能成为魑魅魍魉。徐铉释魑为“鬼属，从鬼，从离。离亦声”。一说“若龙而黄”，一说“猛兽”，一说为兽形的山神。《说文》释离为“山神兽也。从禽头，从内（rou 音），从中”。徐铉认为从中义无所取，离当为象形字。林义光认为甲文离象头上有毛发形。沈涛认为离即魑魅之魑的本字。马叙伦认为离从田网之毕而来，中声，或为罗字初文。罗振玉认为离即罗字初文。柯昌济认为卜辞中的离古训为丽，象人离毕中。朱德熙认为离象将鱼肉割开。谷衍奎认为甲文离象网中捕捉黄鹂鸟形。

笔者认为离或源于先民对山神或猛兽的想象物，非亲眼所见物。不远处茂密的原始森林中有山神或猛兽出动，但它本身不为人所见。人所能见到的只是惊飞而起的鸟（离“从禽头”即源于此）；树叶在剧烈晃动中朝两旁闪开，露出树叶下方的黄色来（故有“若龙而黄”说）；因神兽未被人所见，故甲文离说不上是象形字，只能是想象成罗毕（捕鸟的网具）之形。神兽离未出动之前，森林如同沉寂的河流，万物潜游于河流之下。离出动之时，森林河流则迅速被离的动作所“点亮”，呈现出亮丽的景观来（故离训为丽）。因离而丽，离在八卦中属火卦（见“第 2.7 节”释离），或表明在华夏先民的意识中，火苗燃烧的过程是一种离开的过程。火光因离地向上而通神祖，故祭祀中少不了香火。离加鬼为魑，离当为魑字初文，或表征神兽之魂归，最初当无贬义。魑后来所含有的邪灵义，是因为魑未归其位，才可能危害人世——魑魅魍魍皆如此。

鬼遇酉为醜，简体写作丑，混于地支丑，初义难觅。《说文》释醜为“可恶也。从鬼，酉声”。王襄认为古文醜旁象尊内有酒滴之形。余永梁认为卜辞中的醜用于人名。桂馥认为“可恶”非本训，《说文》训亚为醜，醜也当训为亚。马叙伦认为醜本义训为恶，后人加字为可恶。醜从酉得声，酉鬼古音相同。李孝定认为卜辞中的醜或训为宠，或训为怒。

笔者认为李孝定所言可采信。醜表征的是人而非鬼，人因酒（酉）失其人形而同鬼形。宠和怒皆非常态，故以鬼相比喻，如宠怒过极则为醜。鬼酉古音相同或表明醜将鬼酉两义相叠加以获得过极义，醜陋之醜由过极以至失态而来。醜所从鬼有贬义。自然状态下的人和物乃至鬼都说不上醜，失态方为醜。

兇（）《说文》释为“扰恐也。从人在凶下”。非初义。吴颖芳认为兇从人凶声。马叙伦认为兇从凶人声，兇和凶皆从人得声。郭沫若认为凶实即胸部之胸的象形，后来兇演变为凶贼、凶为吉凶、匈为匈奴的专名。胸为后起字，为心胸的转文。饶宗颐认为卜辞兇也称兇父，后人称之为董父，为古豢龙氏，殷人常向祂祈雨祈年，随兇父并祀的有土、河、岳，乃至殷商始祖阏伯（也名契），可见兇在殷商祭祀中的地位相当隆重。连劭名认为殷卜辞中的叢（简体作丛）字可写作兇，丛神之祭见于武丁及晚期的卜辞，与土（社）、河、岳诸神同祭，以祈雨求丰年。兇、丛古音可通，稯（zong 音，从凶得声）丛音通可证。李平心认为兇兄古音相同。

再来看凶字。《说文》释凶（、）为“恶也。象地穿交陷其中也”。非初义。柯昌济认为《易经》常言凶，卜辞未见凶字，推测凶或从爻省，爻陷困于凵中即为凶。饶炯认为凶所从凵即坎字初文，所从乂

象交陷于凵中以指事。马叙伦认为凶为坑坎之初文，最初象地有坎形，本音读臽。夏渌认为甲文人入坎井（字形从人在囗中，囗读 wei 音）或为凶字，旧或释为囚、或释为死、或释为刑。谷衍奎认为凶字初文来源于躯体较大、丑陋恐怖的大猩猩，用以表示因惊恐而扰攘之义。

笔者认为当依兇兄音同、兇叢音通追寻兇字初义。《说文》释叢（䕺、叢）为"聚也。从丵（zuo 音），取声"。释义不详。钮树玉认为叢从丵从取。孔广居认为叢取皆齿音，故（两音）相谐。李赓芸认为《春秋》有"訾娄急言为叢"的例句，叢从取得声为正音，后转为徂红切（即 cong 音）。一说叢有草众生义。马叙伦认为叢丵古同音，叢取为近音转注字。笔者按丵字初文表征辛木发出多头新芽状，或因邪灵附体，需连土取出，深埋于凵中为凿，注水淹没为菐，邪草死后土块回归为墣（见"第 3.7 节"释菐丵）。割下所猎获野兽左耳即为取，用于佐生和促生。叢所从取有割取义，所割者为丵上邪草，且堆放在一处等待处理。处理丵叢之草者为兄（即巫祝），此时变身为兇。兇兄音同，是因为原本同一个身份甚或同一个人，仅因劳作对象（及场所）不同而变身。从神之祭或有劝义，劝其将催生丵丛的雨水连同命气，转移到先民所期待生长的草木上来。兇所从凶即凵中所堆积的丵叢之草——因邪灵附体而获得吉凶之凶义。凶所从乂，与叢所从取同意，初义为割取动作。用割取动作（乂）表征所割取之物（丵叢之草），再放入凵中等待掩埋，即获得凶字。凶初义表征未掩埋的凶物。丵叢之草很多，掩埋它们的凵也很大，故后来有汹涌之汹。匈奴之匈表征北方牧人屈体抱取牧草（凶）状，匈所从勹为屈体之人，匈所从凶表征怀中呈团状的牧草。按《文字考古》所言，北方匈奴当为殷商旁支。借凶指代匈奴人怀中的牧草，蕴含有殷商人（抑或周人）对他族的蔑称义，意即他们不分正邪，遇草即用。

殷卜辞无凶有兇。周易言凶，是因为求吉。《说文》释吉（、、）为“善也。从士口”。释义不详。马昂引《逸雅》称吉有实和“善实”义。刘心源认为殷商侯国名吉，一作部。王国维认为卜辞吉用为方国名。林义光认为吉从士口无解，吉由古音同，古文吉与由字形相近，实为一字。叶玉森认为初文吉从古文甲（十）从日，古人或以甲日为吉日。高田忠周认为士即君子，君子之口所言即为吉，也为善。吴其昌认为吉初义是一斧一碪（zhen 音，义同砧）总名，吉字上从干即斧，下为碪。初月如斧形，故名为吉月。丁山认为吉象以柱头置于建筑物基础之上形，柱与基础相合即为吉。陈邦福认为吉上部为荆，象荆在灶上烘卜得兆之形，或传之于口。庄有可认为古人垒土于筐，成方形土基即为吉。于省吾认为甲文吉上象兵器，下象筶芦，有保护坚实之义。

笔者认为吉与善义近，《说文》善吉互释，吉有善义，善有吉义。善初文诞生于牲品之羊被宰杀现场，安排多个专职人员吹奏器乐隆重“祭兽”，直至有关物品都各得其所，所有善后工作圆满结束，人和羊、乃至人和世界的关系实现了吉（见“第5.4节”释善）。甲文吉表征的是善后工作的最后一道工序：挖凵填埋所善之污秽物，也即马昂所言的“善实”——所实者即所填埋的善后之物。此填埋过程与“渎業”为由为墣（见“第3.7节”释由甴）的过程相一致，故吉由字形相近（林义光误为一字）。吉所从口，从填埋之凵而来；所从士，从夯实填土兼镇邪之物（如神柱、兵器、斧钺等）而来。挖凵堆积丵叢之邪草为凶。如凵中丵叢之草及杀牲现场的污秽物被填埋完毕则为吉。吉凶原本同源同理，甚至有可能出现在同一个劳作现场。其哲学意味是，万物各归其所则为吉，失其所在则为凶。人的意义就在于能主动帮助万物重归其所，而非简单被动地遇凶避之、遇吉趋之。

5.8. 人有身：任重道远

——“腜、身、体、尺、蒦、履、疾、伦、任、并”及其他

如借用海德格尔的词汇，人可以说成是“被抛”在世界之中的，华夏先民更愿意说成是“被抛”在天地之间的。“被抛”的途径和原因正是人的身体，人因为有身得以暂居人间。人乃至万物的命灵则是永恒的，来源于帝神，通过玄鸟得以传递；人的身体当来源于空桑木母，以空桑木母为命腜（mei 音）聚集起更多的命氣（山川云气为辅）即为人身。人因为有身得以娠、得以生，身娠生音义相通。人因为身娠生得以代际承续，人类作为整体因此任重而道远。

腜（腜）《说文》释为“妇始孕腜兆也。从肉，某声”。有孕之兆为腜。马叙伦认为腜本作胎字。笔者按另有甲文胎，义指“孕妇三月”。朱芳圃认为某与元音同义通，腜某读音同母。《说文》释某（某、某、槑）为“酸果也。从木，从甘阙”。古文槑（某）从口。刘心源认为古文“从木呆”之某为梅字的重文，某即梅本字。高田忠周认为某应通假于媒楳禖梅，义即灵媒、命禖。古语“玄鸟至之日，以太牢祭之高禖”，为祭礼之禖（请子祭礼，见“第 3.6 节”释乳）。《文字考古》认为禖腜所从某，即殷女（舞女、巫女）手持的桑木枝条，因其有灵性而成为某禖媒——命灵的介媒。在桑林中劳作的殷女因与命禖交感而受孕，继而成为腜禖媒——传递命灵中介的人母。每年二月“合男女”后的两三个月里，殷女采集桑葚为食，与某（桑木枝条）频繁接触，有孕感的殷女因此误认为交感于命禖而受孕。

笔者补充的是，某腜禖媒被视为殷人肉身的来源，人体和中木同

源——以止草为人足可为之旁证，某媒有天干命灵的载体和媒介义。人的命灵最初当来源于帝神，后来源于第一代命灵即天干十日，由玄鸟传递。玄鸟和桑林则成为天干和地支作用的两大象征物，进而成为人的灵魂和肉体的各自来源。

娠《说文》释为“女妊身动也。从女，辰声”。义即妊娠之娠。段玉裁引《方言》称燕齐之间养马谓之娠，官婢女厮谓之娠。马叙伦解释说这一情况属于借娠为仆人之仆，娠与仆近音对转。笔者按娠所从辰声之辰源于蜃，由玄鸟（雉）入海（入淮）所化生，农事及时辰诸字多从辰（见“第2.4节”释辰），燕齐之间养马谓之娠当属于引申义。娠所从辰声之辰，不仅表征人（及动物）的命灵来源于玄鸟（或借助于蜃），更寓意人（及动物）因地支作用而获得肉身。辰加女为娠，表征人的身孕；辰加虫为蜃，或表征动物（虫）的身孕；人为倮虫，娠与蜃可通。

娠与身音同义通。身（、、）《说文》释为“躳（gong音）也。象人之身，从人，厂（yi音）声”。义即有孕之身。高田忠周认为身本义即“父母之遗（wei音）体也”，与有妊之身可通。李孝定认为古文身象怀妊之形，已为不易之论。诸家多从此说，但对身所从“厂声”理解有异。笔者认为身所从人当为怀孕之人即孕妇，所从厂有流动和抴（ye）变之义（见“第1.3节”释厂乁）。流动抴变的原因当来自玄鸟命灵。作为流变的结果即人子此时则尚未出现，隐身在身字隆起的象形中。

身后来义转为身体之身，今文称身体。体繁体写作體，《说文》释體为“总十二属也。从骨，豊（li音）声”。段玉裁注称人首、人身、人手、人足各有三属，合称十二属。如首之属有顶、面、颐，足之属有股、胫、足等。马叙伦认为體为骨的转注字，體从豊得声，骨豊声同脂类。豊《说文》释为“行礼之器也。从豆，象形”。吴荣光认为豊古文通禮（简体作礼）。罗振玉认为卜辞中的豊或从珏，珏字上半部象三玉或二玉上下连贯形。王国维认为豊从珏在凵中，盛玉以奉神祖之器谓之豊。林义光认为豊为禮字古文，象豆（器皿）中有所盛形。商承祚认为豊即酒醴之醴的本字，许慎所言行禮之器为引申义，后又孳乳为丰满之丰（繁体作豐）。荣庚认为豆豐（满）即为豊，豐豊为一字。郭沫若认为卜辞“新豊”与“旧豊”相对为文。沈涛认为豊从册从豆，豆上有册即为豊。庄有可认为古文豊豆上从凵，内中承二丰（玉或谷物）。马叙伦从王国维凵中盛玉说，认为古人有食玉风俗，豊以玉奉神，即供其食，于礼可成。饶宗颐认为豊即禮醴，卜辞“单兄（祝）礼”和“狸子礼”或表征两地宗祝来致醴。林沄认为豊和豐均不从豆，而是从壴（zhu 音）即鼓。李孝定认为表征事神的事情为禮，表征事神的器皿为豊，表征牺牲玉帛的腆美则为豐。禮豊豐同源。

笔者认为豊为行禮之器当无异议，至于其具体形状及材质需再商。豊加示为祭禮之禮，加酉为酒醴之醴，加骨则为人體。禮醴體全都与祭祀有关，出现在同一个祭祀现场。先民若将人的身躯作为对象物摆放到祭祀现场，即为體。笔者进而推测此时的人體或作为豊（事神之器），以摆放祭祀用品，功用如豆器；或为人牲，牛羊猪牲称为肉，人牲称为體，以示区别；或借用人體为神祖之尸，如同家祭中借孙子之躯为先祖父之尸以拜祭；或为其他，不得而知。人的身躯得以进入祭祀神祖的对象化过程中，天干地支乃至神灵作用方可为先民所体会。體会之體由此而来。再联想起前述人卜卪尸身匕等字，它们均可指称人體，却因场合不同而呈现出不同的面相来。

读者可能会问：动物有身體吗？答案或许是没有。人和动植物皆有生，唯有人才有身有體，甲文身取形于人的（有孕）肉身，甲文體则专指人體，以区别于祭品中的动物之肉。仅就失去命灵的肉体而言，人的肉体叫尸，动物的肉体叫肉。与之相对应的是，鸟兽有尾，人有履。如果以人之身去丈量万物之身，则万物有尺。

尺（、、、）《说文》释为“十寸也。人手却（退）十分动脉，为寸口，十寸为尺。从尸，从乙。乙，所识（zhi 音）也。周制寸、尺、咫、寻、常、仞诸度量，皆以人之体为法”。义即尺寸之尺，非初义。徐灏认为甲文度字取形于黄钟的长度，黄钟之度以黍为准，可证尺度取法人体非周制。马叙伦认为寸为肘字的初文，常为裳字的异体。尺寸始于布指布手，布指知寸，布手知尺。孔子有语“布指知寸，布手知尺，舒肘知寻”。伍士谦认为古人以尺度量人身高矮，所以尺字从尸；尸旁有点，表征尺所度量处。篆体尺所从乙，乃由诸多点形延伸而成。

诸家皆从尺寸之尺求义，被许慎所误导。许慎所言“从尸，从乙”，则隐藏有尺字初义。尺所从尸，即殷人葬于草茻（莽）中的尸，尺所从乙（尸下乙）非命灵乙，而是有流变和拽引义的乀（见“第 1.3 节”释乀），乙乀可通。尺所从乀表征人尸正在流变。人尸流变的结果即为尺。

据《汉志》载“尺者，蒦（huo 音）也”。《说文》释蒦为“规蒦。商也。从又持萑（huan 音）。一曰，视遽皃。一曰蒦度也”。规蒦义即蒦度。徐锴释蒦度为商度，意即萑鸟善于猜度人的祸福。林义光认为蒦即獲（猎获义）字古文，与从寻的䨼（寻获义）有所不同。手（又）上所持萑即所猎得之物。段玉裁认为“规蒦”二字为古语，释之曰商。马叙伦认为蒦从又萑声，规蒦即规度，也即规划。谷衍奎认为萑同雚，即猫头鹰。笔者认为可采信。另，蒦加虫为尺蠖之蠖，蒦加犬为猎获之獲（简体作获），加寻为寻获之䨼（简体作获），加金为煮食之器镬。笔者进而推测推动人尸流变的正是蒦鸟（也即萑雚），其方式则是吃掉人尸。先民（极有可能是巫师）持萑在手即为蒦。许慎所言“规蒦”意即训练蒦鸟，所言“商”义通桑丧。蒦萑雚与规蒦之人同在丧葬现场，目的则是让蒦萑雚吃掉丧葬现场的人尸，也即“蒦度”。人尸因被蒦萑雚所吃而流变为尺，蒦同时也被称为尺（后引申出尺蠖），吃与尺音同义通。萑雚如作“视遽皃（貌）”，则为觀看之觀（简体写作观）。

尺寸之尺或源于桑尺蠖，如何获得具体长度（尺）则不得而知。桑尺蠖本是桑树害虫，眼下被邀请到丧葬现场，寄身于人尸周围的桑叶枝条中。吃桑之虫现在成了吃丧之虫，同时又可能被蒦萑雚诸鸟所吃，丧礼因此得以完备，害虫得以被清除，尺寸之尺得以现身。先民进而以尺量度万物，则万物皆有尺。尺最初的来源是尸，意味着人以自身为标准丈量万物——恰与“人是万物的尺度”这一希腊哲语暗合。同在丧葬现场的应该还有其他动物，比如鳝。鳝因善于处理腐肉这类善后任务而“善声”。此时的它们或许藏身在泥草之中默默无闻地做着贡献。

尺加只为咫，《说文》称“中妇人手长八寸谓之咫。周尺也。从尺，只声”。义即周尺为咫。此只非量词隻，隻简体作只，与古文只容易混淆。庄有可认为咫即只的俗字。马叙伦认为咫本训为尺，余者为校言。咫尺为转注字。《说文》释只（、）为“语已词也。从口，象气下引之形”。段玉裁认为只为语止之词，已即止。也借为是（义同今文这）字。陈独秀认为篆文只象豆、豐（简体作丰）等器物的通称，如今人谓器一个曰一只。林义光认为语止气不下引，只为歧的本字。古文只上象物形（变为口），下象分歧形（非从八）。《尔雅》记载有枳首蛇。

笔者推测咫所从只或取形于尺蠖的曲体之形，虫尺因曲体而缩短长度。咫尺原为一字。咫还是以前的虫尺，所不同的是已呈屈体之状，咫所从只有因屈体而小之义，因小而虚化为语已词。淮北枳小于淮南桔，可旁证只有小义。陈独秀所言器物之只，当取形于煮食的镬，属于后来的引申义。许慎所言“中妇人手长八寸谓之咫”或透露出咫尺当来源于殷商，也说明周尺当因于殷礼，还说明殷商有母系社会遗风。

尾（、、、尾）《说文》释为“微也。从到（倒）毛在尸后。古

人或饰系尾，西南夷亦然”。释尾为古人的装饰物，西南少数民族中东汉时可见。严可均引古籍称尾有交接义，一说乳化曰孳，交接曰尾（即交尾）。王筠认为尾所从尸，当为皮字的省文。严一萍认为交接意即鸟兽雌雄相交，尾训为交接义，当从殷商而来。

笔者认为甲文尾当取形于鸟兽之尾，即取形于人对鸟兽之尾的模仿（即许慎所言“饰系尾”），目的或许是将人的羞处掩盖起来（也可反向理解为显示，或如西塞罗所言，衣服不是起源于遮羞，而是起源于生殖崇拜），如同鸟兽天生所具备的那样，也如同许慎时期西南少数民族所做的那样。交接（交尾）属于尾的引申义，尾字的初义当指称人饰之尾和动物之尾。

履《说文》释为“足所依也。从尸，从彳（chi 音），从夊（sui 音）。舟象履形。一曰尸声”。朱骏声认为履本义训为践。饶炯认为履从尸从彳会意，尸即人体，彳为小步，履有践（践踏）义。后转指所履物鞋，增加舟旁以象鞋形。戴家祥认为古文履从页（人首）从舟从足，篆文中有从舟从尸从页的异体履。裘锡圭认为铭文中的履有履田定界义。戚桂宴认为卫鼎甲铭文中“帅履”一词，为周代勘核界内土地面积用语。笔者按二十世纪七十年代安徽农村，犹见步幅丈量土地旧俗。

笔者认为履的哲学蕴涵首先来源于足和衣的完美结合。足初义表征先民脚足站立于氏族之神所照看的游牧队伍之中（见“第 4.2 节”释足）。衣初义为穿在人子身上的图腾布，有归依于氏族和氏族之神义（见“第 2.4 节”释初衣）。履既是衣向脚足的延续，又是脚足得以行走的依赖，成为衣和足的集成者。履因而被赋予了神圣色彩，履行之履由此而生。履的第二层哲学蕴涵当来源于彳和夊的完美结合，彳初义为小步向前，夊则有后退义，履则意味着可进可退，远非一条道走到黑。履的第三层哲学蕴涵来源于脚足（彳夊）和船（舟）的结合，在人足不能落地的地方，舟船成为脚足的替代物。履鞋在地，如同舟船在水。

人因为有身，也就有可能患上疾病。

疾（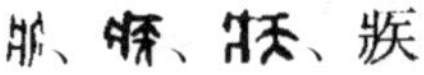）《说文》释为“病也。从疒（chuang 音），矢声”。吴大澂认为古文疾从大从矢（大即人）。王国维认为古文医字疑是疾的本字，字形象人腋下着有箭矢形。古时多战事，腋下着有箭矢则为疾。罗振玉认为疾在古文中或训为急或训为速，最速者莫如箭矢。矢伤人则为疾患之疾。（去大）从疒从矢的疾为后起字。叶玉森认为甲文疾象大人足下卧有小人形，从两人，为仁（仁从二人得字形）字的反义，正训为仁，反训为疾恶之疾；后引申为病疾之疾。高田忠周引《尔雅·释言》“疾，壮也”，引《庄子·徐无鬼》“百工有器械之巧曰壮”，认为敏疾之疾从大从矢，矢者速也，敏壮义同；疾病之疾从疒矢声，从疒得疾病义。疾速之疾与疾病之疾本不同源。一说廿为古文疾，商承祚从此说。杨树达认为疒字自身含有疾义，与古文疾字同。李孝定认为疒疾当为古今字。于省吾认为甲文“疒雨”和“雨疒”是说雨势的迅疾。《左传》“晋不吾疾也”，疾也训为急。春秋器铭文“齐侯左右，毋疾毋已”，意即不急躁、不懈怠。疾所从疒（）《说文》释为“倚也。人有疾病，象倚箸之形”。翟云升认为疒当作爿声。马叙伦认为疒源于跛倚初文，与甲文大字形接近，有跛足或倚靠义，意指有病之人。谷衍奎认为疒从人从爿（床），会意人生病在床。《说文》释病（）为“疾加也。从疒，丙声”。朱芳圃认为古文病象人卧病在床，且有邪灵之物附身作祟。马叙伦认为“疾加也”非本义，也非本训。

笔者认为疾从疒得形义，从矢得声义。疾所从矢表征致人疾病的邪物，其字形如同地支寅中的箭矢（见“第 2.6 节”释寅），有引义，引病邪上身。疾所从疒表征患疾之人倚爿（床）之状。人所患疾形如箭矢，人因中箭而患疾。箭矢若能飞往别处，人所患疾去得也快，疾因而获得快敏急速诸义。病所从丙来源于嫁接技术中的接穗之丙（见“第 2.6 节”释丙），由疾所从矢变化而成。病邪之箭矢没有快速离去，而是变化成接穗之丙，以身体某处作为榫头，“嫁接”于人体即为病。20 世纪 70 年代安庆农村，如有儿童发烧不适，一般先是采用送邪之术，多念有急急来、急急去之语。不愈才去就医。或许在华夏先民看来，疾病如同嫁接技术一样，是从外面嫁接至人体的。如果病邪向外涌甬，则为痛。痛从疒甬声。

疾病自然无碍于华夏先民前行在天地之间的脚步，他们深知有重任在身，以人伦和文化为氏族大旗，聚集更多的人或并肩或听从，共同走向未来。伦任化并从诸字均与人有关。

伦繁体写作倫，《说文》释倫为“辈也。从人，仑声。一曰道也”。马叙伦认为倫即种类之类的本字，类倫声近对转。《诗 · 正月》“有倫有脊”，脊训为理，倫或借为吕（肋骨），或借为道。仑繁体写作侖，《说文》释侖为“思也。从亼，从册”。林义光认为侖即论字初文，从口在册上，亼为倒口。马叙伦认为侖从亼册声。戴家祥认为从亼从册不当有思义，《集韵》训侖为“叙也。亼册而卷之侖如也”，较接近侖字初义。铭文“侖其德”之侖，训为论。论与叙意义相近。

笔者认为侖从亼下有册会意，所从亼源于合祭之亼，进入侖字后变身为集中册至的场所；所从册来源于编木之栅，进入侖字后变身为册至之册。至初义表征人子的到来和命灵的归来，殷卜辞“册至”及“名至”就是对新人子的接受和命名行为（见“第 3.6 节”释侄至）。既然是集中命名，就有先后顺序安排，册至的先后次序即为侖。侖加亻为倫，其最初的身份或为册至仪式的主持者。后引申出人倫之倫义。

任（、、）《说文》释为“符也。从人，壬声”。义即符合为任。马叙伦认为任为儋的转注字，任有擔（简体作担）荷诸义。壬从十

得声。丁山认为“侯田男”一作“侯田任”，任男为古今字。《禹贡》中的男邦义同任国。《说文》释壬为“善也。从人士。士，事也。一曰象物出地挺生也”。吴颖芳推测壬恐为议之伪，义即廷评议事。朱骏声认为壬从人立土上会意，有挺立义。章炳麟认为甲文壬上部像植物头，下部像土，“象物出土挺生”是其本义。声义与耑中皆相近。马叙伦认为壬从土人声。赵诚认为甲文壬象人伫立于土丘上有所求，卜辞壬用作动词时有希企、乞求诸义，兼有盼望义。笔者按另有天干之壬，见“第 2.6 节”释壬。

笔者认为任所从壬当为天干之壬和从人从土之壬的合而为一，人所肩负的重任因此而有了两个方面的内容。于从人从土（非许慎所言从士）的壬而言，人的任务则是照看土所吐生万物的自然生长。壬从人在土上，既非表征人是从土中生长的——这与殷商人的意识不相符合，也非要强调土本身的存在，而是要着意强调土所吐生的万物，人对大地万物的生长负有责任（于祭兽风俗及哲善凶吉诸字中可见）。人如站立在借“一”所表征的大地之上，则是立字，先人立于神位而至永恒。也正因为土一直在吐生万物，人难以推脱照看自然界的重任。此即人的重任之一。于天干之壬而言，人既要不断地重复做工且完成工的代际传承（重工为壬）；还要完成人口的生产（壬妊），达成人的生命及劳作责任的代际接续。

化（、、、）《说文》释为“教行也。从人，从匕，匕亦声”。义即教化之化。远非初义。马昂认为古文货币之货从化，化有变化义。高田忠周引《荀子·七法》篇“渐也，顺也，靡也，久也，服也，习也，谓之化”；引《荀子·不苟》篇“神则能化”，释化为“迁善”义；认为荀子所说即化字本义，化当从匕字转出，初当以匕兼化（意即匕化一字）。马叙伦认为许慎所言“教行”当为引申义，大约以匕为变化义造出化字。

化从人匕声，当入人部（《说文》收化字入匕部）。朱芳圃认为化象人一正一倒形，俗称翻跟头，寓有变化无常。谷衍奎认为化从人从匕（倒人），会变化意。《文字考古》认为渐变为变，变中有续；突变为化，化成非己物。与郑玄所言“能生非类曰化，生其类曰产”可通。匕为化的正字（即本字）。化从匕人，会意人化匕为化（此处匕为物而非人）。

笔者认为化从人得形义，人能化生外物；从匕得声义，匕为人所化。匕初义为倒着出生的人子，为人母（化所从亻）所生产，实则是人的命灵（十天干）所化生。源于天帝的命灵以人母为媒介化生出人子，既是帝神化人工作的结束，也是为人化生（即改造）世界进行了必要的准备。人只有外化出非人的匕，进入对象世界内部，人面向世界的化生工作才正式开始。首先是化生出汤匙之匕，有贝壳（与蜃同类）之匕、桃匕、桑匕等物形之匕；物形之匕后又翻转为刀，刀与匕源同、形通、义通（见“第 4.3 节”释刀）；最后是刀匕加于万物，促进万物与人的统一。刀匕人原本一体，人统一对象物的努力（即化）因而得以成立。

从（、）《说文》释为“相听也。从二人”。罗振玉认为卜辞中的匕和从很难辨别，因字形相混。高田忠周认为從可训为随行，从辵（chu 音）从从，从亦声。铭文借从为從，三代时从從为古今字。反从为比，比为从义的深入。笔者按，從简体写作从，与古文从同字形。龚橙认为“相听”非从字的初形。马叙伦解释说听为声训，本释为相（相互之相），从人在人后，从为会意字。于省吾认为从和從为古今字，从有顺义。董作斌认为卜辞从常见，一为随从义，一为卜得吉兆义。一说殷商有从氏，封地在河南。一说从有追击义。

诸家均未触及从字读音。笔者认为从当从中征得音义，从二人得形义。许慎所言“相听”，所听者非人言，而是“王中”的鼓声（见“第 1.5 节”释中）。从所表征的正是“王中”鼓声通过人与人之间的相传、相听而达至远方。听到“王中”的鼓声之后便是脚足的奔走，从加辵为從，四方部落由近及远跟從而至。征正同源，源于“王中”（见“第4.2节”释正），从因而引申出从军义和追击义。

并（幷、竝、幷）《说文》释为“相从也。从从，幵（ji音）声。一曰，从持二为并”。罗振玉认为求证于卜辞，（并）正从二，与许慎后说相吻合。桂馥认为并当作持二干为并，非许慎所言“幵声”。孔广居认为刑形邢皆从幵声，声母同部。并与幵，声母声韵全不相同，当是会意字。林义光认为二人各持一干非并义，秦权量文并从二人并立，二人相并之象。马叙伦认为幵并古音同，并从幵得音。许慎训并为相从，当为从的转注字。审之以秦权量文及甲文，并或从从井声，井并音同。后人伪为幵声。屈万里认为并为地名，卜辞中常见，属殷王田猎区，疑在河南沁阳一带，或与并州有关。李孝定认为甲文并从从从二，或从从从一，象两人相并之形。于省吾认为并字的造字本义是在从字的下部附加一或两个横划，作为二人相连的指事字标志，以别于从，仍以从为声。戴家祥认为金文并从二,二为将二人连接起来的符号。义即合并之并。

《说文》释幵为“平也。象二干对构上平也”，两根直立的柱子上架有横木即为幵（见“第3.3节”释刑幵）。笔者认为并所从幵恰恰是二干，并所从二人（即干上之人）为神祖，表征同氏族的两个部落合于一处，两干（即祭神架）合为并字形。地名之并为田猎区，当是兄弟部落会合共猎之处，故得名为并。并为会意字，会意两部落会合于一处，两部落祭神架会合为并。并的关键在于平。许慎释幵所言“上平”，源于两部落祭神架高度一致，表征部落间地位平等。另一个平当是看不见的平行之平。虽然出发顺序有前后，但依旧是在平行——同氏族的两个部落携手并肩、走向未来。此时他们的内心深处依然清楚，祭神架上的神祖最初当来源于非洲故园上空的帝神。

后记：唤醒文化地质层中的神性力量

如果有人说华夏先民一开始就没有帝神（即宗教）传统，估计大多数人从直观上就难以接受。也有人说儒学就是中国人的独特宗教，康有为甚至直接称之为孔教。但人们还是觉得儒学同纯正帝神故事的宗教差别很大。多数学者倾向于认为儒学远非真正意义上的宗教，甚至内含有对宗教敬而悬置的倾向。一个可能成立的话题是：华夏先民因何以及如何逐渐远离曾经有过的帝神传统的？这中间究竟发生了什么？一直是学界悬而未决的话题，又好像是一个被大家集体遗忘了的话题。

一

笔者此前从未奢望过能触碰这一话题，甚至也从未细想过这一话题。感谢古文字，它们以一种独特的方式向我“说”出了这一话题！需要致以特别感谢的还有周清泉和朱大可两位先生。周清泉的《文字考古》致力于还原殷周之变带来的文化之变乃至哲学之变。所谓“周因于殷礼，所损益可知也”，远非过去所想象的那般风和日丽，也远非孔子所说的如此轻描淡写（所损益可知）。如借用海德格尔的话说，大致可描述为大地对天空之争，伴随有屠杀、奴役、驱赶和羞辱，最终以大地的压倒性胜利而结束。华夏先民从此逐渐疏远了与上天帝神的联系，转而臣服于大地上的帝王之帝。甲文帝初义为彼岸世界里的帝神之帝，后下降为五帝中的帝王之帝，成为王权侵占神权并最终偷偷取代神权的古文字化石，记录下了这一巨变的真相（见“第 1.5 节”释帝）。

朱大可的《华夏上古神系》则为商周之变的大地对天空之战，提供了“非洲起源说”视野。笔者推测，或许正因为华夏先民离开非洲故地过于遥远，在漫长的时空中逐渐淡忘了有关非洲上空帝神的记忆，转而关注氏族队伍的领头人。伏羲，既是华夏先民记忆中的始祖，又在其初义（伏羲义即伺候帝神的是我）中隐含有先民们同非洲上空帝神的精神联系。黄帝、炎帝、尧、舜、禹乃至鲧诸字中，则以各自的方式“投影”着这一历史事件（见“第 1.8 节”释伏羲等）。帝神退隐，华夏先民头顶上的苍穹开始变得空旷而飘渺，表征为人（大）之上方的“一”，大上之一即为天（见“第 1.5 节”释天）。活跃于天幕下的除了日月星辰，就是春来秋回的玄鸟燕雁，它们成为天干作用的实际推动者，和大地所有生物命灵的实际承担者。星，从生得音；生，从草木而来。辰，从蜃贝而来。天空上的星辰反过来需要求助于大地生物得以命名（见“第 5.6 节”释燕雁星）。人与帝神间的最初联系，仅在日、光等少数汉字中留有痕迹（见“第 2.4 节”释日光），成为天干地支作用的远古通道。

失去了神权约束的王权，开始反过来利用神权为自己的合法性辩护。第一步便是垄断神权。殷商时代，人子都是天子，且不分男女。“女人感天而生子，故称天子”(《说文》)。至周时，“天子”为最高统治者所专用，其他人都是天子的子民（见“第 3.2 节”释姓）。与之相对应的则是“绝地天通”事件，与上神的沟通权为王权所垄断。以国家形式篡改甚至杜撰神系的闹剧开始于周代，最恶劣的情形当发生在王莽时期。《华夏上古神系》和《文字考古》各有记载。

王权（连同夫权）的霸道，在王、孤、后、妾、幸、诏、诰、崩等古汉字中留有痕迹。甲文王源于对殷商游牧队伍领路者的刻画，王有往义，前往新的水草之地（见“第 3.1 节”释王）。后被董仲舒吹捧为参通天地人的王者，为王权对神权的垄断张目。王权需要摆脱父权对自己的潜在威胁，最高统治者们只能是自称为孤，意即没有父亲（无父曰孤），只有先帝或太上皇。瓜蒂之蒂虽然是瓜的原因，但和瓜不在同一个生活世界里（瓜熟蒂落），帝因而借蒂得形音义，孤所以瓜声。帝王称帝与皇帝称孤源于同一个逻辑（见“第 3.4 节”释孤）。原本接续白和司的工作、将王令带向四方的后，堕落为后妃之后。当初连接王令与部落间的水平空间关系，被改造为帝王与臣民、皇天与后土间的垂直空间关系（见“第 1.4 节”释司后）——人间帝王在垂直空间关系中成为上天唯一代表。原本事神的妾堕落为事夫的妾，地位在抢来的妻之下，夫权成为妾的上神和妻的主人。即使贵为皇后，面对皇帝也只能自称臣妾（见“第 3.7 节”释妻妾）。帝王是不死的，只是崩；所崩的也只是御驾，而非帝王。帝王如看上某个女人令其侍寝，那叫幸，如同天干作用于大地。帝王要做点啥事，往往会诏诰天下；诏书之诏意味着视王权为天下臣民的喂食者；诰书之诰更意味着视王权为上神（见“第 3.4 节”释幸诏诰崩）。王权自己替代了神权，帝神故事的宗教只能是远离我们。

二

感谢古文字！它们携带着各自的神性内涵汇集于一处，为华夏文化保留了异常丰厚的神性地质层，足以令今天的我们为之感动。首要工作就是要拂去蒙在古文字上面的灰尘，让曾经被遗忘、被遮蔽的神性力量再次回归华夏大地，重新点亮人性的光辉。没有神性照看的人性，一定是干枯而灰暗的。

（中华神性力量的另一个隐身之地，当在少数民族的远古记忆中，包括古籍和古文字。本书仅触及彝族文化中很少的一点内容。特此说明。）

来源于非洲故园的帝神之帝，虽然是生活世界的原因，但不在我们的生活世界里。帝唯有现身为神，才有可能化生万物并照看人间。神帝原本一体，在人的生活世界里为神，在看不见的彼岸世界里为帝。在诸神的申和伸（如大地上的藤蔓和先民手中的草绳那样申伸自己的身体）中，万物因获得神性得以化生，人同万物的连续借助共有的神性为媒介得以实现，先民们的生活世界得以接续为一个连续的整体（见“第5.5节”释神）。也正因为万物有灵，因而需要对生活世界中的每一个相遇者怀有敬畏之心。

洋溢着神性光辉的先民生活世界，首先呈现在古汉字点横竖撇捺等笔画和部首中。点（丶）读音同主，是对象物跃出生活河面的冰山一角，是万物或最初突入我们视线、或最后离开我们视线时的最小视象。随着点的横向移动，一（也即笔画横）出现了，对象物呈现出自身的完整来。笔画竖（丨）如同先民们高高立起的祭神架，将上天、先祖同人的生活世界连接为一体，先民与神祖的对话因此有了可见的通道，天干地支的思想得以从中孕育。倘若天干作用（丨）进入大地（一）后，暂时未呈现出相应的变化来，则为乚（音义同隐），意即天干作用暂时隐而不显。笔画撇（丿）表征对象物一段变化的开始，笔画捺（乀）表征同一段变化的结束。在接下来厂（ye音）和乁（yi音）的变化中，有新物从变化中流出，生活世界因此变得丰富多采。神奇的乚（即玄鸟乙）是推动这些变化的原因（见“第1.3节”释丶一丨等）。

神性光辉接下来将照耀至人的手足和衣服。金文手或象草木枝椏形，或象飞鸟羽毛形。世界在草木的枝椏（和根系）上，草木借枝椏根系进入世界；在飞鸟的羽毛（和翅膀）上，飞鸟借翅膀和羽毛翱翔于天地之间；最后落定在华夏先民的手上，先民通过手对话于世界。手的其他面相（如又、寸、支、爪等）则“言说”着华夏先民对话世界的不同方式（见“第4.1节”释手等）。人的止足则直接取形于草木之止杫。每个人的“止”都像草木之止址杫一样，先天性地站立于大地之上，也站立于所在氏族及神祇之中；每个人的“足”经过神判（口）许可之后，都将站立于氏族队列中。足的其他面相则或前趋而走，或通达而行，或礼让而退，或成舛而舞（见“第4.2节”释止足步走等），说出华夏先民丰富多彩的生活样式。先民们最初的衣服直接就是图腾布一类的标志物，表明穿衣人对自己所在氏族的归依，衣有依义，服即服从（见“第2.4节”释卒衣）。

从华夏先民们的生产劳动到精神生活，及至自然界的山川云气，无一不沐浴在远古的神性光辉中。相关古汉字遍布本书的各个章节。

三

唤醒文化地质层中的神性力量，并不意味着我们要退回到华夏先民们的生活时代。借用神性光辉充盈今人因精神干枯而趋向内心苍白的人性，更不意味着要去学习殷商人的巫术礼仪。相反，今天的我们需要重新审视帝神故事对于人类的意义，其中有哪些意义已经消失，又有哪些意义会趋向永恒。我们还可以反过来提问：科技高度发达的今天，人类为什么还要保留有帝神故事的宗教？

古文“神（申）”告诉我们，能将自身所拥有的神性力量伸展至所保护对象的全体中，方为神。神的意义就在于将人的生活世界接续为一个整体，如同祭神架可通达上神沟通、如同手中的绳子可伸向外物一样。将人类生活世界视为整体连续的一并赋予人格化，就能寻找到我们心中的帝神。“帝神”一词所表征的，也正是人类生活世界整体连续的人格化符号。人类生活世界的整体连续可表征为大写的“一”，因而也是唯一。对一神教而言，帝神就是唯一，也是一切。

唯一神诞生之前的部落神，将整个部落人的生活世界接续为一个整体，城邦神则将整个城邦人的生活世界接续为一个整体。氏族之神、宗派之神乃至国家之神莫不如此，其共同的使命就是将受其保护的群体生活连续为一个整体——包括真实的生活世界和未知的神秘世界。

帝和神一体两相：在神秘世界里为帝，接续人的生活世界为神。帝所在的神秘世界则成为生活世界的原因，如同瓜蒂虽和瓜不在同一个世界却成为瓜的原因一样（见“第 1.5 节”释帝，“第 5.5 节”释神）。

神性原是对人性的建基与呵护，其方式和途径则是唤醒个体将自己的生活同人类生活世界接续为一个整体的努力。今天的我们不应自大和愚蠢到认为自己会拥有超自然的神力，自然也不该愚昧到认为别人可能会有超自然的神力。华夏先民当年附着在帝神身上的原始巫术意识，是今天的我们需要远离的；将人类生活世界接续为一个整体的追求，则是需要继承并予以发扬的——此即我们苦苦寻找的永恒神性。人性恰恰建基于永恒神性之上，进而生成出人的意义和责任。需要我们做的，就是将神性光辉照耀进自己的生活中。如果每一个个体都能对人类生活世界的整体连续负起责任，这样的社会无疑就是神的天堂。

对人类生活世界的整体连续负责，也不意味着需要我们将自己口袋里的钱全拿出来分给别人，更不意味着要承担起所有他人的生活负担乃至精神痛苦。对于我们每个人来说，关怀人类生活整体大致有两个方面的含义。一是我们遇见他人的时候，要怀有一种负责任的态度与他人交往。比如两车相会时要避免使用强光灯照射他人。二是尚未遇见他人的时候，心中要怀有对他人的责任。比如在生产食品过程中不添加有害物。而无论是否与他人相遇，我们心中都要有他人，有法律，有良心，最好还能有关爱。

不幸的是，今天的中国仍处在远离帝神的严重后果中。诚信缺失导致人际冷漠，法治松弛带来道德滑坡，正严重威胁着这个古老民族的未来。重新唤醒中华文化地质层中古汉字所蕴含的神性力量，或许会有助于今天的我们回忆起华夏先民逐渐远离帝神故事的哲学和文化学路径，最终有助于我们向着人类生活世界的整体连续——归来！

2015 年 5 月 20 日于 北京

图书在版编目（CIP）数据

汉字有话说 / 老湾 著．—北京：东方出版社，2016.6
ISBN 978-7-5060-9095-7

Ⅰ.①汉…　Ⅱ.①老…　Ⅲ.①汉字—古文字—研究　Ⅳ.①H121

中国版本图书馆 CIP 数据核字（2016）第 139665 号

汉字有话说
（HAN ZI YOU HUA SHUO）

作　　者：老　湾
责任编辑：辛春来　杨　灿
出　　版：东方出版社
发　　行：人民东方出版传媒有限公司
地　　址：北京市东城区东四十条 113 号
邮政编码：100007
印　　刷：石家庄继文印刷有限公司
版　　次：2017 年 1 月第 1 版
印　　次：2019 年 5 月第 3 次印刷
开　　本：710 毫米 ×1000 毫米　1/16
印　　张：28.25
字　　数：298 千字
书　　号：ISBN 978-7-5060-9095-7
定　　价：65.00 元

版权所有，违者必究